普通高校会计与财务系列教材

成本会计学

王仲兵　主编

COST ACCOUNTING

清华大学出版社
北　京

内 容 简 介

从会计要素间量化关系看，费用发生意味着资产减少，就是说费用在描述资源配置的数量状况，而成本会计作为一种计量机制以配比原则下"谁受益、谁承担"核算规则提供成本信息来评价费用效率。实践中多元化费用效率评价使得成本信息对成本核算方法呈现出体系化需求，即品种法、分批法与分步法是三种基本核算方法，作业成本核算从深层次的成本动因视角以作业概念揭示生产流程从而改进成本流程，而定额法与标准成本制度实现了成本核算与成本控制同步，这样基本方法与辅助方法共同形成了产品成本核算体系，该体系应用于变动成本概念则会提供相应的增量成本信息，最后成本报表编制与分析助推了成本信息提升企业竞争力的能力。这些构建了本教材的内容体系。

本教材适用于高等院校会计学专业、注册会计师专门化方向、财务管理专业及经管类其他相关专业的学生阅读，同时也适用于在职人员的培训与自学。

本书封面贴有清华大学出版社防伪标签，无标签者不得销售。
版权所有，侵权必究。举报：010-62782989，beiqinquan@tup.tsinghua.edu.cn。

图书在版编目（CIP）数据

成本会计学/王仲兵主编. —北京：清华大学出版社，2021.8
普通高校会计与财务系列教材
ISBN 978-7-302-58733-0

Ⅰ. ①成… Ⅱ. ①王… Ⅲ. ①成本会计－高等学校－教材 Ⅳ. ①F234.2

中国版本图书馆 CIP 数据核字(2021)第 140409 号

责任编辑：左玉冰
封面设计：汉风唐韵
责任校对：宋玉莲
责任印制：刘海龙

出版发行：清华大学出版社
网　　址：http://www.tup.com.cn，http://www.wqbook.com
地　　址：北京清华大学学研大厦 A 座　　　　邮　编：100084
社 总 机：010-62770175　　　　　　　　　　邮　购：010-62786544
投稿与读者服务：010-62776969，c-service@tup.tsinghua.edu.cn
质 量 反 馈：010-62772015，zhiliang@tup.tsinghua.edu.cn
课 件 下 载：http://www.tup.com.cn，010-83470332

印 装 者：三河市金元印装有限公司
经　　销：全国新华书店
开　　本：185mm×260mm　　印　张：18.75　　字　数：430 千字
版　　次：2021 年 8 月第 1 版　　　　　　　印　次：2021 年 8 月第 1 次印刷
定　　价：55.00 元

产品编号：070726-01

总 序

人才培养是大学的本质职能，而本科教育是大学的根和本。党的十八大以来，围绕培养什么人、怎样培养人、为谁培养人这一根本问题，我国坚持把立德树人作为根本任务，积极推进教育改革，形成更高水平的人才培养体系。

教材建设是人才培养中重要的一环。根据教学需要编写高质量教材，是人才培养质量的重要保证。北京工商大学会计与财务学科一直提倡和鼓励学术水平高、教学经验丰富的教师积极编写教材，并根据时代变化不断更新。我们于 1998 年推出了北京工商大学会计系列教材（以下简称"系列教材"）第 1 版。结合 2001 年我国《企业会计制度》的实施，于 2002 年推出了系列教材第 2 版。随着 2006 年新会计、审计准则体系的颁布，我们于 2006 年推出了系列教材第 3 版。自 2006 年修订以后，我国在会计准则、审计准则和内部控制规范建设等方面发生了很多重大变化，高等教育改革对人才培养质量也提出了新的要求。根据这些法规制度的变化，以及提高人才培养质量的内在要求，我们于 2013 年后陆续推出了系列教材第 4 版。

时代总是在不断变化之中。一方面，在培养德智体美劳全面发展的社会主义建设者和接班人这一目标指引下，要把立德树人融入思想道德教育、文化知识教育、社会实践教育各环节，贯穿高等教育各领域，并且学科体系、教学体系、教材体系、管理体系要围绕这个目标来设计；另一方面，经济的发展也不断推动会计的变革，会计准则、审计准则持续趋同、不断深化，中国特色的管理会计体系、内部控制体系逐步建立，这都迫切需要重新打造一套全新的教材。

本系列教材的特点主要体现在以下三个方面。

（1）紧跟时代步伐，反映最新理论和实践成果。通过紧密结合会计准则、审计准则、内部控制、管理会计、税法等领域的变化，吸收会计领域中新理论、新法规、新方法，系列教材既密切联系中国实际，又反映国际发展变化；既立足于当前，又着眼于未来。

（2）重视素质教育，注重学生创新和应用能力培养。坚持将立德树人、培养社会主义核心价值观融入教材体系；注重专业理论素质的培养，在阐述现行法律、法规及实务做法的基础上，注意从理论上进行解释，通过完善"案例讨论和分析"及"小组讨论"部分，引导学生从本质上认识和理解问题，使系列教材既便于学生知识和技能的掌握，又重视学生基本素质和能力的培养。

（3）坚持需求导向，开发立体式教辅资源。通过配套更加完善的教辅资源，如教学大纲、PPT 课件、学习指导书、习题库、辅助阅读资料等，为教师教学和学生学习提供全方位服务，使系列教材既便于教师讲授，又有利于学生独立学习；既有利于学生能力的培养，也兼顾学生参加注册会计师考试的客观需要。

本系列教材是北京工商大学会计学、财务管理国家级一流专业和工商管理高精尖学科建设的重要成果。北京工商大学会计与财务学科师资力量雄厚、专业建设成绩显著、学科建设优势特色明显。本学科现拥有财政部会计名家 3 人，全国会计领军人才 8 人，财政部企业会计准则、管理会计、内部控制咨询专家 4 人；拥有会计学和财务管理两个国家级一流专业建设点和国家级特色专业；学科建设方面依托会计准则研究中心、投资者保护研究中心、管理会计创新与发展研究中心、企业集团研究中心、国有资产管理协同创新中心，在会计准则、投资者保护、管理会计、企业集团财务管理、国企改革等方面取得了一系列丰硕的成果。

通过本系列教材的编写，我们试图充分反映北京工商大学会计系和财务系教师在教学与科研方面取得的成果，以更好地满足广大教师和学生的需求。尽管如此，还会存在许多不足，恳请大家提批评和改进意见，以使本系列教材进一步完善。

北京工商大学编写组

2021 年 1 月

前 言

撰写出经典教材极具挑战。经典教材的基本特征是很好地均衡理论体系与最佳实践，用简洁而精准的理论框架解释并指导实践发展，既不失理论之美又兼具实践之用，在介乎纯粹学术推演与完全实操再现之间确定撰写的逻辑框架与内容体系。这本《成本会计学》教材也以此为追求并尽力而为，还是体现出了一些特色。

（1）在保持《成本会计学》教材约定俗成的常规知识点下，本教材努力使常规知识点体系化，以产品成本核算方法的演进性安排教材的内容结构。

（2）在注重理论与实践紧密结合的方式上，本教材引入了较大数量的"相关案例"与"相关链接"作为两者相结合的载体，有利于学员对这些知识点有更深刻的认识。

（3）在讲解成本会计实务过程中有机地引入直接相关的规范，使思想观念问题与技术问题同时得到关注，从而更加契合会计专业实践的特质。

（4）在安排内容的方式上有创新之处，每章前先有引言性质的内容引入本章话题，每章后有"本章小结"进行归纳提升，再就是以案例式"小组讨论"提供综合思考素材。这三点一线式的内容安排实质上形成了每章具体内容的逻辑架构。

本教材由王仲兵教授担任主编，负责全书的大纲拟定与撰写组织，并对全书进行了总纂。具体写作情况如下：第一、三、四、五、六、八、九章由王仲兵编写；第二、七、十章分别由李金甜博士、曹雅丽博士、粟立钟副教授提供初稿，王仲兵修改定稿。陈轲教授、支春红副教授与牛红军博士提供了极大的思想与专业支持。

本教材内容是课程组各位老师多年潜心教学与下沉专业实践的结晶，也是过去几版教材使用过程中各类学员有价值反馈的体现，更是直接受益于我国深化会计改革的思想与技术的双重成果。

感谢北京工商大学商学院会计系的全体同仁，本教材撰写及出版得到诸位同事的支持！

受作者水平限制，该教材可能存在一定的疏漏与不足，真诚希望各位使用者批评指正，以便于再版的修改与提升。

编 者
2021 年 2 月

目 录

第一章 总论 ... 1
第一节 成本及其分类 ... 1
一、成本的含义 ... 1
二、成本的分类 ... 5
第二节 现代成本会计的目标 ... 7
一、现代成本会计的含义与种类 ... 7
二、现代成本会计的双层级目标 ... 9
三、成本会计与财务会计、管理会计的关系 ... 10
第三节 现代成本会计的内容与工作组织 ... 12
一、现代成本会计内容及其运行机制 ... 12
二、成本会计工作的组织 ... 14
本章小结 ... 19
关键词汇 ... 19
小组讨论 ... 19
思考题 ... 20
本章推荐阅读资料 ... 20

第二章 企业产品成本核算制度 ... 21
第一节 企业产品成本核算概述 ... 21
一、产品成本核算的含义 ... 21
二、产品成本核算的基本要求 ... 22
三、成本流程与产品成本核算 ... 24
第二节 产品成本核算程序 ... 27
一、产品成本核算的基本前提 ... 27
二、产品成本核算的总分类账户设置 ... 29
三、产品成本项目与成本费用要素 ... 30
四、产品成本核算程序的内容 ... 33
第三节 产品成本核算方法的选择 ... 33
一、生产特点对产品成本核算程序的选择 ... 33
二、成本管理要求对产品成本核算程序的选择 ... 35
三、产品成本核算方法与应用 ... 36
本章小结 ... 37

关键词汇 ··· 37
　　小组讨论 ··· 37
　　思考题 ··· 38
　　本章推荐阅读资料 ··· 38

第三章　直接生产费用的核算 ··· 39
第一节　直接材料费用的归集与分配 ·· 40
　　一、材料费用归集的一般流程 ··· 40
　　二、材料费用分配的一般流程 ··· 44
　　三、材料费用核算例解 ··· 51
第二节　直接工资费用的归集与分配 ·· 54
　　一、工资费用核算的基础工作 ··· 54
　　二、直接工资费用的分配 ··· 63
　　三、工资费用核算例解 ··· 65
第三节　其他直接费用的归集与分配 ·· 66
　　一、折旧费用的归集与分配 ··· 67
　　二、外购动力费的归集与分配 ··· 68
　　本章小结 ··· 70
　　关键词汇 ··· 70
　　小组讨论 ··· 71
　　思考题 ··· 72
　　本章推荐阅读资料 ··· 73

第四章　间接生产费用核算 ··· 74
第一节　间接生产费用的性质与内容 ·· 74
　　一、间接生产费用的特点与内容 ··· 74
　　二、间接生产费用归集与分配的基本原理 ····································· 74
第二节　辅助生产费用的核算 ·· 75
　　一、辅助生产及其类型 ··· 75
　　二、辅助生产费用的归集 ··· 76
　　三、辅助生产费用的分配 ··· 78
第三节　制造费用的核算 ·· 91
　　一、制造费用的性质及内容 ··· 91
　　二、制造费用的归集 ··· 92
　　三、制造费用的分配 ··· 93
第四节　损失性生产费用的核算 ·· 97
　　一、废品损失的核算 ··· 97
　　二、停工损失的核算 ··· 103

本章小结	105
关键词汇	105
小组讨论	105
思考题	106
本章推荐阅读资料	107

第五章 完工产品成本与在产品费用的划分 ... 108

第一节 完工产品成本与在产品费用划分原理 ... 108
一、完工产品与在产品的含义 ... 108
二、完工产品成本与在产品费用 ... 110

第二节 在产品数量的核算 ... 112
一、在产品实物的日常管理 ... 113
二、在产品期末盘点 ... 114

第三节 生产费用在完工产品与在产品之间分配的核算 ... 116
一、计算月末在产品费用再倒挤完工产品成本 ... 116
二、同时计算完工产品成本与月末在产品费用 ... 121
三、完工产品按定额成本计算 ... 128

第四节 完工产品成本的核算 ... 130

本章小结 ... 131
关键词汇 ... 131
小组讨论 ... 131
思考题 ... 132
本章推荐阅读资料 ... 132

第六章 产品成本核算基本方法 ... 133

第一节 产品成本核算的品种法 ... 133
一、品种法的特点与适用范围 ... 133
二、品种法案例 ... 135
三、品种法的延伸——分类法 ... 136
四、联产品与副产品的成本核算 ... 139

第二节 产品成本核算的分批法 ... 145
一、分批法特点与适用范围 ... 145
二、分批法举例 ... 148
三、简化的分批法 ... 151

第三节 产品成本核算的分步法 ... 152
一、分步法的特点与适用范围 ... 153
二、分类法的两种方法 ... 154

本章小结 ... 167
关键词汇 ... 168

小组讨论……………………………………………………………………………… 168
　　思考题…………………………………………………………………………………… 168
　　本章推荐阅读资料……………………………………………………………………… 169
第七章　作业成本核算…………………………………………………………………… 170
　　第一节　作业成本核算概述………………………………………………………… 170
　　　　一、作业成本制度的源起………………………………………………………… 170
　　　　二、传统成本核算方法的固有局限……………………………………………… 171
　　　　三、作业成本核算的产生………………………………………………………… 172
　　第二节　作业成本核算的基本概念………………………………………………… 174
　　　　一、资源与资源费用……………………………………………………………… 174
　　　　二、作业与作业中心……………………………………………………………… 174
　　　　三、成本对象与成本动因………………………………………………………… 178
　　　　四、作业成本报表………………………………………………………………… 179
　　　　五、两维作业成本核算…………………………………………………………… 180
　　第三节　作业成本核算的程序………………………………………………………… 181
　　　　一、作业成本核算的基本程序…………………………………………………… 181
　　　　二、作业成本核算例解…………………………………………………………… 185
　　　　三、作业成本核算与传统成本核算的比较……………………………………… 187
　　第四节　作业成本核算的账务处理………………………………………………… 188
　　　　一、预演性作业成本核算的账务处理…………………………………………… 188
　　　　二、正式作业成本核算的账务处理……………………………………………… 192
　　本章小结………………………………………………………………………………… 196
　　关键词汇………………………………………………………………………………… 196
　　小组讨论………………………………………………………………………………… 196
　　思考题…………………………………………………………………………………… 198
　　本章推荐阅读资料……………………………………………………………………… 198
第八章　定额成本与标准成本核算……………………………………………………… 199
　　第一节　定额成本核算………………………………………………………………… 199
　　　　一、定额成本核算概述…………………………………………………………… 199
　　　　二、定额成本与脱离定额差异的确定…………………………………………… 201
　　　　三、产品实际成本的计算………………………………………………………… 210
　　第二节　标准成本核算………………………………………………………………… 214
　　　　一、标准成本制度概述…………………………………………………………… 214
　　　　二、标准成本的制定……………………………………………………………… 218
　　　　三、标准成本差异分析…………………………………………………………… 222
　　　　四、标准成本核算举例与述评…………………………………………………… 224
　　本章小结………………………………………………………………………………… 227

  关键词汇 ··· 227
  小组讨论 ··· 228
  思考题 ··· 231
  本章推荐阅读资料 ··· 231

第九章　变动成本核算 ··· 232
  第一节　变动成本法概述 ··· 232
    一、完全成本法与变动成本法 ··· 232
    二、变动成本法的基本概念与特点 ··· 234
  第二节　变动成本法的核算程序 ··· 239
    一、变动成本法的账户设置 ··· 239
    二、变动成本法核算程序的具体内容 ··· 240
    三、变动标准成本制度 ··· 242
    四、变动成本法的应用环境与述评 ··· 246
  本章小结 ··· 246
  关键词汇 ··· 247
  小组讨论 ··· 247
  思考题 ··· 248
  本章推荐阅读资料 ··· 248

第十章　成本报表与分析 ··· 249
  第一节　成本报表概述 ··· 249
    一、成本报表的含义 ··· 249
    二、成本报表的作用 ··· 250
    三、成本报表的种类 ··· 250
    四、成本报表的编制依据与要求 ··· 251
  第二节　基本成本报表的编制 ··· 252
    一、商品产品成本表 ··· 252
    二、主要产品单位成本表 ··· 256
    三、制造费用和期间费用的明细表 ··· 259
    四、其他成本报表 ··· 262
  第三节　成本报表分析概述 ··· 263
    一、成本报表分析的内容与标准 ··· 263
    二、成本报表分析方法 ··· 265
  第四节　产品总成本计划完成情况分析 ··· 267
    一、产品总成本计划完成情况分析的内容 ··· 267
    二、可比产品成本降低任务完成情况的分析 ··· 268
    三、不可比产品企业间的比较分析 ··· 273
  第五节　产品成本项目计划完成情况分析 ··· 274

一、产品总成本的成本项目计划完成情况分析 ·················· 274
　　二、主要产品单位成本分析 ························· 275
　　三、主要技术经济指标变动对产品成本的影响分析 ················ 278
第六节　期间费用分析 ····························· 281
　　一、期间费用总量分析 ·························· 281
　　二、销售费用项目的结构分析 ······················· 282
本章小结 ································· 284
关键词汇 ································· 285
小组讨论 ································· 285
思考题 ·································· 286
本章推荐阅读资料 ····························· 286

第一章 总论

学习提要与目标

本章从多学科角度探讨成本的内涵，阐述成本、产品成本和成本会计制度等基本概念，明晰成本会计目标，界定成本会计工作内容及其组织。

通过本章学习，应能够理解并掌握：
- 成本和产品成本的实质
- 成本会计的目标
- 现代成本会计的内容
- 现代成本会计制度体系

行为理性的最重要表征就是将成本观念嵌入决策，而看似熟视无睹的成本概念实质上有着逻辑严谨的理论体系与最佳实践，现代成本体系已经成为相关社会、经济甚至政治等活动的分析工具与方法。见微知著，微观层面的产品成本则从企业生产活动视角反映着成本观念，现代成本信息在微观企业管理中有着举足轻重的作用，同时兼具宏观经济政策的导向性，也为实体经济高质量发展奠定了决策信息基础。另外，现代成本观念对于培养学习者树立正确的义利观、形成中国特色的社会主义政治经济学视角的劳动价值观等具有很强的课程思政性。成本概念是特定语境下行为方式与价值观的体现。

第一节 成本及其分类

一、成本的含义

成本概念具有多学科性，各相关学科都从自身角度进行着诠释，而且随着市场经济不断发展，其概念的内涵和外延都处于不断变化发展之中。准确理解成本概念的内涵和外延要与相应的应用情境相适应而不能泛泛而言。

（一）成本概念的最朴素理解

俗语"天下没有免费的午餐"表达了任何行为的所得都有其相应的代价付出，而成本在人们的日常生活中通常就被理解为"花费"或"代价"，也就是利益的放弃或价值的牺牲。"有所得必有所失"是人们对成本概念的一种最朴素理解，这里的"失"即是利益的放弃或价值的牺牲。美国会计学会1951年对成本做了如下定义：成本是为了实现一定目的而付出（或可能付出）的用货币测定的价值牺牲。显然，理解这种最朴素成本概念有三个要点：①目的性，即成本应该具有特定指向；②主观性，即成本内容与人的感受相关；③可测性，即成本应该能够被计量。这三个要点决定了成本概念在具体使用过程中差异的存在，而成本概念与具体应用情境的匹配就形成了多元化成本概念体系，比如核算视角的产品成本、劳务成本、工程成本、开发成本、资产成本、资金成本、质量成本、环保成本等；管理决策视角的目标成本、定额成本、标准成本、可控成本、责任成本、相关成本、可避免成本等。

（二）成本概念的经济学解释

经济学有西方经济学与政治经济学之分，西方经济学包括了宏观经济学与微观经济学，通常意义的成本概念建立于微观经济主体之上，因此成本概念的经济学解释也就有了微观经济学与政治经济学两个视角。

1. 西方微观经济学的成本概念

西方微观经济学站在生产企业（厂商）的角度，将生产成本等量于购买生产要素的货币支出，即成本的本质是用价值形态的货币支出来计量实物形态的资源消耗。资源消耗过程表现为资源配置，资源的稀缺性使得机会成本概念日益受到重视并成为评价资源配置程度的基准视角，由此机会成本概念被引入了货币支出计量成本的过程。在此之前，成本价值直接用生产要素交易价格来计量，这意味着该交易价格是生产者能将该生产要素进行最优配置而付出的代价，且该代价也就是生产要素所有者转让该生产要素能得到的最高收入。由此机会成本决定了成本补偿的边界，也就界定了成本应包括的内容。机会成本概念的内涵与外延具有较强的主观性，能达成一定共识的机会成本主要在两个方面：其一是与成本对价的货币支出是必要支出，否则就应视为一种损失。必要支出意味着理论消耗，对应着相应的利润水平，实际支出超过理论消耗表明成本上升，而降低理论消耗对应利润上升。其二是所有者将自有资源以生产要素方式投入企业，站在机会成本角度也应计量其应有交易价格而由成本来承担，如投入的自有资金的货币时间价值（或称资金使用费用）。可以看出，西方微观经济学从经济资源稀缺性角度理解的成本是生产要素货币支出与自有资源生产要素化价格的总和。通常前者又称为显性成本而后者为隐性成本，这样西方微观经济学的成本就是显性成本与隐性成本的总和。

相对于西方微观经济学的生产成本理论，通常将针对企业本质的交易成本、代理成本、信息成本等成本概念称为现代成本理论，它们共同构成了西方现代企业理论的基础。

2. 政治经济学的成本概念

在政治经济学中，成本属于价值范畴的一个概念，通常指在正常生产、合理经营条件下的社会平均成本，是生产商品的价值中物化劳动价值和活劳动价值的货币表现。根据马克思的成本价格理论，商品价值（W）= 物化劳动价值（C）+ 活劳动价值（V）+ 剩余价值（M），所以成本是一个在生产要素上耗费掉的资本价值（$C+V$）的等价物或补偿价值，也就是说商品价值中补偿资本家所耗的生产资料价格和劳动力价格就是成本价值。理解政治经济学的成本概念的首要层面是商品价值（W）在资本主义生产方式下所呈现的生产力与生产关系的对立统一性；然后才是技术层面的经济内容：首先是产品生产过程中消耗的劳动对象的转移价值，如材料耗费、燃料耗费、动力耗费等；其次是产品生产过程中劳动资料磨损转移的价值，如机器设备、厂房等固定资产折旧费，工具、器具等低值易耗品的摊销费；最后是劳动者的社会必要劳动转移的价值，表现为工资及其他工资性支出。

政治经济学的成本概念（$C+V$）构成了产品理论成本内涵，而实践中 C 与 V 的具体内容构成则都受限于其应用情境，往往存在一定程度的人为规定。比如产品从最初的概念到实体生产直至被最终消费，通常要承载研究与开发成本、设计成本、生产成本、顾客服务成本、配送成本与配料成本等，这六类成本实质上都是某种类型的 $C+V$ 的组合，但显然现阶段产品成本并没有涵盖整个产品生命周期。另外，为了促使企业加强经济核算，减少生产损失，强化经济责任意识，实际工作中有关法规制度将一些不形成产品价值的损失性支出（如制造业企业废品损失、季节性和修理期间停工损失等），以及某些应以社会创造的价值中进行分配的部分（如财产保险费等）也列入产品成本。因此，产品理论成本只是产品成本所应涵盖内容的总体标准，是一种理论依据。

（三）财务会计学的成本概念

财务会计学的成本概念主要应用于两个层面：一是将会计要素及明细报表项目的市场交易价格以实际成本原则规范并形成其账面价值，这个层面的资产负债表就是企业的成本投入报告，比如企业采购的原材料以实际成本为原则按市场交易价格作为原材料存货账面价值（成本）登记入账；二是以实际成本原则计价的会计要素的价值转移形成费用，而对象化的费用便转而称为"成本"，显然该层次的成本定位于对会计要素转移价值的效益核算，比如对完工产品进行账面价值的成本计量。由此，财务会计学的成本概念可归纳为如下结论：①成本首先表现为市场交易价格，当市场交易价格体现（登记）于企业账簿便形成了会计要素账面价值（历史成本），因此可以认为历史成本与市场交易价格在特定时点上是对等的，是企业主体将市场资源向会计要素及明细报表项目的会计确认与成本计量；②市场资源转换为以历史成本计量的会计要素及明细报表项目后的价值转移是以费用来描述的，而能够对象化的费用则被称为成本，费用与成本是资源配置效率的不同反映方式；③企业以市场交易价格向市场提供产品或劳务而取得公允收入，与对象化到产品或劳务的成本进行配比形成企业主营业务利润，从而完成了产品或劳务的增值核算。

> **相关链接**
>
> 哈佛大学罗伯特·N.安东尼（Robert N. Anthony）教授因早期根据相关资本成本调整公司利润而在管理会计领域非常知名，自其1973年在《哈佛商业评论》发表题为"权益资本成本会计"后，资本成本会计一度成为会计界关注的热点，资本成本会计理论构想是财务会计报告是否应该反映经营过程中发生的一切成本，既包括显性成本，也包括隐性成本（权益资本成本）。20世纪80年代初期其专著《还原其本来面目——一个财务会计概念框架》进一步发展了资本成本会计理论构想。他提出将资本成本纳入会计核算的基本原则是：①将年度资本成本总额除以总资本占用额得到资本成本率；②以资本成本率乘以各受益对象占用的资本额就得到了各受益对象应承担的资本成本数额；③生产

性资产承担的资本成本是产品成本的组成部分，应通过一定方式计入各产品账面价值；④用于固定资产取得的资本筹集的资本成本是其账面价值的组成部分，包括了固定资产在建造过程中占用资本的成本及其相关的其他资本成本；⑤持有较长时间的存货应承担相应的资本成本，当其销售后表现为主营业务成本；⑥上述五个方面对资本成本进行分摊后，未分配出去的年度资本成本总额作为该年一般管理费用处理；⑦普通股权益资本成本记入"留存收益"账户贷方。囿于财务会计概念框架所固有的局限性，上述思想只是部分地被实施，比如存货贷款利息的资本化。

（四）管理会计学的成本概念

管理的核心职能是决策，而决策的最基本原则是成本收益均衡，可以认为成本计量信息构成了决策的核心，管理会计学的成本概念通常被称为管理成本，是企业用于经营管理决策的各类成本的总称。管理成本更接近于经济学的理解，既考虑显性成本，也考虑隐性成本，主要包括变动成本、固定成本、机会成本、边际成本、差别成本、沉没成本、责任成本、质量成本等。由于各类管理决策都具有针对性，因此管理成本多是以专项成本出现的，比如为满足控制与考核需要的责任成本。它们从各自的成本视角进行特定的成本活动。这些具有专项性的管理成本与通用成本核算多样化的联结方式，比如质量成本是企业为确保规定的产品质量水平和实施全面质量管理而发生的耗费与未达到规定质量标准而发生损失的总和，常规的质量成本包括了预防成本、检验成本、内部缺陷成本与外部缺陷成本四部分内容，其核算有统计核算方法、统计与会计相结合核算方法及会计核算方法三类，而实际工作中较为普遍的是采用统计与会计相结合核算方法：①实际发生并计入产品成本部分纳入会计核算体系，通常采用作业成本法按实际发生额进行计量；②实际发生但并未支付的无形损失部分（不良质量而形成的机会成本）主要以乘数法、市场研究法或Taguchi质量损失函数法等进行估计。显然产品视角的管理成本是对产品形成过程中的特定成本范畴进行计量及评价，是特定成本管理活动的效果描述，成本管理的"不同目的，不同成本"一定程度丰富并扩展了产品成本核算体系。

（五）成本会计学的成本概念

产品成本是成本会计学的核心概念，成本会计的主要职能之一就是准确计算生产过程中所耗费的各种经济资源，而耗费各种经济资源的目的就是制造产品或提供劳务，产品或劳务就成为耗费的受益对象，因此以产品或劳务为对象的生产费用系统地确认、计量和归集便形成了产品成本。也就是说，产品成本就是以产品或劳务为对象的生产费用，产品成本又称产品制造成本。由此将产品成本定义为：企业为了生产一定种类和数量的产品而发生的生产耗费。我国2014年1月1日起施行的《企业产品成本核算制度（试行）》第三条将产品界定为企业日常生产经营活动中持有以备出售的产成品、商品、提供的劳务或服务，并进而将产品成本描述为：企业在生产产品过程中所发生的材料费用、职工薪酬等，以及不能直接计入而按一定标准分配计入的各种间接费用。

通过上述五个视角的成本概念阐述，可以归纳出如下结论：第一，成本是为达到特定目的所发生的利益放弃或价值牺牲，它能够或应该能够用货币来计量；第二，成本是一个资产计价概念而不同于费用，产品生产可以看成是一个费用投入与具有新使用价值的成本产出的过程；第三，产品成本是成本会计的核心概念，产品成本核算与管理成本密切相关；第四，为了满足经营管理的实际需要，管理者应使用不同的成本概念。

 国际视野

1970 年，美国国会成立了成本会计准则委员会（CASB），开始制定统一的成本会计准则以解决订约者在成本补偿合同中高估成本的问题，即统一成本名词以及成本在各种合同间和各种商业性产品与防务性产品间的分配。CASB 制定准则为国防部完成采购任务，以及政府机构在采购业务中制定"公平"价格提供指南，期望用"成本会计计价制度"替代"自由市场定价制度"以完善政府采购基础制度。国防合同承包人，以及几乎所有的联邦政府机构在协商合同约定价时都必须应用这些原则。1980 年，该委员会曾因国会拒绝通过其年度预算而停止工作，1988 年又作为联邦采办政策办公室的一个委员会重新开展工作。在美国，CASB 迄今一直是唯一"制定、颁布、修正、废止成本会计准则及其说明"以保证美国商界对成本进行计量、分配、分摊会计准则一致性与连贯性的权威机构。

CASB 的主要成果是发布了 21 个成本会计作业准则，具体包括：400 定义；401 成本会计准则——在估计成本、归集成本和报告成本中的一致性；402 成本会计准则——对为统一目的而发生的成本分配的一致性；403 总机构费用对各责任单位的分配；404 有形资产的资本化；405 不许列支成本的会计；406 成本会计准则——成本会计期；407 标准成本——用于直接原料和直接人工；408 补偿个人缺勤成本的会计；409 有形资本资产的折旧；410 总务及管理费用的分配；411 原料取得成本的会计；412 养老金费用的构成和计量；413 由于通货膨胀（收回）对实际折旧成本的调整；414 原料取得成本的会计；415 递延补偿成本；416 保险费成本的会计；417 货币成本作为在建资本资产成本的一个要素；418 直接成本和间接成本的分配；419 收回；420 独立研究和开发成本的会计以及投标和建设成本的会计。

二、成本的分类

成本的多维概念也表明了可以根据需要按不同标准对成本进行各种分类，以满足企业成本管理的不同信息需求。

（一）成本按其经济用途的分类

费用的对象化称为成本，因而针对产品与会计期间两类对象，相应地将成本分为制造成本和期间成本。

1. 制造成本

制造成本是指能够对象化到具体产品或劳务上的生产费用，也就是生产费用的对象化结果,理论上包括直接材料费用、直接人工费用和制造费用三个明细项目。其中,直接材料费用是指构成产品实体的原材料以及有助于产品形成的主要材料和辅助材料的消耗额;直接人工费用指直接从事产品生产的工人的职工薪酬的支出;制造费用指企业为生产产品和提供劳务而发生的各项间接耗费。

当然,不同行业产品或劳务的制造成本构成内容存在差异,比如房地产企业一般设置土地征用及拆迁补偿费、前期工程费、建筑安装工程费、基础设施建设费、公共配套设施费、开发间接费、借款费用等成本项目;农业企业一般设置直接材料、直接人工、机械作业费、其他直接费用、间接费用等成本项目;信息传输企业一般设置直接人工、固定资产折旧、无形资产摊销、低值易耗品摊销、业务费、电路及网元租赁费等成本项目。

另外,对制造成本构成内容按照不同方式进行组合,可以得到不同的成本概念。如直接材料与直接人工之和称为直接成本而其他构成内容之和称为间接成本,通常直接成本被称为"可追溯成本"而间接成本又被称为"共同成本";直接材料称为主要成本而直接人工与制造费用之和称为加工成本,等等。

2. 期间成本

期间成本是指对象化到会计期间的耗费,该类成本的发生是企业持续经营的必要条件,但与产品生产没有直接关联。具体内容包括销售费用、管理费用与财务费用:①销售费用是指企业在销售商品过程中发生的包装费、广告费等费用和为销售本企业商品而专设的销售机构的职工薪酬、业务费等经营费用。②管理费用指企业为组织和管理生产经营活动所发生的费用。③财务费用是指企业筹集生产经营所需资金而发生的筹资费用。

理论上期间成本在实践中也常被称为期间费用,但两者在具体含义上还是存在细微差别的:一是期间成本更突出了成本耗费与企业产品或服务的对称性,而期间费用仅仅在表明资产要素与费用要素间转换的数量关系;二是期间成本是特定成本核算方式下的专门类别,比如在变动成本核算制度中特指"固定制造费用"等项目。另外,站在与制造成本的对称角度,期间成本也可称为非制造成本。

上述成本分类如图1-1所示。

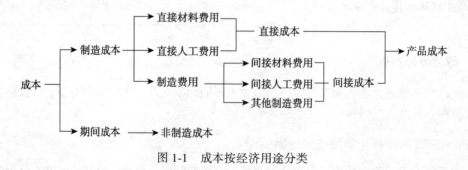

图1-1 成本按经济用途分类

(二)成本按可控性进行分类

成本按其可控性进行分类,可以分为可控成本与不可控成本。从理论上说,任何成本都是可以被人们在一定程度上加以控制的,但由于控制主体的责任范围有限,控制手段和控制方法还存在一定的局限，因此从实际工作出发，从特定主体和特定时期来看，成本有可控成本与不可控成本之分。可控成本是在一个会计期间内能合理地计量，而且为控制主体所能控制的，可以用来衡量负责该项成本的管理人员的业绩好坏的成本；不可控成本是控制主体不能加以控制的成本。这里的控制主体泛指企业部门、生产车间、工段、班组及个人等，是否可控则针对控制主体的权责范围而言的，控制主体的权责范围通常就是在界定成本责任中心。同时，这也意味着成本可控性与否具有相对性，对某部门而言可控但对另一部门则可能不可控，比如某些成本从基层领导看不可控而对于高层领导则可控，像生产设备租赁费对具体使用该生产设备的车间而言是不可控成本，但对于有权决定是否用购进新设备代替租用设备的领导来说属于可控的；还有就是理解成本可控性还必须同成本发生时间相联系，比如产品设计阶段、成本决策与计划阶段，成本尚未发生则基本上都属于可控，产品生产过程中部分可控，产品一旦完工则实际发生的成本就无所谓可控不可控了。

（三）成本的其他分类

成本除了按上述标准的分类外，根据不同管理需要，还有其他多种分类方式。比如按成本与业务量（产量或销售量）之间的成本性态将成本划分为变动成本、固定成本和混合成本三类，其中混合成本又可分为半变动成本和半固定成本；按成本与决策的关系，可以将成本分为相关成本与非相关成本；按成本的发生时间将其分为历史成本和预计成本，等等。成本每按选定的标准进行分类就会产生新的增量信息，多视角的分类推动了对成本概念内涵与外延的更深刻认识，成本作为一种分析工具方法的成熟度就会越高，其应用的效益性也会越强。

第二节　现代成本会计的目标

成本会计要与生产方式相适应并随着其发展而具有动态演进性，现代成本会计体系呈现出渐进式完善。

一、现代成本会计的含义与种类

成本会计始于生产成本观念，而生产成本观念产生于资本主义简单协作和工场手工业时期，完善于资本主义大机器工业生产阶段。而真正意义的成本会计通常被认为产生于19世纪中后期，先后经历了早期成本会计、近代成本会计和现代成本会计三个阶段：①早期成本会计源于英国，当时认为成本会计就是汇集生产成本的一种制度，主要是用来计算和确定产品的生产成本和销售成本，也称记录型成本会计，其应用范围只限用于工业企业。②近代成本会计在早期成本会计的基础上增加了"管理上的成本控制与分析"新职能，这主要表现为美国会计学家提出的标准成本会计制度，其应用范围也从工业企业扩大到各行业并深入企业内部的各主要部门。③现代成本会计基于近代成本会计并吸收管理会计相关专门方法，形成新型的聚焦于管理的成本会计，预算管理、专项成本研究、标准成本核算等成为其主要内容，其中以标准成本为基础的责任成本控制系统的形成和发展堪称成本会计第二次革命。时至今日，现代成本会计的内涵与外延都得到极大发展，新制造环境使得责任成本、质量成本、目标成本等工具方法日益完善，信息技术、数字经济等推动着成本概念更多元、更多新内容被纳入，广义视角的成本会计已经发展成为成本管理。

由上述成本概念演进至成本会计的进程，可将现代成本会计的含义描述为：以会计学基本原理为基础，结合相关管理技术与方法，借助成本概念多元化对企业生产经营过程中的资源消耗及补偿进行反映，并利用特定成本管理活动提供成本信息以利于创造企业成本竞争优势的专门会计。显然，现代成本会计体现为一系列价值管理活动，以相对独立的学科定位联结了财务会计学与管理会计学，并且呈现出偏重于管理会计的趋势。

现代成本会计有着不同的分类标准，其中按成本会计制度与成本计算模式的分类是主要的两种。

1. 按成本会计制度分类

按成本会计制度，现代成本会计可以分为实际成本制度、估计成本制度与标准成本制度三类。

（1）实际成本制度是指根据实际发生的各项耗费计算成本的一种成本会计制度，也称历史成本会计制度。其特征是消耗数量必须为实际消耗量，价格虽然可以采用计划价格等非实际价格，但在计算成本时必须做适当处理将其调整为实际价格。该方法满足了公认会计准则对存货计价与损益计算的需要。

（2）估计成本制度是指产品生产前预先估算产品单位成本，以此确定售价，待实际成本计算后与其比较判断估算的偏差程度，并据以修改估算产品单位成本的一种成本会计制度。该制度下估算成本与实际成本的差异，可作为当期损益项目，或在产成品、在产品与产品主营业务成本三者间进行分摊。

（3）标准成本制度是指以制定好的产品标准成本为基础，用实际产量的标准成本同其实际成本进行比较并记录与分析成本差异的一种成本制度。该制度在西方国家的企业中运用得比较普遍，是控制成本、衡量生产效率高低的一种成本会计制度。需要指出的是，标准成本与估计成本在观念与作用上存在差异。

2. 按成本计算模式分类

按成本计算模式，现代成本会计可以分为完全成本计算模式与变动成本计算模式两类。

（1）完全成本计算模式是指将产品制造环节发生的全部生产耗费都归集到产品成本而将非生产成本计入期间成本，也就是说即使全部生产耗费可划分为变动成本与固定成本，固定成本也应该由产品成本承担，非生产成本由当期收益补偿。

（2）变动成本计算模式是指企业以成本性态分析为前提条件，仅将生产过程中消耗的变动性生产成本作为产品成本的构成内容，而将固定性生产成本和非生产成本作为期间成本，直接由当期收益予以补偿的一种成本管理方法。

在实践中，由于成本核算所提供的信息要满足多方面的需求，因此上述两种分类往往会结合使用，形成各种类型的成本会计模式，比如标准成本制度既可以与完全成本计算模式结合使用，也可以与变动成本计算模式结合使用，标准成本制度与变动成本计算模式相结合就形成了变动标准成本制度。

二、现代成本会计的双层级目标

现代成本会计目标是成本会计理论与方法体系的逻辑起点,作为会计学科体系的一个重要组成部分的专门会计,其基本目标是充分利用会计学基本理论、原则、程序等,并结合自身专门的方式与方法提供产品在制造环节所发生的成本信息。另外,成本会计系统作为企业管理系统的一个子系统,又承担着利用成本信息参与企业战略决策,因此现代成本会计的终极目标是基于成本信息的企业成本竞争优势的创造。现代成本会计基本目标与终极目标并不是截然分开的,企业主要产品市场竞争能力是企业核心竞争力的重要表现形式之一,如果在企业主要产品形成过程中能够通过核算方式创新来提供有利于战略竞争优势建立的成本信息,则基本目标也就具有了战略性。实际上传统成本核算方式向现代成本核算方式演进过程中成本核算越来越具有战略导向性。

1. 成本信息在企业管理中的作用

成本信息从多角度反映着企业资源配置状况及其效率,其作用主要表现为:①成本信息是生产耗费的价值补偿尺度。企业能够确保简单再生产的基础是生产耗费准确计量及市场化足额收回,而这取决于产品成本的价值补偿尺度。②成本信息是产品价格制定的重要影响因素。产品价格是产品使用价值的货币表现,而产品使用价值源自各生产要素的投入及转化,制造成本是投入及转化的价值反映。③成本信息是企业形成竞争策略并由此获得竞争优势的手段。低成本是企业可选竞争策略,产品市场价格稳定则成本与利润呈反向关系,最优化成本水平是现实的战略定位。④成本信息是考核与评价企业经营情况的重要指标。成本是企业经营管理水平的直观表现,是企业效益提升的常规路径。⑤成本信息是企业进行经营管理决策的重要依据。成本收益对称是任何决策都应遵循的准则,恰当成本观念下备选方案的成本测算是科学决策的基础。

> **相关案例**
>
> 2015年4月14日,乐视超级手机发布会在北京和硅谷同步举行。乐视首次跨界手机行业就推出乐视超级手机1、顶配乐视超级手机1 Pro与极限旗舰乐视超级手机Max三款产品,并声称是全球首家以开放、闭环的生态模式让手机由智能时代进入生态时代,此外还宣布要打破成本与价格的边界而全球首推按量产成本定价。乐视超级手机1和顶配乐视超级手机1 Pro发布会现场公布了主芯片、Memory、射频模块、多媒体模块、结构件、包装及配件、材料及制造、软件及专利、物流售后等量产整机成本,乐视超级手机1系列产品按照量产成本的定价远低于初期BOM(材料清单)整机成本,对于极限旗舰乐视超级手机Max则公布了详细的BOM信息。这是业内首次公布BOM成本和量产成本,乐视同时号召友商晒出BOM单以此使手机价格更透明。然而联想集团CEO杨元庆在2015年5月21日晚间举办的2014财年第四季度业绩沟通会上却直言"有些竞争对手不合理地出牌,把供货清单公布出来打市场,这些不理性的做法,其实是让竞争更加剧烈"。

2. 现代成本会计目标实现的条件和基础

现代成本会计目标的实现需要借助一定的外在条件和内部基础，也可以说是现代成本会计所处的外部环境和内部环境。现代成本会计的外部环境主要是指社会对成本观念的认知及政府行为对成本观念的导向，尤其是相关宏观政策的影响及相应制度规范；内部环境主要是指企业法人治理结构的完善程度，所有者、经营者和一般员工对成本信息的关注程度，以及企业内部是否建立了以成本为核心的激励和约束机制等。也就是说，不管是基本目标还是终极目标，其实现都包含了宏观成本观念与微观成本观念两个层面，它们之间相互影响并体现为一整套制度安排。这从企业成本信息所对应的成本结构中有直观体现，具体而言，包括相互连接的五个方面的内容，即：①成本的社会价值观，比如全社会崇尚节俭还是铺张；②政府对成本的规范，比如税费对企业负担的影响程度；③资本所有者的成本意识及行为，比如对权益资本成本的看法；④资产经营者的成本意识及行为，比如高管过高薪酬对产品质量影响；⑤雇员的成本意识及行为，比如将雇员视为成本还是资源。显然，任何一个层面的成本出现问题都会影响成本会计目标的实现，比如政府将本应由其承担的成本转嫁给企业，企业承担大量的社会成本必然使基于成本管理的约束与激励制度发生偏离。

 相关链接

波士顿咨询公司 2013 年研究报告称当时美国制造商品平均成本只比中国高 5%；2015 年，美国低成本地区生产已经变得和中国生产一样经济划算；2018 年，美国制造的成本将比中国便宜 2%~3%。中国制造业成本为何变得这么高？江南化纤有限公司测算比较了创办相同规模企业的中美成本并提供了部分成本构成对比，其中：土地成本：中国是美国的 9 倍；物流成本：中国是美国的 2 倍；银行借款成本：中国是美国的 2.4 倍；电力/天然气成本：中国是美国的 2 倍以上；蒸汽成本：中国是美国的 1.1 倍；配件成本：中国是美国的 3.2 倍；税收成本：美国税收优惠力度大；清关成本：美国无须支付进出口清关成本；人工成本：中国成本优势趋弱；折旧成本：美国是中国的 1.7 倍；厂房建设成本：美国是中国的 4 倍。这里值得思考的问题是：中美两国制造业成本差异的实质是什么？作为两个不同经济体的中美两国成本具有可比性的前提是什么？

三、成本会计与财务会计、管理会计的关系

从成本会计理论体系的形成过程来看，成本会计开始属于财务会计体系，主要从财务会计理论的角度通过成本核算进行资产计价，从而成本核算过便纳入了会计账簿体系。到了近代成本会计阶段，成本会计具备了相对完整的理论和方法，形成了较为独立的学科。发展至现代成本会计阶段，成本概念体系已经较为庞大，成本会计范畴得到很大的拓展，成本会计的重点由成本核算向成本经营转变，形成现代成本管理体系，基本定型了财务会计、成本会计和管理会计的三分法态势。尽管成本会计趋近于管理会计的趋势明显，但从

成本会计的目标出发，针对我国企业成本管理的实际，将成本会计作为一个独立的会计分支来阐述其理论与方法体系，会更好地发挥成本会计的价值管理功能。

1. 成本会计与财务会计的关系

从成本核算角度看，成本计量直接决定着存货资产计价，而存货计价又极大地影响着相关损益的确认与计量，比如我国《企业会计准则第 1 号——存货》第五条规定存货应当按照成本进行初始计量，存货成本包括采购成本、加工成本和其他成本；第十四条规定：对于已售存货，应当将其成本结转为当期损益。《企业产品成本核算制度（试行）》第四十八条提出企业不得以计划成本、标准成本、定额成本等代替实际成本。成本会计与财务会计相对于会计学而言是同源分流，只是发展多元成本概念体系以提供计量性信息甚至成为社会分析工具的需求推动了成本会计学从财务会计学中独立出来，并且形成了相对独立的账簿体系和一套比较完整的程序和方法。

2. 成本会计与管理会计的关系

管理会计作为企业决策支持系统的一个子系统，主要目标是向企业内部的预测、决策、计划、控制、考核与评价等管理活动提供会计信息，其理论基础是经济学、数学、决策科学和行为科学等，通常采用的分析方法主要有成本性态分析、量本利分析、边际分析及折现现金流量分析等。然而这些分析方法的最基本决策依据就是对相关成本的量化，而成本会计则从通用成本或专项成本的角度提供数据支撑，比如责任成本与产品成本之间的数据转换，甚至于管理会计应用特定分析方法的效率评价也是依托其事后的成本状况来考察的。可以认为成本会计是管理会计高效实施的基础设施。

3. 财务会计与管理会计的关系

财务会计的核算对象通常被界定为交易与事项或统称为业务活动，然而由纯粹的市场交易活动形成的业务活动并不是财务会计核算对象的全部，因为这类业务活动通过财务会计系统进入会计核算体系后便成为企业内部事项，也就成为企业管理行为的结果，是企业管理效率的反映，从这个角度看管理会计无疑影响甚至是决定着财务会计核算对象的数据状况。另外，管理会计的实施机制也不完全是通过构建独立的管理会计信息体系为支撑的，一般还是建立在财务会计核算系统之上，比如质量成本核算的单轨制。由此可见，财务会计对会计要素的核算与管理会计对资源配置效率的计量体现了财务结果与管理过程的因果关联性。

4. 财务会计、成本会计与管理会计间关系的演进

财务会计、成本会计与管理会计三者间的两两关系探讨表明，现阶段会计信息被割裂为财务会计信息、成本会计信息与管理会计信息三部分，常规的观念是财务会计、成本会计与管理会计分别提供结果性信息、计量性信息与过程性信息，尽管三分法的会计信息能满足各自的特定信息需求，但相对于企业整体战略而言则显得碎片化，而会计信息具有核心竞争力的特质就在于打破对其简单三分法而实现一体化。比如站在管理会计的价值链视角，若企业将自身定位于整体价值链的产品生产，则有效的成本内容应该包括库存商品从生产到销售的绝对成本与递增成本,这样才利于分析该产品的制造能力及销售能力的最优化测度。

第三节 现代成本会计的内容与工作组织

现代成本会计的内容与工作组织是随着成本观念的应用环境而匹配相应的应用程序,由此也就具有了权变性特征。

一、现代成本会计内容及其运行机制

成本会计是基于生产发展和经营管理的需要而逐步形成和发展起来的。早期的成本会计是一种记录型成本会计,它的内容仅限于对生产过程中的生产消耗进行系统的归集和分配,以计算确定产品的生产成本和销售成本。这种借助会计核算的一般原理、原则和方法,对生产产品实际发生的各种生产费用进行确认、计量、记录和报告的全过程就是成本核算。到了 20 世纪初,由于在西方国家的企业管理中泰罗制被作为一种科学管理方法而普遍推行,成本控制的思想开始出现,并形成了标准成本制度。实行标准成本制度后,成本会计就不仅是进行事后的核算,还需要事前制定成本标准,并据此控制日常的生产消耗,这样成本会计的内容就扩展到成本控制。第二次世界大战以后,科学技术迅猛发展,生产自动化水平大大提高,产品的技术含量不断升级,更新换代的速度不断加快,企业规模越来越大,企业间的竞争日益激烈。在这种背景下,为了适应现代化大生产出现的新情况,管理也要现代化,随着各种管理技术的创新及其在成本会计中的应用,成本会计发展到一个新阶段,成本会计的内容从事后成本核算和事中成本控制拓宽到事前的成本预测、决策和计划。因此,现代成本会计所包括的内容已十分广泛,主要包括如下内容。

1. 成本预测

成本预测是以现有条件为前提,在历史成本资料的基础上,根据未来可能发生的变化,利用科学的方法,对未来的成本水平及其发展趋势进行描述和判断的成本管理活动。成本预测主要目的在于提供决策所需成本信息,比如预测企业劳动生产率提高对企业产品人工成本的影响。

2. 成本决策

成本决策是在成本预测及有关成本资料的基础上,综合经济效益、质量、效率和规模等指标,运用定性和定量的方法对各个成本方案进行分析并选择最优方案的成本管理活动。通常认为成本决策是在成本预测的基础上对决策理论的具体应用,比如从若干可选方案中确定成本最低的。

3. 成本计划

成本计划是以营运计划和有关成本数据、资料为基础,根据成本决策所确定的目标,通过一定的程序,运用一定的方法,针对计划期企业的生产耗费和成本水平进行的具有约束力的成本筹划管理活动。成本计划是对成本决策结果的实施规划,是成本事前管理的重

要载体，构成了成本管理责任制的基础。

4. 成本控制

成本控制是成本管理者根据预定的目标，对成本发生和形成过程以及影响成本的各种因素条件施加主动的影响或干预，把实际成本控制在预期目标内的成本管理活动。成本控制是成本计划实现的保障机制，可从事前、事中与事后三个层面系统化展开，多表现为一系列先进可行的成本控制方法的应用。

5. 成本核算

成本核算是根据成本核算对象，按照国家统一的会计制度和企业管理要求，对营运过程中实际发生的各种耗费按照规定的成本项目进行归集、分配和结转，取得不同成本核算对象的总成本和单位成本，向有关使用者提供成本信息的成本管理活动。成本核算既反映了实际成本水平，也体现出成本计划与成本控制的结果。

6. 成本分析

成本分析是利用成本核算提供的成本信息及其他有关资料，分析成本水平与构成的变动情况，查明影响成本变动的各种因素和产生的原因，并采取有效措施控制成本的成本管理活动。成本分析具有承前启后性，既是对前述各项成本会计内容的评析，也为成本考核提供科学依据。

7. 成本考核

成本考核是对成本计划及其有关指标实际完成情况进行定期总结和评价，并根据考核结果和责任制的落实情况，进行相应奖励和惩罚，以监督和促进企业加强成本管理责任制，提高成本管理水平的成本管理活动。成本管理要依赖于相应的激励与约束机制的构建，由此形成适用的成本管理责权利体系。

企业在营运过程中实施的成本预测、成本决策、成本计划、成本控制、成本核算、成本分析和成本考核等一系列管理活动总称为成本管理，一般划分为事前管理、事中管理与事后管理三个阶段，其中：

（1）事前成本管理阶段，主要是对未来的成本水平及其发展趋势所进行的预测与规划，一般包括成本预测、成本决策和成本计划等步骤；

（2）事中成本管理阶段，主要是对营运过程中发生的成本进行监督和控制，并根据实际情况对成本预算进行必要的修正，即成本控制步骤；

（3）事后成本管理阶段，主要是在成本发生之后进行的核算、分析和考核，一般包括成本核算、成本分析和成本考核等步骤。总体而言，成本管理内容对应于企业产品生产或劳务提供所形成的整体价值链，现代成本会计内容体系及其之间的逻辑关系如图 1-2 所示。

通过图 1-2 的左面可以看出，产品成本只是一系列事项发生后的结果，这一系列事项的起点就是由市场决定的产品定位决策，而生产决策一旦作出则必然导致企业资源的消耗，产品成本核算可以看成是预计资源消耗的事实检验。这就是说，成本会计本身就是一个完整的内容体系，它应该涵盖起点于产品概念而终结于产品社会责任解除这样的全过程，即产品全生命周期。

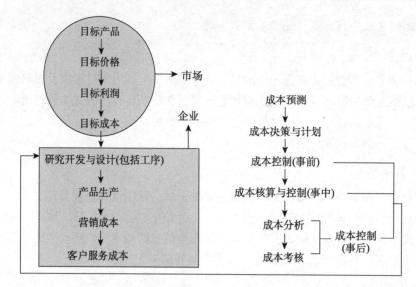

图 1-2　现代成本会计内容体系及其之间的逻辑关系

现代成本会计内容的实现依赖于适合企业的成本管理工具方法或综合应用不同成本管理工具方法,一般包括目标成本法、标准成本法、变动成本法、作业成本法等。综合应用不同成本管理工具方法时,应以各成本管理工具方法具体目标的兼容性、资源的共享性、适用对象的差异性、方法的协调性和互补性为前提,同时还应遵循以下原则:①融合性原则。成本管理应以企业业务模式为基础,将成本管理嵌入业务的各领域、各层次、各环节,实现成本管理责任到人、控制到位、考核严格、目标落实。②适应性原则。成本管理应与企业生产经营特点和目标相适应,尤其要与企业发展战略或竞争战略相适应。③成本效益原则。成本管理应用相关工具方法时,应权衡其为企业带来的收益和付出的成本,避免获得的收益小于其投入的成本。④重要性原则。成本管理应重点关注对成本具有重大影响的项目,对于不具有重要性的项目可以适当简化处理。

二、成本会计工作的组织

科学、合理地组织成本会计工作对建立成本会计工作的有效运行机制,保证成本会计目标的实现具有重要的意义。也就是说,企业为了有效地开展成本会计工作,充分发挥其应有的作用,必须加强成本会计工作的组织。成本会计工作的组织主要包括建立健全成本会计机构,配备必要的成本会计师,制定和实施科学的成本会计制度。

(一) 设置成本会计机构

成本会计机构是处理和完成成本会计工作的主要职能部门。设置成本会计的组织机构,必须考虑符合企业生产经营管理的特点,适应成本会计工作的内容和目标,贯彻落实成本责任制,做到成本与经济效益相结合,有利于全面成本管理工作的开展。

1. 成本会计工作的领导机构

在企业竞争日益激烈的市场环境下,成本会计工作的重要地位和作用决定了成本会计工作的领导核心应是企业最高管理层，没有企业最高管理层的领导、参与和支持，成本会计工作就得不到应有重视。普通员工的成本意识是依靠最高管理层对成本的态度和表率作用而逐渐培养起来的。成本会计工作的领导机构所做的工作至少包括：①制定企业成本会计工作的目标和实现成本会计工作目标的具体策略；②建立健全企业成本会计工作的组织机构，明确成本领导责任；③审定和批准企业成本会计制度；④审定和批准企业的目标利润和目标成本，以及成本计划和费用预算；⑤协调各部门成本会计工作中的矛盾；⑥综合研究和决定各项重大的降低成本方案；⑦推行成本奖惩制度，动员企业的各管理层和普通职工管理成本，培育成本管理文化。

2. 成本会计的职能机构

成本会计机构是从事成本会计工作的职能单位，对其设置通常考虑是在专设的会计机构中单独设置成本会计科、室或组等，还是只配备成本核算人员来专门处理成本会计工作。设置成本会计机构应该明确企业内部对成本会计应承担的职责、义务和任务，坚持分工负责与协作相结合，统一与分散管理相结合，专业与群众管理相结合，并与企业规模和成本管理要求相适应。从成本核算组织方式来看，大中型企业通常在专设的会计机构中单独设置成本会计科、组或室，配备必要的具有成本会计专业知识的人员，从事成本会计工作。我国《企业产品成本核算制度——钢铁行业》第一章"总则"明确提出"六、钢铁企业应当设置或指定专门机构负责产品成本核算的组织和管理，根据本制度规定，确定产品成本核算流程和方法"。小规模企业会计人员不多，一般会计部门也可指定专人处理成本会计工作。

成本会计职能机构的设置及业务分工与企业组织管理体制有密切的联系，通常有集中核算和非集中核算两种组织形式。集中制下公司（或厂部）成本会计机构集中处理企业全部成本会计工作，减少了核算层次，保证质量，但不利于内部各单位掌握和控制其成本。非集中制下公司（或厂部）成本会计机构负责组织、领导、协调企业内部各级成本会计工作，汇总成本资料，提供成本信息，以及处理那些不便于分散车间去进行的成本工作。在我国，有的企业除公司、厂部和车间设置专职成本会计人员外，还建立有工人以不脱产方式兼任核算工作的制度，即所谓班组核算。这是我国多年来行之有效的一种基层核算。

当然，企业应根据自身规模的大小、内部各单位经营管理的要求，以及这些单位成本会计人员的数量及素质，从有利于充分发挥成本会计工作的职能、提高成本会计工作的效率出发，确定适宜的组织形式，必要时也可以将上述两种方法结合采用。尤其是两种方法的综合采用可实现账户管理与现场管理的一体化，财务会计学的核心特征是以账户体系与企业经营活动相对应，而就企业生产活动而言则只有现场才能发现不产生附加价值的活动，账户管控不能纸上谈兵，基于现场的目视管理被生产精细化所推崇。

> **相关案例**
>
> 深圳某企业由公司财务管理部负责日常财务会计工作，其下设的核算组负责项目成本核算工作，人员配置齐备。公司财务管理部根据《成本核算暂行办法》归集、分配和

> 结转项目成本；公司经营管理部根据《项目运行管理制度（试行）》收集项目内部节点证据，复核项目管理信息以及及时归档外采合同等。公司已设置与自身业务相匹配的财务管理信息化系统，其中项目管理系统模块有效提升公司对服务项目的精细化管理效率。
>
> 公司经营管理部每月 20 日下发公司在运行项目清单，要求完成如下工作：①判断当前项目运行状态和阶段；②更新在运行项目最新的内外证节点；③提交新增内外证节点的附件。每月 24 日交回至经营管理部审核。经营管理部根据内外证之间时间逻辑及附件的内容是否正确予以审核。财务管理部检查内证节点附件及填写的内证节点表是否存在异常，并按照公司制定的成本核算方法进行计量。

（二）配备成本会计师或成本会计人员

成本会计工作的内容十分丰富，程序比较复杂，业务性强，涉及企业管理的方方面面，如果没有专门的成本会计人员去完成这项工作，成本会计的目标就难以实现。随着我国市场经济运行机制的建立和完善，企业成为独立的市场经营者，面对越来越激烈的市场竞争，企业发展既要依靠技术创新，也要依靠管理创新。成本会计工作是企业管理工作的重要方面，也要不断根据市场变化和竞争要求进行更新，从成本管理的内容、方法到手段都必须适应激烈的市场竞争的要求。因此，成本会计人员要立足企业，放眼市场，树立起强烈的成本经营意识和成本竞争意识，积极参与各项经营决策活动，在提高企业竞争力的基础上把成本降下来，更好地促进企业发展。

成本会计工作的重要性和特殊性要求从事该项业务的会计师，应具备较强的业务能力和高水平的职业道德。西方国家对于成本管理会计师的职业道德较为重视，其职业道德规范也比较完善。比如美国会计师协会曾于 1983 年发布了《管理会计师道德行为准则》，将管理会计师的 15 项义务归结为能力、保密、正直、客观四个方面，管理会计师不应违反这些准则的要求。由于我国对成本管理会计师职业道德的研究尚处于起步阶段，还未能形成独立、完善的会计职业道德规范体系。

但不管是否具有比较完善的职业道德规范，成本会计师首先应具备从事成本会计工作的基本能力。比如：系统学习了成本会计的一般原理和方法；熟悉企业成本的形成过程，对生产流程有比较全面的了解；有学习精神，能通过学习持续地发展自身的知识技能，以保持胜任的职业能力。其次，成本会计师应有很高的工作热情。从某种意义上说，企业成本管理就是对人的管理。由于成本管理的主要工作就是实施成本控制，而人的习性是喜欢自由而反对约束。成本会计师要得到企业领导、各管理层和一般员工的支持，需要做很多的协调工作。上述两个方面都要求成本会计师，不仅要懂会计，还应懂经营，懂管理，熟悉本企业的生产流程和人文环境。由于影响成本的因素是多方面，既有经济因素，又有技术因素和文化因素，既有有形的资财耗费，还有无形的精神消耗。成本会计师要深入生产现场，了解生产技术，掌握成本信息的生成过程，学会运用价值工程和成本竞争理论和方法，坚持技术与经济相结合，成本和效益相结合，把预测、决策、计划和控制放在重要地位，跳出仅仅负责成本核算的职责定位，使成本会计工作在企业发展中起发挥更大的作用。

相关案例

某企业申请首次公开发行股票并在创业板上市,深圳证券交易所上市审核中心2020年9月30日出具了《关于×××申请首次公开发行股票并在创业板上市的审核中心意见落实函》(审核函〔2020〕010550号),该企业申报会计师对包括"关于重新申报纳税"等问题进行了回复。其中对成本调整给予了如下解释:发行人对收入确认时点调整的同时对成本处理自查自纠并重新申报纳税。该自查自纠的调整包括由于收入确认时点调整导致其匹配的成本调整,还包括对以前的成本归集、分配及结转不准确、成本费用跨期等成本费用核算不规范导致的成本核算差错进行调整。重新申报纳税时累计调减成本9 312.43万元,其中2014年调减成本9 113.43万元、2015年调减成本2 041.62万元、2016年调增成本1 842.60万元,具体明细见表1-1。

表 1-1   单位:万元

机型系列	2016年			2015年			2014年		
	收入调整导致的成本调整	成本核算不规范导致的调整	小计	收入调整导致的成本调整	成本核算不规范导致的调整	小计	收入调整导致的成本调整	成本核算不规范导致的调整	小计
Ⅰ系列	−330.93	−107.02	−437.96	−1 549.38	−329.09	−1 878.47	2 479.52	−4 486.46	−2 006.94
Ⅱ系列	504.15	26.19	530.34	−310.78	80.87	−229.90	617.07	−3 873.22	−3 256.15
其他系列	743.48	−135.19	608.29	168.77	−23.47	145.30	1 558.16	−4 316.81	−2 758.65
其他	1 141.93		1 141.93	−61.62	−16.93	−78.55	61.62	−1 153.30	−1 091.68
合计	2 058.63	−216.02	1 842.60	−1 753.01	−288.61	−2 041.62	4 716.37	−13 829.80	−9 113.43

公司在报告期之前出现成本核算差错的主要原因系公司2014年及以前年度会计人员力量薄弱,主要为聘用的代理记账的一个外部人员,其对公司的业务、会计处理及税收政策理解不透;成本核算未与业务资料有效衔接,存货库存管理和成本核算脱节。公司的实际控制人、法定代表人及其他高级管理人员并非会计专业人员,缺乏相关财务会计专业知识,未形成有效的审核,导致成本核算差错。

报告期公司的财务运作及内控制度已完善。公司由于财务核算不规范导致的成本差错主要发生在2014年。2015年之后公司开始健全财务核算及内控体系。主要体现在:①增加了财务人员配置。从2015年以前仅设有一名兼职会计和一名出纳增加到目前包括财务负责人及财务部长、总账会计、成本会计、费用会计、材料会计、出纳等多个岗位,形成了分工合理、职责明确的不相容岗位设置,财务人员均为全职,且具备从事相应岗位所需的专业素质和技能。②完善了内控制度。发行人制定了《财务管理制度》《固定资产和无形资产管理制度》《资金管理制度》《存货管理制度》《发票管理制度》等制度,加强了财务和业务的进一步融合和相互监督。③提升了会计处理的信息化程度。发行人增加并完善了存货核算模块,提高了存货核算的效率,避免出现简单的核算错误。

发行人存在报告期之前财务运作不规范、内控制度不健全的情形,通过自查自纠,发行人报告期财务运作规范、内控完善并得到有效实施。

(三）建立和健全成本会计制度

企业应建立健全成本会计制度体系。成本会计制度是组织和从事成本会计工作所必须遵循的规范和依据，是企业会计制度的重要组成部分。成本会计制度要以会计准则、财务通则和企业会计制度的有关规定为依据，体现社会主义市场经济的要求，满足宏观调控需要；要适应企业内部加强成本管理和成本控制的实际需要，并同其他有关规章制度相协调；符合简便易行、实行有效的原则。成本会计制度有着广义和狭义之分。

1. 广义成本会计制度

广义成本会计制度是以成本管理为目的，内容包括对成本进行预测、决策、规划、控制、计算、分析和考核等作出的规定。现代成本会计制度主要包括如下内容：①成本预测和决策制度；②成本计划、费用预算编制制度；③成本控制制度；④成本核算制度；⑤成本信息提供和相关报表编制制度；⑥成本分析和改善成本措施的落实制度；⑦成本考核和奖励制度；⑧其他有关成本会计制度。

2. 狭义成本会计制度

狭义成本会计制度主要指成本核算和成本账户体系规定。当然狭义成本会计制度也应从三个层面理解。

（1）对成本核算的直接规定。这主要表现在界定成本核算范围、成本项目设置、基本会计账户使用、成本核算方法选择等以保证成本核算的统一性，由《企业会计准则》《企业产品成本核算制度（试行）》及《企业产品成本核算制度——石油石化行业》《企业产品成本核算制度——钢铁行业》《企业产品成本核算制度——煤炭行业》与《企业产品成本核算制度——电网经营行业》等行业成本核算制度构成。这些直接规定具有明确的规则导向。

（2）对成本核算的直接约束。这主要表现为对企业成本核算的原则性规范，由《中华人民共和国会计法》《会计基础工作规范》《企业财务通则》《企业内部控制应用指引》等构成，显然这些规定呈现出明显的原则导向。

（3）对成本核算的直接影响。这主要表现为对企业成本核算的特定应用情境的满足，比如国务院印发的《降低实体经济企业成本工作方案》、财政部与安全监管总局《企业安全生产费用提取和使用管理办法》、《国家税务总局中华人民共和国企业所得税法》与《中华人民共和国企业所得税法实施条例》等。

总体上看，《企业会计准则》《企业内部控制制度》《企业财务通则》作为三种企业外部制度都从各自角度规范着企业成本费用行为，企业成本会计制度必须将三者作为基本底线而不能突破。成本会计制度一旦制定完成，并经最高管理当局批准，就要认真严格执行，而且不能随意更改，应保持相对稳定。但是随着企业竞争环境的变化、最高管理当局的调整，以及企业管理水平的提高和管理文化的变迁，成本会计制度也需要适当地修改。修订和完善成本会计制度是对企业未来发展影响较大的一项工作，必须既积极又慎重，坚持"有破有立，先立后破"的原则。在新制度未形成以前，原有制度要继续执行，使成本会计工作始终处于有章可循的状态，充分发挥其应有的作用。

本章小结

"成本"一词有着自身的概念框架,本章从多学科探讨了成本概念内涵,并以此为基础解析了其应用的多元化外延,尤其是从会计专业视角辨析了财务会计、成本会计与管理会计三者间的关系,并以此为基础系统阐述了现代成本会计的目标及其实现、内容与工作组织,体现了成本会计学的理论与实操兼具的特性。

关键词汇

成本　cost

产品成本　product cost

成本预测　cost forecast

成本决策　cost decision

成本计划　cost plan

成本控制　cost control

成本核算　costing

成本分析　cost analysis

成本考核　cost evaluation

成本会计制度　cost accounting system

小组讨论

美国经济学家萨缪尔森在《经济学》(第十二版)"第二十一章 成本分析"中引述 J.M. 克拉克的话:"如果一班学生在'经济学'课程中真正理解成本及成本的所有各个方面,那么,这门课便算取得了真正的成功。"作为新制度经济学代表的约拉姆·巴泽尔(Yoram Barzel)在其专著《国家理论:经济权利、法律权利与国家范围》中以产权界定的"成本—收益"方法对国家理论给予了重新关注与解释,提出"权力是强加成本的能力"。

美国管理学大师彼得·德鲁克在其《管理:任务、责任、实践》中提出,由于企业的目的是创造顾客,任何企业都有两项职能,也仅有这两项基本职能:营销和创新。营销和创新产生出经济成果,其余的一切都是"成本"。

面对新冠肺炎疫情,有媒体以"不计成本救新冠病人的成本到底是多少"为题进行了相关报道。中央纪委国家监委网站 2020 年 3 月 29 日发布了对国家医保局医药服务管理司领导采访视频,披露全国 31 个省(区、市)和新疆生产建设兵团截至 3 月 15 日新冠肺炎确诊和疑似患者共发生医保结算 93 238 人次(包括门诊患者多次就诊结算),涉及总费用 103 960 万元,医保系统共支付 67 734 万元。其中确诊患者结算人数 44 189 人、总费用 75 248 万元,人均费用 1.7 万元,医保支付比例约为 65%。武汉金银潭医院相关负责人曾表示截至 2 月 14 日，单个患者最高花费 170 多万元，普通重症 40 万元左右，部分轻症偏重患者费用 2.5 万元左右。

有媒体报道，以药品中标价格为例，医药代表工资加奖金占到中标价格 8%，物流配货 5%，药品生产研发成本 10%，商业贿赂成本会占到 60%。国家发展和改革委员会办公厅 2013 年 7 月 3 日通知称"为了解和掌握药品生产流通过程中的成本、价格及有关情况，及时制定调整药品价格，我委决定对部分企业开展成本价格调查"。

哈佛大学教授迈克尔·桑德尔（Michael J. Sandel）开放课程《公正》异常火爆，何谓公正显然有多视角的理解，但社会赋予个体的努力（成本）与回报的对称（如会计所言的配比）也体现了其应有之意。

原国务院总理温家宝同志就当前经济形势和 2009 年经济工作接受新华社独家专访时说："我在基层看到工人在车床旁工作，我对他们讲，每一个部件、它的精确性、它的工艺水平，都反映着或者说都深烙着一个民族的精神。只有那些勇于创新并且精益求精的民族才是最有希望的民族。中华民族的希望也就在这里。"

试讨论上述各具体应用情境下成本概念的理解。

思考题

1. 成本的本质是什么？为什么不同学科对成本存在差异化理解？造成这种差异的根本原因是什么？
2. 为什么要对成本进行分类？分类标准的选择取决于什么？
3. 成本会计目标会不会变化?是否及哪些因素会促使成本会计目标发生变化？
4. 成本会计、管理会计和财务会计的联系和区别是什么？

本章推荐阅读资料

1. 高鸿业：《西方经济学》，中国人民大学出版社，2014 年第 6 版。
2. 葛家澍等：《会计大典——成本会计》，中国财政经济出版社，1999 年版。
3. 于富生等：《成本会计学》，中国人民大学出版社，2012 年第 6 版。
4. 王仲兵：《主流管理会计工具——述评与整合》，经济科学出版社，2010 年版。
5. 王仲兵：《成本会计学》，东北财经大学出版社，2012 年第 2 版。

第二章

企业产品成本核算制度

学习提要与目标

本章对产品成本核算的含义与基本要求、产品成本核算程序、产品成本核算方法选择进行了内容递进式的详尽阐述。

通过本章学习，应能够：
➢ 掌握产品成本核算的含义与基本要求
➢ 掌握产品成本核算程序的基本内容
➢ 理解产品成本核算方法的选择

企业产品生产、劳务或服务提供的过程体现着企业作为经济组织进行资源配置的能力，而相关成本数据是重要的评判依据，尤其是真实、完整、规范的产品成本信息更为必需。产品成本核算是提供产品成本信息的有效制度安排，高效的成本核算制度对强化企业加强成本管理与提高经济效益提供了有力的支撑。《中华人民共和国会计法》、企业会计准则和《企业产品成本核算制度（试行）》等都有着相关规定，多样化的生产方式、制造模式等极大地丰富了产品成本核算实践，企业产品成本核算制度构成了现代企业成本会计职能实现的根基。

第一节 企业产品成本核算概述

一、产品成本核算的含义

本教材第一章界定了成本核算的含义，本章从产品的层面以实务操作视角将产品成本核算进行描述，即产品成本核算也称为产品计算，是一般会计循环在实现成本会计目标上的具体化，即实现提供成本信息进而创造成本竞争优势的专门方式、方法的会计处理程序的统称。

企业会计核算的实质可以表述为投入产出间的对比及控制。从企业主体角度来看，投入包括人、财、物、技术、制度等全要素，产出则涉及产品、新技术、创新制度输出等。具体到产品成本核算而言，投入特指全要素中为产品生产、劳务或服务提供而发生耗费，产出就是企业产品、劳务或服务。

从产品成本核算角度看，企业成本水平体现着企业资产的转化能力，是企业资产要素投入与具有新使用价值资产形成过程的描述。这一过程最主要特点是资产会计要素与费用会计要素间的转化。用会计分录可简单表示为

借：费用
　　贷：资产

当然，该会计分录只是从抽象角度对产品成本核算进行了高度概括，而实践中资产从投入到费用支出并最终确认到受益对象上的过程可能要经过诸多环节，是一种随着生产环境变化而变化的具有可设计性的成本流程。

二、产品成本核算的基本要求

将成本视为资产要素转化为费用要素的具体结果，则准确的产品成本核算应满足三方面的要求：一是资产要素价值的准确计量；二是费用要素受益对象的清晰界定；三是资产要素转化为费用要素在成本流程上的准确反映。这三个方面缺一不可，体现着从投入到产出的全过程的要求。

（一）资产会计要素具体项目价值的确认与计量

产品成本水平首先取决于投入资产价值。投入资产价值的形成、计价及发出方式都决定了费用金额，进而决定了产品制造成本。作为规范企业会计业务的企业会计准则的核心理念之一就是资产负债观，其实质是以资产要素贯穿会计准则对交易或事项的反映，换言之就是资产业务的确认与计量决定着其他会计要素的价值，资产会计要素确认与计量的全面性原则与全程性原则既保证了会计要素间的内涵一致性又能够使企业会计活动实现内部控制一体化。资产会计要素视角的产品成本核算的逻辑如图 2-1 所示。

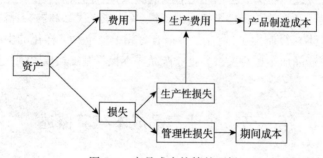

图 2-1　产品成本核算的逻辑

显然，企业资产投入价值的准确确认与计量是企业成本核算的前提条件，从数量上决定了企业耗费水平，体现着价值的等量转移，是成本核算的前提或基础，也就是说资产会计要素的确认与计量是产品成本核算制度的起点制度。

（二）正确划分各种费用支出的界限

资产被消耗转化为费用的过程也是资产使用效益的评价过程，这种评价是借助费用受益对象的效率来反映的，因此正确划分费用支出界限也是产品成本核算的基本要求。《企业产品成本核算制度（试行）》第五条规定："企业应当根据所发生的有关费用能否归属于使产品达到目前场所和状态的原则，正确区分产品成本和期间费用"。这条规定直接体现了产品成本概念的内涵，然而就资产耗费的整体配置效率而言还可以进行更全面的层次划分,以使得资产配置效率体现出层次性,这实际上是对配比原则的多层面应用。

(1)划清生产经营性支出与非生产经营性支出的界限。支出代表企业在日常经营活动中的资源流出,其中与企业生产经营活动直接相关的费用支出为生产经营性支出,这类支出决定了企业生产经营活动的预算性费用规模,非生产经营活动支出与企业产品成本费用无关。

(2)划清收益性支出与资本性支出的界限。企业生产经营性支出按其形成资产的价值转移情形来看,资本性支出发生之时计入相关资产账户而使多个会计期间受益,收益性支出发生之时就意味着效用已耗而计入当期成本费用。

(3)划清产品成本和期间费用的界限。费用发生后要遵循配比原则来确定具体的受益对象,其中为产品生产而发生的耗费形成产品成本,将产品生产活动以外发生的耗费与当期会计期间配比而称为期间费用。

(4)划清不同会计期间产品成本的界限。产品生产可能跨多个会计期间,因产品受益而承担的费用按照权责发生制还应在不同会计期间配比,这样才能确保各会计期间的生产耗费的可比,同时也满足分期成本考核的需求。

(5)划清同一会计期间不同产品成本的界限。同一会计期间可能同时生产多个产品,因此由产品受益的费用应在当期具体受益产品间进行分配,以计算出每种受益产品应承担的耗费,这也表明成本核算的最终目标是对单一受益对象的成本确认与计量。

(6)划清同一产品产成品成本与在产品费用的界限。同一会计期间产品成本需要在期末完工产品与在产品之间进行分配,产成品从生产环节转出入库形成库存商品,在产品继续留置于生产环节。这两者界限的划分也是内部控制的要求。

(7)企业应严格遵守成本开支范围。产品成本存在理论与实践的差异,这既有满足宏观经济决策的需要,也有微观经济主体绩效考核的要求,因此为确保产品成本真实可靠与可比,企业必须严格遵守相关成本开支规范,这也是一项财经纪律要求。

(三)加强产品成本核算的各项基础工作

产品成本核算基础工作是指能确保从资产投入到产品产出过程中产品成本得到真实反映及资源配置效率有效评价的相关安排的总称。尽管产品成本核算会涉及方方面面活动,但以下四方面内容还是应得到强化。

1. 建立健全成本核算全过程的会计凭证制度及其科学合理的传递流程

连续、系统、全面的会计凭证是成本核算的首要条件,而从各类资产投入到产成品产出的合理数据流转程序又是基础,两者共同构成了成本信息高质量的保障。其主要包括以下内容:①反映企业资产投入的原始凭证。如生产经营过程中物化劳动与活劳动的消耗,前者涉及领料单、限额领料单、领料登记簿及材料退库单等,后者涉及职工考勤记录、工时记录、产量记录、停工通知单及废品通知单等。②反映生产经营过程中劳动手段的使用、消耗及分配的原始凭证。如固定资产折旧计提表、外购动力费分配表等。③反映从经济业务数据到成本数据的记账凭证。如依据材料费用分配表编制的材料转账凭证、工资费用分配表编制的应付职工薪酬转账凭证等。④反映成本信息的相关凭证。比如产品成本计算单、产品成本还原计算表、自制半成品明细账及产成品成本汇总计算表等。⑤反映成本信息形成全过程的合理的数据流转程序。从制度层面看,《管理会计应用指引第 300 号——成本管理》第八条明确指出企业应建立健全成本相关原始记录,加强和完善成本数据的收集、记录、传递、汇总和整理工作,确保成本基础信息记录真实、完整。

2. 构建基于目标成本的成本核算与成本控制同步实现的成本管理机制

企业以市场为导向经营的核心特征是制定有目标成本并持续优化其实现机制,而成本控制与成本核算是相伴而生的,成本核算的主动性体现为将目标成本嵌入成本核算并为成本控制提供决策所需的增量成本信息,比如成本核算实践中的定额成本法与标准成本制度。以定额成本法为例,通过制定必要的消耗定额以强化成本核算的事中控制。常规做法是对生产经营活动中的资产投入进行事前的标准或目标设定,实现资产由储备环节进入生产环节的目标性,尽量避免事后不可改变既定事实的后果。而作为控制标准的定额一旦设定则成本核算就需要关注资产实际投放量(额)与定额投放量(额)间的差异及其产生的原因、定额变动差异的分配等,这种定额标准与实际耗费在成本核算全过程中的如影随形是企业实际耗费不脱离目标成本的有效措施。

3. 制定企业内部结算价格及结算制度

企业主体与外部主体呈现纯粹的市场交易关系,而企业内部各职能部门之间通常也会模拟市场化方式对内部事项进行核算,尤其是企业内部职能部门多且大多数都有自身的半成品或劳务对外或对内供应,也就是说企业构建了内部价值链而形成了企业内部价格机制。当然,内部价格更是在于构建企业内部职能部门间协作而不失竞争的格局,因此内部价格与市场价格间的最大区别在于前者的制定导向更在于清晰界定企业内部各职能部门间责权利关系,比如抑制不同生产部门间的成本转嫁问题。《企业产品成本核算制度——钢铁行业》在"第四章 产品成本归集、分配和结转"的"三、产品成本的分配和结转"之"(三)产成品成本的分配和结转"中提到"钢铁企业按照标准成本、计划成本、模拟市场价等非实际成本结转产成品成本的,应当在每月末汇总实际成本与非实际成本的差异,按受益原则分配至各工序的相应成本项目"。

4. 建立健全存货资产的计量、验收、领用、退料与盘存等管理制度

作为集合资产的存货可以说是产品生产实物流转与价值结转的一体化对称反映,存货资产的基本实物形态表现为原材料、在产品、半成品与产成品,而这四种实物形态的成本数据的累计恰好就是产品成本核算程序的核心内容,存货管理制度也就成为企业产品成本核算的综合表达。从制度层面看,《管理会计应用指引第 300 号——成本管理》第九条明确提出企业应加强存货的计量验收管理,建立存货的计量、验收、领退及清查制度。

三、成本流程与产品成本核算

(一)生产活动、生产流程与成本流程

企业产品完工入库是一系列生产活动的结果,而生产活动必然伴随着各种耗费的发

生,产品成本实质上就是生产活动所引起的各种耗费的总括反映。生产活动尽管因生产技术、产品工艺、管理要求的不同而呈现多样化,但其发生终归是由生产流程来规范的,生产总是沿着既定的生产流程开展活动的,由此使得生产活动所引发的各种耗费发生也遵循着一定方式,这就形成了成本流程。也就是说,生产流程反映着产品生产过程中的实物流转,而成本流程描述着产品生产过程中的成本结转,产品完工入库也就是产品成本计算完结。理论上实物流转与成本结转具有完全的同步性,然而实践中两者却并不总是完全同步,主要原因在于任何会计核算都是借助会计账户实现的,会计账户的设置及不同账户间的数据流转又受到会计工作本身的影响,比如记账方法的选择、会计活动的组织架构等。

总体而言,成本流程描述了生产活动与生产耗费之间的对应关系,生产流程与成本流程原则上应保持较高的一致性,终究成本流程是在描述生产流程及其背后实际生产活动的客观情况的,两者的关系是前者决定了后者而后者能够促进前者优化。可以认为成本核算中账户设置及账户间的数据流转要与生产流程相匹配。

(二)成本流程与产品成本核算

成本流程总括描述了产品在生产过程中生产费用的归集、分配直至最终计算出完工产品制造成本所应遵循的基本程序或步骤。产品成本核算是成本流程的具体化,是成本流程的一般性与生产特点及管理要求的有机结合,也是在确定产品成本核算体系。成本核算最终目标是计算出完工产品制造成本,但完成目标的核算方式具有多样性,国家对成本核算方式不可能做出完全统一的规定,只能是原则导向。这意味着成本核算方法上具有比较大的灵活性。产品视角的成本流程如图 2-2 所示。

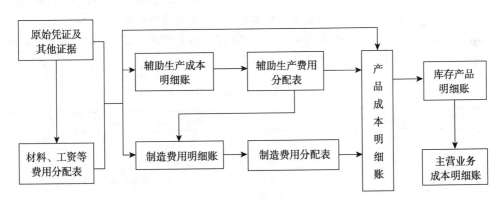

图 2-2 产品成本核算流程

相关案例

安徽森泰木塑集团股份有限公司业务流程如下:获取订单或根据情况预测订单→制订生产计划→生产备料→车间领料→生产→检验入库→包装发货→确认收入成本,如图 2-3 所示。

公司生产模式如图 2-4 所示。

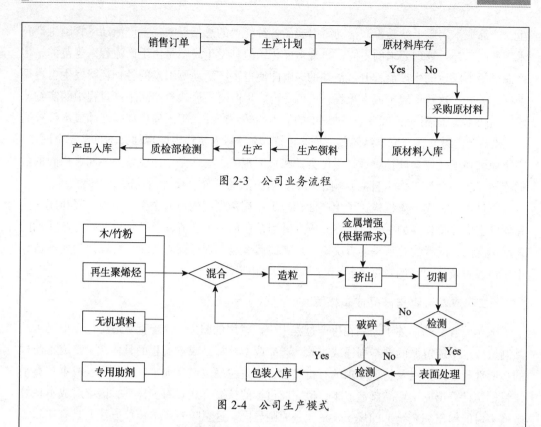

图 2-3 公司业务流程

图 2-4 公司生产模式

根据公司生产流程,公司设有配方中心、造粒、挤出、表面处理、深加工以及包装车间等,公司的成本主要由材料成本、人工成本、能源费用及制造费用构成,成本核算采用逐步综合结转法,即先结转自制半成品成本,再结转产成品成本。公司主要产品成本的归集、主要核算方法和过程如表 2-1 所示。

表 2-1 产品成本核算方法

核算步骤	核算内容	核算方法
0	总体核算原则	
0-1	存货收发存计量	公司采用月末一次加权平均法核算存货的收发存计价
0-2	产品成本的归集与分摊	公司采用逐步综合结转法进行成本的归集、分配和结转,即先结转自制半成品成本,再结转产成品成本
0-3	材料成本的计量	公司按照实际成本法计价,即按实际发生的采购价格入账,生产成本中的材料领用按月末一次加权平均单位成本计算生产领料成本
0-4	工费成本的计量	公司按照权责发生制进行人工及费用的计量,对于预付款项按照实际发生情况及时暂估入账
1	原材料采购入库	收到发票的按照发票金额入库,未收到发票的按照合同金额暂估入账
2	自制半成品生产	
2-1	自制半成品成本归集	材料成本按照实际领用及发生成本进行归集,人工成本按实际发生生产车间工人工资薪酬进行归集,制造费用按照实际发生与自制半成品生产相关的制造费用进行归集

续表

核算步骤	核算内容	核算方法
2-2	自制半成品成本分摊	对于自制半成品材料成本直接按照生产产品 BOM 清单领料归集到生产订单，自制半成品生产过程中的人工及制造费用按照各步骤完工自制半成品产量进行分摊
2-3	自制半成品成本结转	期末完工入库的自制半成品按其生产成本金额入账，未完工自制半成品不参与人工及制造费用分摊，期末只核算实际材料成本
3	产成品生产	
3-1	产成品成本归集	产成品按照领料计划领用原材料及自制半成品，材料成本按照实际领用及发生成本进行归集，人工成本按照实际发生的生产车间工人工资薪酬进行归集，制造费用按照生产车间实际生产发生额进行归集
3-2	产成品成本分摊	按照各产品实际领用的原材料和自制半成品等直接归集到产品成本，生产过程中的共用材料及工费成本按各产品的产量进行分摊
3-3	产成品成本结转	未完工产品成本只计算领用的材料成本，不参与工费分摊，完工产品计入库存商品，未完工产品计入在产品
4	营业成本结转	根据销售合同、订单向客户发出产品，并根据收入确认时点结转营业成本

第二节　产品成本核算程序

产品成本核算程序是会计循环基本原理运用于成本信息提供与成本竞争优势创造的专门处理方式的统称，主要体现了成本流程的账户设置及其各账户间的数据流转关系。因此产品成本核算程序可以简单地理解为确定成本核算基本前提及具体账户设置及使用的专门方式方法的统称。

一、产品成本核算的基本前提

会计基本假设是企业会计确认、计量和报告的前提，是对会计核算所处时间、空间环境等所做的合理设定，包括了会计主体、持续经营、会计分期和货币计量。成本核算既应遵循会计核算的一般性合理设定，又被赋予了特定内容，即会计核算基本前提中的持续经营与货币计量的一般性规定同样适用于成本核算，而会计主体及会计分期则在成本核算中具有特定含义。

1. 成本核算主体

成本核算主体通常被称为成本核算对象，是确定具体受益对象来归集其应承担的耗费。这符合成本概念的含义，即成本就是对象化的费用。顾名思义，产品制造成本是计算产品在生产过程中应承担的耗费，从这个角度讲成本核算主体就是企业所生产的产品，任何成本核算的最终目标都是计算出产品的制造成本。然而不同企业相同产品以及同一企业不同产品都可能存在差异化的生产特点及管理要求，这就导致了企业对成本信息的不同需求。成本核算对象可能不仅局限于最终完工产品，还可能是生产步骤或是类别产品等。《企业产品成本核算制度（试行）》第八条"企业应当根据生产经营特点和管理要求，确定成本核算对象，归集成本费用，计算产品的生产成本"，而第二十条更进一步指出，企业内部管理有相关要求的，还可以按照现代企业多维度、多层次的管理需要，确定多元化的产品成本核算对象。多维度，是指以产品的最小生产步骤或作业为基础，按照企业有关部门的生产流程及其相应的成本管理要求，利用现代信息技术，组合出产品维度、工序维度、车间班组维度、生产设备维度、客户订单维度、变动成本维度和固定成本维度等不同的成本核算对象。多层次，是指根据企业成本管理需要，划分为企业管理部门、工厂、车间和班组等成本管控层次。

> **相关链接**
>
> 《企业产品成本核算制度（试行）》规定农业企业一般按照生物资产的品种、成长期、批别（群别、批次）、与农业生产相关的劳务作业等确定成本核算对象。
>
> 《企业产品成本核算制度（试行）》规定交通运输企业以运输工具从事货物、旅客运输的，一般按照航线、航次、单船（机）、基层站段等确定成本核算对象；从事货物等装卸业务的，可以按照货物、成本责任部门、作业场所等确定成本核算对象；从事仓储、堆存、港务管理业务的，一般按照码头、仓库、堆场、油罐、筒仓、货棚或主要货物的种类、成本责任部门等确定成本核算对象。
>
> 《企业产品成本核算制度——石油石化行业》第一章总则第五条提出油气产品成本可采用按照重点成本类别进行核算。按照重点成本类别核算的，根据油气产品生产流程和费用性质划分重点成本类别，按照重点成本类别归集油气生产过程中发生的各项成本费用要素，形成按照重点类别归集的生产成本。
>
> 《企业产品成本核算制度——钢铁行业》规定钢铁企业产品成本核算应当以生产工序为基础，以相应工序产出的产品为核算对象，通常包括炼焦工序产品、烧结球团工序产品、炼铁工序产品、炼钢工序产品和轧钢工序产品等。
>
> 《企业产品成本核算制度——电网经营行业》第一章总则第六条提出电网经营企业产品成本核算应当按照国家输配电定价相关政策规定，依据不同电压等级和用户的用电特性和成本结构，分电压等级确定输配电服务产品类别，进行成本核算。

2. 成本核算期间

成本核算期间与财务会计的会计分期既具有相同之处又存在差异，两者的相同之处在于成本核算的实质是资产计价并形成资产负债表项目，而产成品存货的发出又是利润表中主营业务成本报表项目的基础，因此成本核算期间通常要满足财务报表定期编制要求，这时成本核算期间与会计分期假设是一致的，也就形成了实践中以月为成本核算期进行产品成本计算。《企业产品成本核算制度（试行）》第三十九条明确提出制造企业产成品和在产品的成本核算，除季节性生产企业等以外，应当以月为成本计算期。另外，成本核算还有基于成本信息的企业成本竞争优势创造的目标，而按月提供成本信息显然有较强的滞后性，同时有些特殊的生产组织方式也要求有特定的成本核算期，比如分批组织产品生产。

二、产品成本核算的总分类账户设置

1. 产品成本核算总分类账户设置

产品成本核算总分类账户设置既要考虑到企业会计准则对会计科目使用的原则要求，也要结合企业生产特点与管理要求，是一种统筹安排。像《企业产品成本核算制度（试行）》没有统一规范具体账户设置，而相关的行业成本核算制度也仅仅是提及了这方面的内容，比如《企业产品成本核算制度——煤炭行业》第一章总则"五、煤炭企业根据产品生产特点，通常设置'生产成本'等会计科目，按照成本费用要素进行明细核算"。《企业产品成本核算制度——电网经营行业》（根据行业特点通常设置"生产成本——输配电成本"等会计科目）、《企业产品成本核算制度——钢铁行业》（根据产品生产特点通常设置"生产成本"等会计科目）及《企业产品成本核算制度——石油石化行业》（油气产品成本核算通常设置"油气生产成本"等会计科目、炼化产品成本核算通常设置"基本生产成本""辅助生产成本"等会计科目）也都大体如此。

2. 产品成本核算总分类账户设置的基本做法

下面以小型制造企业基本组织架构来说明总分类账户设置的基本做法，如图2-5所示。

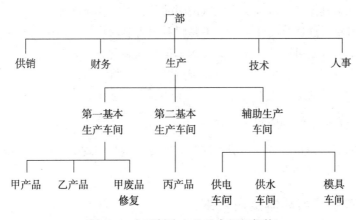

图 2-5 小型制造企业基本组织架构

图 2-5 可以明确如下几方面的内容：第一，发生于该企业生产环节的耗费形成了企业生产费用；第二，该企业生产环节包括了基本生产与辅助生产两类，因此生产费用可以相应地细分为基本生产费用与辅助生产费用；第三，基本生产又有第一基本生产车间与第二基本生产车间两个具体生产单元；第四，第一基本生产车间有三个具体生产对象，第二基本生产车间有一个具体生产对象；第五，辅助生产包括了辅助劳务与辅助产品两类三个具体生产单元。成本核算就是一个生产费用逐步具体化到受益产品的过程。

企业会计准则的主要功能是规范会计实务，在会计核算的总分类层面上提供相关会计科目及其应用，明细分类核算则由企业根据自身特点来设置。企业会计准则为成本核算提供了"生产成本"与"制造费用"两个总分类会计科目，并建议按基本生产成本与辅助生产成本进行明细核算，实践中一般是将这两个明细项目提升为总分类科目或一级账户来使用的，本教材也是将两者确定为总分类账户。

结合图2-5的小型制造企业基本组织架构，就是在企业生产环节设置"生产成本"总账，下设"基本生产成本"与"辅助生产成本"两个二级账户，其中"基本生产成本"又可以具体生产单元继续明细分类，如上图中的"第一基本生产车间"与"第二基本生产车间"再细分就是"甲产品""乙产品""甲废品修复"及"丙产品"了。显然，将"基本生产成本"与"辅助生产成本"两个二级账户提升为一级账户就减少了总分类账户与明细类账户间的层级。"制造费用"总账是与"基本生产成本"相对应的，核算除记入"基本生产成本"以外的其他与产品生产相关的各项间接费用。就是说，如果将基本生产环节发生的生产费用能够区分为直接生产费用与间接生产费用，则前者记入"基本生产成本"而后者记入"制造费用"。

为了更加细化"基本生产成本"的构成内容，可以对一些特定的生产费用项目设立总分类账进行反映，比如生产性损失尽管能够视为直接生产费用而在其发生时记入"基本生产成本"账户，但通过专设的诸如"废品损失"及"停工损失"等总分类账进行专项归集然后再分配记入受益对象能够提供更多的有用信息，也为成本分析与控制提供决策依据。

另外，基于权责发生制的待摊费用与预提费用也可能与产品生产相关，因此应将当期承担的摊销额记入成本核算对象。可以是直接记入"基本生产成本"也可能是先记入"制造费用"再分配给具体受益对象。这里应说明的是，由于企业会计准则的会计科目中并没有提供这两个科目，这也就意味着它们不是财务报告表内项目，因此，使用这两个会计科目进行日常成本核算是可以的甚至是必需的，但在编制财务报表时，需将"待摊费用"期末账户余额并入资产负债表中"其他流动资产"项目，将"预提费用"期末账户余额并入资产负债表中"其他流动负债"项目。

3. 成本流程的总分类核算

成本核算的账户体系设置应与成本流程相匹配，这是实现会计反映职能的基本要求。成本流程的总分类核算如图2-6所示。

三、产品成本项目与成本费用要素

1. 产品成本项目

分类核算是会计核算的最基本特征，比如总分类核算与明细分类核算。为了提供尽可能详尽的产品制造成本的构成信息，成本核算对象应承担的耗费不仅需要总额反映，更需要按照一定的目的分明细项目反映，这就是产品成本项目。《企业产品成本核算制度（试行）》第二十一条：企业应当根据生产经营特点和管理要求，按照成本的经济用途和生产要素内容相结合的原则或者成本性态等设置成本项目。这也是成本核算实践中最为常见的方式，其优点在于不同经济用途的费用在产品实体的形成过程中有不同投入方式及各自功效，各经济用途的费用之间也存在着行业性结构关系，以此划分产品成本项目有利于分析费用构成的合理性、效率及确定产品制造成本控制的着眼点。

产品成本项目并不是设置的越多越好，应该体现出分类基础上的重点突出特性，其设置原则是：①将尽可能多的费用归入直接成本项目。这一方面是因为日常生产活动中要素费用有针对性地发生,绝大部分应和受益对象直接相关,同时又可以减少过多费用分配导致的主观性。②将间接发生费用归入同一间接成本项目。间接费用与产品生产没有直接关系,但也应该按照同质性归类反映,以使成本信息不过于分散。③重要性原则。产品成本项目既要反映出成本信息的侧重点,又要有利于成本核算。

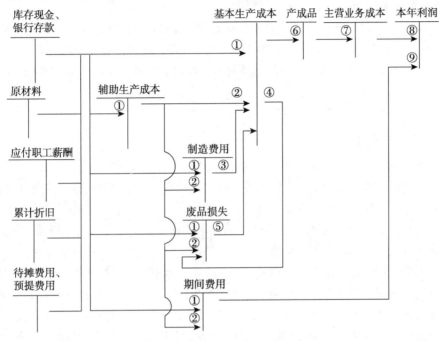

图 2-6　成本流程的总分类核算

注：①要素费用归集与分配；②辅助生产费用分配；③制造费用分配；④结转不可修复废品成本；
⑤结转废品净损失；⑥结转完工产品成本；⑦结转已售产品成本；⑧将已售产品成本结转本年利润；
⑨期间费用结转本年利润。

《企业产品成本核算制度（试行）》第二十二条：制造企业一般设置直接材料、燃料和动力、直接人工和制造费用等成本项目。直接材料,是指构成产品实体的原材料以及有助于产品形成的主要材料和辅助材料。燃料和动力,是指直接用于产品生产的燃料和动力。直接人工,是指直接从事产品生产的工人的职工薪酬。制造费用,是指企业为生产产品和提供劳务而发生的各项间接费用,包括企业生产部门（如生产车间）发生的水电费、固定资产折旧、无形资产摊销、管理人员的职工薪酬、劳动保护费、国家规定的有关环保费用、季节性和修理期间的停工损失等。

不同企业生产特点及成本管理与核算要求不同,设置产品成本项目时可根据具体情况增设成本项目,比如企业发生废品损失较多可增设"废品损失"成本项目；若分步生产企业需要反映每一步骤耗用上一步骤的半成品成本则可增设"自制半成品"成本项目。产品成本项目一旦设定,在一定的成本核算期间内不能随意变更,否则会影响到不同成本核算期间成本水平的可比性,另外,产品生产在没有发生重大工艺变化、管理要求的重新确定等,也不会有较大的成本结构变动情况出现。当然,细微的变化还是存在的,比如在将原先计入为直接成本的项目调整为间接成本项目。

相关链接

《企业产品成本核算制度（试行）》：

第二十三条 农业企业一般设置直接材料、直接人工、机械作业费、其他直接费用、间接费用等成本项目。

第二十五条 建筑企业一般设置直接人工、直接材料、机械使用费、其他直接费用和间接费用等成本项目。建筑企业将部分工程分包的，还可以设置分包成本项目。

第二十七条 采矿企业一般设置直接材料、燃料和动力、直接人工、间接费用等成本项目。

2. 成本费用要素

产品成本项目是对产品生产耗费的总分类反映，提供了一种原则性导向，然而不同行业间产品的生产方式存在一定程度的差异，行业特征太过明显的企业的成本项目设置应体现出这种差异，否则太过统一的总分类反而会使信息难以理解。产品成本项目的这种灵活性在相关的规范中有着直接体现。《企业产品成本核算制度（试行）》第三十条将软件及信息技术服务企业的成本项目规范为直接人工、外购软件与服务费、场地租赁费、固定资产折旧、无形资产摊销、差旅费、培训费、转包成本、水电费、办公费等成本项目。显然，该类企业的成本项目是由生产费用的经济用途和生产要素内容相结合来规范的，有的行业就是直接按照生产要素内容来规范，比如《企业产品成本核算制度（试行）》第二十八条规定交通运输企业一般设置营运费用、运输工具固定费用与非营运期间的费用等成本项目。

即使成本项目完全由成本的经济用途来分类，产品成本的明细也是由成本费用要素来描述的。成本费用要素是指按照成本的经济内容对生产费用进行分类而形成的具体项目构成。以钢铁行业企业为例，作为传统制造业其产品成本项目主要包括原料及主要材料、辅助材料、燃料和动力、直接人工、制造费用等五项内容，其产品成本费用要素包括了原料及主要材料费、辅助材料费、燃料和动力费、人工费、折旧费、运输费、维护及修理费、财产保险费、办公费、差旅费、会议费、外委业务费、低值易耗品摊销、租赁费、机物料消耗、劳动保护费、排污费、信息系统维护费等明细构成。

显然，成本费用要素不仅是对产品成本项目的明细化，更是从企业管理视角对产品理论成本的具体化，深刻描述了产品生产过程中资源在劳动手段、劳动对象和活劳动上的配置结果。这为掌握成本核算期内因产品生产而发生的费用支出情况、各种费用支出所占比重等提供了信息支持，同时也为编制资金控制计划打下基础。

 相关案例

浙江鑫甬生物化工股份有限公司首次公开发行股票并在创业板上市相关申请文件显示，报告期各期发行人直接材料占主营业务成本的比例分别为 84.97%、87.07% 和 84.65%。深圳证券交易所要求发行人：①披露主营业务成本中各类原材料的金额及占比情况。②结合工时变动情况及平均薪酬变动情况披露报告期发行人主要产品直接人工占比波动的原因及合理性。③说明报告期内制造费用的归集与分类核算方法，披露发行人制造费用低于同行业可比公司 ST 昌九（600228）的原因。④结合结转至主营业务成本中的主要原材料单位价格与存货中的主要原材料单位价格的差异情况，补充说明生产成本归集及结转主营业务成本的完整性。⑤结合招股说明书披露的发行人干强剂部分采用委外加工模式，披露委外加工的具体内容、具体工序、各工序委外加工的金额、委外加工占比情况，委外加工的原因及商业合理性。

四、产品成本核算程序的内容

"基本生产成本"总账、产品成本项目、成本费用要素三者基本上形成产品制造成本的成本信息结构。在具体的日常核算中，"基本生产成本"总账以产品成本计算单或产品成本明细账形式出现，各类要素费用分配表确认与计量了各产品成本项目金额，而具体业务活动相关凭证则直接对应着各成本费用要素，这样产品成本核算的凭证载体也得以连续、系统、完整地构建。具体而言就是以产品成本项目在"基本生产成本"账户中分设专栏或专行、以成本费用要素作为产品成本项目的明细来分层反映成本核算期的生产费用总额，生产费用总额以期初在产品费用与本月发生的生产费用分别列示，成本核算期末若有产品完工则将生产费用总额在期末完工产品与在产品之间分配，完工产品从生产环节转出入库而成为库存商品。由此，可归纳出产品成本核算程序具体包括如下内容。

（1）确定成本核算对象及成本核算期间。
（2）依据成本核算对象设置总账账户及明细分类账户。
（3）设置产品成本项目细化产品制造成本，以成本费用要素描述产品成本项目的具体内容。
（4）通过总分类账户及明细分类账户归集和分配成本计算期内的生产费用总额。
（5）成本计算期末将归集的生产费用总额在完工产品与在产品之间分配。
（6）结转完工产品成本并入库。

第三节 产品成本核算方法的选择

产品成本核算程序描述了成本核算应遵循的基本步骤或环节，但面对不同的应用情境肯定要进行适应性调整，从理论层面就是产品成本核算程序的分类应用问题，比如《企业产品成本核算制度——钢铁行业》第四章的"三、产品成本的分配和结转"之"（三）产成品成本的分配和结转"中提到"根据钢铁企业生产工序连续生产、顺序加工的特点，产品成本计算一般采用'逐步结转分步法'"，这里的"逐步结转分步法"就是对产品成本核算程序的具体应用。

一、生产特点对产品成本核算程序的选择

企业生产特点是生产工艺技术过程、生产组织方式及内部生产职能安排三方面内容

的统称。

1. 生产工艺技术过程

工艺技术过程是指制造产品的技巧、方法和程序。在产品制造过程中，通常认为凡是能直接改变加工对象并使其成为产成品或半成品的过程就称为生产工艺技术过程。产品结构总体上包括零件制造、部件加工及产品装配三部分，具体过程是由按一定顺序排列的若干工序来描述的，工序代表某部分工艺过程的完整过程，全部工序的完成也就意味着产品实现了预期工艺要求并完工入库以供销售。生产工艺技术过程应包括的工序是由生产对象的结构复杂程度、加工精度要求及生产类型等决定的。比如同一产品不同生产批次可能有着不同的工艺技术过程及相应工序构成。总体而言，产品生产的工序安排包括单工序生产与多工序生产两种类型。生产实践中工序与生产步骤的划分一般是重合的，因此按产品生产工艺技术过程的特点可将企业生产分为单步骤生产与多步骤生产。

（1）单步骤生产。单步骤生产是指生产工艺技术过程不能间断，不能或不需要划分为几个生产步骤的生产，比如发电、玻璃制品等的生产。这种类型的生产通常生产周期较短，往往是重复生产一种或几种产品，一般是由一个车间来完成全部生产工艺。

（2）多步骤生产。多步骤生产是指生产工艺技术过程可以间断，整个生产活动可以分别在不同时间、不同地点，由若干个车间或企业共同完成，如纺织、冶金、机械制造等企业的产品生产。多步骤生产按照加工方式的不同可分为连续式多步骤生产与装配式多步骤生产。连续式多步骤生产是指从原材料投入到完工产品产出需要经过若干个连续的生产步骤，上一生产步骤自制半成品是下一个生产步骤加工对象，直到最后生产步骤形成完工产成品。

以钢铁行业为例，钢铁企业一般包括炼焦、烧结和球团、炼铁、炼钢、轧钢等基本生产工序。炼焦工序产品主要包括全焦、煤气等；烧结球团工序产品主要包括烧结矿和球团矿；炼铁工序产品主要包括炼钢生铁和铸造生铁；炼钢工序产品主要包括连铸钢坯和模铸钢锭；轧钢工序产品主要包括各种成品钢材。钢铁企业基本生产工序的产品成本按照向下游工序的实际运送量和实际成本，分步结转为下游工序在产品、半成品和产品的原料及主要材料。基本生产工序生产成本费用归集后，根据产成品和半成品的产量，计算商品产品总成本和各产品品种单位成本。

2. 生产组织方式

生产组织方式是指企业具体生产方式所依赖的组织环境，决定着企业生产管理制度安排以实现生产效率最大化。按照生产组织方式的特点，可以分为大量生产、成批生产与单件生产。①大量生产是指连续不断地重复生产同一品种和规格产品的生产。这种生产一般品种比较少，生产比较稳定。如发电、采煤、冶金等。大量生产的产品需求一般单一稳定，需求数量大。②成批生产是指按照预先确定的批次和数量制造一定种类的生产。这类生产的特点是品种或规格比较多，而且是成批轮番地组织生产。如服装、电机的生产。③单件生产是指根据订单，按每一件产品来组织生产。这种生产组织形式主要适用于一些大型而复杂的产品。如重型机械、造船、专用设备等。

3. 内部生产职能安排

企业价值创造源自一系列活动，体现在企业生产环节包括基本生产与辅助生产两类。其中基本生产是指完成企业商品产品而进行的制造活动，如机器制造厂的铸造、锻压、金工、装配等生产。基本生产的车间可以按照工艺专业化形式组织，就是将同类工艺设备、相同工种工人和同一工艺加工方法集中于同一车间内，以完成产品生产过程的某一阶段任务。也可以按照对象专业化形式组织，即以产品（零件、部件）为对象设置，是将制造该种产品（零件、部件）所需各种类型的设备和不同工种的人员配置于同一车间内，以独立完成该产品（零件、部件）的全部工艺过程，又称封闭式车间。辅助生产是指为企业基本生产提供服务而进行的生产，比如机械制造厂的供水、供电与模具制造等。基本生产与辅助生产的划分，使得成本数据流转增加了精确性但也在一定程度上加大了核算的复杂性。但总体上讲合理的基本生产与辅助生产的划分有利于企业真实成本水平的确定。

上述三个方面共同构成了企业生产特点，因此它们三者之间并不是边界清晰而截然分开的，只能是说某一方面体现得更为明显或居主导地位而已。比如从整个洗衣机生产企业来看，洗衣机外壳、洗缸、叶轮总成和微型电动机等部件都是平行加工制成的，然后组装成洗衣机产品，属于装配式大量生产，但其锻压车间、金工车间等对部件的生产，则可以是连续式的成批生产。汽车制造工业的生产也具有相同特点。

4. 生产特点对成本核算程序的影响

从产品成本核算程序的六个基本步骤来看，生产特点首先决定了成本核算对象，成本核算的最终目标是计算各完工产品成本，但因企业生产特点的差异，计算完工产品成本存在多种不同的实现方式，比如装配式单件或成批生产下，产品生产是按照订单或批次组织的，这就要求计算每张订单或每批产品的成本，其成本核算对象是产品订单或批次。其次是成本计算期，不同生产特点产品的成本计算期是有差异的，有的要求定期提供相关制造成本信息，有的则可等到成本核算对象全部完工后一次归集其制造成本。这也就决定了是否需要将生产费用期末在完工产品和在产品之间分配。最后是生产费用计入产品成本的程序。不同生产特点意味着生产流程的差异，与此保持对应关系的成本流程必然在总分类账户设置上存在差异，进而账户间的数据流转也是不同的。

二、成本管理要求对产品成本核算程序的选择

企业生产特点更大程度上体现着生产活动的实物性及相应生产流程的自然性，而成本流程在追求与生产流程保持总体一致的基础上，还有自身的基于成本管理目标的成本信息需求的，这也表明成本会计系统的可设计性。比如要同时满足财务会计和管理会计的信息需要。另外，企业的产品生产终究是有主次之分的，比如产品按照对企业利润的贡献程度就分为主要产品、辅助产品、副产品、等级品等。不同产品所需要的成本信息肯定不同。一般来说，对于主要产品，按照每种产品作为一个成本核算对象以计算其总成本与单位成本也仅仅是满足基本需求，而对于某些规格不同但其性能、结构、工艺过程和耗用原材料基本相同的产品，可以合并为一类作为成本核算对象归集其应承担的生产费用，然后再按

一定的标准分配以计算类内各种规格的产品的成本。

三、产品成本核算方法与应用

生产特点与成本管理要求构成了产品成本核算程序的具体应用情境，由此将产品成本核算程序的一般性与具体应用情境的特定性便形成了产品成本核算方法。换言之，产品成本核算方法也可视为对产品成本成算程序的具体分类，包括产品成本核算基本方法与产品成本计算辅助方法。

1. 产品成本核算的基本方法与辅助方法

适应企业不同生产特点与管理要求，企业成本核算基本方法总的来说有三种，其各自的应用范围见表2-2。

表2-2 企业成本核算基本方法的应用范围

方法	生产组织	生产特点和管理要求
品种法	大量大批生产	单步骤生产或管理上不要求分批、分步计算成本的多步骤生产
分批法	小批单件生产	单步骤生产或管理上不要求分步计算成本的多步骤生产
分步法	大量大批	管理上要求分步计算成本的多步骤生产

现实产品生产复杂多样，管理条件各异，为了简化成本计算工作或较好地利用管理条件，可采用一些其他成本计算方法，比如对在产品品种与规格繁多的企业，管理上要求尽快提供成本资料，可采用分类法计算产品成本以简化成本计算工作。定额管理基础较好企业为加强定额管理工作可采用定额法。分类法和定额法从产品实际成本计算角度看不是必不可少的，因而是计算产品成本的辅助方法。这些辅助方法必须结合基本方法使用。

2. 各种成本核算方法的实际应用

产品成本核算基本方法包含品种法、分批法与分步法，它们之间具有方法上的衍生性与应用上的交互性。实际上可将分批法视为一种特殊类型的品种法，称为"批别产品"；分步法将每一生产步骤视为单独成本核算对象都是以品种法为基础进行生产费用归集。这意味着企业可以采用单一成本计算方法，也可以采用多种成本计算方法，即多种成本计算方法同时使用或多种成本计算方法结合使用。即使同一生产过程可同时综合使用多种成本核算方法，像钢铁企业基本生产工序采用了以品种法为基础的逐步结转分步法，但其辅助生产工序产品主要包括自制耐火材料、冶金配件和备品备件、燃料和动力、内部运输、化验检验、检修劳务等，应该有针对性地选择成本核算方法，比如提供冶金配件和备品备件的可采用分批法计算辅助材料成本。甚至于产品不同成本项目都可能采用不同成本计算方法，比如现阶段的作业成本法针对制造费用的账务处理、变动成本会计针对固定制造费用的账务处理等。还有就是成本核算基本方法与辅助方法之间的关系。辅助方法都有其自身特定的功能定位，通常都会弥补基本方法的不足，比如定额法与生产类型没有直接关系，但可以应用于三种基本方法，这是因为它有助于成本核算与成本控制的同步实现。多变生产环境及多元化成本信息需求对产品成本核算方法提出了更高要求，成本核算方法有机组合可能比单一方法使用的时效性更高,但这无疑要权衡灵活性与复杂性。

本章小结

产品成本核算具有资产计价性,完工产品成本连接了资产负债表与利润表,影响着毛利率指标,也在描述着企业资源在生产环节的配置过程及其结果,由此不能将产品成本核算视为简单的产品成本计算而应看到它的制度特性。这种制度特性体现在如下方面:一是成本核算要准确描述成本流程及其背后的生产流程,使业务与财务相融合的观念在生产层面得以实现;二是成本核算要遵循既有的程序性,在明确成本核算对象的基础上构建"基本生产成本"总账账户、产品成本项目专项、成本费用要素明细的三级信息结构;三是产品成本核算程序的具体化就形成了一系列成本核算方法,这种具体化主要体现为企业生产特点与成本管理需求,在实际应用产品成本核算方法时应注意灵活性与复杂性间的权衡。

产品成本项目 Cost items
成本核算对象 Cost object
直接材料成本 Direct material costs
直接人工成本 Direct labor costs
制造费用 Manufacturing expenses or factory overhead
产成品存货 Finished goods inventory

烟台石川密封科技股份有限公司披露了公司成本核算方法与同行业已上市公司是否存在差异并分析了具体情况和原因。同行业可比公司的成本核算方法如表 2-3 所示。

表 2-3 同行业可比公司的成本核算方法

公司名称	成本核算方法
中原内配	未披露
湘油泵	未披露
贝斯特	未披露
雪龙集团	按生产流程采用分步法来核算成本。完工产品和在产品之间成本分配:当月归集的生产成本扣除期末在产品应保留的材料成本(在产品不分配人工和制造费用)后全部分配给完工产品。完工产品之间成本分配:按标准数量计算的材料成本(标准数量×材料出库单位成本)占比来分配材料成本,直接人工和制造费用按分配的材料成本占比进行分配

续表

公司名称	成本核算方法
朗博科技	（1）确定成本计算期和成本计算方法。公司以一个月作为一个成本计算周期，计算产品的生产成本；成本计算方法分品种、分工艺流程、按步骤核算成本。 （2）设置成本项目。公司设置直接材料、直接人工和制造费用三个成本项目。 （3）确定成本分摊方法。直接材料按标准成本分摊，对于材料成本差异及共用的辅助材料等无法直接计入成本对象的部分，按照各产品的标准成本定额进行分摊；人工费用按照各产品工艺流程规定的标准工时分摊，每月直接人工在半成品与完工产品进行分摊；制造费用主要为组织和管理生产所发生的由产品承担、不能直接进入产品成本的各项费用，制造费用按照各产品工艺流程规定的标准工时分摊，每月制造费用在半成品与完工产品间进行分摊

注：同行业上市公司成本核算方法来自公开的招股说明书、年度报告。

本公司成本核算方式与同行业可比上市公司朗博科技不存在差异，与雪龙集团在完工产品之间成本分配的方法上存在一定差异。雪龙集团的直接人工和制造费用按分配的材料成本占比进行分配，本公司以各产品的定额工时为基础计算各类产品分配的直接人工费用、燃料和动力费及制造费用。由于产品消耗工时是人工费用、燃料动力和机器设备消耗的驱动因素，以各产品所消耗标准工时为基础分配人工直接成本、燃料及动力和制造费用更符合发行人的生产模式和业务流程，具有合理性。本公司成本核算方法总体上与同行业可比公司较为相近，不存在重大差异，亦符合本公司自身的生产模式和业务流程特点。

根据上述资料，讨论：（1）如何理解"同行可比公司"？生产特点与管理要求是判断两家公司是否为可比公司的主要因素？（2）"同行可比公司"与成本核算方法选择有怎样的关系？

1. 产品成本核算的基本要求包括哪些？是原则导向还是规则导向？
2. 如何理解产品成本核算的基本前提？
3. 基本生产成本总账、产品成本项目与成本费用要素三者之间有怎样的关系？
4. 产品成本核算程序与产品成本核算方法有怎样的关系？
5. 生产特点与成本管理要求是怎样影响产品成本核算程序的具体应用的？

财政部：《企业产品成本核算制度（试行）》《企业产品成本核算制度——石油石化行业》《企业产品成本核算制度——钢铁行业》《企业产品成本核算制度——电网经营行业》《企业产品成本核算制度——煤炭行业》。

第三章

直接生产费用的核算

学习提要与目标

本章对直接材料费用、直接人工费用和其他直接费用的归集与分配进行了详尽地原理性阐述。

通过本章学习，应能够：
➢ 掌握直接生产费用归集与分配一般流程、常用总账账户的核算
➢ 掌握共同耗用直接生产费用在各受益对象间的分配
➢ 理解材料资产、工资总额的价值构成及其与直接生产费用的关系
➢ 了解直接生产费用核算的基础工作

企业生产过程的实物形态通常表现为物料投入与具有新使用价值的产品产出，而其价值形态则表现为会计要素间的一系列转换关系，即资产类会计要素进入企业生产经营环节就转化为费用类会计要素，其中由生产环节受益的费用统称为生产费用。同时鉴于不同类别的资产在产品制造过程中发挥着不同作用，因此就按照它们所转化的费用用途具体化为产品成本项目。生产费用核算是指将产品制造过程中投入资产按其所转化的费用用途分类体现为产品成本项目的程序和方法。合理的产品成本项目结构描述了产品生产过程中资产投入的合理程度及转化效率。

按马克思成本价格理论，一般意义上的产品成本由物化劳动与活劳动两部分组成，物化劳动涉及劳动对象与劳动手段，活劳动涉及参与生产活动职工的劳动报酬。劳动对象与活劳动比较容易辨别，受益对象通常归为直接成本项目，劳动手段耗费通常使多个对象同时受益，均归于间接成本项目。从总分类核算角度看，劳动对象对应着物料投入，确认、计量到具体受益产品便记录为"直接材料"成本项目，活劳动对应着人工投入，确认、计量到具体受益产品便记录为"直接人工"成本项目，劳动手段一般是产品受益但是否有直接关系则比较复杂，常规做法是确认、计量并记录为"制造费用"总账，然后通过专门分配方法计入具体受益产品的"制造费用"成本项目。另外，出于管理需要还可能设置其他相应成本项目，比如"废品损失""燃料及动力"等。

由此生产费用核算的基本内容可归纳如下：①归集各类资产投入而形成的费用要素；②将企业生产活动的费用要素初始确认为生产费用要素；③与受益对象直接相关的生产费用要素确认为直接成本，反之为间接成本；④直接成本一般包括直接材料与直接人工，间接成本可能存在不同核算流程，这主要取决于账户的设置方式，通常指的是制造费用；⑤将具体受益对象生产费用以明确的产品成本项目记录在相应总账及明细账上。

第一节 直接材料费用的归集与分配

材料投入构成了常规产品实体的主体部分,材料费用通常会占产品制造成本的较大比例,因此产品生产耗用原材料所具有的特性与完工产品存在一定的关联性,比如耗用原材料采购价格与完工产成品的销售价格就具有较强的关联。

一、材料费用归集的一般流程

从产品生产的核算角度看,材料发出意味着材料费用增加,材料费用额取决于发出材料数量与发出材料单价,这其中发出材料单价是关键,而决定发出材料单价的两个最主要因素是发出材料账面价值与材料发出方式。材料账面价值主要取决于材料形成方式与材料计价方式。材料发出方式是指依靠材料流转方式、企业管理要求、材料性质等实际情况确定发出材料成本,比如先进先出法、移动加权平均法、月末一次加权平均法及个别计价法等。显然,准确计量材料费用必须在材料存货形成与发出两个环节打下坚实的基础。

(一) 材料账面价值

笼统讲,材料账面价值也称材料采购成本,只是材料不同的"采购"方式决定了材料存货成本的具体构成内容。但不管材料存货是经由怎样的"采购"方式取得,其账面价值都应遵循如下两项基本原则:其一是全面性原则的账面价值确认,即凡是为材料资产形成而发生的存货成本耗费都属于该材料账面价值,比如符合《企业会计准则第17号——借款费用》规定的满足资本化条件的存货发生的借款费用可以计入材料存货成本。其二是历史成本原则的账面价值计量,即以实际发生的交易价格进行初始计量,比如投资者投入存货的成本应当按照投资合同或协议约定的价值确定。基于该两项基本原则,《企业会计准则第1号——存货》第九条明确规定下列费用应当在发生时确认为当期损益而不计入存货成本:①非正常消耗的直接材料、直接人工和制造费用。②仓储费用(不包括在生产过程中为达到下一个生产阶段所必需的费用)。③不能归属于使存货达到目前场所和状态的其他支出。

材料存货的形成包括了三种"采购"方式,就是外购、委托加工与自制,因此材料账面价值确认与计量的内容是:①外购材料采购成本。包括了购买价款、相关税费、运输费、装卸费、保险费以及其他可归属于存货采购成本的费用。②委托加工材料成本。委托外单位加工本企业所需的材料物资,其成本主要包括加工中耗用的材料物资(也可称为加工对象)的实际成本、支付的加工费、支付的往返运杂费以及该委托加工材料达到可使用状态前的其他费用支出(如可直接认定的设计费用)等。③自制材料成本。自制材料本身就是一种生产,其核算对象就是企业所需要的材料物资,因此其实际成本就是材料物资在制造过程中发生的直接材料、直接人工、制造费用,以及其他的成本项目的汇总。

 相关案例

科德数控股份有限公司关键功能部件的生产工序中,锻造、铸造、喷砂、油漆等粗加工环节附加值较低，供给市场竞争充分、价格合理，因此主要通过外协厂完成，2019年之前该等加工工件主要按照委托加工物资计入原材料，使直接材料比例较高。随着公司加工能力逐渐增强，部分过去需要全部委外加工的工件改为仅部分委外加工工序，相关加工费用由过去的计入原材料核算变为计入制造费用核算，直接材料占比有所降低。

奕东电子科技股份有限公司在创业板 IPO 申请文件中提到，报告期内发行人铜带的采购金额分别为 11 225.37 万元、11 437.01 万元、6 329.65 万元、5 705.47 万元，铜带的采购来源包括直接采购新料、以废料向供应商换料取得铜带，报告期内发行人通过换料采购的铜带数量占当期铜带总采购数量的比例分别为 34.56%、40.42%、62.40%、36.66%，2019 年所占比例较高，换料模式下与铜带供应商仅以加工费差价结算。深圳证券交易所要求发行人结合报告期各期废铜的使用与结存数量、铜带（区分新料、换料方式）期初采购、期间使用、期末结存的数量及占比，分析并披露换料采购铜带数量占比较高且 2019 年明显上升的原因，使用量与产品产量的匹配性，报告期各期铜带与废铜、用于换料的废铜与通过换料获取铜带的投入产出比及是否稳定，结合铜采购价格变动情况分析并披露报告期内发行人铜带新料、换料采购比例是否匹配。

（二）材料计价方式

材料计价方式是指从材料管理角度对材料账面价值进行日常核算所采用的计量形式，一般包括实际成本与计划成本两种。

1. 实际成本计价

材料收发结存金额都按其在采购（委托加工、自制）过程中所发生的实际耗费作为其账面价值。这种计价方式准确地反映了产品成本中材料费用和材料资金实际占用额，但由于材料实际成本经常变动会导致库存材料和发出材料实际成本的频繁调整，加大了材料日常收发核算工作量，影响核算及时性。

2. 按计划成本计价

材料收发结存金额都按预先确定的计划成本作为其账面价值，但在期末应当将耗用直接材料的计划成本调整为实际成本。其核算方式是："原材料"账户登记材料计划成本，"材料（物资）采购"反映实际成本，实际成本与计划成本差异通过"材料成本差异"账户反映。

（1）实际成本大于计划成本，如图 3-1 所示。

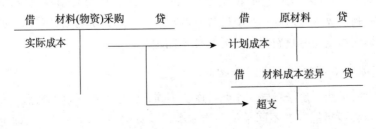

图 3-1　实际成本大于计划成本

（2）实际成本小于计划成本，如图3-2所示。

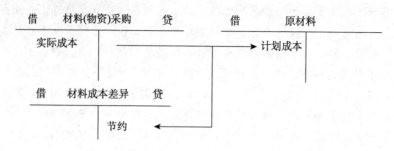

图3-2 实际成本小于计划成本

【例3-1】企业购入材料一批，其中M材料4 500千克，单价46元/千克；N材料4 200千克，单价35元/千克，共支付外地运输费5 220元。M材料途中定额损耗为5.5%，实际损耗306千克；N材料途中无损耗，但入库前经挑选整理后实际入库4 000千克，200千克为挑选整理损耗。外地运杂费按材料重量比例进行分配。M材料计划单位成本48元/千克，N材料计划单位成本38元/千克。

（1）按实际成本计算的材料采购成本。

M材料采购成本 $= 4\,500 \times 46 + 5\,220 \times \dfrac{4\,500}{4\,500 + 4\,200} = 209\,700$ 元

M材料单位成本 $= 209\,700/(4\,500 - 306) = 50$ 元/千克

N材料采购成本 $= 4\,200 \times 35 + 5\,220 \times \dfrac{4\,200}{4\,500 + 4\,200} = 149\,520$ 元

N材料单位成本 $= 149\,520/(4\,200 - 200) = 37.38$ 元/千克

（2）按计划成本计算的材料采购成本。

M材料计划成本 $= 4\,194 \times 48 = 201\,312$ 元

M材料成本差异 $= 209\,700 - 201\,312 = 8\,388$ 元（超支）

N材料计划成本 $= 4\,000 \times 38 = 152\,000$ 元

N材料成本差异 $= 149\,520 - 152\,000 = -2\,480$ 元（节约）

（三）发出（领用）材料成本

企业采购原材料的目的是制造具有新使用价值的产品，发出材料通常表明产品生产开始，同时也意味着原材料资产价值转移到了产品制造成本中，因此发出材料成本的准确计量关系到产品制造成本的精确。发出材料成本取决于发料数量与发料单价，如果企业日常核算采用计划成本则还有材料成本差异的摊销问题。

1. 按实际成本计价的发出材料成本的确定

发出的材料可能不是来自同一采购批次，不同采购批次由于进货地点、进货渠道、进货时间等的差异而可能存在不同单位采购成本，这就需要采用一定方法确定发出材料单价。实际工作中通常使用个别计价法、先进先出法、加权平均法和移动平均法四种。企业

选定某种计价方法就应该保持稳定而不能随意变更。

2. 按计划成本计价的发出材料成本的确定

发出材料实际成本根据发出材料计划成本经过材料成本差异调整后求得，该种计价方式要求合理的计划成本制订与材料成本差异账户设置。计算公式如下：

发出材料实际成本＝发出材料计划成本±发出材料应承担的材料成本差异

发出材料应承担的材料成本差异＝发出材料计划成本×材料成本差异率

$$材料成本差异率 = \frac{月初结存材料成本差异额 + 本月购入材料成本差异额}{月初结存材料计划成本 + 本月购入材料计划成本} \times 100\%$$

为了简化核算，在将委托加工材料和自制材料的发出计划成本调整为实际成本时，材料成本差异率可以采用月初数进行计算，即：

材料成本差异率＝月初结存材料成本差异额/月初结存材料计划成本×100%

【例 3-2】 H 企业 2020 年 8 月有关 E 材料的资料如表 3-1 所示。

表 3-1　E 材料收入、发出与结存情况表

摘要	数量/吨	单价/元	金额/元
期初结存	5	50	250
10 日购入	20	55	1 100
11 日发出	16		
18 日购入	12	70	840
20 日发出	17		
23 日购入	6	80	480

经确认，11 日发出 16 吨 E 材料中有 3 吨是期初结存材料，13 吨为 10 日购进材料；20 日发出 17 吨 E 材料中有 7 吨为 10 日购进材料，10 吨为 18 日购进材料。依照个别计价法确定的 H 企业 8 月份 E 材料发出成本如表 3-2 所示。

表 3-2　B 材料收入、发出与结存明细账

2020 年		摘要	收入			发出			结存		
月	日		数量	单价	金额	数量	单价	金额	数量	单价	金额
6	1	结存额							5	50	250
	10	购入	20	55	1 100				5 20	50 55	250 1 100
	11	发出				3 13	50 55	150 715	2 7	50 55	100 385
	18	购入	12	70	840				2 7 12	50 55 70	100 385 840
	20	发出				7 10	55 70	385 700	2 2	50 70	100 140
	23	购入	6	80	480				2 2 6	50 70 80	100 140 480
	30	本月发生额及期末余额	38		2 420	33		1950	2 2 6	50 70 80	100 140 480

还以表 3-1 数据为例，计算出先进先出法、加权平均法、移动平均法下本月发生额及期末余额，可以看出不同发料方式对产品制造成本的影响，计算后的结果如表 3-3 所示。

表 3-3 不同发料方式的结果

本月发生额及期末余额	收入		发出		结存	
	数量	金额	数量	金额	数量	金额
个别计价法	38	2 420	33	1 950	10	720
先进先出法	38	2 420	33	1 910	10	760
加权平均法	38	2 420	33	2 049	10	621
移动平均法	38	2 420	33	1 937	10	733

> **相关案例**
>
> 深圳市智莱科技股份有限公司（简称"智莱科技"）是一家专业从事自动寄存柜及系统领域的技术开发、生产、销售及市场服务的企业，主要业务之一就是快递收发柜的生产。该公司 2017 年 10 月 27 日向证监会报送了新版招股说明书（申报稿），拟发行不超过 2 500 万股 A 股，募集资金计划投入到"新增年产 8 万台（2 万套）智能快件箱产能扩建项目"等项目。该公司原材料采购与生产耗用的成本核算数据如表 3-4 所示。
>
> 表 3-4 原材料采购与生产耗用情况表   单位：万元
>
> | | 2017 年 1—6 月 | 2016 年 | 2015 年 | 2014 年 |
> | --- | --- | --- | --- | --- |
> | 在产品 | 1 621.68 | 974.68 | 708.34 | 317.02 |
> | 产成品 | 259.24 | 531.94 | 636.33 | 100.63 |
> | 发出商品 | 8 968.47 | 10 121.30 | 1 299.02 | 281.76 |
> | 合计 | 10 849.39 | 11 627.92 | 2 643.69 | 699.41 |
> | 增减变动额 | −778.53 | 8 984.23 | 1 944.28 | — |
> | 直接材料占主营业务成本比例 | 75.53% | 79.09% | 78.22% | 76.47% |
> | 增减变动额中的原材料耗用 | −588.02 | 7 105.63 | 1 520.82 | |
> | 主营业务成本中的直接材料 | 8 453.53 | 22 574.72 | 11 570.85 | 4 441.29 |
> | 生产耗用原材料合计 | 7 865.51 | 29 680.35 | 13 091.67 | |
> | 原材料采购 | 10 705.95 | 25 114.99 | 12 081.99 | |
> | 原材料剩余额 | 2 840.44 | −4 565.36 | −1 009.68 | |
> | 原材料存货 | 3 553.40 | 2 381.19 | 2 083.33 | 2 429.89 |
> | 原材料结存额 | 1 172.21 | 297.86 | −346.56 | — |
>
> 根据表 3-4 资料具体分析智莱科技原材料消耗情况（该公司产品生产一次性投料）。

二、材料费用分配的一般流程

材料费用分配是指企业在一定时期内将耗用的材料费用计入受益对象的过程。《企业产品成本核算制度（试行）》第三十五条规定"制造企业发生的直接材料和直接人工，能够直接计入成本核算对象的，应当直接计入成本核算对象的生产成本，否则应当按照合理的分配标准分配计入"。

（一）材料费用分配基本原理

材料费用分配基本原理主要涉及分配原则、分配标准与分配方法三个方面的内容。

1. 材料费用分配原则

原则是遵照"谁受益谁承担"确认给受益对象，可区分为直接材料费用与间接材料费用，其中直接材料费用通常包括：①构成产品主要实体的各种原材料、主要材料、外购零部件及自制半成品等；②产品制造工艺过程中必然消耗的各种燃料和动力；③与产品主要实体相结合或有助于产品形成而耗用的各种辅助材料。直接材料费用可直接追溯到成本对象。间接材料费用通常指一般消耗性材料耗用，是为组织、管理及保证生产正常进行而耗用的各种辅助材料、燃料、动力、修理用备件等。尽管这两类材料耗用都是产品生产所必需并且要计入产品制造成本，但它们终究与产品实体形成存在差异，基于会计总分类核算的特点，两类材料费用计入受益对象的程序是不同的。

然而，直接材料费用与间接材料费用的划分并没有完全清晰的界限，会计核算还要遵循重要性原则，比如在产品制造成本中占比重较小的直接材料费用即使可能分清具体受益产品，但出于简化核算工作需要也可视为间接材料费用。又比如那些应由多个受益对象共同承担的材料费用也可能在发生时不直接进行分配，而是视为间接材料费用在期末一次分配给受益对象承担。直接材料费用与间接材料费用核算上的差异主要表现为材料耗费是在发生时一次计入受益对象还是多次材料耗费统一归集后再在期末一次分配计入受益对象。

> **相关案例**
>
> 新华都特种电气股份有限公司创业板 IPO 相关申请文件显示，发行人 2018 年 7 月前使用金蝶 K3 系统进行财务核算，原材料收发成本通过 K3 系统进行核算，生产领用的原材料采用先进先出法结转进入产成品成本中的直接材料成本。2018 年 7 月前的完工产品成本归集与核算是在 K3 系统外线下进行的，直接材料成本中单台领用的原材料成本按单台归集与核算，其他非单台领用的材料按耗用金额及容量占比分配归集入单台产品材料成本。2018 年 7 月后采用鼎捷 T100 系统进行财务核算，原材料与产成品均通过 ERP 系统进行核算，生产过程中按照单台产品生产订单的 BOM 清单进行领料，领料时根据单台产品 BOM 用量进行发料，月末将完工产品 BOM 清单领用材料合计与实际领料差异按照单台产品 BOM 清单直接材料标准用量权重进行分摊确认直接材料成本；但是部分原材料因为无法提供标准 BOM 用量（如通用辅料或共用非主要材料）不能通过系统结转归集到单台产品的直接材料成本，故将这部分辅助原材料通过制造费用归集，月末依据当月制造费用成本乘以当月完工产品标准工时权重进行分配转入当期完工产品成本，发行人完工产品成本才能通过 ERP（企业资源计划系统）完成完整的成本归集与核算。

> 2017 年、2018 年 1—6 月上述归集至直接材料的相关辅助材料总成本金额为 656.57 万元、252.53 万元；假设沿用 2018 年 7 月前的核算方法，经测算对 2018 年 7—12 月、2019 年、2020 年 1—6 月制造费用的影响金额为 –520.71 万元、–840.07 万元、–432.47 万元，对直接材料的影响金额为 520.71 万元、840.07 万元、432.47 万元；对 2018 年度至 2020 年 1—6 月营业成本影响数分别为 12.86 万元、–5.53 万元、14.50 万元，占同期营业成本比例为 0.19%、–0.04%、0.09%，影响金额较小，对公司营业成本及利润总额不构成重大影响。

2. 材料费用分配标准

材料费用分配标准是确定材料资产价值转移的具体受益对象。分配标准主要包括：①凡是为产品生产而消耗的各类材料费用由基本生产各产品承担；②凡是为辅助产品或劳务而消耗的各类材料费用由辅助生产或劳务承担；③凡是为各生产车间而消耗的各类材料费用由各车间制造费用承担；④凡是企业管理部门消耗的各类材料费用由管理费用来承担；⑤凡自制材料消耗的各类材料费用由自制材料来承担；⑥凡委托外单位加工的各类材料费用由委托加工材料来承担。

3. 材料费用分配方法

有些材料费用虽然是直接费用但发生时并不能直接计入具体受益对象，而是需要采用一定标准分配计入，比如多个受益产品共同耗用材料费用。分配方法要体现出材料费用与受益对象间因果性量化关系，同时，分配方法所需资料应该较为容易取得。可选择产品重量、产品体积、产品定额耗用量等进行材料费用分配。以定额耗用量标准为例，共同耗用材料费用分配的计算公式如下：

某种产品材料定额耗用量 = 该种产品实际产量 × 单位产品材料耗用量定额

材料耗用量分配率 = 材料实际耗用量/受益产品材料耗用量定额之和

某种产品应承担的材料数量 = 该种产品材料耗用量定额 × 材料耗用量分配率

某种产品应分配的材料费用 = 该种产品应分配材料数量 × 材料单价

在实际工作中，分配共同耗用材料费用一般通过编制"共同耗用材料费用分配表"进行。

【例 3-3】 某企业生产甲、乙两种产品，共同耗用 A 材料 2 400 千克，每千克 8 元，共计 19 200 元。甲产品实际产量为 280 件，单件产品材料耗用量定额为 8 千克；乙产品实际产量为 160 件，单件产品材料耗用量定额为 11 千克。分配甲、乙产品各自应承担的材料费用如表 3-5 所示。

表 3-5　甲、乙产品应承担的材料费计算表

产品	实际产量/件	单位耗用量定额/千克	实际耗用量定额/千克	分配率	实际耗用量的分配/千克	材料费用	
						计划单价/元	金额/元
(1)	(2)	(3)	(4)=(2)×(3)	(5)	(6)=(4)×(5)	(7)	(8)=(7)×(6)
甲	280	8	2 240	0.6	1 344	8	10 752

续表

产品	实际产量/件	单位耗用量定额/千克	实际耗用量定额/千克	分配率	实际耗用量的分配/千克	材料费用 计划单价/元	材料费用 金额/元
乙	160	11	1 760	0.6	1 056	8	8 448
合计			4 000		2 400		19 200

材料耗用量分配率 = 2 400/4 000 = 0.6

相关案例

天津津荣天宇精密机械股份有限公司创业板 IPO 招股说明书有如下资料,见表3-6、表3-7、表3-8。

表3-6　公司按业务类别分类的销售情况

类别	2020年1—6月 金额/万元	2020年1—6月 比例/%	2019年度 金额/万元	2019年度 比例/%	2018年度 金额/万元	2018年度 比例/%	2017年度 金额/万元	2017年度 比例/%
电气精密部品	19 341.23	44.89	35 269.68	40.56	34 796.07	40.46	30 039.31	41.09
汽车精密部品	17 078.61	39.64	40 131.88	46.15	40 785.63	47.43	34 932.69	47.79
精密模具	2 012.77	4.67	2 820.92	3.24	2 417.91	2.81	1 552.60	2.12
边角料	4 656.78	10.81	8 738.96	10.05	7 993.64	9.30	6 579.15	9.00
合计	43 089.38	100.00	86 961.44	100.00	85 993.25	100.00	73 103.75	100.00

表3-7　公司主要产品销售价格变动情况

类别	2020年1—6月 单位售价	2020年1—6月 变动幅度/%	2019年度 单位售价	2019年度 变动幅度/%	2018年度 单位售价	2018年度 变动幅度/%	2017年度 单位售价
电气精密部品/(元/件)	0.36	2.86	0.35	−2.58	0.36	9.27	0.33
汽车精密部品/(元/件)	3.25	3.13	3.24	0.23	3.23	9.00	2.96
精密模具/(万元/套)	12.58	0.08	12.59	53.16	8.22	−19.01	10.15
边角料/(元/千克)	5.22	16.26	4.49	5.35	4.26	−0.54	4.28

表3-8　公司钢材和铜材利用及损耗情况

类别	对应产品	利用率 2020年1—6月	利用率 2019年	利用率 2018年	利用率 2017年	损耗率 2020年1—6月	损耗率 2019年	损耗率 2018年	损耗率 2017年
钢材	电气和汽车精密部品	55.29%	54.67%	55.60%	59.63%	44.71%	45.33%	44.40%	40.37%
铜材	电气精密部品	56.18%	59.87%	59.78%	63.85%	43.82%	40.13%	40.22%	36.15%

公司生产工艺决定了钢材和铜材的损耗率相对较高。公司在财务核算时将边角料处置收入计入主营业务收入——边角料收入,并按相同金额冲减产品成本的同时确认边角料成本。公司边角料回收成本的确定,实质上是主营业务成本在产品和边角料之间的归集和分配问题。公司将边角料收入全额冲减产品成本的主要原因为:①边角料属于公司

主营产品生产过程中的必要附属品,客户在与公司议价过程中已将角料产出从材料价格中扣除,将边角料收入计入主营业务收入并全额冲减产品成本,能够更真实反映公司主营业务产品毛利率;②公司主要生产工艺为冲压、焊接与组装,冲压环节会产生边角料,随着公司产量逐年增长,边角料数量相应增加;③公司电气精密部品主要耗用材料为铜材,由于铜角料销售价格及收入较高,公司角料销售收入占主营业务收入的比例相对较高。

公司对边角料核算并无统一方法,其中:锐新科技、兴瑞科技、震裕科技和鼎通精密等均以当月或近期边角料售价为参考核算其成本,实际出售时确认收入、结转成本;华达科技在其他业务收入中核算废料收入,其边角料成本在产品成本中核算;常青股份和祥鑫科技未明确披露边角料回收成本处理方式;联明科技用边角料销售收入直接冲减产品成本。

(二)材料费用分配的一般流程

材料费用分配的一般流程是指将材料消耗计入受益对象的过程,通常包括以下环节:①通过耗用材料的原始凭证区别直接材料费用与间接材料费用;②决定直接材料费用直接计入受益对象还是需要分配计入受益对象以及分配方法;③间接材料费用以怎样方式归集并最终分配至受益对象。实际上其他要素费用也是按照这三个环节进行费用分配的。

1. 材料耗用的原始凭证

为了准确核算发出材料的价值转移对象及金额以便准确计量产品制造成本的"直接材料"项目,领发材料必须办理严格的凭证手续,生产领用要办理的凭证一般有"领料单""限额领料单""领料登记表"等。

(1)领料单。领料单是一种一次使用、由材料耗用车间、部门按用途填制的领发料凭证,可以是一种材料就填制一张领料单,也可以是多种材料领用而填制一张领料单。通常需一式三联,一联由材料耗用车间、部门持有,另两联经仓库登记材料明细账后送会计部门进行材料收发和生产费用的核算。领料单适用于零星消耗材料和不经常领用材料的领发业务。也有企业所有生产领用材料都通过领料单办理。领料单的基本格式如表3-9所示。

表3-9 领料单的基本格式

领料单							
年 月 日							
领料单位:_____					发料仓库:		
用 途:_____					编 号:		
材料类别	材料编号名称规格	计量单位	数量		单价	金额	
			请领	实发			
备 注:					合 计		
仓库负责人:		发料人:		领料单位负责人:			
				领料人:			

（2）限额领料单。限额领料单是一种在当月或一定时期内、在规定限额内可多次使用的领发材料累计凭证。该凭证由生产计划部门或供应部门在期初就根据生产计划、材料消耗定额等有关资料，按车间、部门、产品等填明所需材料品种和限额，经生产计划部门负责人和供应部门负责人签字后，一份送交材料耗用车间或部门，一份送发料仓库，分别作为当期领发材料依据。超限额领料则需另外填领料单，经有关部门批准后才能领发。期末，领料部门所持限额领料单应送交发料仓库，与仓库留存的一份核对并计算填制当期实发数量和金额，由仓库登记明细账后送会计部门。限额领料单通常用于有消耗定额材料的收发。限额领料单的基本格式如表 3-10 所示。

表 3-10　限额领料单的基本格式

限额领料单								
年　　月								
领料部门：_____								
材料名称：_____			发料仓库：_____			编号：_____		
计划产量：			单位消耗定额：					
材料编号	材料名称	规格	计量单位	单价	领用限额	全月实用	
						数量	金额
领料日期	请领数量	实发数量	领料人签章	发料人签章		限额结余	
合计							
供应部门负责人：			生产部门负责人：			仓库负责人：		

（3）领料登记表。对那些领发次数多、数量零星、价值不高材料的领发，为简化手续，这类材料在平时领用时可不填制领料单，而是由领料人在领料登记表上登记领用数量并签章，据以办理发料。期末领料车间、部门按用途汇总填制领料单以简化凭证手续。领料登记表的基本格式如表 3-11 所示。

表 3-11　领料登记表的基本格式

领料登记表					
材料类别：				领料单位：	
材料编号：				发料仓库：	
材料名称：		材料规格：		计量单位	
日期	领用数量		发料人	领料人：	备注
	当日	累计			
材料单价：			合计金额		

应注意的是，期末已领未用材料应办理退料手续，以正确计算当期材料费用。下期不再使用材料应填制退料单或填写红字领料单送仓库收料。采用限额领料单的也可以在单中

用红字填写退料数量以冲减本期领用数。如果下期继续使用则要办理假退料手续，就是同时填制本期退料单和下期领料单，材料不退回仓库。若需要办理退料手续材料比较多，也可填制已领未用材料清单送会计部门据以转账。

2. 发料凭证汇总表

实际的材料费用分配核算并不是独立于企业日常材料发出总分类核算，而是作为材料发出总分类核算的内容一并进行。这包含着两层含义：①日常材料发出核算中并不是每发生一次领发料就进行一次总分类核算，而是定期以"发料凭证汇总表"方式进行总分类核算，比如每10天一次；②材料费用分配核算的基础是"发料凭证汇总表"，但两者内容上存在一定差异。"发料凭证汇总表"是对当期全部材料收发的汇总反映，比如委托加工材料发出、材料销售等，材料费用分配核算主要是指投入企业正常生产经营活动中的材料，重点是产品制造过程中的消耗。"发料凭证汇总表"内容包括材料费用分配核算内容。当然，两者可以四种方式协调使用。

（1）材料核算人员根据领（退）料单汇总编制发料凭证汇总表，登记有关总账科目，进行材料发出总分类核算；然后将与成本、费用有关的领（退）料单交给成本核算人员据以编制材料费用分配表，登记有关成本、费用明细账，进行材料费用明细核算。

（2）成本核算人员根据领（退）料单编制材料费用分配表，进行材料费用明细核算；然后将分配表或其中一联交材料核算人员，由材料核算人员根据材料费用分配表和其他发料(如材料销售)凭证汇总编制发料凭证汇总表，进行材料发出总分类核算。

（3）材料核算人员按照成本、费用核算要求，根据领（退）料单的具体用途归类汇总编制发料凭证汇总表，代替材料费用分配表，进行材料发出总分类核算；然后将发料凭证汇总表或其中的一联交成本核算人员，据以进行材料费用明细核算。

（4）材料核算人员和成本核算人员根据各自所持领（退）料单的一联，分别编制发料凭证汇总表和材料费用分配表，相互核对后由材料核算人员和成本核算人员同时分别进行材料发出总分类核算和材料费用明细核算。这种做法核算工作量较大，但可以发挥材料发出核算与材料费用分配核算的相互核对，提高核算的正确性。

3. 材料费用分配表

实际工作中材料费用分配通常是借助编制"材料费用分配表"进行的。这种分配表应根据领（退）料凭证和有关凭证编制。其中退料凭证数额可从相应领料凭证的数额中扣除。材料费用分配表必备的内容包括材料总分类情况、材料计价方式、材料费用总金额、受益对象及其对应账户与金额、计入受益对象方式等。

材料费用分配表包括材料费用分配明细表和材料费用分配汇总表。前者按车间编制，如果企业产品种类较多，使用材料较为复杂，可按每类材料编制一张材料费用分配明细表，编制时按需选择实际成本或计划成本。后者是根据前者汇总编制而成并可与发出材料总分类核算的发料凭证汇总表核对，也可以替代发料凭证汇总表作为总分类核算记账依据。

4. 总分类账户及明细分类账户设置

第二章已将产品制造成本核算的总分类账户及明细分类账户进行了介绍，这里给出产品基本生产成本明细账（或称产品成本计算单）的基本格式，如表 3-12 所示。对于制造费用、辅助生产成本等明细账户格式在后面相关章节介绍。

表 3-12 基本生产成本明细账

年		摘要	直接材料	燃料和动力	直接人工	制造费用	成本合计
月	日						
		月初在产品费用					
		分配材料					
		分配工资					
		分配水电费					
		分配制造费用					
		本月费用合计					
		结转完工产品成本					
		月末在产品费用					

结合材料费用归集的一般流程与材料费用分配的一般流程，材料费用核算的基本程序如图 3-3 所示。

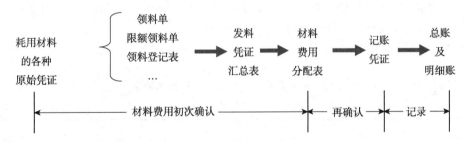

图 3-3 材料费用核算的基本程序

三、材料费用核算例解

材料物资作为劳动对象，在投入生产之前要经过采购、验收入库、储存等诸多环节，每个环节都从各自的角度影响着发出材料的成本，进而影响到产品制造成本的准确。

【例 3-4】 光明工厂 2020 年 8 月 31 日"原材料"账户余额为 58 730 元，其中：A 材料 5 100 千克，每千克 6.20 元，共计 31 620 元；B 材料 2 200 千克，每千克 2.30 元，共计 5 060 元；C 材料 120 桶，每桶 46 元，共计 5 520 元；其他材料共计 16 530 元。

（1）该企业设有一个基本生产车间，生产 M、N 两种产品；设有一个辅助生产车间，提供机修服务。生产 M 产品领用材料采用限额领料单，根据 9 月份 M 产品生产计划，当月 A 材料限额领料 11 900 公斤，B 材料 4 650 公斤，C 材料 500 桶。

（2）9 月份材料收发业务如下（代表相应的领料单或限额领料单，不考虑各种税金）：

3 日，购入 B 材料 8 200 千克，单价 2.25 元，共计 18 450 元。

5日，N产品生产领用A材料2 370千克，B材料3 800千克，其他材料2 230元。

7日，辅助生产车间领用A材料800千克，其他材料3 660元。

8日，购入A材料7 300千克，单价5.80元，计42 340元。

10日，购入其他材料16 370元。

11日，M产品领用其他材料8 990元，企业管理部门领用其他材料3 510元。

12日，购入A材料7 750千克，单价5.50元，计42 625元；购入C材料560桶，单价44.50元，计24 920元。

15日，辅助生产车间领用A材料530千克，B材料790千克，其他材料3 320元。

16日，基本生产车间领用其他材料7 320元，辅助车间领用其他材料2 190元。

17日，#5在建工程领用其他材料615元。销售C材料63桶，每桶售价55元。

18日，基本生产车间一台机器进行日常维护领用B材料54千克，其他材料1 670元。

20日，购入其他材料14 430元。

22日，企业管理部门领用其他材料3 140元，基本生产车间领用其他材料2 240元。

25日，#5在建工程领用其他材料7 690元。

30日，M产品限额领料单中，A材料实际领用12 120公斤，其中16日领用6 150公斤、20日领用了5 970公斤；B材料4 660公斤，其中6日领用2 240公斤、22日领用2 420公斤；C材料520桶，其中18日领用265桶、20日领用255桶。

（3）要求：编制9月份"材料费用分配表"，并据以编制转账凭证（该企业A、B、C材料采用先进先出法计价，用会计分录代替转账凭证）。

根据9月份材料收发业务的原始凭证，编制的材料费用分配表如表3-13所示。

表3-13 材料费用分配表（按实际成本编制）

2020年9月　　　　　　　　　　　　　　　　　　　　单位：元

应借账户		成本（费用）项目	原料和主要材料				其他材料	材料费用合计
			直接计入	间接分配计入				
				分配标准	分配率	金额		
基本生产成本	M产品	直接材料	103 540.5				8 990	112 530.5
	N产品	直接材料	23 354				2 230	25 584
	小计		12 6894.5				11 220	138 114.5
辅助生产成本	机修	材料费	10 023.5				9 170	19 193.5
	小计		10 023.5				9 170	19 193.5
制造费用		机物料消耗	121.5				11 230	11 351.5
管理费用		材料费					6 650	6 650
在建工程		材料费					8 305	8 305
合计			137 039.5				46 575	183 614.5

根据材料费用分配表，编制转账凭证如下：

借：基本生产成本——M产品——直接材料　　　　　103 540.5
　　　　　　　　　——N产品——直接材料　　　　　23 354

辅助生产成本——机修——材料费	10 023.5
制造费用	121.5
贷：原材料	137 039.5
借：基本生产成本——M 产品——直接材料	8 990
——N 产品——直接材料	2 230
辅助生产成本	9 170
制造费用	11 230
管理费用	6 650
在建工程	8 305
贷：其他材料	46 575

> **相关案例**
>
> 华缘新材料股份有限公司创业板 IPO 申报材料披露了相关生产情况，深圳证券交易所要求：①披露发行人报告期内除树脂、玻纤纱、氢氧化铝以外的其他原材料或劳务的采购金额、数量、单价；发行人各类原材料采购占比，各类原材料采购量及占比变化原因，与发行人生产、销售规模匹配关系；结合生产工艺变化、产品结构变化、原材料理论用量配比及实际用量，发行人原材料的进、销、存及变化情况，分析报告期内树脂、玻纤纱采购量下滑，氢氧化铝采购量上升的原因及合理性，以及其他原材料采购量变化的原因及合理性；②说明玻纤复合材料自用的具体用途，相关产品成本核算方法。结合发行人生产工艺变化、自用玻纤复合材料和外购玻璃纤维纱数量变化和最终产品产量配比关系，分析发行人玻纤复合材料报告期内自用数量逐渐下降的原因及合理性；③逐月列示各类原材料采购均价与市场价格比较情况，同类原材料从不同供应商的采购价格比较情况，分析采购价格公允性；请保荐人、申报会计师发表明确意见。
>
> 天健会计师事务所（特殊普通合伙人）作为申报会计师执行了如下核查程序：①获取报告期内公司原材料采购清单、进销存，查阅公司采购合同，对采购负责人进行访谈，并结合生产工艺变化和材料配方对材料变动情况进行分析；②获取公司产销量统计表，对材料采购情况与产销量情况对比分析；③通过访谈生产负责人，了解公司主要产品自用用途；访谈财务负责人，了解相关产品成本核算方法；④询问生产负责人公司生产配方和生产工艺，获取主要产品单位耗用表，分析主要原材料采购数量、领用数量与产量的匹配性；⑤登录同花顺 iFinD 数据库，查找公司主要原材料市场公开报价，并与公司产品采购单价进行对比分析；⑥检查公司主要原材料采购合同和采购订单，分析同一种原材料向不同供应商采购的单价差异及差异原因。
>
> 基于上述核查程序得出了如下核查结论：①报告期内公司原材料采购波动受多重因素影响，具有合理性；②玻纤复合材料产量与外购玻璃纤维纱数量具有匹配关系，自用玻纤复合材料数量与下游制品产量具有可参考性；③报告期内，公司采购价格波动与市场价格波动趋势一致，具有公允性。

第二节　直接工资费用的归集与分配

产品制造过程就是活劳动将劳动手段作用于劳动对象而形成新使用价值的过程，企业为获得职工提供的服务（活劳动）或解除劳动关系而给予的各种形式的报酬或补偿称为职工薪酬。我国《企业会计准则第 9 号——职工薪酬》《企业会计准则第 11 号——股份支付》规范了企业对职工薪酬的核算。工资是职工薪酬的货币和（或）非货币表现，企业一定时期内直接支付给本企业职工的薪酬总额称为工资总额。企业向职工支付薪酬意味着企业货币性资产和（或）非货币性资产要流出企业，从会计要素角度看，支付工资表明资产要素转化为费用要素，称之为工资费用，如果与企业产品制造相关就形成了产品人工成本。

一、工资费用核算的基础工作

企业与职工结算工资意味着会有相应资产流出企业而形成企业工资费用，工资费用水平是决定产品制造成本的重要因素。准确计算产品制造成本就必须对工资费用归集及分配进行科学的核算，因此要注重工资费用归集与分配的基础工作。

（一）企业职工薪酬的构成内容

从制度层面看，职工薪酬是指企业为获得职工提供的服务或解除劳动关系而给予的各种形式的报酬或补偿。职工薪酬包括短期薪酬、离职后福利、辞退福利和其他长期职工福利。企业提供给职工配偶、子女、受赡养人、已故员工遗属及其他受益人等的福利也属于职工薪酬。从生产层面看，与产品成本相关的职工薪酬通常指的是企业短期薪酬，即企业在职工提供相关服务的年度报告期间结束后 12 个月内需要全部予以支付的职工薪酬，因解除与职工的劳动关系给予的补偿除外。企业应通过"应付职工薪酬"账户核算企业应支付的劳动报酬，这体现了工资费用核算的全面性原则。考虑到不同企业存在不同生产方式，即使同一个企业内部也会有不同劳务提供方式，因此企业职工薪酬的确认与计量就存在着不同形式。以制造业为例，职工薪酬总额的内容构成。

1. 计时工资

计时工资是指按照计时工资标准和工作时间计算的企业应支付的劳动报酬。这里的计时工资标准是指单位时间（如月、日或小时）应得的工资额，不同职务、不同等级、不同工种的职工有着不同的计时工资标准。

2. 计件工资

计件工资是指按照完成的工作量和计件单价计算的企业应支付的劳动报酬。这里的计件单价是指完成单位工作量应得的工资额。计件工资包括了个人计件工资和集体计件工资两种形式。

3. 奖金

奖金是指支付给职工的工资性质的超额劳动报酬和因增收节支而获取的劳动报酬，通常包括生产、节约、劳动竞赛等方面的反映职工工作效率的报酬,其核心是工资性质的。

4. 津贴和补贴

津贴和补贴是指为补偿职工额外或特殊劳动消耗和其他特殊原因而支付给职工的劳动报酬,比如高空作业津贴、高温作业津贴、夜班津贴等;补贴则是指为保证职工工资水平不受特殊事项(如物价上升)变化的影响而支付给职工的劳动报酬,如副食品价格补贴、房价补贴等。

5. 加班加点工资

加班加点工资是指按照规定标准支付的职工在法定工作时间之外从事劳动应获取的报酬。

6. 特殊情况下支付的工资

特殊情况下支付的工资是指按照有关规定支付给职工的非工作时间的报酬,如病假工资、产假工资、探亲假工资等。

工资总额是反映企业职工提供劳务而应得的工资性质的报酬总和,会形成企业的工资费用,但对于那些不属于工资性质的支出则不能列入工资费用,比如科技进步奖、合理化建议奖、劳动保护费用支出等,尽管这些款项是随着劳动报酬一起发放的。

相关案例

沃尔玛中国2016年7月起在全国购物广场提倡综合工时制代替标准工时制。标准工时制以"天"为计算单位,每天按8小时、每周不超过40小时的标准计算员工工作量;综合工时制以"周、月、年"为计算单位,每周不超过40小时工作总量下灵活分配每天工作时间。公司承诺不会有员工因灵活排班而出现收入下降,小时化管理模式更符合零售业工作节奏,更好地服务顾客也平衡了员工的工作生活。员工认为综合工时制要随时待定工作而影响生活质量,每天工作4~11个小时完全由主管安排使得员工没有自主权。公司称:"我们会通过系统来设定规范的排班规则,以确保排班的合理性与科学性"。综合工时制考勤安排显示出勤时间根据工作任务需要与主管协调确认并参照营运班次确定。公司某店的员工称7月1日后餐补费120元和勤工奖200元并入基本工资,基本工资基数从1 590元抬高到1 910元。沃尔玛1995年进入中国,管理费用高于行业平均水平、规范成本较高、盈利水平较低,经营压力持续增大,2016财年营业收入预计最多下降12%。由此开启的沃尔玛用工制度改革有其根本目的及存在利弊得失问题。

(二)企业职工薪酬核算的原始凭证

工资费用体现着企业与职工之间的利益关系,合理的原始凭证设置是工资费用核算的基础。工资费用核算的原始凭证设置与企业职工薪酬构成内容密切相关,考勤记录、产量记录和工时记录是核心。

1. 考勤记录

企业职工出勤与缺勤状况的原始证明，是企业计算以劳动时间为基础的劳动报酬的依据，比如计时工资、加班加点工资等。考勤记录有考勤簿、考勤卡、考勤钟等多种形式，每种形式的考勤内容应根据企业管理不同要求进行设计。考勤记录通常采用考勤簿形式，它是按车间、部门设置，根据各单位在册人员编号、性质等逐日登记，月末对该月个人出勤情况进行归类汇总登记，若有人员变动则应根据人力资源管理部门通知在考勤簿中作出相应反映，同时要将缺勤原因在考勤簿中予以注明以进行分析。考勤簿格式如表3-14所示。

表3-14 考 勤 簿

车间或部门： 　　　　　　　生产小组： 　　　　　　　考勤员：

编号	姓名	工资等级	出勤与缺勤情况					出勤类别			缺勤类别							迟到或早退	备注
			1日	2日	3日	合计出勤	合计缺勤	计时工作	加班工作	夜班工作	工伤	公假	病假	探亲假	婚假	旷工	事假	其他		
合计																				

2. 产量和工时记录

企业职工出勤时间内完成工作数量、质量以及所耗工时数量的原始证明，是企业计算以劳动成果为基础的职工薪酬的依据，比如计件工资。产量和工时记录的格式多样，因为不同行业、不同企业和不同车间或班组在生产工艺和管理要求上不同，其反映的内容、格式及登记程序就会存在差别，即使同一企业不同生产车间也会有差异。产量和工时记录一般包括工作通知单、生产日报、工序进程单、工作班产量记录、产量明细表等。以工作通知单与产量明细表为例，工作通知单是记录每个工人或生产班组按照指定工序从事生产活动的产量和工时。生产计划部门根据事先指定的生产计划以工作通知单形式安排生产，工作完成后根据单内相应数据计算生产工人计件工资；产量明细表是记录流水线上各道工序、各生产工人完成的产量和工时的一种原始记录。各类产量和工时记录的原始凭证是根据计件生产的具体形式进行原始凭证构成要素设计，体现生产过程与最终劳动成果。工作通知单参考格式如表3-15所示。

表3-15 工作通知单

生产车间： 　　　　　　　编　　号： 　　　　　　　姓名与工号：
设备名称及编号： 　　　　签发日期： 　　　　　　　等　　级：

产品或订单号	零件编号	工序名称	计量单位	数量	定额工时		开工时间	完工时间	实用工时	交验数量	合格品数量	返修品数量	工废数量	料废数量	短缺数量	废品通知单编号	计件工资			
					单位定额工时	总定额工时											计件单价	合格品工资	废品工资	合计

产量明细表的参考格式如表3-16所示。

表 3-16 产量明细表

生产车间：　　　　　　　　　年　月　日　　　　　　产品型号：
生产小组：　　　　班别：　　　　　　　　　　　　零件编号：

序号	设备编号	工人		产量定额	全班作业			每件定额工时（分）	检验结果				工时		计件工资			合计
		工号	姓名		工作班开始前结余（件）	交接件数	工作班结束时结余（件）		合格品数量	返修数量	工废数量	料废数量	短缺数量	定额工时	实际工时	计件单价	合格品工资	废品工资	
合计																			

（1）工作班开始结余：　　　　　　　　　　（4）工作班结束时结余：
（2）本班投产：　　　　　　　　　　　　　（5）短缺损失：
（3）废品：　　　　　　　　　　　　　　　（6）合格品数量：

计划调度员：　　　生产班组长：　　　定额制定员：　　　检验员：　　　会计：

> **相关案例**
>
> 广州华研精密机械股份有限公司工时管理制度中与人工工时核算相关的内部控制制度包括《工时核算内部控制制度》《车间工时管理制度》《薪酬管理制度》等多项。上述制度对公司工时管理及会计核算的基本要求、岗位分工等方面进行了明确规范。
>
> 工时填报与审核：生产部门各工序设有标准工时和非标准工时，非标准工时主要是不稳定性及临时性工作所需工时，月末，各班组根据各订单各工序的实际工时进行统计，由其在生产部门的直接领导根据其对订单和员工实际工作情况的了解对该工时是否符合实际情况做出判断并进行审核，审核后在工时统计表签字确认。
>
> 工时复核：生产部门工资分为计件工资及计时工资，计时部门工资由人事行政部根据考勤记录计算薪资，形成计时部门工资表；模具生产部部分工序逐步采用计件工资，各班组统计计件工时，综合达标率计算奖惩，形成计件部门工资表，人事行政部门领导对工资表进行复核。
>
> 工时核算：财务部成本核算会计根据人事部门提供的工资表、各生产部门提供的订单工时进行核算，形成人工成本计算表，财务主管对人工成本计算表进行复核。成本费用计算方法未经财务负责人审批不可进行变更。
>
> 公司严格按照上述制度统计相关人员的工时情况，确保员工在不同职能或不同订单中的工时能被准确统计。

3. 其他凭证

其他凭证包括废品通知单、停工通知单、奖金津贴发放通知单等。这些凭证是从生产活动不同环节或角度来记录职工薪酬计算过程与结果。比如废品通知单是记录产品生产过程中发生废品的数量和发生原因并据以计算废品损失的原始凭证，参考格式如表 3-17 所示。

表 3-17　废品通知单

车　　间：　　　　　　　　工程：　　　　　　　　编　　号：
生产班组：　　　　　　　　机床：　　　　　　　　开发日期：

原工作通知单或订单号	零件		工序	计量单位	定额工时（分）	加工单价（元）	废品数量			实际工时（分）	应负担的工资
	名称	编号					工废	料废	返修		

废品原因　（1）工废工件：
　　　　　（2）返修工件：

责任者			追偿废品			备　　注
姓名	工种	工号	数量	单价	金额	

检验员：　　　　　　　　　　　　　　生产班组长：

（三）工资费用的计算方法

工资的计算是工资费用归集与分配的基础。不同工资制度下，工资的计算方法有一定的差别。由于计时工资与计件工资是企业基本工资制度的两种主要形式，而工资总额构成中的其他形式更是具有企业各自的独特个性，因此就以这两种主要形式进行原理性阐述。

1. 计时工资计算

计时工资是根据职工考勤记录和规定工资标准计算的。不同时间标准形成了不同工资计算和工资结算制度，比如按工资计量时间长短，计时工资标准存在年薪制、月薪制、周薪制、日薪制、小时工资制等多种形式，其中月薪制通常是实行计时工资制企业较为普遍的选择。月薪制计时工资是指只要职工当月全勤就可以得到每月标准工资。当然，每位职工当月出勤和缺勤情况不同，每月应得计时工资就不尽相同。职工有缺勤情况的应得计时工资计算有两种基本方法：其一按月标准工资扣除缺勤天数应扣工资额计算；其二按职工出勤天数直接计算。具体计算公式如下：

（1）按月标准工资扣除缺勤天数应扣工资额计算。

某职工应得计时工资＝该职工月标准工资－（事假、旷工天数×日标准工资）
　　　　　　　　　　－（病假天数×日标准工资×病假扣款率）

（2）按职工出勤天数直接计算

某职工应得计时工资＝该职工本月出勤天数×日标准工资
　　　　　　　　　　＋病假天数×日标准工资×（1－病假扣款率）

上述两个计算公式都要用到日标准工资，日标准工资也称为日工资率，是根据职工的月标准工资和各月天数相除得到的，日标准工资除以每日工作时数就是小时工资标准，亦称小时工资率。一般而言，企业标准工资在一定期间保持相对稳定，也就是说在该期间职工月标准工资额月份间是相同的，具体标准工资额可以从职工的相关工资凭证（如工资卡）中获得。对于各月天数则有不同的计算方式。主要是：①按全年平均每月的日历日数 30 天（360/12）计算。这就意味着日工资中包括了双休日和国家法定节假日的工资，因此职工缺勤期间内含有双休日或国家法定节假日，这部分工资应扣发。②按全年平均法定工作日数来计算,即以年度固定日历日数扣除全年双休日及法定节假日后除以12。这种计算方法还可以更具体为月份角度的满勤日数,就是以当月日历日数扣除当月双休日及当月法定节假日,由于不同月份的当月双休日及当月法定节假日的差异,使得每个月的满勤日数也不相同,由此产生了应得计时工资的差异。

这样,应得计时工资的两种基本方法与日标准工资的两种计算方法相组合,就形成了四种可供选择的具体方法:①按全年平均每月30天计算日标准工资下的月标准工资扣除缺勤天数应扣工资额计算;②按全年平均每月30天计算日标准工资下的职工出勤天数计算;③按全年平均法定工作日数计算日标准工资下的月标准工资扣除缺勤天数应扣工资额计算;④按全年平均法定工作日数计算日标准工资下的职工出勤天数计算。

【例3-5】某生产工人月工资标准为3 600元,2020年9月的日历天数为30天,其中双休日8天,应出勤天数22天。该生产工人实际出勤15天,9月18日至22日共请5天病假,病假期间有2天双休日,另外还请2天事假。9月份没有法定节假日。根据该职工工龄,其病假工资按工资标准的90%计算。按上述方法分别计算该职工9月份应得计时工资。

(1)按全年平均每月30天计算日标准工资下的月标准工资扣除缺勤天数应扣工资额计算。

该职工日标准工资 = 3 600元/30天 = 120元/天

该职工9月份应得计时工资 = 3 600 − 2 × 120 − 5 × 120 × 10% = 3 300元

(2)按全年平均每月30天计算日标准工资下的职工出勤天数计算。

该职工日标准工资 = 3 600元/30天 = 120元/天

该职工9月份应得计时工资 = 23 × 120 + 5 × 120 × 90% = 3 300元

(3)按全年平均法定工作日数计算日标准工资下的月标准工资扣除缺勤天数应扣工资额计算。

该企业本月工作日 = 30 − 8 = 22天

该企业日标准工资 = 3 600元/22天 = 163.64元/天

该职工9月份应得计时工资 = 3 600 − 2 × 163.64 − 5 × 163.64 × 10% = 3 190.9元

(4)按全年平均法定工作日数计算日标准工资下的职工出勤天数直接计算方法。

该企业本月工作日 = 30 − 8 = 22天

该企业日标准工资 = 3 600元/22天 = 163.64元/天

该职工9月份应得计时工资 = 15 × 163.64 + 5 × 163.64 × 90% = 3 190.98元

 相关链接

广东南牧机械设备有限公司合作研发的全球首条养猪装备全自动化生产线2016年正式启动投产,整条生产线由物料到成品全程自动化生产,原先130人左右的传统车间现只需管理人员及控制、维护工程师等12人而实现无人作业。广东东莞长盈精密技术有限公司打磨车间引入60台机械手而使60名工人能完成原本650名工人的工序。某企业改造一条机加工线需投入2台机器人,整体改造费用约142万元,每台每年运营及维

> 护成本约 2 万元，原本 6 名员工只需保留 1 名控制维护生产线，人工成本为年 6 万元/人，每年两班倒节约人工成本 60 万。越来越多企业因劳动力成本上升而选择机器代人。2017 年 6 月 20 日，"中国企业——劳动力匹配调查"（CEES）研究团队认为尽管中国劳动力优势正在丧失，但制造业仍具有竞争力，样本地区约 8%企业使用了机器人。机器代人不仅大幅降低人工成本，而且还体现在工作效率提升及产品不良率有效控制，这同时也推动了实体经济转型。东莞相关部门统计数据显示，自 2014 年 9 月至 2017 年 1 月 19 日，申报"机器换人"专项资金项目共 2 303 个，总投资约 335 亿元，新增设备仪器 66 711 台（套）。就具体成效而言，东莞有关部门数据分析发现产品质量明显改善，产品合格率平均从 87.4%提升到 92.2%，减少用工 19 多万人，单位产品成本平均下降 9.87%。

2. 计件工资计算

根据产量和规定的计件单价计算，其中：①产量应包括完成合格产品数量与不应由职工承担废品数量，例如因原材料质量不符合要求而造成的废品，但由职工本身原因而造成的废品，不仅不能计算工资，还应根据具体情况进行索赔。②对于能够计入计件工资的废品数量，由于并不一定都是在完工验收时形成的，每一生产环节都有可能出现，因而不能像完工合格产品数量那样全额计算工资，可以按其已耗定额工时来计算。③计件单价是根据单位产品定额工时和该产品加工等级计算的小时标准工资（小时工资率）得出。小时标准工资计算由日标准工资除以每天工作时数而得到。产品加工等级与职工工资等级相对应。④由于同一月份内可能从事单价不同各种产品生产，因而应付计件工资可能是各种产品计件工资的汇总。⑤计件工资包括个人计件与集体计件工资两种。

（1）个人计件工资计算。以职工个体为对象计算的计件工资。计算公式为

应付计件工资 = 该职工完成某种产品产量 × 该产品计件单价

或 = $\sum$（完成产品产量 × 该产品计件单价）

应付计件工资也可以根据职工完成产品定额工时总数和小时工资率求得。计算公式为

应付计件工资 = 该职工完成某种产品定额工时 × 该产品小时工资率

或 = $\sum$（完成产品定额工时 × 该产品小时工资率）

【例 3-6】L 零件加工等级为 4 级，4 级的月标准工资是 3 300 元，日标准工资按全年平均每月日历天数 30 天计算，每天 8 小时工作制。L 零件单位定额工时 42 分钟。某职工 10 月份加工 L 零件 710 个，其中合格产品 692 个，原材料原因导致的废品 12 个，职工个人原因导致的废品 6 个。12 件原材料原因导致的废品中有 4 件是在完成全部生产过程后发现的，剩余 8 件是在加工过程中发现的，已耗用定额工时 252 分钟。该职工 10 月份计件工资计算如下：

4 级工日标准工资 = 3 300 元/30 天 = 110 元/天

4 级工小时工资率 = 110 元/8 小时 = 13.75 元/小时

L 零件计件单价 = 13.75 × 42/60 = 9.625 元/件

该职工 10 月份应得计件工资 =（692+4）× 9.625+8 × 9.625 ×（252/336）= 6 756.75 元

或 = [(692 + 4) × 42 + 252] × 13.75/60 = 6 756.75 元

（2）集体计件工资计算。以集体为对象计算计件工资。集体计件工资总额的计算与个人计件工资计算思路相同，只是还需将集体计件工资总额在集体内各成员间分配，以计算每一成员应得计件工资。分配时通常考虑各成员工作时间和工作质量，工作质量常用工人级别工资（标准工资）来体现他们之间差异，分配标准是各成员工作时间与标准工资的乘积。

【例 3-7】 某生产班组有六位等级不同的工人，共同完成了某项生产任务，该班组共获得计件工资 28 600 元，该生产班组各成员工作时间和小时工资率及应得计件工资如表 3-18 所示。

表 3-18　集体计件工资分配表

班组成员姓名	小时工资率	实际工作小时数	分配标准	分配率	计件工资
L1	7.5	80	600		4 800
L2	5.5	100	550		4 400
L3	6.5	90	585		4 680
L4	7.0	94	658		5 264
L5	6.0	95	570		4 560
L6	7.2	85	612		4 896
合计			3 575	8	28 600

集体计件工资分配率 = 28 600 ÷ 3 575 = 8 元/实际工时

3. 其他工资计算

计时工资与计件工资构成了企业人工成本重要组成部分，但这并不是全部，也没有体现职工薪酬的多样化。比如医疗保险费、养老保险费、失业保险费、工伤保险费、生育保险费和住房公积金等"五险一金"；按照应付职工薪酬一定比例计提的工会经费、职工教育经费等；以自产产品或外购商品发放给职工作为福利及向职工提供企业支付了补贴的商品或服务、带薪缺勤及利润分享和奖金计划等。这些职工薪酬应根据受益对象性质计入生产成本或当期费用。

【例 3-8】 2020 年 9 月，某企业当月应付职工薪酬 1 360 万元，其中：生产部门直接生产人员工资 1 020 万元；生产部门管理人员工资 60 万元；公司管理部门人员工资 110 万元；公司专设产品销售机构人员工资 30 万元；建造厂房人员工资 115 万元；内部开发存货管理系统人员工资 25 万元。根据所在地政府规定，该企业分别按照职工工资总额的 10%、12%、2% 和 10.5% 计提医疗保险费、养老保险费、失业保险费和住房公积金，缴纳给当地社会保险经办机构和住房公积金管理机构。该企业又分别按照应付职工薪酬 2% 和 1.5% 计提工会经费和职工教育经费。该企业存货管理系统已处于开发阶段并符合《企业会计准则第 6 号——无形资产》资本化为无形资产的条件。不考虑税收影响，则有：

（1）计入生产成本的职工薪酬
= 1 020 + 1 020 ×（10% + 12% + 2% + 10.5% + 2% + 1.5%）= 1 407.6（万元）

(2) 计入制造费用的职工薪酬

= 60 + 60 × (10% + 12% + 2% + 10.5% + 2% + 1.5%) = 82.8（万元）

(3) 计入管理费用的职工薪酬

= 110 + 110 × (10% + 12% + 2% + 10.5% + 2% + 1.5%) = 151.8（万元）

(4) 计入销售费用的职工薪酬

= 30 + 30 × (10% + 12% + 2% + 10.5% + 2% + 1.5%) = 41.4（万元）

(5) 计入在建工程的职工薪酬

= 115 + 115 × (10% + 12% + 2% + 10.5% + 2% + 1.5%) = 158.7（万元）

(6) 计入无形资产的职工薪酬

= 25 + 25 × (10% + 12% + 2% + 10.5% + 2% + 1.5%) = 34.5（万元）

（四）工资结算

企业在计算出职工工资后编制工资结算凭证以作为与职工进行工资结算的依据。工资结算凭证是企业计算工资费用的依据，甚至直接替代工资费用分配表。工资结算凭证根据其作用和范围不同分为工资结算单和工资结算汇总表。工资结算单应分别车间、部门编制以反映企业与每一位职工工资结算情况；工资结算汇总表是根据工资结算单编制以反映企业与其内部各组织机构间的利益关系，是企业全部职工薪酬的汇总。

1. 工资结算单

会计实务中的工资结算单包括了企业发给职工但不属于职工薪酬总额的项目，如上下班交通补贴等，以及企业应从职工工资中扣下的企业已代垫或将代付的各种应扣款项，如公积金、房租等。工资结算单一般格式如表3-19所示。

表3-19 工资结算单

车间：第一基本生产车间　　　　　2020年9月　　　　　　　　　单位：元

班组	姓名	级别	应付职工薪酬											合计	代发款项	代扣款项			实发工资	领款人签字
			月标准工资	日标准工资	计件工资	奖金	津贴和补贴		扣缺勤工资						上下班交通补贴	住房公积金	房租	合计		
							工龄津贴	夜班补贴	病假			事假									
									天数	%	金额	天数	金额							
生产工人小计																					
管理人员小计																					
合计																					

2. 工资结算汇总表

工资结算汇总表反映企业全部工资结算情况并据以进行总分类核算和汇总全厂工资费用而根据工资结算单汇总编制的，是企业进行工资费用分配的依据。工资结算汇总表一般格式如表 3-20 所示。

表 3-20　工资结算汇总表

车间或部门	工种类别	应付职工薪酬							代发款项	代扣款项			实发工资
		月标准工资	计件工资	奖金	津贴和补贴		扣缺勤工资		合计	上下班交通补贴	住房公积金	房租	合计	
					津贴	补贴	病假	事假						
第一基本车间	生产工人													
第二基本车间	生产工人													
	小计													
第一基本车间	管理人员													
第二基本车间	管理人员													
	小计													
辅助生产	生产工人													
行政管理	管理人员													
在建工程														
合计														

根据工资结算单及工资结算汇总表编制工资及其他结算款项的记账凭证如下：
借：应付职工薪酬（应付的工资总额）
　　应付职工薪酬——职工福利（洗理费补贴）
　　制造费用（生产相关职工交通补贴）
　　管理费用（非生产职工交通补贴）
　贷：其他应收款（工资中扣下的代垫款项）
　　其他应付款（工资中扣下的代扣款项）
　　应交税费（工资中扣下的个人所得税）
　　现金（实发给职工的金额）

二、直接工资费用的分配

工资结算单及工资结算汇总表描述了企业从员工个人到所在的车间、部门直至整个企业的职工薪酬结算情况，基本上包括工资费用的内容，也可以说，如果对工资结算单及工资结算汇总表进行一定变动就能够满足工资费用核算要求。工资费用核算体现如下三个方面：①按工资耗费的受益对象进行工资费用确认并反映到各受益对象的总分类账户；②明确各受益对象直接计入工资费用还是分配计入工资费用；③确定各受益对象应承担的工资费用金额。这三个方面也就构成了工资费用分配表的基本内容。

（一）直接计入工资费用

指将直接从事具体而独立的产品生产所发生的工资费用计入"基本生产成本"总账和直接受益产品明细账中"直接人工"成本项目。相应的有：①为辅助产品或劳务而消耗工资费用由辅助生产或劳务承担；②为各生产车间而消耗工资费用由各车间制造费用承担；③企业或公司管理部门消耗工资费用由管理费用来承担；④自制材料消耗工资费用由自制材料来承担；⑤在建工程应承担的工资费用由在建工程来承担。

（二）分配（间接）计入工资费用

直接用于产品生产而发生的工资费用因不能够直接确认给独立受益产品，而是需要利用一定方法在各受益产品之间进行分配。工资形式不同，直接工资费用分配方法也不同。

1. 计时工资直接工资费用分配

计时工资通常意味着职工在一定期间完成多项工作所得到的汇总职工薪酬，无法反映工资费用具体用途，尽管可以根据产量工时记录和各生产工人工资率直接算出各产品应负担计时工资，但这样做会对日常统计工作要求较高，另外，由于计时工资一般是按出勤时间计算，而直接计算各产品应负担计时工资需采用实际工作时间，出勤时间与实际工作时间是不一致的。常见做法是将一定期间计时工资按照选定分配标准在各受益产品间分配，由于计时工资与生产工人在产品上的工作时间紧密相关，因此，分配标准通常采用各产品生产所耗用生产工时比例进行分配。

在产品生产实际工时与定额工时都可供选择时，原则上首选实际工时，因为正常情况下通常假定实际工时是生产所必需的，是与产品应承担的工资耗费相对应的。当然如果现实背离了这一假定或实际工时资料不可取则应以定额工时来替代。计算公式如下：

$$直接工资费用分配率 = \frac{本期发生的待分配直接工资费用}{\sum 各受益产品耗用的实际工时（或定额工时）}$$

某产品应负担的直接工资费用 = 直接工资费用分配率 × 该产品耗用的实际工时（或定额工时）

2. 计件工资直接工资费用分配

计件工资是依据完工产品数量及计件单价计算的工资费用，本身已经反映了工资费用用途，可以直接确认给单独的受益产品而不需要分配。但由于计件工资会引发其他形式职工薪酬发生，比如计件工人津贴、补贴和非工作时间工资，它们并不像计件工资那样与具体的单独受益产品相对应，而是全部计件工资所对应的多种受益产品，因此仍然需要分配，一般选择按各产品计件工资费用比例进行分配。

直接工资费用分配应通过编制直接工资费用分配明细表进行，由于实践中产品生产都是在具体生产车间进行的，同一生产车间通常会组织相同或类似产品生产，体现了归类生产的分工特征，这也意味着生产工人的生产被限定在特定范围内，而且也只有这样的特定范围内的分配才具有相对正确性，因此直接工资费用分配明细表是分生产车间按月编制。

【例 3-9】 光明工厂通过基本生产车间生产 M、N 两种产品，该车间同时采用计时工资与计件工资相结合的形式，其中计件工资直接根据产量和工时记录确认给独立的受益产品，而计时工资则按照受益产品的实际耗用工时标准通过分配计入。2020 年 9 月 M、N 两种产品共同耗用工资费用 23 200 元，根据生产车间产量及工时记录，M 产品耗用 225 小时，N 产品耗用 165 小时。共同耗用的计时工资分配情况如表 3-21 所示。

表 3-21 直接工资费用分配明细表
2020 年 9 月

应借账户		成本（费用）项目	应付职工薪酬		
			实际生产工时（小时）	分配率	分配计入直接工资费用
基本生产成本	M 产品	直接人工	225	58	13 050
	N 产品	直接人工	175	58	10 150
	合计		400		23 200

当然，如果企业共同耗用的工资费用在全部工资费用中所占比例不大，直接工资费用分配明细表也可以与工资费用分配表合并编制。

通过上面的讲解，企业从应付职工薪酬的结算到工资费用的分配直至进入受益产品制造成本明细账中"直接人工"成本项目的基本核算程序可以描述为图 3-4 所示。

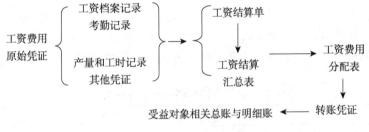

图 3-4 工资费用核算的基本程序

三、工资费用核算例解

【例 3-10】 光明工厂 2020 年 9 月直接计入工资费用已经通过工资结算单及工资结算汇总表内容分析而填列"工资费用分配表"。填列完整的"工资费用分配表"如表 3-22 所示。

表 3-22 工资费用分配表
2020 年 9 月   单位：元

应借账户		成本（费用）项目	应付职工薪酬				工资费用合计
			直接计入工资费用	分配计入工资费用			
				实际生产工时/小时	分配率	分配金额	
基本生产成本	M 产品	直接人工	27 800	225	58	13 050	40 850
	N 产品	直接人工	13 300	175	58	10 150	23 450
	小计		41 100	400		23 200	64 300
辅助生产成本	机修	工资费	5 251				5 251
	小计		5 251				5 251
制造费用		工资费	8 816				8 816
管理费用		工资费	4 421				4 421
在建工程		工资费	20 150				20 150
合计			79 738			23 200	102 938

根据工资费用分配表，编制转账凭证如下：

借：基本生产成本——M产品——直接人工　　　　　　　40 850
　　　　　　　　　——N产品——直接人工　　　　　　　23 450
　　辅助生产成本　　　　　　　　　　　　　　　　　　 5 251
　　制造费用　　　　　　　　　　　　　　　　　　　　 8 816
　　管理费用　　　　　　　　　　　　　　　　　　　　 4 421
　　在建工程　　　　　　　　　　　　　　　　　　　　20 150
　贷：应付职工薪酬　　　　　　　　　　　　　　　　　102 938

> **相关案例**
>
> 长春百克生物科技股份公司科创板 IPO，上海证券交易所问询发行人"是否存在生产人员分配部分工时用于支持研发项目的情形"，大信会计师事务所（特殊普通合伙）回复：各车间生产人员存在分配部分工时用于支持研发项目的情形，承担的研发活动主要为临床试验样品的生产，生产人员分配工时支持研发项目情况如表 3-23 所示。
>
> 表 3-23　生产人员分配工时支持研发项目
>
> | 项目 | 2020 年 1—6 月 | 2019 年度 |
> | --- | --- | --- |
> | 支持研发的人工总额/万元 | 318.80 | 493.95 |
> | 支持研发的平均职工人数/人 | 60 | 47 |
> | 支持研发的人均薪酬/（万元/年） | 5.31 | 10.51 |
> | 支持研发的总工时/小时 | 60 480 | 94 752 |
> | 支持研发的人均工时/（小时/年/人） | 1 008 | 2 016 |
> | 支持研发的每工时人均薪酬/（元/小时） | 52.71 | 52.13 |
>
> 相关生产人员在向其他部门提供服务时即已将相关费用直接计入对应科目，生产成本的直接人工不包含此类情形下生产人员的薪酬。在计算上表生产人员人数时，已按照用于生产和研发活动的工时比例对人数进行调整。

第三节　其他直接费用的归集与分配

材料费用与工资费用构成了企业制造成本的主体，但这并不代表着全部，伴随着生产方式、生产工艺等产品成本核算外部环境的变化，产品制造成本结构会发生相应变化，产品成本核算流程应适应这些变化。即使没有这些变化，基于重要性原则的成本核算在不同时期也会有不同侧重点，比如原先间接费用项目以直接费用项目的形式出现。一定情境下有必要将产品制造成本中除直接材料和直接人工外单独设置一些直接成本项目，如企业只为某一特定产品生产而使用的专用设备折旧费用、企业只为一种产品耗用的燃料及动力费用等。

一、折旧费用的归集与分配

材料费用与工资费用通常代表着企业生产活动中劳动对象与活劳动的耗费，劳动手段是劳动对象与活劳动有机结合的主要载体，劳动对象与劳动手段共同构成了企业物化劳动。从会计要素角度看，劳动手段最主要的是通过企业拥有的固定资产来体现，固定资产一旦投入使用必然伴随着使用价值下降，使用价值下降额称为"折旧"，折旧意味着固定资产价值转移，这部分价值转移金额被称为"折旧费用"，它要借助于受益对象而实现价值补偿。区别于材料费用与工资费用较为直接地与受益产品相关，固定资产折旧费用受益对象多样且在总的费用中所占比例较小。折旧费用与产品制造成本的关系包括以下三种类型。

（1）产品生产专用设备完全直接为某种具体产品生产服务，则其折旧费用构成了产品制造成本的直接费用。如果管理上要求提供该方面信息，就需要在受益产品明细账中单独设置成本项目反映。这可以称为直接计入折旧费用。

（2）产品生产专用设备完全是为基本生产服务（两种或以上产品），则折旧费用构成了产品制造成本直接费用，如果管理上要求提供该方面信息，就需要在受益产品间进行分配而计入受益产品明细账中单独设置的成本项目。这可以称为间接计入折旧费用。

（3）产品生产一般设备是为基本生产服务（无特指某种具体产品），则折旧费用构成了产品制造成本的间接费用，计入"制造费用总账"及受益车间"制造费用明细账"，期末选择具体分配方法分配计入各受益产品"产品成本明细账"中"制造费用"成本项目。这可以称为汇总计入折旧费用。

上述三种类型体现了会计分类核算特点，即产品生产专用设备与一般设备分类管理以及各自在产品制造成本中的效用发挥程度和作用。一定期间折旧费用计提与分配通常是分开进行的，当然也可以将两者合二为一而编制折旧费用分配表。计提折旧费先按照车间、部门进行，然后各车间、部门折旧费用汇总。在成本核算中常见的是将折旧费用汇总表替代折旧费用分配表进行总分类核算。

【例3-11】 光明工厂2020年9月固定资产使用状态如下：M产品生产投入了专用设备，计提折旧费用由M产品独自承担；M产品与N产品共用一种专用设备，计提折旧费用需要在两者间分配；其他生产设施都是一般用固定资产，在全厂范围内发挥作用。基本生产共用设备折旧费用按产品生产工时比例在两者间进行分配。固定资产折旧费用汇总表如表3-24所示。

表3-24 固定资产折旧费用汇总表

2020年9月　　　　　　　　　　　　　　　　　　　　　　　　单位：元

应借账户		成本（费用）项目	累计折旧					折旧费用合计
			直接计入折旧费用	分配计入折旧费用			汇总计入折旧费用	
				生产工时	分配率	分配额		
基本生产成本	M产品	折旧费用	2 260	225		3 825		6 085
	N产品	折旧费用	2 002	175		2 975		4 977
	小计		4 262	400	17	6 800		11 062

续表

应借账户		成本（费用）项目	累计折旧				汇总计入折旧费用	折旧费用合计
			直接计入折旧费用	分配计入折旧费用				
				生产工时	分配率	分配额		
辅助生产成本	机修	折旧费用					1 420	1 420
	小计						1 420	1 420
制造费用		折旧费用					6 228	6 228
管理费用		折旧费用					2 672	2 672
在建工程		折旧费用					4 935	4 935
合计			4 262			6 800	15 255	26 317

根据固定资产折旧费用汇总表编制的转账凭证如下：

借：基本生产成本——M产品——折旧费用　　　　　　6 085
　　　　　　　　——N产品——折旧费用　　　　　　4 977
　　辅助生产成本　　　　　　　　　　　　　　　　1 420
　　制造费用　　　　　　　　　　　　　　　　　　6 228
　　管理费用　　　　　　　　　　　　　　　　　　2 672
　　在建工程　　　　　　　　　　　　　　　　　　4 935
　　贷：累计折旧　　　　　　　　　　　　　　　　26 317

> **相关案例**
>
> 中金辐照股份有限公司主要从事辐照技术服务，为客户提供医疗保健产品、食品(包括宠物食品)、药品、包装材料等产品的辐照灭菌服务，高分子材料的辐照改性服务。其《招股说明书（上会稿）》披露，由于钴源固有的特性、价值及使用上更符合固定资产的定义，将钴源定义为固定资产科目核算。购置钴源为公司主要支出之一，钴源固定资产原值包括钴源的买价、进口关税、运费、保险费、装卸费、技术服务费、安装费和处置费等。按照每次采购确定的钴源价值作为每批钴源的原始价值进行核算。公司遵循钴-60自然衰减的属性对其采用衰减折旧的方式摊销其成本，折旧期限为20年，不计残值，按月计提折旧，20年后进行废弃源的回收处置。钴源折旧费为公司成本重要组成部分，报告期内的公司钴源折旧费分别为4 178.84万元、4 360.25万元、4 659.18万元和2 271.60万元。钴源在使用寿命内按照衰减系数分期折旧，为约束性固定成本，不因服务量的变化而变化。
>
> 深圳证券交易所要求发行人量化分析折旧政策差异对综合毛利率的影响，对比使用相同折旧政策的Steris（思泰瑞）综合毛利率，分析披露是否存在差异及原因，并分析如发行人采用10年和15年直线法计提折旧对发行人经营业绩的影响。

二、外购动力费的归集与分配

动力是企业生产中不可或缺的要素，主要包括电力、热力、风力、蒸汽等。企业动力的取得可以分为自制和外购两种。自制部分通过辅助生产核算，这里专指外购动力费的核算。外购动力可以计量并根据其不同用途记入有关的成本费用账户。

外购动力计量包括两个层面含义：①动力供应单位定期从相关仪表上抄录企业所耗用动力数量，按一定计价标准确定动力费用额后列账单向企业收取；②企业总的外购动力费用要通过直接计入或分配计入的方式计量至各受益对象。直接计入是指在有仪表情况下应根据仪表所示耗用数量及单价计算并计入受益对象，分配计入是指在无仪表情况下可按生产工时、定额消耗量、机器功率时数等标准分配计入受益对象。用途是指外购动力在企业生产活动中发挥作用的方式，主要包括工艺用动力、传动用动力与组织和管理生产用动力。不同用途动力费用计入产品成本的方法也就存在差别。基本内容是：

（1）工艺用动力费用通常与具体产品工艺技术过程相关，因此属于直接费用，在计入受益对象的方式上分为直接计入工艺用动力费用与分配计入工艺用动力费用，前者只为一种产品耗用的动力，可直接计入该产品制造成本；后者为多种产品共同耗用，应按一定标准分配计入各产品制造成本。其计算公式为

分配率 = 共同耗用外购工艺用动力费用额/∑受益产品分配标准数额

某产品应分配外购工艺用动力费用 = 分配率 × 该产品分配标准数额

外购工艺用动力费用在产品制造成本明细账中的列示方式有两种做法供选择：①如果外购工艺用动力费用在产品制造成本中占有较大比重，可在产品成本明细账中单设"工艺用动力"成本项目加以列示，实际工作中常与燃料合并而设置"燃料及动力"成本项目。②如果外购工艺用动力费用及燃料费占产品制造成本比重较小，可直接并入"直接材料"成本项目；如果外购工艺用动力费用所占比重很小时，则可以记入"制造费用"明细分类账。

（2）传动用动力费用是机器设备使用费的组成部分，作为产品生产必然耗费，它计入受益对象的方式取决于机器设备使用状态，是为单一产品服务还是为两种及以上产品服务，或是为整个生产车间服务。会计实务中通常作为制造费用处理。

（3）组织和管理生产用动力费用是一般性费用，发生时通常不能具体指明受益对象，因此先由制造费用账户归集然后再分配至具体受益对象。

《企业产品成本核算制度（试行）》第三十五条规定：制造企业外购燃料和动力的，应当根据实际耗用数量或者合理的分配标准对燃料和动力费用进行归集分配。生产部门直接用于生产的燃料和动力，直接计入生产成本；生产部门间接用于生产（如照明、取暖）的燃料和动力，计入制造费用。外购动力费用分配可通过编制"外购动力费用分配表"进行。

【例 3-12】 光明工厂 2020 年 6 月编制的外购动力费用分配表见表 3-25。

表 3-25 外购动力费用分配表

2020 年 6 月   单位：元

应借账户		成本（费用）项目	应付账款		
			实际耗用量	单位电价	动力费用合计
工艺用动力	基本生产成本	M 产品 燃料及动力	9 200	0.7	6 440
		N 产品 燃料及动力	6 260	0.7	4 382
		小计	15 460		10 822

续表

应借账户			成本（费用）项目	应付账款		
				实际耗用量	单位电价	动力费用合计
传动用动力	制造费用		动力费	12 100	0.7	8 470
组织和管理用动力	辅助生产成本	机修	动力费	7 230	0.7	5 061
	管理费用		动力费	1 240	0.7	868
	在建工程		动力费	3 310	0.7	2 317
	合计			39 340		27 538

根据外购动力费用分配表编制的转账凭证如下：

借：基本生产成本——M产品——燃料及动力　　　　　　　　6 440
　　　　　　　——N产品——燃料及动力　　　　　　　　4 382
　　辅助生产成本　　　　　　　　　　　　　　　　　　　5 061
　　制造费用　　　　　　　　　　　　　　　　　　　　　8 470
　　管理费用　　　　　　　　　　　　　　　　　　　　　868
　　在建工程　　　　　　　　　　　　　　　　　　　　　2 317
　　贷：应付账款　　　　　　　　　　　　　　　　　　　27 538

这里的贷方账户之所以用"应付账款"，是因为外购动力供应单位开列账单的起讫时期往往与会计期间不一致，即外购动力费一般不是在每月末支付，而是在每月下旬的某日支付，如6月21日支付的电费是5月20日至6月20日期间所耗电费，而6月份实际电力耗费是按外购动力会计期间内总计量器具所反映的从期初到期末的实际耗用量与单位电价来计算的，这样，供应单位开来的账单只能是作为外购动力费用结算的依据。当然，如果每月支付外购动力费的日期基本固定，且每月付款日至月末应付动力费日又相差不多，也可不通过"应付账款"账户而直接贷记"银行存款"账户。

本章小结

材料费用与工资费用通常代表企业生产活动中劳动对象与活劳动的耗费并构成了企业制造成本的主体，因此在产品制造成本明细账中设置"直接材料"与"直接人工"两个产品成本项目直观地反映。劳动手段是将劳动对象与活劳动有机结合的主要载体，劳动对象与劳动手段共同构成了企业物化劳动，由此还可以设置其他直接成本项目来反映相应的资产耗费情况，比如"折旧费用""燃料及动力"等。尤其是产品成本项目的设置具有很强的行业特征，比如《企业产品成本核算制度（试行）》规定农业企业一般设置直接材料、直接人工、机械作业费、其他直接费用等直接成本项目。对形成直接成本项目的直接生产费用核算有其相应规则。

关键词汇

直接生产费用　direct manufacturing expenses

直接材料 direct material costs
直接人工 direct manufacturing labor costs
折旧费用 depreciation expenses
职工薪酬 employee benefits

小组讨论

嘉亨家化股份有限公司创业板 IPO 申请材料被深圳证券交易所问询,其中"问题 2. 关于社保和公积金"指出:申报材料显示,报告期发行人未缴纳社保、公积金比例较大,发行人在审核问询回复中称公司聘用的外来务工人员多为农村户口,通常自身参与新农保、新农合并在宅基地上拥有自建房且该类员工流动性较大,因此员工缴纳意愿较低,发行人难以追溯规范到位。发行人及其子公司主管人力资源和社会保障局、住房公积金管理中心均确认报告期内发行人不存在违反社保、住房公积金法律法规而受到处罚的情形。请发行人说明未来是否存在因未缴纳社保、公积金被相关主管部门处罚的风险,如国家强制城镇企业为农村户籍员工缴纳住房公积金可能对发行人财务状况的影响,并请进行充分的风险提示。作为申报会计师的容诚会计师事务所(特殊普通合伙)进行相应回复的要点摘录。

报告期内,公司缴纳社会保险及住房公积金的情况如表 3-26 所示。

表 3-26 公司缴纳社会保险及住房公积金的情况表　　　　　单位:人

时间	项目	员工人数	实缴人数	其中新农合、新农保	未缴社保、公积金人数
2020/06/30	养老保险(含新农保)	2 244	2 074	—	170
	医疗保险(含新农合)		2 071	—	173
	工伤保险		2 077	—	167
	失业保险		2 074	—	170
	生育保险		2 072	—	172
	住房公积金		883	—	1 361
2019/12/31	养老保险(含新农保)	1 814	1 448	122	366
	医疗保险(含新农合)		1 609	266	205
	工伤保险		1 814	—	0
	失业保险		1 321	—	493
	生育保险		1 342	—	472
	住房公积金		416	—	1 398
2018/12/31	养老保险(含新农保)	1 580	995	81	585
	医疗保险(含新农合)		1 088	163	492
	工伤保险		1 580	—	0
	失业保险		909	—	671
	生育保险		921	—	659
	住房公积金		181	—	1 399

续表

时间	项目	员工人数	实缴人数	其中新农合、新农保	未缴社保、公积金人数
2017/12/31	养老保险（含新农保）	1 343	814	42	529
	医疗保险（含新农合）		867	78	476
	工伤保险		1 081	—	262
	失业保险		720	—	623
	生育保险		741	—	602
	住房公积金		165	—	1 178

报告期内，发行人应缴未缴社会保险及住房公积金金额占当期扣除非经常性损益后归属于母公司股东净利润的比例分别为25.35%、11.82%、4.60%和2.30%，如需补缴，会对发行人经营业绩造成一定影响，但影响程度逐渐降低，发行人控股股东、实际控制人已经作出补缴义务承诺，发行人未来仍存在因报告期内未缴纳部分社会保险、住房公积金的处罚和补缴风险。报告期内，发行人应缴未缴社会保险和住房公积金的金额及对各期净利润影响如表3-27所示。

表3-27 应缴未缴社会保险和住房公积金金额及对各期净利润影响

项目	2020年1—6月	2019年	2018年	2017年
补缴社会保险金额/万元	0.92	127.85	393.26	361.49
补缴公积金金额/万元	119.53	227.61	223.18	181.29
小计	120.45	355.46	616.44	542.78
减：所得税影响额/万元	30.01	69.29	125.94	109.75
合计	90.44	286.18	490.50	433.03
扣除非经常性损益后归属于母公司股东的净利润/万元	3 928.85	6 227.76	4 149.83	1 707.92
合计占比/%	2.30	4.60	11.82	25.35

如国家强制城镇企业为农村户籍员工缴纳住房公积金，报告期内，需要补缴的住房公积金金额分别为181.29万元、223.18万元、227.61万元和119.53万元，对发行人经营业绩的影响较小。若未来相关部门对社会保险和住房公积金的缴纳提出更高要求，发行人将按照相关部门的要求为员工缴纳社会保险和住房公积金。

根据上述资料，讨论发行人的做法是消极的还是积极的？是否存在某种动机或导向？如果存在潜在的政策性风险应怎样应对为宜？

思考题

1. 如何理解直接生产费用中的"直接"？产品成本核算中直接生产费用所占比重越大则产品成本越精确吗？为什么？
2. 计入产品成本的材料费用水平受到哪些宏观因素的影响？
3. 产品成本的工资费用水平受到哪些宏观因素的影响？

4. 直接材料费用、直接工资费用与其他直接费用之间有关系吗？为什么？

本章推荐阅读资料

1.《企业产品成本核算制度（试行）》，财政部，2013 年 8 月 16 日。
2.《企业产品成本核算制度——石油石化行业》（财会〔2014〕32 号）。
3.《企业产品成本核算制度——钢铁行业》（财会〔2015〕20 号）。
4.《企业产品成本核算制度——煤炭行业》（财会〔2016〕21 号）。
5.《企业产品成本核算制度——电网经营行业》（财会〔2018〕2 号）。
6.《企业会计准则第 1 号——存货》（财会〔2006〕3 号）。
7.《企业会计准则第 9 号——职工薪酬》（财会〔2014〕8 号）。

第四章

间接生产费用核算

本章对间接生产费用、辅助生产成本、制造费用及生产性损失等内容的核算进行了详尽的原理性地阐述。

通过本章学习,应能够:
➢ 掌握辅助生产成本、制造费用这两种最主要间接生产费用的含义、内容、归集与分配
➢ 理解生产性损失核算的基本内容

间接生产费用是相对于直接生产费用而言的,两者在核算角度上的差异在于经过不同核算程序计入产品制造成本,进而在产品成本明细项目中以不同方式体现,直接生产费用形成了产品成本明细项目中的具有单一性质的独立的产品成本项目,比如直接材料、直接人工及燃料与动力等,而间接生产费用则是以不同经济内容的费用汇总额体现为间接成本项目,如制造费用、废品损失等。将产品制造成本划分为直接与间接两部分既符合会计分类核算特点,又显示出成本信息应具备的质量特征,直接生产费用确认与归集的比例越大则成本核算就越精确,这也为成本控制与成本分析提供了相应数据基础。

第一节 间接生产费用的性质与内容

一、间接生产费用的特点与内容

间接生产费用是生产费用重要组成部分,特点是费用发生时无法直接确认应归属的受益对象,或基于成本核算重要性原则而在耗费发生时不在受益对象之间进行确认,甚至可以说全部生产费用中一旦指定了直接生产费用内容,则余下费用都是间接生产费用。间接生产费用发生有助于产品形成但该类费用要经过较直接生产费用更复杂的分配程序才能计入受益产品的制造成本。间接生产费用一般包括辅助生产费用、制造费用与生产性损失三类。

二、间接生产费用归集与分配的基本原理

既然是间接生产费用,将其计入产品制造成本总账及明细项目的方式肯定与直接生产费用的计入方式存在差异,同时制造费用与辅助生产成本又是具有不同核算内容的两种间接生产费用,它们之间也需要建立正确的成本数据流转关系。这两个方面便构成了间接生产费用归集与分配的基本原理。

1. 间接生产费用的归集

区别于直接生产费用发生时就与受益产品的总账及明细项目建立直接成本数据流转关系的核算方式，间接生产费用的核算方式恰恰是在费用发生时先通过在生产环节设置的"制造费用"及"辅助生产成本"等中间账户归集，然后在会计期末或者成本核算期末再分配至受益对象的总账及明细项目。这里需要注意的是，设置用于归集间接生产费用的中间账户所涵盖的耗费一定具有特定范围内的同质性，因为间接生产费用额体现着汇总性，如果涵盖范围过宽，就会使其失去与受益对象之间的因果关系，由此用于间接生产费用归集的总账通常按照车间设置，即间接生产费用按其发生的地点进行归集。

2. 间接生产费用的分配

间接生产费用分配标准的选择具有一定的复杂性，因为间接生产费用本身是由一系列不同经济内容的明细费用项目汇总而形成的，一旦分配标准比较单一或偏重于某些间接生产费用的明细费用项目，就会导致费用分配的不公平，也就脱离了"谁受益，谁承担"的原则。另外，间接生产费用的分配还包括了"制造费用"账户与"辅助生产成本"账户间的费用数据流转关系。按照上述间接费用内容的层次划分，基本生产环节的制造费用与该环节的直接费用同属于一个大类，可以这样认为，生产职能通常是由不同的生产环节来实现，同一生产环节内的生产活动都被认为是同类或类似，由此两类间接费用之间的转账关系是辅助生产成本借助于制造费用而与产品制造成本相联结的。

当然，同为间接费用的制造费用与辅助生产成本在具体的归集与分配上并不完全相同，还有着各自的具体要求。同时废品损失的核算也可与这两者统一考虑。

第二节 辅助生产费用的核算

一、辅助生产及其类型

工业企业生产按照生产职能不同可分为基本生产与辅助生产。基本生产指企业主要商品产品生产活动，如纺织厂纺纱织布、汽车厂汽车制造、钢铁企业炼铁、炼钢和轧钢等。基本生产发生的耗费称为基本生产费用，其中在其发生时就能够直接确认给受益产品的称为基本生产成本，反之称为制造费用。辅助生产指为保证企业商品产品生产正常进行而向基本生产提供服务或产品的生产，如为基本生产提供修理、运输、供水、供电、供气等服务或为基本生产提供刀具、刃具、模具、夹具的生产。辅助生产发生的耗费称为辅助生产费用。辅助生产因基本生产存在而存在，另外，辅助生产主要是为基本生产服务，但并不排除企业内部其他职能部门受益的情况，而且该种情况在实践中具有普遍性；同时辅助生产也可能存在对外销售和提供服务的情况。由此可以认为辅助生产是工业企业内部具有较为独立地位、有其自身特色的生产运行体系，比如从更高层次的深化国有企业改革来看，分离国有企业办社会与辅助生产单位就是改革的具体内容。

工业企业中生产车间通常是按照生产环节设置的，基本生产对应着基本生产车间，辅助生产对应着辅助生产车间，间接生产费用就是按照费用发生地点来归集。辅助生产类型就等同于辅助生产车间类型。企业通常设两类辅助生产车间：一种是只提供一种劳务或只进行同一性质作业的辅助生产车间，如供电车间、供水车间、供气车间；一种是生产多种产品的辅助生产车间，如机械制造厂的工夹模具车间，为基本生产提供各种工具、刃具、模具和夹具等。辅助生产车间类型的划分决定了辅助生产费用归集的总账及明细账设置方式。

 相关案例

德州联合石油科技股份有限公司创业板 IPO 相关申请文件披露了生产核算流程的主要环节，包括了自制半成品的生产、产成品的组装等，各环节归集的成本主要为直接材料、直接人工和制造费用。该公司生产核算流程如图 4-1 所示。

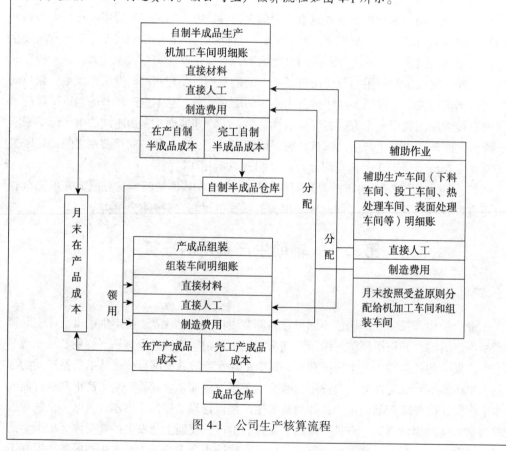

图 4-1　公司生产核算流程

二、辅助生产费用的归集

辅助生产费用归集包括两个层次，即总账账户设置及明细分类账户设置。

1. "辅助生产成本"总账账户设置

一般意义上看，企业生产活动可以"生产成本"账户总括反映；若从企业总体生产环节看，企业生产又具体包括基本生产与辅助生产两大类，与此对应可将"生产成本"账户细分为"基本生产成本"与"辅助生产成本"账户，并将二者提升为总账账户。

2. "辅助生产成本"明细账户设置

按照辅助生产具体环节（辅助生产车间）设置明细账户，明细账户结构取决于辅助生产车间类型：

（1）只提供一种劳务或只进行同一性质作业的辅助生产车间，按辅助生产费用经济内容设置明细账，具体参考格式见表4-1。

表4-1 辅助生产成本明细账（1）

车间：　　　　　　　　　　　劳务或作业：　　　　　　　　　　　单位：元

20××年		凭证号	摘要	费用明细项目							合计
月	日			材料费用	工资费用	动力费用	折旧费用	低值易耗品摊销	办公费	其他	
			合计								

（2）生产一种或多种辅助产品的辅助生产车间，按辅助生产费用经济用途设置明细账，具体参考格式见表4-2。

表4-2 辅助生产成本明细账（2）

车间：　　　　　　　　　　　辅助产品：　　　　　　　　　　　单位：元

20××年		凭证号	摘要	产品成本项目			合计
月	日			直接材料	直接人工	制造费用	
			合计				

（3）生产多种辅助产品的辅助生产车间，为了准确确认与计量每种辅助产品的制造成本，它们共同耗用费用也可以设置一个中间账户"辅助生产成本—制造费用"或"制造费用—辅助生产车间"进行归集，然后通过分配计入各受益辅助产品的生产成本明细账，具体参考格式同表4-2，只是需要在表头的"车间："处标明"××共同费用"即可。

3. 辅助生产费用归集的内容

其主要包括两部分：①辅助车间自身发生的各项费用，如材料费用、工资费用等，这通常称为辅助生产原始费用。②从其他辅助生产车间分配计入的费用。有时也将这两部分费用内容合计称为辅助生产实际费用。另外，由于辅助生产是因基本生产及其他职能部门而存在的，因此一般不负担辅助生产以外的受益费用，如基本生产制造费用，但如果辅助生产还为企业外部或对企业内部职工福利部门等提供劳务、作业等，为了正确归集这些劳务、作业的真实成本，则辅助生产也应该承担相应受益费用。实践中辅助生产外部受益费用通常指基本生产为之提供的制造费用，该项费用是通过"制造费用分配表"转账记入。

4. 辅助生产费用归集的总账核算

辅助生产作为企业生产活动一个环节，在提供劳务或辅助产品过程中应承担的费用也是由各要素费用分配表或汇总表转账记入的，如辅助生产材料费用是由"材料费用分配表"

转账记入,"工资费用"是由"工资费用分配表"转账记入,当然,还可能由自身耗用而编制的业务凭证转账记入,如直接办公费用支出。辅助生产费用归集的总账核算的账户流程如图 4-2 所示。

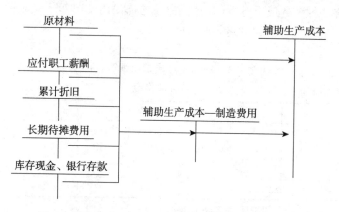

图 4-2　辅助生产费用归集的总账核算的账户流程

三、辅助生产费用的分配

辅助生产是因基本生产及其他职能部门的存在而存在的,因此作为中间账户的"辅助生产成本"本身并不承担费用,而是在会计期末采用一定方法分配出去,劳务或作业类辅助生产明细账分配后期末余额一般为零。

(一)辅助生产费用分配的基本思路

辅助生产包含辅助产品和劳务两种方式,因此辅助生产费用分配就存在不同思路。对于提供辅助产品方式,辅助产品的提供过程就是辅助产品制造过程,就是其制造成本归集过程,并且辅助产品即便完工也不是直接投入基本生活环节,而一般需要通过仓库收发核算,同时,期末辅助生产车间可能会有未完工产品(在产品)。因此,辅助产品生产可视为一个相对独立的产品制造过程,其核算程序同企业商品产品生产。

> **相关案例**
>
> 通常,企业接受客户订单要先开发模具,模具经客户认证合格后移至工厂安排批量生产。企业一般与客户签订模具销售(制作)合同,或在部件购买基本合同中约定开发模具相关权利义务、所有权归属、模具价格、结算方式等内容。苏州昀冢电子科技股份有限公司制造费用中工治具摊销占比 2020 年上半年、2019 年、2018 年及 2017 年分别为 42.83%、33.76%、30.67%和 28.49%,工治具摊销主要为产成品生产所耗用的模具成本。母公司根据客户要求设计模具,然后公司从外部或子公司购入模具零部件并经模具加工车间组装完工入库后计入库存商品,模具库存商品按与客户的结算模式分为发行人承担模具(自用模治具)和客户承担模具(收费模具)。生产部门领用模具作为生产工

具（工治具）用于产品生产。领用自用模治具计入其他流动资产并分三个月摊销计入制造费用，当期工治具摊销包含自用模治具摊销和生产过程中损耗的模具公用件和备件的摊销。"存货-库存商品-自用模治具""其他流动资产-工治具摊销-模具""其他流动资产-工治具摊销-模具公用件和备件等""制造费用-工治具摊销"及"营业成本（低值易耗品摊销金额）"形成了自用模治具流转的会计账户体系。客户承担模具在公司确认收入时结转计入营业成本。天龙股份是行业内可比公司，生产过程体现为依据客户要求开发模具并制作样品，通过验证后量产。"直接销售生产模具"类自产自用模具所有权属于客户，客户全额支付模具款而仍将其存放于公司作为生产工具；"摊销入注塑产品的生产模具"类自产自用模具作为生产工具存放于公司，相关模具成本计入产品。

对于提供劳务方式，辅助生产费用分配有三种思路：①完全直接为某种具体产品生产服务则直接由产品制造成本承担，计入受益产品明细账"直接材料"或"燃料和动力"等成本项目。②完全是为基本生产服务则计入"制造费用总账"及受益车间"制造费用明细账"，期末选择具体分配方法分配计入各受益产品"产品成本明细账"的"制造费用"成本项目。这两种分配思路实际上就是《企业产品成本核算制度（试行）》第三十五条所提的"制造企业辅助生产部门为生产部门提供劳务和产品而发生的费用，应当参照生产成本项目归集，并按照合理的分配标准分配计入各成本核算对象的生产成本"。③全企业内都受益则使用分配方法分配计入各受益对象总账及明细账。该种分配思路就是《企业产品成本核算制度（试行）》第三十五条所提的"辅助生产部门之间互相提供的劳务、作业成本，应当采用合理的方法，进行交互分配。互相提供劳务、作业不多的，可以不进行交互分配，直接分配给辅助生产部门以外的受益单位"。实践中常见分配方法包括直接分配法、顺序分配法、交互分配法、代数分配法与计划价格分配法。

（二）辅助生产费用的直接分配法

直接分配法指将辅助生产成本明细账归集的原始费用额以受益量为标准分配给辅助生产车间以外各受益对象的方法。原始费用指辅助生产车间当期日常发生的费用项目金额，不包括辅助生产车间相互提供劳务而进行交互分配的期末账项调整金额。计算公式如下：

$$\text{某辅助生产车间费用分配率（单位成本）} = \frac{\text{该辅助生产车间原始费用总额}}{\text{辅助生产车间以外各受益单位该种劳务量合计}}$$

某受益单位应承担的该种辅助生产费用额 = 该受益单位耗用劳务量 × 辅助生产车间费用分配率（单位成本）

【例 4-1】根据第三章一系列要素费用分配表或汇总表，光明工厂 2020 年 9 月机修车间辅助生产成本明细账归集费用 30 925.5 元，提供机修工时总量 3 000 小时。该企业辅助生产费用分配采用直接分配法，向各受益单位提供劳务情况的数据如下：M 产品 1 200 小时；N 产品 900 小时；基本生产车间一般耗用 600 小时；企业管理部门 180 小时；在建工程 120 小时。光明工厂 2020 年 9 月机修车间辅助生产费用分配表如表 4-3 所示。

表 4-3　辅助生产费用分配表（直接分配法）

2020 年 9 月

辅助生产车间	原始费用	分配工时	分配率（单位成本）	受益对象									
				M 产品		N 产品		基本生产一般耗用		企业管理部门		在建工程	
				数量	金额	数量	金额	数量	金额	数量	金额	数量	金额
机修	30 925.5	3 000	10.308 5	1 200	12 370.2	900	9 277.65	600	6 185.1	180	1 855.53	120	1 237.02
合计	30 925.5				12 370.2		9 277.65		6 185.1		1 855.53		1 237.02

根据辅助生产费用分配表，编制的转账凭证如下：

借：基本生产成本——M 产品　　　　　　　　　　　　　　12 370.20
　　　　　　　　——N 产品　　　　　　　　　　　　　　　9 277.65
　　制造费用　　　　　　　　　　　　　　　　　　　　　　6 185.10
　　管理费用　　　　　　　　　　　　　　　　　　　　　　1 237.02
　　在建工程　　　　　　　　　　　　　　　　　　　　　　1 855.53
　　贷：辅助生产成本——机修　　　　　　　　　　　　　 30 925.50

可以看出，采用直接分配法能够将辅助生产费用一次全部分配计入辅助生产车间以外受益对象成本或费用，核算工作较为简便，然而使用该方法的条件是各辅助生产车间之间不相互提供劳务，或者虽然相互提供服务但在各自辅助劳务中所占比例较小。只有这样才不会影响各辅助生产车间分配率的准确，因为辅助生产费用分配率的本质涵义还在于它是辅助生产单位成本，代表了辅助生产车间成本水平。如果各辅助生产车间相互提供劳务量较大还采用直接分配法，无疑是通过提高辅助生产车间单位成本水平而将辅助生产费用分配出去，这种成本转嫁方式不利于辅助生产成本考核与控制。

辅助生产车间之间相互提供劳务是客观存在的，因为企业内部职能部门安排遵循的就是分工基础上的合作，由此为了准确计算各辅助生产车间成本水平，交互分配方法被逐步采用，较为常见的是顺序分配法、一次交互分配法、代数分配法及计划成本分配法四种。这四种交互分配法之间根本区别就在于对交互的看法及分配方式上。

为了讲清四种交互分配法基本原理，给出如下基本资料：某企业设有供电、供水、机修和运输四个辅助生产车间，2020 年 8 月各辅助生产车间提供的劳务、作业和发生的辅助生产费用如表 4-4 所示。

表 4-4　各辅助生产车间提供的劳务、作业和发生的辅助生产费用

受益部门	辅助生产车间			
	供电车间（千瓦小时）	供水车间（立方米）	机修车间（小时）	运输车间（公里）
供电车间	—	320	95	160
供水车间	4 200	—	120	—
机修车间	6 230	195	—	90
第一基本生产车间	103 500	5 760	1 000	3 620
第二基本生产车间	90 360	4 620	950	2 860

续表

受益部门	辅助生产车间			
	供电车间（千瓦小时）	供水车间（立方米）	机修车间（小时）	运输车间（公里）
企业管理部门	5 540	230	160	320
在建工程	12 300	200	235	150
合计	222 130	11 325	2 560	7 200
各车间辅助生产费用	198 800	102 600	27 030	31 330
材料费用	136 500	85 300	5 930	10 150
工资费用	515 00	11 500	21 000	21 000
其他费用（以存款支付）	10 800	5 800	100	180
计划单位成本	0.920 5 元/千瓦小时	9.432 元/立方米	13.722 元/小时	4.536 元/公里

（三）辅助生产费用的顺序分配法

顺序分配法一定程度弥补了直接分配法的不足。该方法承认辅助生产车间之间相互提供劳务的现实，只是该方法中的交互关系是单向的。所谓顺序分配法，亦称阶梯分配法，指按照各辅助生产车间贡献程度决定分配次序进而分配辅助生产费用的方法。这里的贡献程度是辅助生产车间之间比较的相对结果，是在辅助生产范围内对各辅助生产车间的投入产出的计量。在辅助生产车间之间交互的过程中，每个辅助生产车间都面临着转入与转出问题，转入意味着该辅助生产车间受益而转出则是其他辅助生产车间受益（该辅助生产车间施益），如果不考虑其他因素，可通过贡献度指标（转出辅助生产费用额/转入辅助生产费用额）对各辅助生产车间按从高到低排序。次序排定则第一位的辅助生产费用被视为待分配费用，该辅助生产车间以外的所有受益单位都以其受益量为标准参与分配，换言之，第一位的辅助生产车间的费用分配用是直接分配法，这时排在第二位的辅助生产车间相对于第一位的辅助生产车间而言也是"以外"受益对象。当排在第一位的辅助生产费用分配完后，按照既定次序进行第二位的辅助生产费用的直接分配，以此类推，直至最后一个辅助生产费用分配完结。排位在前的辅助生产费用不再参与排位其后的辅助生产费用分配，否则就会形成循环分配。

根据表4-4的数据，4个辅助生产车间的排序计算过程如下：

（1）交互分配前：

供电车间辅助生产费用分配率 = 198 800/222 130 = 0.895 0（元/千瓦小时）

供水车间辅助生产费用分配率 = 102 600/11 325 = 9.059 6（元/立方米）

机修车间辅助生产费用分配率 = 27 030/2 560 = 10.558 6（元/小时）

运输车间辅助生产费用分配率 = 31 330/7 200 = 4.351 4（元/公里）

（2）交互分配：

供电车间转入辅助生产费用额 = 320 × 9.059 6 + 95 × 10.558 6 + 160 × 4.351 4
= 4 598.363（元）

供电车间转出辅助生产费用额 = 4 200 × 0.895 0 + 6 230 × 0.895 0 = 9 334.85（元）

供水车间转入辅助生产费用额 = 4 200 × 0.895 0 + 120 × 10.558 6 = 5 026.032（元）

供水车间转出辅助生产费用额 = 320×9.059 6+195×9.059 6 = 4 665.694（元）
机修车间转入辅助生产费用额 = 6 230×0.89 50+195×9.059 6+90×4.351 4
= 7 734.098（元）
机修车间转出辅助生产费用额 = 95×10.558 6+120×10.558 6 = 2 270.099（元）
运输车间转入辅助生产费用额 = 0
运输车间转出辅助生产费用额 = 160×4.351 4+90×4.351 4 = 1 087.85（元）
（3）供电车间转出转入比 = 9 334.85/4 598.363.904 = 2.030
供水车间转出转入比 = 4 665.694/5 026.032 = 0.928 3
机修车间转出转入比 = 2 270.099/7 734.098 = 0.293 5
运输部门转出转入比 = 1 087.85/0 = 无限大

由此，辅助生产车间辅助生产费用分配次序是运输部门、供电车间、供水车间与机修车间。根据相关资料，按照顺序分配法编制的辅助生产费用分配表见表4-5。

根据辅助生产费用分配表编制的转账凭证如下：

借：辅助生产成本——供电车间　　　　　　　　　　　696.22
　　　　　　　　——供水车间　　　　　　　　　　　3 772.02
　　　　　　　　——机修车间　　　　　　　　　　　7 871.61
　　制造费用——第一基本　　　　　　　　　　　　　179 263.83
　　　　　　——第二基本　　　　　　　　　　　　　152 391.55
　　管理费用　　　　　　　　　　　　　　　　　　　10 974.52
　　在建工程　　　　　　　　　　　　　　　　　　　17 130.10
　贷：辅助生产成本——运输车间　　　　　　　　　　31 330.00
　　　　　　　　——供电车间　　　　　　　　　　　199 496.22
　　　　　　　　——供水车间　　　　　　　　　　　106 372.02
　　　　　　　　——机修车间　　　　　　　　　　　34 901.61

顺序分配法关注了辅助生产车间之间劳务交互提供，是对直接分配法的不足的改进，并且分配方法简便。但该种方法要先对辅助生产车间进行排序，排列在前的向排列其后的所有受益单位进行直接分配，而排列其后的不能向其分配费用，即使该辅助生产车间是受益单位，这种单向交互没能全面反映辅助生产车间之间的交互关系，交互分配不充分影响辅助生产费用分配准确性。另外，各辅助生产车间之间排序也是比较困难的，有一定主观性，导致该种方法使用受到一定限制。弥补单向交互不足辅助生产费用分配方法是一次交互分配法。

（四）辅助生产费用的一次交互分配法

一次交互分配法指通过辅助生产车间之间相互分配费用，将每个辅助生产车间明细账原始费用调整为实际辅助生产费用，然后按照受益量标准将实际辅助生产费用再对外分配（直接分配）。辅助生产费用分配经过两个步骤。

（1）将辅助生产原始费用调整为辅助生产实际费用。原始费用指辅助生产车间明细账中日常核算所归集费用，实际费用指期末将辅助生产车间原始费用经过转入辅助生产费用

表 4-5　辅助生产费用分配表（顺序分配法）

2020 年 8 月

辅助生产车间	待分配费用（元）	劳务受益量	分配率	受益部门										
				运输		供电		供水		机修		第一基本生产		第二基本生产
				用量	金额	用量	金额	用量	金额	用量	金额	用量	金额	用量

辅助生产车间	待分配费用（元）	劳务受益量	分配率	运输 用量	运输 金额	供电 用量	供电 金额	供水 用量	供水 金额	机修 用量	机修 金额	第一基本生产 用量	第一基本生产 金额	第二基本生产 用量	第二基本生产 金额	行政管理 用量	行政管理 金额	在建工程 用量	在建工程 金额
运输	31 330.00	7 200	4.351 4			160	696.22			90	391.62	3 620	15 752.07	2 860	12445.00	320	1392.38	150	652.71
供电	199 496.22	222 130	0.898 1					4 200	3 772.02	6 230	5 595.16	103 500	92 953.35	90 360	81152.32	5 540	4976.74	12 300	11046.63
供水	106 372.02	11 005	9.665 8							195	1 884.83	5 760	55 675.01	4 620	44655.00	230	2224.02	200	1933.16
机修	34 901.61	2 345	14.883 4									1 000	14 883.40	950	14139.23	160	2381.38	235	3497.60
合计	372 099.85						696.22		3772.02		7871.61		179 263.83		152391.55		10974.52		17130.10

注：供电车间待分配费用 = 198 800 + 696.22 = 199 496.22 元
供水车间待分配费用 = 4 200 + 6 230 + 103 500 + 90 360 + 5 540 + 12 300 = 222 130 千瓦小时
供水车间待分配费用 = 102 600 + 3 772.02 = 106 372.02 元
机修车间劳务受益量 = 195 + 5 760 + 4 620 + 230 + 200 = 11 005 立方米
机修车间待分配费用 = 27 039 + 391.62 + 5 595.16 + 1 884.83 = 34 901.61 元
机修车间劳务供应量 = 1 000 + 950 + 160 + 235 = 2 345 小时
行政管理·运费 = 31 330 − 696.22 − 391.62 − 15 752.07 − 12 445 − 652.71 = 1 392.38
行政管理电费 = 199 496.22 − 3 722.02 − 5 595.16 − 92 953.35 − 81152.32 − 11 046.63 = 4 976.74
行政管理水费 = 106 372.02 − 1 884.83 − 55 675.01 − 44 655 − 1 933.16 = 2 224.02
行政管理修理费 = 34 901.61 − 14 883.4 − 14 139.23 − 3 497.6 = 2 381.38

与转出辅助生产费用调整后金额。计算公式为

某辅助生产车间实际辅助生产费用 = 该辅助生产车间明细账原始费用 + 由其他辅助生产车间分配转入的辅助费用 − 分配转出给其他辅助生产车间的辅助费用

由其他辅助生产车间分配转入的辅助费用 = 该辅助生产车间受益劳务量 × 该种劳务分配率（单位成本）

分配转出给其他辅助生产车间的辅助费用 = 其他辅助生产车间受益劳务量 × 本车间劳务分配率（单位成本）

某辅助生产车间劳务分配率（单位成本）= 该辅助生产车间明细账原始费用额/该辅助生产车间提供劳务总量

（2）将辅助生产实际费用对外分配（直接分配）。这里的对外分配指对辅助生产车间以外受益单位按照受益劳务量标准进行分配。

根据表 4-5 的数据，一次交互分配法核算内容如下：
① 交互分配前分配率（单位成本）计算
供电车间辅助生产费用分配率 = 198 800/222 130 = 0.895 0 元/千瓦小时
供水车间辅助生产费用分配率 = 102 600/11 325 = 9.059 6 元/立方米
机修车间辅助生产费用分配率 = 27 030/2 560 = 10.558 6 元/小时
运输车间辅助生产费用分配率 = 31 330/7 200 = 4.351 4 元/公里
② 交互分配辅助生产费用以确定实际辅助生产费用
供电车间实际辅助生产费用
= 198 800 + 320 × 9.059 6 + 95 × 10.558 6 + 160 × 4.351 4 − 4 200 × 0.895 0
− 6 230 × 0.895 0 = 194 063.51 元
供水车间实际辅助生产费用
= 102 600 + 4 200 × 0.895 0 + 120 × 10.558 6 − 320 × 9.059 6 − 195 × 9.059 6
= 102 960.34 元
机修车间实际辅助生产费用
= 27 030 + 6 230 × 0.895 0 + 195 × 9.059 6 + 90 × 4.351 4 − 95 × 10.558 6 − 120 × 10.558 6
= 32 494 元
运输车间实际辅助生产费用 = 31 330 + 0 − 160 × 4.351 4 − 90 × 4.351 4 = 30 242.15 元
③ 对外分配分配率（单位成本）计算
供电车间实际辅助生产费用分配率 = 194 063.51/211 700 = 0.916 7 元/千瓦小时
供水车间实际辅助生产费用分配率 = 102 960.34/10 810 = 9.524 5 元/立方米
机修车间实际辅助生产费用分配率 = 32 494/2 345 = 13.856 7 元/小时
运输车间实际辅助生产费用分配率 = 30 242.15/6 950 = 4.351 4 元/公里
④ 实际辅助生产费用的对外分配
第一基本生产车间应承担电费 = 103 500 × 0.916 7 = 94 878.45 元
水费 = 5 760 × 9.524 5 = 54 861.12 元

机修费用 = 1 000 × 13.856 7 = 13 856.7 元

运输费用 = 3 620 × 4.351 4 = 15 752.07 元

第二基本生产车间应承担电费 = 90 360 × 0.916 7 = 82 833.01 元

水费 = 4 620 × 9.524 5 = 44 003.19 元

机修费用 = 950 × 13.856 7 = 13 163.87 元

运输费用 = 2 860 × 4.351 4 = 12 445 元

企业管理部门应承担电费 = 194 063.51 − 94 878.45 − 82 833.01 − 11 275.41 = 5 076.64 元

水费 = 102 960.34 − 54 861.12 − 44 003.19 − 1 904.9 = 2 191.13 元

机修费用 = 32 494 − 13 856.7 − 13 163.87 − 3 256.32 = 2 217.11 元

运输费用 = 30 242.15 − 15 752.07 − 12 445 − 652.71 = 1 392.37 元

在建工程应承担电费 = 12 300 × 0.916 7 = 11 275.41 元

水费 = 200 × 9.524 5 = 1 904.9 元

机修费用 = 235 × 13.856 7 = 3 256.32 元

运输费用 = 150 × 4.351 4 = 652.71 元

上述一次交互分配法的核算内容实际上都是在"辅助生产费用分配表"中进行的，如表 4-6 所示。

根据该辅助生产费用分配表编制的转账凭证如下：

（1）交互分配。

借：辅助生产成本——供电车间	4 598.36
——供水车间	5 026.03
——机修车间	7 734.10
贷：辅助生产成本——供电车间	9 334.85
——供水车间	4 665.69
——机修车间	2 270.10
——运输车间	1 087.85

（2）对外分配。

借：制造费用——第一基本生产车间	179 348.34
——第二基本生产车间	152 445.07
管理费用	10 877.25
在建工程	17 089.34
贷：辅助生产成本——供电车间	194 063.51
——供水车间	102 960.34
——机修车间	32 494.00
——运输车间	30 242.15

一次交互分配法基本上克服了直接分配法与顺序分配法的不足，反映了辅助生产车间之间交互提供劳务关系，该种方法也易于理解与操作。但该种分配方法之所以称为"一次"交互分配法，在于辅助生产车间之间的交互分配还是囿于"两两"间关系，以上述资料为

表 4-6 辅助生产费用分配表（一次交互分配法）

2020 年 8 月

辅助生产车间	待分配费用（元）	劳务供应量	分配率	受 益 部 门											
				供电		供水		机修		运输		第一基本		第二基本	
				用量	金额	用量	金额	用量	金额	用量	金额	用量	金额	用量	金额
交互															
供电	198 800	222 130	0.895 0			4 200	3 759	6 230	5 575.85						
供水	102 600	11 325	9.059 6	320	2 899.07			195	1 766.62						
机修	27 030	2 560	10.558 6	95	1 003.07	120	1 267.03								
运输	31 330	7 200	4.351 4	160	696.22			90	391.63						
小计	359 760				4 598.36		5 026.03		7 734.1						
对外															
供电	194 063.51	211 700	0.916 7									103 500	94 878.45	90 360	82 833.01
供水	102 960.34	10 810	9.524 5									5 760	54 861.12	4 620	44 003.19
机修	32 494	2 345	13.856 7									1 000	13 856.70	950	13 163.87
运输	30 242.15	6 950	4.351 4									3 620	15 752.07	2 860	12 445.00
合计	359 760												179 348.34		152 445.07

行政管理		在建工程	
用量	金额	用量	金额
5 540	5 076.64	12 300	11 275.41
230	2 191.13	200	1 904.90
160	2 217.11	235	3 256.32
320	1 392.37	150	652.71
	10 877.25		17 089.34

例，供电、供水、机修与运输四个辅助生产车间都需要通过交互方式计算各自实际辅助生产费用，比如供电车间在计算实际辅助生产费用时是将自己与另外三个辅助生产车间划分开而体现了"本方"与"对方"关系，然后进行"两方"交互，供水、机修与运输在计算各自实际辅助生产费用时也是这种思路，都体现着这种"两两"性，也就意味着每个辅助生产车间交互分配只进行了一次。当然这种"两两"性选择"转入"或"转出"一方即可，因为"本方"的转入就是在计量"对方"的转出。既然辅助生产车间之间存在着广泛的互为劳务提供关系，同时确定每一辅助生产车间分配率及分配额就使得分配结果更为精确，代数分配法由此设计出来。

（五）辅助生产费用的代数分配法

代数分配法是应用初等代数中解多元一次方程组原理，计算各辅助生产车间劳务分配率（单位成本），然后根据受益部门受益量确定其应负担辅助生产费用的分配方法。建立方程组时，为每一辅助生产车间设立的多元一次方程要体现出该辅助车间辅助生产劳务归集与分配的全过程。从辅助生产成本明细账户结构看，借方归集辅助劳务形成过程中发生的全部耗费，包括两部分内容：一是该辅助生产车间日常核算形成的原始费用；二是该辅助生产车间期末交互分配（账项调整）转入费用。贷方描述辅助生产费用分配过程，包括两部分内容：一是期末交互分配转出至其他辅助生产车间费用；二是分配给辅助生产车间以外各受益部门费用，这两部分费用合计实际上就是该辅助生产车间全部待分配费用，是其提供劳务总量与单位成本之积。由于辅助生产费用期末分配后账户余额应为零，故有辅助生产成本明细账"借方发生额合计数＝贷方发生额合计数"，即"归集额＝分配额"。根据上述原理，以表4-5数据为例，代数分配法内容如下：

设：供电车间的单位成本为 X_1，供水车间的单位成本为 X_2，机修车间的单位成本为 X_3，运输车间的单位成本为 X_4，则有

$$198\,800 + 320X_2 + 95X_3 + 160X_4 = 222\,130X_1$$
$$102\,600 + 4\,200X_1 + 120X_3 = 11\,325X_2$$
$$27\,030 + 6\,230X_1 + 195X_2 + 90X_4 = 2\,560X_3$$
$$31\,330 = 7\,200X_4$$

通过多次迭代，求得：$X_1 = 0.917\,9$；$X_2 = 9.544\,9$；$X_3 = 13.672\,7$；$X_4 = 4.351\,4$。根据上述计算结果，编制辅助生产费用分配表（代数分配法）（表4-7）以及相应的转账凭证如下：

借：辅助生产成本——供电车间　　　　　　　　　　　　　5 049.50
　　　　　　　　　——供水车间　　　　　　　　　　　　　5 495.90
　　　　　　　　　——机修车间　　　　　　　　　　　　　7 971.41
　　制造费用——第一基本生产车间　　　　　　　　　　　179 406.04
　　　　　　——第二基本生产车间　　　　　　　　　　　152 472.95
　　管理费用　　　　　　　　　　　　　　　　　　　　　 10 860.58
　　在建工程　　　　　　　　　　　　　　　　　　　　　 17 064.94

  贷：辅助生产成本——供电车间   203 893.13
       ——供水车间   108 096.00
       ——机修车间   35 002.11
       ——运输车间   31 330.08

表 4-7 辅助生产费用分配表（代数分配法）
2020 年 8 月

辅助生产车间			供电车间	供水车间	机修车间	运输车间	合　计
劳务供应量			222 130	11 325	2 560	7 200	
计量单位			千瓦小时	立方米	小时	公里	
劳务单位成本			0.917 9	9.544 9	13.672 7	4.351 4	
受益部门	供电车间	耗用量		320	95	160	
		金额		3 054.37	1 298.91	696.22	5 049.5
	供水车间	耗用量	4 200		120		
		金额	3 855.18		1 640.72		5 495.90
	机修车间	耗用量	6 230	195		90	
		金额	5 718.52	1 861.26		391.63	7 971.41
	运输车间	耗用量					
		金额					
	第一基本生产车间	耗用量	103 500	5 760	1 000	3 620	
		金额	95 002.65	54 978.62	13 672.7	15 752.07	179 406.04
	第二基本生产车间	耗用量	90 360	4 620	950	2 860	
		金额	82 941.44	44 097.44	12 989.07	12 445.00	152 472.95
	行政管理部门	耗用量	5 540	230	160	320	
		金额	5 085.17	2 195.33	2 187.63	1 392.45	10 860.58
	在建工程	耗用量	12 300	200	235	150	
		金额	11 290.17	1 908.98	3 213.08	652.71	17 064.94
分配金额合计			203 893.13	108 096	35 002.11	31 330.08	378 321.32

  代数分配法通过求解联立方程组直接计算各辅助生产车间单位实际成本，使得分配结果更为精确，但在辅助生产较多情况下，多元一次方程式较多，解方程组计算工作量就很大，因此该方法只适用于辅助生产车间较少企业采用。

  （六）辅助生产费用的计划价格分配法

  直接分配法、顺序分配法、一次交互分配法和代数分配法之间体现了后一种方法对前一种方法的改进，但这些方法共存不足在于都是采用实际分配率（单位实际成本）进行辅助生产费用分配，由于费用分配本身就是一种成本转嫁形式，实际分配率（单位实际成本）

意味着不管辅助生产费用节约还是超支,其差异都一并转入了辅助生产车间以外受益对象,这对辅助生产车间及辅助生产车间以外受益部门,尤其是基本生产车间业绩考评都会造成不利影响,克服的基本思路就是采用计划成本分配法。

计划价格分配法又称内部结算价格分配法,该方法先按劳务单位计划成本和各受益部门实际受益量进行分配,然后再将计划分配额与实际费用额间差额进行调整分配的一种分配方法。由于企业单位计划成本与单位实际成本不一致是常态,计划价格分配法通常需要两个步骤进行分配:第一步以劳务单位计划成本与实际受益量进行辅助生产费用分配;第二步调整分配阶段,将各辅助生产车间实际发生费用与各该车间按计划成本分配转出费用之差,即辅助车间成本差异,再在辅助生产车间以外受益部门之间进行调整分配。调整分配一般有两种会计处理方法:其一,将辅助车间成本差异再在辅助生产车间以外受益部门之间按实际受益量比例进行分配;其二,将全部辅助车间成本差异分配给行政管理部门。

以表4-5的数据为例,按计划成本分配法编制辅助生产费用分配表,以及相应的转账凭证如表4-8所示。

辅助车间成本差异比较大时可选择在辅助生产车间以外的受益对象间按实际受益量比例进行分配,通常辅助车间成本差异额大于或等于该辅助生产车间原始费用额的10%就被认为是比较大。按该标准,所举例题的辅助车间成本差异直接调整行政管理部门即可。

借:辅助生产成本——供电车间　　　　　　　　　　　　　　　5 047.59
　　　　　　　　——供水车间　　　　　　　　　　　　　　　5 512.74
　　　　　　　　——机修车间　　　　　　　　　　　　　　　7 982.20
　　制造费用——第一车间　　　　　　　　　　　　　　　179 742.39
　　　　　　——第二车间　　　　　　　　　　　　　　　152 761.08
　　管理费用　　　　　　　　　　　　　　　　　　　　　 10 142.91
　　在建工程　　　　　　　　　　　　　　　　　　　　　 17 113.62
　贷:辅助生产成本——供电车间　　　　　　　　　　　　　203 847.59
　　　　　　　　——供水车间　　　　　　　　　　　　　108 112.74
　　　　　　　　——机修车间　　　　　　　　　　　　　 35 012.20
　　　　　　　　——运输车间　　　　　　　　　　　　　 31 330.00

采用计划成本分配法,由于各辅助生产车间只需在掌握耗用其他辅助生产车间劳务数量就能够计算出分配转入金额,从而确定其实际成本,核算及时且简便。另外,通过计划成本与实际成本比较分析,可及时了解各辅助生产车间费用超支或节约情况并分析产生的原因,这有利于考核辅助生产车间经济效益,也有利于各部门之间经济责任界定。该方法使用的前提是单位计划成本比较切合实际,否则会造成不合理成本差异,影响辅助生产费用分配准确性。

表 4-8 辅助生产费用分配表（计划成本分配法）
2020 年 8 月

辅助生产车间 计划成本分配	待分配费用	单位计划成本	受益部门												
			供电		供水		机修		运输		第一基本		第二基本		行政管理		在建工程	
			用量	金额	用量	金额	用量	金额	用量	金额	用量	金额	用量	金额	用量	金额	用量	金额
供电	198 800	0.920 5			4 200	3 866.1	6 230	5 734.72			103 500	95 271.75	90 360	83 176.38	5 540	5 099.67	12 300	11 322.15
供水	102 600	9.432 0	320	3 018.24			195	1 839.24			5 760	54 328.32	4 620	43 575.84	230	2 169.36	200	1 886.4
机修	27 030	13.722 0	95	1 303.59	120	1 646.64					1 000	13 722	950	13 035.90	160	2 195.52	235	3 224.67
运输	31 330	4.536 0	160	725.76			90	408.24			3 620	16 420.32	2 860	12 972.96	320	1 451.52	150	680.4
小计	359 760			5 047.59		5 512.74		7 982.2				179 742.39		152 761.08		10 915.97		17 113.62
调整分配																		
供电	−623.08																	
供水	1 295.34																	
机修	−116.12																	
运输	−1 329.2																	
小计	−773.06																	
合计				5 047.59		5 512.74		7 982.2				179 742.39		152 761.08		10 142.91		17 113.62

注：供电车间实际成本 = 198 800 + 5 047.59 = 203 847.59
供电车间计划成本 = 22 2130 × 0.920 5 = 20 4470.67
供电车间成本差异 = 203 847.59 − 204 470.67 = −623.08
供水车间实际成本 = 102 600 + 5 512.74 = 108 112.74
供水车间计划成本 = 11 325 × 9.432 = 106 817.40
供水车间成本差异 = 108 112.74 − 106 817.4 = 1 295.34
机修车间实际成本 = 27 030 + 7 982.2 = 35 012.20
机修车间计划成本 = 2 560 × 13.722 = 35 128.32
机修车间成本差异 = 35 012.2 − 35 128.32 = −116.12
运输车间实际成本 = 7 200 × 4.536 = 32 659.20
运输车间计划成本 = 31 330
运输车间成本差异 = 31 330 − 32 659.2 = −1 329.20

第三节 制造费用的核算

一、制造费用的性质及内容

制造费用指企业在生产环节为组织和管理生产活动而发生的各项间接费用，是产品制造成本中除直接材料、直接人工及其他直接成本项目外的生产费用。该概念包括三个方面含义：①生产环节发生的耗费。生产环节包括基本生产与辅助生产，制造费用既有基本生产直接发生的，还包括辅助生产车间分配转入的应由制造费用承担的辅助生产费用；②间接生产费用。间接性意味着该类费用发生时并不直接记入受益对象制造成本总账及明细账专设的成本项目，而是先行通过中间账户归集，然后再分配制给受益产品；③能分清受益对象但考虑成本效益原则不作为直接生产费用而将其视为间接生产费用。

制造费用大部分是间接用于产品生产的费用，如机物料消耗、车间生产用房屋及建筑物折旧费用等，当然还包括一部分直接用于产品生产但管理上不要求或核算上不便于单独核算，因而没有专设成本项目的费用，如生产工艺用动力在没有专设成本项目时也包括在制造费用中；另外就是生产部门用于组织和管理生产而发生的费用，如生产部门管理人员工资及福利费等。

> **相关案例**
>
> 深刻领会下述关于制造费用事件及其会计后果：
> （1）《中华人民共和国财政部会计信息质量检查公告》（第二十九号）披露郑州煤电股份有限公司子公司2012年度调整以前年度账务直接冲减当期制造费用428万元。
> （2）新能矿业有限公司财务数据显示于2011年计提安全生产费用6 448.33万元，而实际提取金额730.54万元，两者相差5 717.79万元，然而资产负债表中的长期负债项并未见"专项储备"余额。
> （3）常熟风范电力设备股份有限公司（601700）2012年报披露，公司角钢塔2012年生产量增幅20.46%，年销售量增幅6.98%；直接人工费增幅26.71%，水电费增幅15.91%，制造费用增幅1.85%。有媒体由此得出结论"风范股份销量增速与费用增速关系已经不成正比，显然角钢塔的制造费用可能失真。而制造费用直接关联着成本，刻意降低费用的目的也是显而易见的"。
> （4）中金岭南（000060）公布2011年1季度实现净利润约1.10亿元，折合全面摊薄每股盈利0.07元，同比下滑达20.3%。公司盈利大幅下滑主要是韶关冶炼厂停产期间发生固定制造费用9 972.51万元。
> （5）信维通信（300136）2014年4月11日公布2013年报，公司全年实现营业收入3.52亿，同比增长63.28%；报告期内出现经营性亏损，归属于公司普通股股东净利润为–6 561.2万元。营业成本同比增长93.13%，营业成本增长率高于营业收入增长率的主要原因之一是北京子公司产能利用率不足，制造费用相对固定并维持在较高水平，制造费用全部转入了当期营业成本中。

> （6）包钢稀土 2012 年 3 月 29 日发布 2012 年报显示，2012 年营业收入 92.42 亿元，同比下降 19.83%；净利润 15.1 亿元，同比下降 56.58%；每股收益 0.624 元，同比下降 56.55%。有分析师认为主要原因之一是冶炼分离工序停产超两个月时间，停产期间制造费用列入管理费用核算。

二、制造费用的归集

制造费用归集通过设置"制造费用"总账及明细账进行，该总账应按不同生产部门设立明细账以反映各生产部门制造费用归集和分配情况。制造费用明细账应按照费用明细项目设立专栏分别反映各生产部门制造费用的具体发生情况，其登记依据是有关付款凭证、转账凭证和前述的各种要素费用分配表。"制造费用"作为集合分配账户，借方反映某会计期间企业为生产产品和提供劳务而发生的应由受益产品承担的各项间接生产费用，包括工资和福利费、折旧费、修理费、动力费、办公费、水电费、低值易耗品摊销、机物料消耗、劳动保护费、季节性和修理期间的停工损失等，贷方反映会计报告期末分配计入各受益产品成本的制造费用，期末一般无余额。

制造费用归集的总账核算的账户流程如图 4-3 所示。

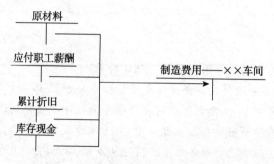

图 4-3 制造费用归集的总账核算流程

制造费用明细账的参考格式见表 4-9（以光明工厂为例）。

表 4-9 制造费用明细账

车间名称：基本生产　　　　　　2020 年 9 月　　　　　　　　　单位：元

年		凭证号数	摘 要	明 细 项 目					合计
月	日			材料费	工资费	折旧费	动力费	辅助生产费用转入	
		略	材料费用分配表	11 351.5					11 351.5
			工资费用分配表		8 816				8 816.0
			固定资产折旧费用汇总表			6 228			6 228.0
			外购动力费用分配表				8 470		8 470.0
			辅助生产费用分配表					6 185.1	6 185.1
			合　　　计	11 351.5	8 816	6 228	8 470	6 185.1	41 050.6
			分配转出	11 351.5	8 816	6 228	8 470	6 185.1	41 050.6

相关案例

深圳证券交易所对浙江新柴股份有限公司创业板 IPO 申请文件的有关内容进行了问询,"问题21 关于毛利率"提到"请发行人:(4)补充披露4E车间、铸造车间相关制造费用分产品归集的依据是否合理"。立信会计师事务所(特殊普通合伙)对此做了说明。

公司铸造车间所产机体为生产柴油机的配件,随着铸造车间产量的增加,其生产的型号能覆盖柴油机机型的90%以上,相关制造费用在全部产品中进行归集较为合理。公司4E车间的制造费用和其他车间的制造费用汇总后归集,在所有产品中按定额工时进行分配。虽然4E车间主要生产的是非道路国四及欧五排放柴油机,但也会承担部分技术改造机型的生产调试等辅助生产任务。若4E车间的制造费用在4E车间单独归集并在其所产机体中进行分摊,其和现执行的核算方法对公司2019年度及2020年上半年主要财务影响差异情况如表4-10所示。

表4-10 主要财务影响差异情况

期间	4E车间当期生产期末结存数量/台	4E车间单独归集期末存货账面价值/万元	4E车间不单独归集期末存货账面价值/万元	差额/万元
2020年1—6月	41	94.12	85.71	8.40
2019年度	59	138.83	122.87	15.96

由表4-10可知,4E车间制造费用归集方式对存货账面价值影响较小。

综上所述,公司对铸造车间、4E车间制造费用执行的相关分摊政策具有合理性。

三、制造费用的分配

制造费用最终要分配计入受益产品制造成本并以"制造费用"成本项目来体现,由此期末企业必须选择一定分配标准、采用一定方法在各受益产品之间进分配。制造费用的分配分两种情况:①只生产一种产品的车间或部门,归集的制造费用全部由该种产品承担,直接计入该产品成本明细账"制造费用"成本项目。②生产多品种的车间或部门,应通过分配计入各受益产品制造成本。

(一)制造费用分配标准选择的原则

制造费用分配标准选择的总体原则与制造费用归集方式有关,传统意义上的制造费用明细账通常按照生产车间或部门设置,这就意味着制造费用归集的范围是费用发生具体生产环节,而具体生产环节是与特定产品或劳务相对应,由此制造费用就直接按特定受益产品或劳务为对象进行费用归集。这样,期末将制造费用在特定受益产品或劳务间进行分配时,分配标准主要是与受益产品本身特性相关。特性是在描述受益产品与制造费用间相关或因果程度,受益产品从不同角度会表现出不同特性,因此分配标准选择就会出现两种情况:

（1）选择某一特性作为分配标准，比如受益产品或劳务生产工时，用该单一分配标准分配制造费用，这种分配方法常被称为单一基数法。单一基数法的假设条件是被分配制造费用通过选定的单一分配标准与受益产品或劳务发生较高程度相关或因果关系，然而被分配制造费用中有些费用项目可能与该单一分配标准只存在较低甚至是没有相关或因果关系，所以采用这种分配方法对制造费用分配并不准确。

单一基数法还可能有另外一种情况，就是被选定的单一分配标准尽管与受益产品或劳务有必然相关或因果关系，但存在相关或因果关系程度上差异，这种差异较小并在可接受范围则可假定受益产品或劳务的相关或因果关系程度相同；如果在受益产品或劳务间的相关或因果关系程度差异较大而还简单地使用选定的单一分配标准，必然会导致分配不准确，形成不正常成本转嫁问题。解决的基本思路是按受益程度进行折算，这是对分配标准的修正，就是通过折算实现受益产品或劳务是以相同受益程度的数量参与制造费用分配。该种思路基本做法也称系数分配法，系数分配法具体内容在以后章节中详细地讲解。

（2）选择多种特性作为分配标准。由于归集的制造费用是由不同费用项目构成，不同费用项目的发生与受益产品或劳务的形成之间会有不同相关或因果关系，因此，应将汇总的制造费用按其不同构成内容选择各自适应的分配标准而不是统一化，这种分配方法常称为复合系数法。

复合系数法有两种做法：①对单一基数法的修正。将汇总的制造费用按照费用明细项目特性分类，不同类别制造费用明细项目选择不同分配标准，这样会形成两种或以上分配标准的联合使用，单一基数也就变成了一系列类别分配率，因此这种修正方法也称联合分配法，联合分配法可以有效提高每一分配标准与所分配制造费用之间相关程度，而且不需要改变制造费用核算方式。②改变制造费用核算方式。将传统意义的以受益产品或劳务为中心的制造费用核算改为以作业为成本核算对象，借助作业将制造费用与受益产品或劳务相联结。这种方法在作业成本会计中有较为详尽地讲解。

既然单一基数法是传统成本核算所经常采用的分配标准，面对其不足在选择具体分配标准时应综合考虑以下几个方面：①共有性，被选定单一分配标准在各受益产品或劳务的形成过程中都是必备因素；②比例性，被选定单一分配标准能够与制造费用发生额之间有较高程度的同方向变动关系；③易取得并可计量性，被选定单一分配标准相关资料数据不需要专门收集整理并能够被准确计量；④相对稳定性，被选定单一分配标准能在连续多个会计期间内保持相对稳定以使得各期成本制造成本可比。

（二）制造费用分配的具体方法

受益产品或劳务的机器工时、生产工时、直接人工、直接材料、直接成本及产量等都可能作为分配标准，这些分配标准既可以是实际的，也可以是计划的，由此制造费用分配方法总体上分为两大类。

1. 实际分配率法

根据待分配制造费用实际发生额与受益产品或劳务分配标准实际总量相除而计算出来，然后以此与各受益产品或劳务分配标准实际量相乘计算其应承担的制造费用。计算公式为

$$\text{某生产车间或部门制造费用分配率} = \frac{\text{该生产车间或部门本期实际制造费用额}}{\Sigma \text{受益产品或劳务分配标准总量}}$$

$$\text{某受益产品或劳务应承担的制造费用额} = \text{该生产车间或部门制造费用分配率} \times \text{该受益产品或劳务耗用的分配标准量}$$

【例 4-2】 光明工厂根据 2020 年 9 月"材料费用分配表（按实际成本编制）""工资费用分配表""固定资产折旧费用汇总表""外购动力费用分配表""辅助生产费用分配表（直接分配法）"等填列的制造费用明细账见表 4-9，制造费用在 M 与 N 产品之间按照两者直接材料成本项目金额比例进行分配，依据相关资料编制的制造费用分配表见表 4-11。

表 4-11　制造费用分配表

车间：基本生产　　　　　　2020 年 9 月　　　　　　　　　　单位：元

应借账户		受益产品		
		直接材料成本	分配率	分配金额
基本生产成本	M 产品	112 530.50		33 444.06
	N 产品	25 584.00		7 606.54
合　　计		138 114.50	0.297 2	41 050.60

根据制造费用分配表编制转账凭证如下：

借：基本生产成本——M 产品　　　　　　　　　　　　　　　33 444.06
　　　　　　　　——N 产品　　　　　　　　　　　　　　　 7 606.54
　　贷：制造费用　　　　　　　　　　　　　　　　　　　　41 050.60

2. 计划成本分配率法

根据基本生产车间年度制造费用预算额和该基本生产车间计划产量定额分配标准量，事先计算出制造费用分配率，然后用该计划分配率和各月实际产量的定额分配标准量来计算应承担制造费用的一种分配方法。计算公式为

$$\text{某基本生产车间或部门制造费用计划成本分配率} = \frac{\text{该基本生产车间年度制造费用预算额}}{\text{该基本生产车间计划产量定额分配标准总和}}$$

$$\text{某受益产品或劳务应承担的某月制造费用额} = \text{该基本生产车间制造费用计划成本分配率} \times \text{该种受益产品或劳务当月实际产量的定额分配标准量}$$

在上述公式中，分配标准的可选范围与实际分配率法相同，能够被采用的最基本条件是该分配标准有比较准确的定额资料。该种方法中，不管基本生产车间各月实际发生多少制造费用，计入各月各受益产品或劳务制造成本制造费用都是按照计划成本分配率进行分配的。按计划成本分配率分配制造费用与实际发生额之间总是会存在一定差额，这些差额月末不进行调整分配而是作为"制造费用"账户月末余额结转至下月份该账户期初余额。若到年终时尚存有期末余额，则再采用一定方法进行调整，由 12 月份生产的各受益产品或劳务来承担，这样就使得本年度该账户期末余额不结转至下会计年度，因为期末余额终究是本年度制造费用预算额与本年度计划产量定额分配标准的产物。年终差额调整分配主

要包括两种处理方法。

（1）将本年度 1 月份至 12 月份"制造费用"账户期末余额一直累计并逐月结转而形成 12 月份期末余额，将该余额按照各受益产品或劳务一定分配标准进行追加分配，比如它们全年按计划成本分配率法确定的制造费用额比例。

（2）将本年度 1 月份至 11 月份"制造费用"账户期末余额一直累计并逐月结转而形成 12 月份期初余额，12 月份制造费用分配对象是该期初余额与 12 月份实际制造费用合计，然后采用实际分配率法分配 12 月份制造费用。

【例 4-3】 某企业第一基本生产车间生产甲与乙两种产品，该车间全年制造费用预算额为 300 000 元，全年甲产品计划产量为 2 500 件，乙产品 1 000 件；甲产品单件工时定额为 20 小时，乙为 10 小时。11 月份甲产品实际产量为 150 件，乙产品 100 件；本月实际发生制造费用为 22 200 元，"制造费用"账户期初余额为借方 2 500 元。则有如下会计核算过程：

（1）制造费用计划成本分配率：

甲产品年度计划产量的定额工时 = 2 500 × 20 = 50 000 小时

乙产品年度计划产量的定额工时 = 1 000 × 10 = 10 000 小时

年度制造费用计划成本分配率 = 300 000/（50 000 + 10 000）= 5 元/小时

（2）计算并结转 11 月份应分配转出的制造费用：

甲产品 11 月份实际产量的定额工时 = 150 × 20 = 3 000 小时

乙产品 11 月份实际产量的定额工时 = 100 × 10 = 1 000 小时

11 月份甲产品应分配制造费用 = 3 000 × 5 = 15 000 元

11 月份乙产品应分配制造费用 = 1 000 × 5 = 5 000 元

"制造费用"账户 11 月份的期末余额 = 2 500 + 22 200 −（15 000 + 5 000）

= 4 700（借方）

编制转账凭证如下：

借：基本生产成本——甲产品　　　　　　　　　　　　　　　　15 000
　　　　　　　　——乙产品　　　　　　　　　　　　　　　　 5 000
　　贷：制造费用　　　　　　　　　　　　　　　　　　　　　20 000

（3）假设 12 月份实际产量为甲产品 300 件，乙产品 100 件；该月实际制造费用 23 300 元，则 12 月份分配并转出的制造费用：

甲产品 12 月份实际产量的定额工时 = 300 × 20 = 6 000 小时

乙产品 12 月份实际产量的定额工时 = 100 × 10 = 1 000 小时

12 月份甲产品应分配制造费用 = 6 000 × 5 = 30 000 元

12 月份乙产品应分配制造费用 = 1 000 × 5 = 5 000 元

"制造费用"账户 12 月份的期末余额 = 4 700 + 23 300 −（30 000 + 5 000）

= −7 000（贷方）

"制造费用"账户 12 月末贷方余额的调整有两种可供选择的方法：

①将该期末贷方余额以甲产品与乙产品 12 月份实际产量的定额工时标准进行分配，则有：

分配率 = 7 000/（6 000 + 1 000）= 1

甲产品制造费用调整额 = 6 000 元
乙产品制造费用调整额 = 7 000 - 6 000 = 1 000 元

②直接将 12 月份"制造费用"账户的实际制造费用额在本月受益产品之间进行分配，而无需应以实际产量的定额工时标准分配，有

12 月份制造费用实际分配率 =（4 700 + 23 300）/（6 000 + 1 000）= 4 元/小时
甲产品应分配实际制造费用 = 6 000 × 4 = 24 000 元
乙产品应分配实际制造费用 = 28 000 - 24 000 = 4 000 元

编制转账凭证如下：

借：基本生产成本——甲产品　　　　　　　　　　　　　　　24 000
　　　　　　　——乙产品　　　　　　　　　　　　　　　　4 000
　　贷：制造费用　　　　　　　　　　　　　　　　　　　　28 000

3. 累计分配率法

实际分配率法与计划成本分配率法都是在期末将归集的制造费用在当期受益产品之间进行分配，累计分配率法是将制造费用归集于一个特设明细账，只有当需要计算全部受益批次中完工批次制造成本时，利用一定分配标准计算全部制造费用中属于该完工批次制造费用的方法。累计分配率法通常用于简化分批法中。

第四节　损失性生产费用的核算

损失通常被定义为边缘性或偶发性活动及其他事项或情况而发生的消耗，损失与费用之间最主要的差别在于对预期效益的影响，损失不会带来预期效益因而是一种纯粹的企业资源流出，费用则是能够带来预期效益的资源流出。成本是费用的对象化，换言之成本是费用与具体受益对象配比的结果。从这个角度看，损失与成本没有必然的直接联系。然而从成本核算角度看，成本要反映产品在生产过程中应承担的全部耗费进而衡量其被补偿程度，因此尽管有些耗费是损失而不能带来预期经济资源流入也被作为生产性损失由相关成本核算对象承担，这意味着企业经营活动中有部分损失体现了费用要素特征，与产品生产存在一定直接关系的损失称为生产性损失。理论上，即使生产的产品都合格，但其所消耗直接材料和生产工时都大于正常消耗水平或理论耗费，也认为存在生产性损失，一般包括废品损失与停工损失两类。

生产性损失核算包括独立核算与非独立核算。独立核算指通过单独设立总分类账与明细分类账归集生产性损失，必要时可将归集的生产性损失以独立的成本项目形式列示发生的损失金额。非独立核算指不单独设置总分类账与明细分类账归集生产性损失而是包含在正常的成本项目中，增加正常成本项目的单位成本。独立核算能够反映出产品制造成本中所包含的生产性损失比例，为成本分析与成本考核提供了增量信息。

一、废品损失的核算

（一）废品损失的含义

废品指生产过程中产生的、质量不符合规定的技术标准，不能按其原定用途使用，或

者需要经过加工修复才能达到使用或销售标准的产成品、自制半成品及在产品等。废品可能在生产过程中被发现,也可能在入库之后甚至是销售后。通常以下三种不属于废品范畴:①入库时检验为合格产品,只是在保管、运输或者其他情况下发生了变质或损坏而不能按原定用途使用,应作为产成品毁损处理;②虽然质量没有达到规定技术标准,但不经过返修即可使用或者降级销售的产品,在实际工作中称为次品,次品成本与合格品成本相同,差异体现在市场销售价格的高低之分;③实行包退、包修、包换"三包"企业在产品出售后发现的废品的损失不包括在废品损失内。

废品按产生原因可分为料费和工废两种。料费指由于所使用原材料方面原因(如材料质量、性能不符合生产工艺要求)而形成的废品;工废指由于加工原因(如违反操作规程、看错图纸)而形成的废品。废品按修复可行性分为可修复废品和不可修复废品。可行性包括技术与经济两个层面,技术可行是指技术上能够修复,经济上可行是指废品修复后能够通过销售或使用而使得全部耗费得到补偿并有利可图。可修复废品要同时满足这两个层面,不可修复废品满足其一即可。该种分类方法是成本核算中较为常见的一种。

由于现阶段生产条件及工艺等限制,废品产生有其一定的必然性,完全避免或控制是不现实的,因此还存在着将废品划分为正常废品和非正常废品。正常废品指在有效的经营条件下所产生的废品,它是特定生产流程中不可避免的结果,也被认为是可接受废品。因而,当废品伴随着合格产品产出而产生时,正常废品成本被视为完工合格品成本的一部分。非正常废品指在正常有效生产条件下不应该产生的废品,它不是特定生产流程中固有的结果,因而通常被认为是不可接受废品。非正常废品成本在产品成本计算单上应作为一个单独成本项目(如非正常废品损失)列示,并体现为发现期的损失。然而现实中正常废品和非正常废品并没有完全清晰界限,判断标准具有很强的主观性,因此这种分类方法在成本核算中很少使用。

> **相关案例**
>
> 深圳市信濠光电科技股份有限公司创业板IPO招股说明书申报稿"第六章 业务和技术"中"一、发行人主营业务及主要产品情况"的"(八)发行人玻璃防护屏产品的良品率"有如下界定:良品率主要是公司内部生产过程中衡量原材料投入/产出比的指标,主要受公司工艺制程、设备管控成熟度、生产节奏连续性及产品指标与客户要求适配性等因素影响。发行人报告期内按照自身统计口径的玻璃防护屏产品良品率分别为62.93%、64.00%、68.47%和65.47%,其中2017年及2018年较为稳定,2019年相比2018年良品率有所提升。在发行人生产过程中,不良品的产生主要在性能和外观两个方面,其具体影响因素如表4-12所示。
>
> 具体来看,2018年较2017年良品率小幅提升1.07个百分点,主要系受发行人工艺持续改善、大批量项目数量提升等因素影响所致。2019年较2018年良品率提升4.47个百分点,其主要原因如下:①发行人专注于2.5D产品工艺制程的持续改善。②发行人单个项目生产批量扩大,生产节奏更加连续。③发行人设备自动化水平提升。④发行人积极引进、培养优秀生产管理人员。对于发行人2020年1—6月良品率较2019年下降

表 4-12　不良品的影响因素

类型	客户主要关注点	主要影响因素	发行人提升良率主要措施
性能	油墨附着力、钢化强度等指标是否达到客户图纸及订单要求	工艺制程的稳定性及成熟度；单个项目订单量的大小、生产节奏的连续性及稳定性	积极提升出货量，尤其是单个项目出货量，保证生产节奏连续性；各生产环节持续优化、提升效率并降低损耗率
外观	表面是否存在划痕、凹凸、手印及崩边等缺陷	操作人员的熟练度；生产流程中自动化水平；组长、课长等生产管理人员的管理水平	积极引进、培养优秀生产管理人才；提升熟练工人数量；加大自动化设备投入；加大与良品率挂钩的考核力度

3个百分点，一方面受新冠疫情影响，发行人主要生产基地均出现延期复工的情况，影响了生产连贯性及设备开工率，进而对良品率产生消极影响；同时，大量春节返乡的熟练生产员工因疫情防控滞留在家或隔离，人员短缺及新员工的生产操作熟练度低，对良品率造成了不利影响；另一方面，下游智能手机终端的需求下滑相应向上游传导，导致相应客户对发行人的订单量减少或延缓，发行人 2020 年 1—6 月出货量较上年同期降低 14.22%，主要项目的生产批量下降，也一定程度造成了良品率的下降。

（二）废品损失核算的原始凭证和账户

"废品通知单"（见表 3-17）是废品损失核算的原始凭证，该原始凭证由产品质量检验人员填制。可修复废品和不可修复废品对"废品通知单"的具体传递过程存在不同要求：①可修复废品由于要送回车间返修，返修过程中专门为其发生的要素费用在填列相应原始凭证（如领料单）时，要注明"返修废品用"标记以便于可修复废品损失归集。②不可修复废品由于要将废品送交废品仓库，应填列"废品交库单"并注明废品残料价值。

为了完整反映废品损失情况，企业可设置"废品损失"总分类账与明细分类账，对废品损失进行归集和分配。该账户按车间和产品设置明细账，明细账内按成本项目设置专栏。具体参考格式见表 4-13。

表 4-13　废品损失明细账

生产车间：＿＿＿＿＿＿＿

20××年		摘　要	产品名称及废品损失金额			
月	日		甲产品	乙产品	丙产品	…
		可修复废品的修复费用：				
		直接材料				
		直接人工				
		制造费用				
		小　计				
		不可修复废品的净损失				
		直接材料				
		直接人工				
		制造费用				

续表

20××年		摘 要	产品名称及废品损失金额			
月	日		甲产品	乙产品	丙产品	…
		减：废品残值				
		应收责任人赔款				
		小 计				
		废品净损失合计				

（三）废品损失的计算

可修复废品损失指在废品修复过程中追加投入的要素费用，是废品制造成本以外新增耗费，又称可修复废品修复费用。可修复废品修复过程相当于以可修复废品为对象而为之发生各项要素费用，它的归集同合格产品耗费的归集方式一样，是各类要素费用分配表及自身直接耗费的加总。当然，可修复废品损失不包括回收的残料价值及可收回款项。需要指出的是，不论被修复废品是本月发现还是以前月份发现，但凡是本月发生的修复费用就作为本月废品损失进行归集，如果修复废品跨月进行则各月发生修复费用计入各月废品损失。

不可修复废品损失指不可修复废品应承担的制造成本扣除可收回价值后的净损失，是企业资源的净流出。可收回价值包括回收的残料价值、应收责任人赔偿及保险公司赔付等。显然，不可修复废品净损失计算涉及不可修复废品应承担的制造成本与可收回价值两方面内容。难点在第一个方面，因为不可修复废品应承担的制造成本是与合格品制造成本合计在同一张成本计算单中，必须采用适当方法将两者进行分离，分离难点在于废品可能形成于不同的生产阶段。确定不可修复废品应承担的制造成本主要包括按定额成本计算和按实际成本计算两种方法。

1. 按定额成本计算

根据单位产品的定额成本和发生废品的数量，以及发现废品时已经投料和已经加工的程度来计算。

【例4-4】 某企业第一基本生产车间生产的甲产品单位定额成本为160元，其中直接材料85元，直接人工45元，制造费用30元。本月在生产过程中发现不可修复废品30件，加工程度为60%，原材料在生产开始时一次投入，可回收废品残值420元，应收责任人赔偿150元。不可修复废品甲产品应承担的制造成本的计算表如表4-14所示。

表4-14 废品损失计算表（按定额成本计算）

产品名称：甲产品　　　　　　2020年7月

项 目	直接材料	直接人工	制造费用	合计
单位定额成本/元	85	45	30	160
不可修复废品数量/件	30	18	18	
不可修复废品应承担的制造成本/元	2 550	810	540	3 900
减：可回收废品残值/元	420			420
应收责任人赔偿/元		150		150
不可修复废品净损失/元	2 130	660	540	3 330

表 4-14 中：①原材料在生产开始时一次投入，合格品与不可修复废品对直接材料费用的受益程度完全相同，两者的单位直接材料定额成本相同；②不可修复废品加工程度为 60%，因此其单位直接人工定额成本就是合格品单位定额成本的 60%，单位制造费用定额成本就是合格品单位定额成本的 50%；③不可修复废品数量相当于合格品数量的 50%。

2. 按实际成本计算

按实际成本计算是将生产费用分别成本项目以数量比例在合格品与不可修复废品间进行分配而求得不可修复废品应承担的制造成本。

【例 4-5】 光明工厂基本生产车间 2020 年 9 月生产 M 产品 520 件，其中合格品 490 件，生产过程中发现不可修复废品 30 件。本月 M 产品月初在产品费用为直接材料 13 600 元，直接人工 10 200 元，燃料和动力 600 元，制造费用 9 600 元。本月生产 M 产品总工时 225 小时，其中废品生产工时 12 小时。根据第三章及本章有关要素费用分配表，M 产品总生产费用 245 719.76 元，该企业进行成本核算时将直接材料、直接人工、燃料及动力作为直接成本项目单独列示，将直接计入折旧费用、转入辅助生产费用与分配计入制造费用统一以制造费用成本项目列示。原材料在生产开始时一次投入，按合格品数量与不可修复废品数量比例在两者间分配。可回收废品残值 610 元，应收该车间生产工人赔偿 320 元。其他费用项目按两者的生产工时比例分配。不可修复废品 M 产品应承担的制造成本计算如表 4-15 所示。

表 4-15　废品损失计算表（按实际成本计算）

产品名称：M 产品　　　　　　　　2020 年 9 月　　　　　　　　金额单位：元

项目	产量/件	直接材料	生产工时/小时	直接人工	燃料及动力	制造费用	合计
月初在产品费用		13 600		10 200	600	9 600	34 000
本月生产费用		112 530.5		40 850	6 440	51 899.26	211 719.76
合计	520	126 130.5	225	51 050	7 040	61 499.26	245 719.76
成本项目分配率		242.56		226.89	31.29	273.33	
不可修复废品应承担的制造成本	30	7 276.8	12	2 722.68	375.48	3 279.96	13 654.92
减：可回收废品残值		610					610
应收责任人赔偿				320			320
不可修复废品净损失		6 666.8		2 402.68	375.48	2 620.2	12 724.92

在表 4-15 中：直接材料费用分配率 = 126 130.5 ÷ 520 = 242.56 元/件

直接人工费用分配率 = 51 050 ÷ 225 = 226.89 元/件

燃料及动力费用分配率 = 7 040 ÷ 225 = 31.29 元/件

制造费用分配率 = 61 499.26 ÷ 225 = 273.33 元/件

如果生产费用中直接材料费用所占比重较大而其他费用项目所占比重较小，为简化计算，不可修复废品应承担的制造成本可以只包括直接材料费用，其他费用项目全部由合格品来承担。这样做并没有改变合格品总的制造成本，因为不可修复废品净损失终究要由同一张成本计算单上合格产品承担，只是将原先属于净损失的费用项目直接计入了合格品制造成本。

（四）废品损失的总分类核算

在不单独核算废品损失的企业中，不开设"废品损失"账户和"废品损失"成本项目。有关废品损失核算只是在回收废料残值时，借记"原材料"账户，贷记"基本生产成本"账户，并从所属产品成本计算单中的"直接材料"成本项目中扣除废料残值。"基本生产成本"账户和所属产品成本计算单上归集的完工产品总成本，除以扣除废品数量后的完工合格品数量就是完工合格品单位成本。如果企业开设"废品损失"账户进行费用归集而未在产品成本计算单中设置专门"废品损失"成本项目，可将废品净损失记入"制造费用"成本项目。

设置"废品损失"账户和"废品损失"成本项目，应独立地反映出废品净损失计算过程并通过"废品损失"账户借方进行归集，然后将归集的废品净损失分配给同期合格的同一种完工产品制造成本，因为废品与合格品是通过同一张产品成本计算单来归集共同生产费用。如果已入库或已出售的以前月份产品经发现为废品，其净损失只能计入本期生产的同种或同类产品，但若本月并未生产同种或同类产品，可将这些净损失按照一定分配标准在其他种类产品的成本间进行分配。废品损失的总分类核算一般程序如图4-4所示。

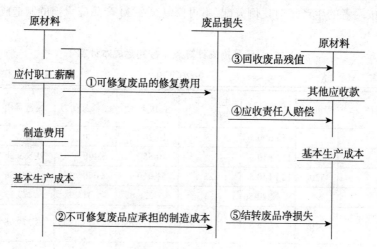

图4-4 废品损失的总分类核算一般程序

按照废品损失的总分类核算一般程序，例4-5中的光明工厂编制了如下转账凭证：

（1）将不可修复废品应承担的制造成本从"基本生产成本"账户中转出

  借：废品损失——M产品   13 654.92
    贷：基本生产成本——M产品   13 654.92

（2）回收不可修复废品残料价值

  借：原材料   610
    贷：废品损失——M产品   610

（3）应收责任人赔款

  借：其他应收款   320

贷：废品损失——M产品　　　　　　　　　　　　　　　320
（4）将不可修复废品净损失计入产品制造成本
借：基本生产成本——M产品　　　　　　　　　　　12 724.92
　　贷：废品损失——M产品　　　　　　　　　　　　12 724.92

相关案例

　　上海和辉光电股份有限公司对不良品核算的基本做法是：公司的产品根据最终质量情况进行判定，同批次产品入库的成本一致，若产品被判为可以销售，则进行入库；若判定无法销售，相关不良品做报废处理，不良品的成本在同批次产品成本中进行分摊，不良品的实物转入报废仓/隔离仓，有专业机构进行报废物料的清运处理工作。针对生产过程中产生的不良品，直接进行线上报废，相关成本在同批次中进行分摊，计入生产成本，增加本批次产品的单位成本。

二、停工损失的核算

　　停工损失指企业生产部门由于停电、待料、机器设备发生故障或进行大修、发生非常灾害以及计划减产而停止正常生产所造成的损失。停工损失主要包括停工期间耗用燃料及动力费、工资费用以及应负担制造费用等。过失单位或保险公司负担的赔款应冲减停工损失。企业停工分为计划内停工与计划外停工。因季节性生产或固定资产大修理停工而发生的停工期间一切费用列入制造费用，由开工期内生产的产品成本负担而不单独核算其停工损失。《企业产品成本核算制度（试行）》第三十六条提出，季节性生产企业在停工期间发生的制造费用，应当在开工期间进行合理分摊，连同开工期间发生的制造费用，一并计入产品的生产成本。

　　企业停工时间有长有短，停工范围有大有小，如果所有停工都计算停工损失则核算工作量太大，因此企业一般都是先确定停工损失核算前提条件（比如全车间停工一个班次以上），满足了前提条件再计算停工损失。有的企业为了简化停工损失核算，时间较短停工通常只计算停工期间工资费用而不是全面计算因停工而遭受的一切直接损失。

　　企业发生停工时由车间填制"停工报告单"并在考勤记录中登记，"停工报告单"应详细列明停工范围、起止时间、原因、过失单位或个人等内容。"停工报告单"经会计部门审核后作为停工损失核算原始凭证。单独核算停工损失应专设"停工损失"账户并在成本项目中增设"停工损失"项目。"停工损失"账户为了归集和分配停工损失而设立，借方归集本月发生停工损失，贷方分配结转停工损失，月末一般无余额。该账户按车间分别设置明细账，账内分设专栏或专行进行明细分类核算。

　　停工损失由于产生原因不同，其分配结转方法也不同。主要包括下列情形：①对于应向过失人或保险公司索赔的，转入"其他应收款"账户；②属于自然灾害等原因引起的非正常停工损失记入"营业外支出"账户；③对于计划内停工损失，一般应由开工期所产产品的制造成本来承担；④对于计划外停工损失，应全部计入当月生产的产品制造成本中，如果停工车间生产多种产品，则应当采用适当的分配方法(一般采用分配制造费用的方法)分配计入各产品成本。当车间发生全月停工的特殊情况下，可将停工损失保留在"停工损失"账户中，留待下月生产的产品负担。

各产品应负担停工损失一般由当月产成品成本承担，当月在产品和自制半成品不负担停工损失。停工损失计入产品成本可在产品成本计算单中单独设置"停工损失"成本项目列示，也可不设置"停工损失"成本项目而将其计入"制造费用"成本项目。

相关案例

广西森合高新科技股份有限公司创业板 IPO 相关申请文件内容被深圳证券交易所问询，在"4.关于固定资产及在建工程"中要求保荐人、申报会计师对"（2）列示报告期内的停工情况，说明停工发生的具体情况及发生原因，对当期主要产品成本、费用的影响"发表明确意见。容诚会计师事务所（特殊普通合伙）对报告期内发行人停工情况做了说明，如表 4-16 所示。

表 4-16　发行人报告期内停工情况表

序号	停工日期	复工日期	停工天数	停工原因	停工情况
1	2017/1/1	2017/1/5	5	节假日	元旦放假
2	2017/1/19	2017/2/13	26	节假日	春节放假
3	2017/3/14	2017/3/17	4	日常检修维护	进行半年度检修
4	2017/3/28	2017/4/1	5	基建需求	停机整改天然气管道
5	2017/4/28	2017/5/3	6	基建需求	RTO 投入使用整改
6	2017/7/13	2017/7/17	5	故障检修	电路故障，停机排查维修
7	2017/8/18	2017/8/20	3	故障检修	更换高温坩埚炉膛衬砖
8	2017/10/30	2017/11/4	6	日常检修维护	进行半年度检修
9	2018/2/9	2018/2/26	18	节假日	春节放假
10	2018/12/30	2019/1/10	12	日常检修维护	进行半年度检修
11	2019/1/23	2019/2/22	31	节假日	春节放假
12	2019/12/15	2019/12/20	6	故障检修	更换高温坩埚炉膛衬砖
13	2020/1/18	2020/2/2	16	节假日	春节放假

报告期内，发行人停工情况主要分为：①基于安全生产考虑，对生产线进行日常年度维护检修，保证设备的正常运行，或由于节假日放假，同时进行年度日常维护检修，一般为春节假期期间；②产线消耗品的故障更换，如电路原件故障或更换锅炉内胆衬砖故障检修；③基建需求，如燃料变更使用天然气时停机整改等。除此之外，公司不存在其他产线停工的情形。报告期内，发行人总体停工次数较少，每次停工期间较短，且主要属于正常生产周期内的日常维护、检修及节假日原因，因此对成本费用不构成重大影响。

本章小结

间接生产费用是相对于直接生产费用而言的，换言之，全部生产费用中一旦指定了直接生产费用内容则余下费用都是间接生产费用。间接生产费用与直接生产费用核算角度的差异在于经过不同核算程序计入产品制造成本，进而以不同产品成本明细项目体现，其中，直接生产费用形成了单一性质的独立直接成本项目，如直接材料、直接人工及燃料与动力等。间接生产费用则是以不同经济内容的费用汇总额体现为间接产品成本明细项目，如制造费用、废品损失等。间接生产费用的核算内容一般包括辅助生产成本、制造费用与废品损失及停工损失。间接生产费用核算为成本控制与成本分析提供了相应数据基础。

关键词汇

间接生产费用 indirect manufacturing expenses
辅助生产费用 auxiliary production expenses
制造费用 manufacturing overhead costs
交互分配法 reciprocal allocation method
直接分配法 direct allocation method
顺序分配法 sequential allocation method（step-down allocation method）
计划成本分配法 planning cost allocation method
代数分配法 algebraic allocation method
废品损失 spoilage losses
停工损失 shutdown losses

小组讨论

上海证券交易所对盛美半导体设备（上海）股份有限公司科创板 IPO 相关申请文件内容进行问询，其中"问题 18.2 关于制造费用"提出"请发行人披露：①报告期各期厂房租赁费、外协加工费、间接人工费的金额及变动原因；②外协加工服务的主要供应商，与发行人及其控股股东、实际控制人、员工、前员工是否存在关联关系，为发行人提供的外协加工服务额占其营业收入的比例，外协定价公允性"。立信会计师事务所（特殊普通合伙）进行了回复。报告期内，公司主营业务成本中制造费用主要构成如表 4-17 所示。

报告期内，公司主营业务成本分摊的制造费用中金额较大的主要为外协加工费、厂房租赁费及间接人工费用，制造费用随着公司生产销售规模的扩大而增长。

（1）外协加工费变动分析。报告期内，公司外协加工费分别为 111.09 万元、417.71 万元、691.65 万元、96.41 万元，增加的原因系：①发行人生产并销售的设备数量持续增长，外协加工件采购数量有所增加；②发行人设备的产品工艺及技术规格不断升级，对设

表 4-17 公司主营业务成本中制造费用主要构成

项目	2020 年 1—6 月		2019 年		2018 年		2017 年	
	金额/万元	占比/%	金额/万元	占比/%	金额/万元	占比/%	金额/万元	占比/%
外协加工费	96.41	11.94	691.65	38.22	417.71	37.01	111.09	14.79
厂房租赁费	279.85	34.66	511.73	28.28	490.10	43.42	210.24	28.00
间接人工	229.41	28.41	443.78	24.52	295.15	26.15	205.81	27.41
其他	201.73	24.99	162.62	8.98	−74.24	−6.58	223.81	29.80
合计	807.40	100.00	1 809.78	100.00	1 128.72	100.00	750.95	100.00

备的机加工件精度及外观要求也相应提高，相应的加工件的外协加工单价有所增加。2020 年 1—6 月外协加工费有所下降，主要是由于公司从 2019 年下半年开始，防火 PVC 材料由外协加工的方式变更为直接从第三方采购，外协加工费有所降低。

（2）厂房租赁费变动分析。报告期内，公司厂房租赁费分别为 210.24 万元、490.10 万元、511.73 万元、279.85 万元。2018 年厂房租赁费较 2017 年大幅度增加，主要是由于发行人销售规模扩大，为了满足订单生产需求并扩大生产能力，发行人于 2018 年新租赁了川沙生产厂房。

（3）间接人工变动分析。报告期内，公司间接人工费用分别为 205.81 万元、295.15 万元、443.78 万元、229.41 万元。报告期内，薪酬计入间接人工费用的仓库管理及质量检测人员数量分别为 13 人、18 人、26 人及 26 人，随着发行人生产规模的扩大，人员数量逐年增加，平均薪酬上涨，间接人工费用随之增长。

（4）其他变动分析。报告期内，公司制造费用中的其他项目主要包括包装费、物流费、保险费、维修保养费、水电气费及原材料退料等费用。报告期内，公司生产过程中已领用的通用原材料发生退料时计入制造费用，冲减当期生产成本。2018 年，制造费用其他项目为负数，主要是由于生产领用的通用原材料退料金额较大，冲回到当期在产设备成本较多所致。报告期内，发行人存在苏州典艺精密机械有限公司与苏州市兆恒众力精密机械有限公司两家外协加工服务供应商，苏州市兆恒众力精密机械有限公司的股东罗中平系持有发行人 1.22%股份的股东芯维咨询的出资人之一，持有芯维咨询 8.09%出资额。除上述关系外，发行人的外协加工服务供应商与发行人及其控股股东、实际控制人、员工、前员工无关联关系。

根据上述资料，讨论企业制造费用水平的影响因素及其层次性。

思考题

1. 如何理解间接生产费用中的"间接"？产品成本核算中间接生产费用所占比重越小则产品成本越精确吗？为什么？
2. 辅助生产费用分配的五种方法间有怎样的关系？
3. 辅助生产费用与制造费用在核算上有怎样的关系？

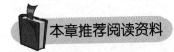 **本章推荐阅读资料**

1. 国家电力监管委员会《输配电成本监管暂行办法》(电监价财〔2011〕37号), 2011年11月2日。
2. 国家发展和改革委员会《城市供水定价成本监审办法(试行)》, 2011年3月12日。
3. 北京市发展和改革委员会《关于北京市市属供水成本监审报告》, 2014年4月。

第五章
完工产品成本与在产品费用的划分

本章对期末完工产品成本与在产品费用的划分原理、在产品与完工产品数量核算、生产费用在完工产品与在产品之间分配方法等内容进行了详细讲解。

通过本章学习，应能够：
➢ 掌握完工产品成本与在产品费用划分原理
➢ 了解完工产品与在产品数量核算
➢ 理解生产费用在完工产品与在产品之间划分方法

会计期末要将完成了全部生产工艺并通过质量检验达到规定标准的可供销售产成品由生产环节转入库存环节，从会计核算角度看是企业库存商品存货的增加并以账面价值方式体现在账簿中，这就是《企业产品成本核算制度（试行）》第三十九条所提出的"制造企业应当根据产品的生产特点和管理要求，按成本计算期结转成本。""制造企业产成品和在产品的成本核算，除季节性生产企业等以外，应当以月为成本计算期。"然而，构成新增库存产品账面价值的制造成本与当期在产品费用汇总在产品成本计算单中的本期生产费用总额中，需要采用一定方法将本期全部生产费用在期末完工产品与在产品间分配，以确定库存商品存货的账面价值，同时这也是企业内部控制的要求。《企业产品成本核算制度（试行）》第三十九条提出，制造企业可以选择原材料消耗量、约当产量法、定额比例法、原材料扣除法、完工百分比法等方法恰当地确定完工产品和在产品的实际成本，并将完工入库产品的产品成本结转至库存产品科目；在产品数量、金额不重要或在产品期初与期末数量变动不大的，可以不计算在产品成本。

第一节 完工产品成本与在产品费用划分原理

完工产品成本与在产品费用划分是指将一定会计期间以产品成本项目为明细归集的生产费用总额在本期完工产品与期末在产品之间的分配。它决定了库存商品（产成品）存货的账面价值及其库存商品发出成本，因而对资产负债表及利润表都有着直接影响。

一、完工产品与在产品的含义

将一定会计期间生产费用总额在本期完工产品与期末在产品间分配的基础是两类受益对象的概念界定与数量划分。

1. 完工产品

完工产品指已经完成一定生产工艺要求的产品。对于多步骤生产而言，最终产品形成在工艺上要经过两个或两个以上环节，对每个环节而言，各环节都有自身工艺要求，只有完成本环节全部工艺要求才能转入下一环节进行深加工，这样，产品完工程度就包括两种形态：一种是完成了本工序工艺要求而能转入下一环节深加工或先行送交本环节自制半成品库而留待下一环节领取；另一种是完成了全部生产工艺并经检验合格而转入产成品库以供销售。另外，还有尚未验收入库的产成品和等待返修的废品。由此完工产品有广义与狭义之分，广义的完工产品指全企业范围内完成了相应生产工艺要求而具有流转性的加工对象，包括上述三种形态。狭义的完工产品则仅指完成全部生产工艺且可供对外销售的产成品。简单而言，完工产品的广义与狭义之分主要在自制半成品上，广义完工产品包括自制半成品而狭义完工产品则不包括。

2. 在产品

作为与完工产品相对应的概念，在产品也包括广义的在产品与狭义的在产品。狭义的在产品是指尚且停留在生产环节需要进一步加工才能转出的在制品以及正在生产环节返修的废品和虽然已经完成本环节生产但尚未入库的产品。狭义的在产品是相对于具体生产环节而言的未完工产品。广义的在产品不仅包括狭义在产品，而且还包括各生产环节尚未完成全部生产工艺的自制半成品。广义的在产品是相对于整个企业而言的未完工产品。显然，在产品的广义与狭义之分也聚焦于自制半成品上，即广义的在产品包括了自制半成品，由此狭义的在产品就是指各生产环节尚处于加工状态的在制品。这样在投产量既定情况下，广义的完工产品与狭义的在产品在数量上具有对应性，而狭义的完工产品与广义的在产品具有数量上的对应性，因为它们共同构成了该会计期间内不同存货形态的数量分布状况。

清晰划分完工产品与在产品的重要性体现在两个方面：一是加强在产品实物管理。狭义的在产品通常由所在生产环节（生产车间）来管理，广义的在产品中自制半成品应由仓库管理。二是保证完工产品制造成本计算正确。完工产品成本与在产品费用间存在此消彼长关系，因此正确划分两者的界限是关键问题。

将当期全部生产费用在本期完工产品与月末在产品之间分配，体现为生产投入与生产产出间的数量关系。一般情况下，期初在产品数量加上本期投产数量应该等于本期完工产品数量与期末在产品数量。当生产投入与生产产出一致时，当期全部生产费用受益对象可仅考虑本期完工产品数量与期末在产品数量。然而，产品生产投入量与产出量也可能存在不一致情况，例如发生了不可修复废品、在产品毁损或盘亏，以及生产过程中合理损耗或在产品溢余等。这必然对完工产品与在产品的成本划分产生影响，这些短缺数量应被考虑，就是要对这些生产损失进行计算。如前述光明工厂 2020 年 9 月 M 完工产品制造成本中应包括以单独成本项目列示的 12 724.92 元不可修复废品净损失，这无疑是在完工产品数量变少情况下提高了其单位成本水平。而对于客观的合理损耗则就不必考虑。自然升溢数量增加了产品产出，但一般不是将其作为一种收益，而是作为总产出增减从而使单位成本下降。如果产品在各生产环节加工时有规定的损耗率，则在完工产品与在产品之间进行成本划分时应考虑。

比如某企业 H 产品的生产要顺序经过三道加工工序。原材料在第一道工序开始加工时一次投入。第一道工序计划损耗率为 7%，第二道工序计划损耗率为 4%，第三道工序计划损耗率为 10%。2008 年 10 月有关成本计算资料如下：月末结存在产品为第一道工序 250 件，第二道工序 600 件，第三道工序 444 件；本月完工 H 产品 2 800 件。各工序月末在产品在本工序的损耗已经发生。10 月份共发生直接材料费用 1 300 000 元。则 H 产品本月完工产品与月末在产品各自应承担的直接材料费用额的分析过程如下。

（1）原材料在第一道工序开始加工时一次投入，意味着不管 H 产品加工到何种程度，它们对直接材料费用的受益程度是完全相同的，因此可以按本月完工产品与月末在产品的数量比例来分配。然而，由于每道工序都存在着计划损耗率，所以不同工序的月末在产品的数量相对于本月完工产品而言呈现递减性，因此必须考虑它们参与生产费用分配的数量，也就是说，每道工序的月末在产品并不是以原有数量来参与分配的，是随着工序间的流转而出现数量的减少，因此参与分配的在产品数量应该是可能的净数量。

（2）月末在产品数量：第一道工序在本步骤计划损耗 7%情况下实际数量为 250 件，经过第二道工序计划损耗 4%，再经第三道工序计划损耗 10%，则实际参与分配的数量应为 216 件[250×（1－4%）（1－10%）]；第二道工序在本步骤计划损耗 4%情况下数量为 600 件，再经第三道工序计划损耗 10%，则实际参与分配的数量应为 540 件[600×（1－10%）]；第三道工序经本步骤 10%损耗后不会再发生新损耗，还是 444 件。这样，参与分配的月末在产品数量应为 1 200 件（216＋540＋444）。

（3）直接材料费用分配率为 325 元/件[1 300 000/（2 800＋1 200）]，则本月完工的 H 产品应承担直接材料费用为 910 000（2 800×325）元，月末在产品应承担直接材料费用为 390 000（1 200×325）元。

该例子还可采用其他方法，例如将月末结存的在产品还原到原材料，即实际耗用原材料数量，然后按本月该种材料的单位实际成本计算月末在产品的直接材料费用，则本月完工产品的直接材料成本便可倒挤而求得。计算过程如下：

月末在产品所耗原材料数量：

第一工序：250/（1－7%）＝268.82 件

第二工序：600/[（1－4%）（1－7%）]＝672.04 件

第三工序：444/[（1－10%）（1－4%）（1－7%）]＝552.57 件

完工 H 产品：2 800/[（1－10%）（1－4%）（1－7%）]＝3 484.67 件

原材料单位成本＝1 300 000/（268.82＋672.04＋552.57＋3 484.67）＝261.14

月末在产品直接材料费用＝（268.82＋672.04＋552.57）×261.14＝389 994.31 元

本月完工产品直接材料成本＝1 300 000－389 994.31＝910 005.69 元

二、完工产品成本与在产品费用

通过基本生产成本的汇总，各成本计算对象的成本计算单都按产品成本项目归集了本期全部生产费用，期末在计算完工产品成本时，如果成本计算对象没有在产品则意味着全部为完工产品，因此本月归集的全部生产费用都由完工产品承担，构成了完工产品制造成本；如果成本计算对象没有完工产品则意味着本月归集的全部生产费用都是月末在产品费用。一般情况是期末既有完工产品又有在产品，因此需要将本期全部生产费用在完工产品与在产品间进行划分，属于完工产品的生产费用是完工产品制造成本，转出生产环节后形成库存商品账面价值；属于在产品的生产费用就是在产品费用，结转至下一成本核算期而形成该成本核算对象的期初在产品费用。

以光明工厂 2020 年 9 月 M 产品生产为例，通过材料费用分配表、工资费用分配表、固定资产折旧费用汇总表、外购动力费用分配表、辅助生产费用分配表、制造费用分配表、废品损失计算表等，以及该企业 2020 年 8 月末在产品费用编制的 M 产品成本计算单，如表 5-1 所示。

表 5-1　产品成本计算单

2020 年 9 月

基本生产车间：M 产品　　　完工产量：400 件　　　月末在产品：90 件　　　完工程度：60%

2020 年 月	日	摘要	约当产量	直接材料	直接人工	燃料及动力	制造费用	废品损失	成本合计
9	1	月初在产品费用		13 600	10 200	600	9 600		34 000
	30	分配材料费用		112 530.5					112 530.5
	30	分配工资费用			40 850				40 850
	30	分配动力费用				6 440			6 440
	30	分配折旧费用					6 085		6 085
	30	分配修理费用					12 370.2		12 370.2
	30	分配制造费用					33 444.06		33 444.06
		合　计		126 130.5	51 050	7 040	61 499.26		245 719.76
	30	不可修复废品成本		−7 276.8	−2 722.68	−375.48	−3 279.96		−13 654.92
	30	转入废品净损失						12 724.92	12 724.92
		生产费用总计		118 853.7	48 327.32	6 664.52	58 219.3	12 724.92	244 789.76
		分配率							
		完工产品成本							12 724.92
		月末在产品费用							

不难看出，400 件 M 完工产品入库账面价值取决于 2020 年 9 月全部生产费用 244 789.76 元中应由它应承担的金额，具体金额计量就是如何将 244 789.76 元生产费用在 400 件 M 完工产品与月末 90 件 M 在产品间分配。9 月份 M 废品净损失由当期完工产品承担并单独以"废品损失"成本项目列示，这样，232 064.84 元（244 789.76 − 12 724.92）生产费用额由两部分费用构成：月初在产品费用与本月发生生产费用；受益对象由月末完工产品及在产品承担。因此有如下关系式：

　　月初在产品费用 + 本月发生的生产费用 = 本月完工产品成本 + 月末在产品费用

该关系式中，左边两项是已知数，右边两项是未知数。将已知金额在两项未知数之间进行分配，最多能有三种分配思路：一是利用已有资料直接计算出月末在产品费用，然后倒挤出完工产品成本；二是利用已有资料直接计算出本月完工产品成本；三是将已知金额在两项未知数间进行分配，同时计算出本月完工产品成本与月末在产品费用。

> **相关案例**

深刻领会下述生产费用分配事件及其会计后果：

（1）证监会《上市公司2010年度财务报告专题分析》指出，2010年报中有107家上市公司披露了会计估计变更，变更原因主要集中在以下几个方面：改变固定资产的折旧方法和折旧期限、调整固定资产残值率、改变无形资产摊销年限、改变应收账款坏账计提的比例、变更制造费用分摊和约当产量的确定方法以及可供出售金融资产公允价值确定方法等。2011年4月8日《片仔癀：关于对重大会计政策、会计估计变更或会计更正说明的公告》提出原为对主导产品特供片仔癀和外销片仔癀的月末未完工在产品应分配的直接工资和制造费用均按50%的完工程度进行计算，现改为月末依据其完成工序的额定工时占该产品额定工时总额的比例计算。

（2）*ST常铝（002160）2013年11月19日发布《关于公司会计估计变更的公告》，自2013年10月1日起，对公司原来的间接生产成本分配核算方法进行变更，由变更前的"全部由产成品承担"变更为"由在产品、半成品按约当产量折算后和产成品共同承担"，"此次会计估计变更将为公司2013年带来1500万元左右的利润，具体影响情况视第四季度实际产、销量及库存结构而定。预计会对2013年度利润预测数产生影响"。

（3）迪康药业（600466）在《股票上市公告书暨2000年度财务报告》中指出，公司存货计价中直接材料、直接人工按约当产量在完工产品和在产品之间进行分配，制造费用则全部计入完工产品。

（4）佐力药业（300181）在《佐力药业：上海东方华银律师事务所关于公司首次公开发行股票并在创业板上市之补充法律意见书之一》（公告日期 2011-01-26）中指出，半成品评估值计算公式：半成品评估价值＝换算产量 × 约当产量 × 在产品评估单价。

（5）2014年7月15日《光大证券股份有限公司关于公司首次公开发行股票并在创业板上市之发行保荐书》提及，期末库存商品和在产品之间的成本分摊以订单为单位进行，其中原材料按某订单下完工和未完工产品数量进行分摊；直接人工和制造费用则按约当产量法进行分摊，在产品的约当比例为50%。

（6）2003年3月13日《贵州中国第七砂轮股份有限公司拟对外投资资产评估报告书》提道：在产品，经核实账务资料，按其完工程度估算约当产量，按照产成品的评估方法进行评估。以完工产成品的评估值乘以约当产量，计算确定对应的在产品评估值；对于部分完工程度较低，账面价值归集合理且市场价格变化不大的在产品，评估暂按调整后账面值确定评估值。

第二节 在产品数量的核算

生产费用在本期完工产品与月末在产品之间分配，在产品数量控制是关键，这主要因为相对于完工产品而言，在产品停留在产品生产环节而面临的较大风险。在产品数量核算就是对在产品收、发、结存的实物数量加以控制，在日常管理中要对其在各道工序上的投入数、投产时间、加工进度、实存情况以及在产品转移、短缺、毁损、溢余等情况进行记录，以充分反映在产品在整个生产加工过程中流转情况，确保在产品以真实数量参与生产费用分配。确定在产品数量通常有两种方式：一是通过账面核算资料确定，要求企业设置"在产品收发结存账簿"也叫"在产品台账"；二是通过月末实地盘点确定。全面在产品数量核算从以下两个方面展开。

一、在产品实物的日常管理

广义角度在产品包括了具体生产环节未完工产品以及完成某些生产环节但不是全部生产工艺的自制半成品，因此在产品数量核算通过"自制半成品"和"在产品收发结存账"进行。其中自制半成品核算方式可视同于原材料入库、领用及结存，另外，各生产部门间自制半成品收发结转可以"自制半成品"成本项目来单独列示，也可以在"直接材料"成本项目中核算而不单独列示。

在产品账面数量是投入、产出、转移、入库、送检及报废等一系列活动的结果，建立健全各项原始凭证和原始记录制度是在产品数量日常核算基础，由于这些活动的原始凭证或原始记录都只是分散反映在产品某方面动态情况，而不能连续、完整地反映在产品整个加工过程中全部环节增减变动与结存情况，因此，"在产品收发结存账"要起到全面控制作用。

"在产品收发结存账"可按照车间、班组及零部件名称、类别或批别等设置，用以反映和记录在产品变动状况。还可以结合企业生产工艺特点和内部管理需要，更具体地按照加工工序、工艺流程来组织在产品数量核算。企业应根据在产品领用凭证、内部结转凭证、废品返修单、产品检验凭证、产成品或自制半成品交库凭证等及时进行登记，做好在产品交接工作及加强自制半成品仓库管理。"在产品收发结存账"参考格式见表5-2与表5-3。

表5-2 在产品收发结存账（1）

车间名称：　　　　　　　　　零件名称：　　　　　　　　　零件编号：

日期	摘要	收入		完工			转出			结存			备注
		凭证号数	数量	合格品	废品	短缺	凭证号数	去向	数量	已完工	未完工	废品	
上月结存													

表5-3 在产品收发结存账（2）

车间名称：　　　　　　　　　零件名称：　　　　　　　　　零件编号：

日期	摘要	第一工序				第二工序				第三工序				在产品结存数量合计
		投入毛坯	减少			在产品结存数量	上工序转入	减少			在产品结存数量	上工序转入	减少		在产品结存数量
			转下工序	废品	短缺			转下工序	废品	短缺			转下生产车间	废品	短缺	
上月结存														

"在产品收发结存账"适用于大量大批生产的车间或企业，在产品在各道工序之间流动一般沿着既定线路有节奏结转，同时，在产品在各道工序结存量也比较稳定。在单件小批生产的车间或企业，产品品种不固定，在产品加工工艺流程不同，在产品在各道工序结存量也不稳定，所以其实物管理较为复杂，实际工作中通常以工作通知单或工序进程单来反映和控制在产品结转。

二、在产品期末盘点

为了保证在产品数量的账实相符，必须定期对在产品进行盘点。对于没有建立在产品台账的生产部门，每月必须对本部门在产品进行全面清点，以取得在产品实际结存数量，也为完工产品制造成本计算提供依据。在产品清查一般于月末结账前进行并采用实地盘点法。盘点结果应填制"在产品盘点表"并与在产品台账核对。如有不符还应填制"在产品盘盈盘亏报告表"并说明发生盈亏原因及处理意见等。对于毁损在产品还要登记残值。企业会计人员应在认真审核并报经有关部门和领导审批后，对清查结果进行相应账务处理。具体处理程序和方法应编制的会计分录如下。

1. 盘盈的会计处理

盘盈在产品意味着实际数量大于账面结存数量，而产品成本计算单上归集的生产费用额是与账面结存产品数量相对应的，这表明盘盈的在产品（多出的数量）所对应的成本未体现在产品成本计算单中，因此应以一定成本标准（比如定额成本或计划成本、历史成本等）对"基本生产成本"账户进行调增；另外，在没有证据表明归集生产费用的转账凭证（包括原始凭证与记账凭证）存在错误的情况下，产品成本计算单中所归集的要素费用额是真实的，总的实际生产费用额不应凭空增加，因此通过"制造费用"账户进行调减，即：

（1）清查中发现在产品盘盈，批准前：

借：基本生产成本

　　贷：待处理财产损溢——待处理流动资产损溢

（2）批准后进行处理：

借：待处理财产损溢——待处理流动资产损溢

　　贷：制造费用

2. 盘亏和毁损的会计处理

盘亏意味着账面结存数量小于实际数量，而产品成本计算单中归集的生产费用是与账面结存产品量相对应的，这表明盘亏的在产品（缺失的数量）成本包含在生产费用中，因此应该以一定的成本标准（如定额成本或计划成本、历史成本等）进行账项调整以体现出在产品实际数量的成本水平；另外，在没有证据表明归集生产费用的转账凭证（包括原始凭证与记账凭证）存在错误情况下，产品成本计算单中所归集的要素费用是真实的，总的实际生产费用不应凭空减少，因此通过"制造费用"账户进行调增，但在产品盘盈或毁损还可能存在可回收价值,诸如毁损的在产品残值、过失人或保险公司赔偿等,这些不构成生产费用;因自然灾害等非常原因造成的净损失不属于生产费用范畴。真正通过"制造费用"账户调增的金额仅是扣除上述金额后的净额,即:

(1)清查中发现在产品盘亏和毁损,批准前:

借:待处理财产损溢——待处理流动资产损溢

  贷:基本生产成本

(2)经批准后分别不同原因进行处理:

借:原材料(毁损的在产品残值)

  其他应收款(过失单位、过失人或保险公司的赔偿)

  营业外支出(因自然灾害等非常原因造成的净损失)

  制造费用(无法回收的净损失)

  贷:待处理财产损溢——待处理流动资产损溢

> **相关案例**
>
>   广东金源照明科技股份有限公司选用的用友财务管理系统有总账、出纳管理、固定资产管理、采购管理、生产管理、销售管理、库存管理、存货核算、报表管理及系统权限等模块,但未上线车间生产管理功能从而没有实时收发存记录。公司认为以照明应用为主的产品具有自动化程度低、工序繁多、周转快、低值等特点,车间组装主要依赖手工操作。以均时约1分钟组装一支手电筒为例,印花膜(3.5秒)、装前桥(4秒)、装后桥、打开关(10秒)、装后导圈、扩后导圈(6秒)、装夜光圈/镜片/反光杯一级、扭一级(9秒)、点亮测试(4秒)、安装尾筒弹簧(3.5秒)、拧尾筒、外观检查(6秒)、包装产品入袋(3秒)、装中盒(5秒)。车间生产管理须按各道工序设置且每道工序完成时都要及时、准确录入系统,这对工人电脑操作等要求较高,但公司大部分组装工人文化程度较低,难以保证所录数据及时性、准确性,每道工序均登录系统进行操作也大幅降低工作效率而增加单位生产成本。
>
>   在产品数量确定工作的人工辅助环节为生产车间每月末根据财务管理系统中当月领料、成品入库数据,并对在产品进行全面清点:在停工状态下,每条流水线的在产品的品种规格及所处位置、状态、工序阶段可清晰确定,生产车间协同 PMC 部门对车间的在产品进行盘点,记录各工序阶段在产品数量情况,按品种、按工序阶段编制期末在产品数量明细表。工程部根据该明细表,结合相应产品 BOM 表及工艺流程表确定各在产品完工进度明细,并补充完善在产品数量明细表。财务中心会同仓管部每月对生产车间在产品进行抽盘,复核每月末在产品数量明细表。财务中心根据在产品数量明细表,结合工程部提供的在产品定额成本,人工核算在产品的期末结存金额。公司认为生产车间没有实时收发存记录(在产品收发存表、生产成本台账等)的原因符合实际经营情况,并且已采用手工操作方式核算在产品数量,保障了相关数据准确。

第三节　生产费用在完工产品与在产品之间分配的核算

生产费用在完工产品与在产品之间分配是成本核算的重要问题，对于产品结构复杂、加工零部件种类和工序较多的企业就更为复杂。企业应该根据期末在产品数量的多少、各月在产品数量变化情况、各项要素费用在产品成本中所占比重的大小以及定额管理的水平等具体条件并充分考虑管理要求，选择合理而又简便方法。完工产品成本与在产品费用划分可分为三类，每类包括一系列方法。在具体分配时应分别成本项目进行，就是说各成本项目都应该以各自的分配率在完工产品与在产品之间进行划分，这样才能保证完工产品成本与在产品费用都是准确的。当然，在对完工产品成本计算正确性影响不大情况下，为简化计算工作，期末在产品也可只承担部分成本项目费用。

一、计算月末在产品费用再倒挤完工产品成本

根据一定特征先计算月末在产品费用然后用全部生产费用倒挤出本月完工产品成本，一般包括五种方法。

（一）月末在产品不计价法

这种方法指尽管月末有结存在产品，但由于在产品数量很少、价值较低且数量较为稳定，通常将在产品费用忽略不计，将产品成本计算单归集的全部生产费用由本月完工产品负担。该种方法适用于自来水生产企业、采掘企业及食品行业等。该种方法下本月发生的全部生产费用就是本月完工产品总成本，除以本月完工产品产量，就是完工产品单位制造成本。

> **相关案例**
>
> 杭州大地海洋环保股份有限公司主要从事废弃资源综合利用业务。在成本核算上，危险废物资源化利用业务是将收集的废矿物油按品质分类至不同的油池，经过沉降除杂、加热、分层除水等一系列处理工艺后生成润滑油基础油，从开工投料生产到产成品完工入库所需时间较短，能够在一个工作日内完成；另外由于该生产工艺下装置和管道内的存货量基本稳定，并且难以盘点密封生产装置内的存货数量，故从谨慎角度不保留生产装置内的在产品库存。危险废物无害化处置业务是向汽修企业、制造业企业收集废乳化液、废油桶、废滤芯等再生利用价值较低的危险废物后进行无害化处置，通过向产废单位收取处置服务费的模式实现盈利，属于专业技术服务类型，发行人在各月归集完相关的料工费后，直接一次性结转至营业成本当中。电子废物拆解处理业务根据《废弃电器电子产品拆解处理情况审核工作指南（2019 版）》中的规定，公司生产车间（拆解线）各月末已领料的原材料必须拆解完毕，故各期末无在产品。

（二）月末在产品按年初成本计价法

这种方法适用于各月末在产品结存量较少，或者在产品数量结存量较多但数量稳定情况，由于各月初在产品成本与月末在产品成本之间差额很小，以年初在产品成本对各月末在产品进行计价对各月完工产品成本影响不大。这样，各月末在产品成本不变，月初与月末在产品成本相等，每月各产品发生的生产费用就是本月该种完工产品总成本。应注意的是，对于每年末在产品成本则需要根据实地盘点在产品数量，具体计算出年末在产品实际成本，据以计算12月份完工产品成本。这可以避免在产品以年初固定不变成本计价延续时间过长，使在产品成本与实际成本间差距变得越来越大而影响完工产品成本计算进而使存货资产账面价值反映失实。适用于利用高炉、反应装置和管道生产的冶炼、化工企业等。

（三）月末在产品按原材料费用计价法

这种方法指在产品只负担所耗材料费用，直接人工和制造费用等加工费用全部由完工产品成本负担。该方法适用于月末在产品数量较多、变化较大且原材料费用比重大的产品，如纺织、造纸、酿酒行业。由于产品在生产过程中存在不同原材料投入方式，因此月末在产品材料费用计算也就不同，这涉及在产品投料程度测算问题。可分四种情况：①原材料在生产开始时一次投入，以后各生产环节都不再投料；②原材料在每一生产工序（步骤）开始时一次投入，该工序以后不再投料；③原材料随生产加工进度陆续投入，且与加工程度完全一致或基本一致；④原材料随生产加工进度陆续投入，但与加工程度不一致。这里以第一种情况进行讲解，后三种情况在本节约当产量法中做阐述。第一种情况下的计算公式为

单位产品原材料成本＝原材料费用总额/（完工产品数量＋月末在产品数量）

月末在产品成本＝月末在产品数量×单位产品原材料成本

本月完工产品成本＝月初在产品成本＋本月生产费用－月末在产品成本

【例5-1】 某企业甲产品月末在产品成本只计算原材料费用，原材料在生产开始时一次投入，该企业9月份有关产量及费用资料：甲产品月初在产品直接材料费用（即月初在产品费用）为15 200元，本月直接材料费用为40 100元，直接人工费用为2 100元，制造费用为2 530元，本月完工产品590件，月末在产品200件。完工产品与在产品生产费用分配如下：

单位产品原材料成本＝（15 200＋40 100）/（590＋200）＝70（元/件）

月末在产品成本＝200×70＝14 000（元）

本月完工产品成本＝15 200＋44 730－14 000＝45 930（元）

> **相关案例**
>
> 南通星球石墨股份有限公司产品成本构成包括材料成本、人工费用、制造费用，其中：①材料成本。主材（包括石墨、钢材、外购件、浸渍材料等其他主要材料）根据领

料单直接归集至具体订单；辅料（密封件、五金件等）被领用后，按照当月主材领用金额占比分配至具体订单。②直接人工。直接人工系生产及维保人员工资薪酬，按照当月完工产品以及维保服务订单的定额工时分配至具体订单。直接人工仅在产成品中进行分配，期末在制品中不保留人工成本。③制造费用：a. 直接费用主要系发出商品吊装费以及安装费等，发生时直接归集至具体订单。b. 间接费用主要包括间接人工、折旧费、水电费等。间接费用归集和分配具体方式：首先，按照生产人员和维保服务人员实际工时占比，将当月间接费用分配给产品销售业务（包括合成炉、换热器、塔器、设备配件及其他产品）以及维保服务业务；其次，产品销售业务的间接费用按照当月完工产品的定额工时分配至具体订单，维保服务业务间接费用按照当月维保服务订单的定额工时分配至具体订单。制造费用仅在产成品中进行分配，期末在制品中不保留制造费用。

（四）月末在产品按完工产品成本计算法

这种方法将月末在产品视同于完工产品计算并分配费用。该方法适用于月末在产品已经接近完工，或已经加工完毕但尚未包装或尚未验收入库的产品。在这种情况下，在产品费用已经接近完工产品成本，为了简化成本核算工作，可按两者数量比例分配材料费用和直接人工、制造费用等加工费用。显然，如果完工产品生产要经过多道工序，而越靠前的工序的期末在产品承担费用的程度与本期完工产品承担费用的程度差异越大，尤其是直接人工、制造费用等加工费用，原材料如果是在生产开始时一次投入则月末在产品与完工产品按两者数量比例分配直接材料费用。也就是说，不同工序的在产品不可能都视同于完工产品，只有离完工产品最近工序的在产品才有可能，而离完工产品最近的工序当然就是产生完工产品的工序，因此，单步骤生产最适合于这种方法。

（五）在产品按定额成本计价法

这种方法根据月末在产品结存数量、投料和加工程度、单位产品定额成本资料计算出月末在产品定额成本，并视为在产品实际成本，将其从本月该种产品全部生产费用中扣除便求得本期完工产品成本。它适用于定额管理工作比较扎实，各项消耗定额比较正确、稳定，期末在产品数量也较为稳定的情况。

在产品定额成本要分成本项目分别进行计算，然后再汇总求得在产品定额成本总额。计算公式为

$$\text{在产品定额成本} = \sum \text{在产品各成本项目定额成本}$$
$$= \text{在产品直接材料定额成本} + \text{在产品直接人工定额成本}$$
$$+ \text{在产品制造费用定额成本}$$
$$\text{在产品直接材料定额成本} = \sum \text{在产品各种材料定额成本}$$
$$= A\text{直接材料定额成本} + B\text{直接材料定额成本}$$
$$+ C\text{直接材料定额成本}$$

在产品某项（如A）直接材料定额成本 = 在产品数量
　　　　　　　　　　　　　　　　×单件在产品该项材料（如A）定额消耗量
　　　　　　　　　　　　　　　　×该项材料（如A）计划单价

在产品直接人工定额成本 = 在产品数量×单位在产品工时定额×计划小时工资费用定额
在产品制造费用定额成本 = 在产品数量×单位在产品工时定额×计划小时制造费用定额

【例5-2】 某企业生产甲产品，由A、B两种零件各一件制成。单件零件的直接材料费用定额为：A零件10元，B零件12元。直接材料在零件投产时一次投料。该产品各工序工时定额和月末在产品数量如表5-4所示。

表5-4　甲产品在产品数量表

零件名称	所在工序号	本工序工时定额	在产品数量/件
A	1	2	120
	2	4	150
	3	4	200
	小计	10	470
B	1	4	320
	2	6	300
	小计	10	620

每道工序在产品的累计工时定额，按上一道工序累计工时定额加上本工序工时定额的50%计算。每小时费用定额：直接人工2.5元，制造费用3元。单件甲产品直接材料费用定额为22元，甲产品完工500件。该产品月初在产品费用和本月生产费用见表5-5。

表5-5　甲产品生产费用表

项目	直接材料	直接人工	制造费用	成本合计
月初在产品（定额成本）	7 230	3 310	4 050	14 590
本月生产费用	29 233	26 150	25 755	81 138

根据上述资料，有关的计算过程见表5-6、表5-7。

表5-6　月末在产品定额成本计算

零件号	所在工序	在产品数量（件）	直接材料费用		工　时		直接人工（2.5元）	制造费用（3元）	在产品定额成本合计
			单件定额	定额费用	单件累计定额	定额工时			
(1)		(2)	(3)	(4)=(2)×(3)	(5)	(6)=(2)×(5)	(7)=(7)×(6)	(8)=(8)×(6)	(4)+(7)+(8)
A	1	120	10	1 200	2×50%=1	120			
	2	150	10	1 500	2+4×50%=4	600			
	3	200	10	2 000	2+4+4×50%=8	1 600			

续表

零件号	所在工序	在产品数量（件）	直接材料费用		工 时		直接人工（2.5元）	制造费用（3元）	在产品定额成本合计
			单件定额	定额费用	单件累计定额	定额工时			
B	1	320	12	3 840	4×50%=2	640			
	2	300	12	3 600	4+6×50%=7	2 100			
合 计				12 140		5 060	5 060×2.5=12 650	5 060×3=15 180	39 970

表 5-7 甲产品成本明细账

项目	直接材料	直接人工	制造费用	成本合计
月初在产品费用（定额成本）	7 230	3 310	4 050	14 590
本月生产费用	29 233	26 150	25 755	81 138
合 计	36 463	29 460	29 805	95 728
完工产品成本	24 323	16 810	14 625	55 758
月末在产品费用（定额成本）	12 140	12 650	15 180	39 970

 相关案例

江苏扬电科技股份有限公司材料定额确认方法：材料定额＝材料定额耗用量×材料定额单价。公司产品图样一经确定通常不会随意变动，因此材料定额耗用量较为稳定。节能电力变压器铁心的主要原材料定额耗用量与实际耗用量对比如表 5-8 所示。

表 5-8 主要原材料定额耗用量与实际耗用量对比

项 目		2020 年 1—6 月	2019 年	2018 年	2017 年
非晶带材	定额耗用量/吨	3 199.77	11 674.83	14 929.89	15 120.74
	实际耗用量/吨	3 223.34	11 636.00	14 998.33	14 971.24
	差异量/吨	−23.57	38.82	−68.44	149.50
	差异率/%	−0.74	0.33	−0.46	0.99
铜材	定额耗用量/吨	925.09	2 578.36	2 449.25	2 731.24
	实际耗用量/吨	933.39	2 584.85	2 444.55	2 718.60
	差异量/吨	8.30	6.49	−4.70	−12.64
	差异率/%	0.90	0.25	−0.19	−0.46
硅钢	定额耗用量/吨	1 258.83			
	实际耗用量/吨	1 288.04			
	差异量/吨	29.22			
	差异率/%	2.32			

注：定额耗用量是结合公司主要原材料在不同产品中的定额消耗，根据各期实际完工产品数量，测算各期理论消耗的主要原材料数量，即主要原材料定额消耗＝∑A 产品完工数量*A 产品的主要原材料定额耗用量。实际耗用量为 ER 系统中生产领用数量。

公司材料定额单价（含税）情况如表 5-9 所示。

表 5-9　材料定额单价（含税）情况

项　目	2020 年 1—6 月	2019 年	2018 年	2017 年
非晶带材定额单价/（元/吨）	13 500.00	13 500.00	13 500.00	13 500.00
铜材定额单价/（元/吨）	49 300.00	49 300.00	53 350.00	53 350.00
硅钢片定额单价/（元/吨）	14 600.00			

公司为保持成本核算的一惯性，材料定额单价基本保持不变。2019 年 1 月，公司调低了铜材定额单价，主要系铜材为大宗商品，市场价格于 2017 年下半年开始上涨，在 2017 年底至 2018 年初经历了持续高位之后开始回落。公司预计短期内不会再大幅上涨，为进一步保持成本核算的准确性，故调整了铜材定额单价。2020 年受疫情影响，铜材等大宗商品价格快速下跌，后逐步回升到年初价格，公司基于其属于突发情况，未调整铜材定额单价。

二、同时计算完工产品成本与月末在产品费用

（一）约当产量比例法

该方法是将月末在产品数量按其完工程度折算为相当于完工产品的数量，即约当产量，然后按照完工产品产量与月末在产品约当产量的比例分配本期全部生产费用。约当产量比例法适用范围较广，特别适用于月末在产品结存数量较大，且各月末在产品数量变化也较大，产品成本中直接材料费用和直接人工等加工费用所占比重相差不多的产品。约当产量比例法计算公式为

$$月末在产品约当产量 = 月末在产品结存数量 \times 在产品完工程度$$

$$约当产量单位成本 = \frac{月初在产品费用 + 本月生产费用}{完工产品产量 + 月末在产品约当产量}$$

$$完工产品总成本 = 约当产量单位成本 \times 完工产品产量$$

$$月末在产品费用 = 约当产量单位成本 \times 月末在产品约当产量$$

使用约当产量比例法时，由于月末在产品投料程度与加工程度可能不一致，因此应分别成本项目计算月末在产品约当产量，即在产品完工程度可按在产品投料程度和在产品加工程度分别确定，其中在分配"直接材料"成本项目时在产品约当产量一般按投料程度计算，在分配"直接人工""制造费用"等成本项目时在产品约当产量通常是按加工程度计算。

1. 在产品投料程度计算

在产品投料程度又称投料进度或投料率，指为在产品已投材料占完工产品应投材料的百分比。材料投入一般存在四种情况。

（1）原材料在生产开始时一次投入，则在产品和完工产品所耗材料数量相同，在产品投料程度为 100%。无论任何环节在产品，在分配材料费用时直接按照完工产品和在产品

数量比例分配。

（2）原材料按生产工序分次投入并且是在每道工序开始时一次投入，则根据各工序的材料消耗定额来计算投料程度。在产品投料率计算公式为

$$某工序在产品投料率 = \frac{本工序前各工序投入材料费用额（量）+ 本工序投入材料费用额（量）}{单位产品投入材料费用额（量）}$$

公式中的材料费用额（量）可以是实际数也可以是定额数。

【例 5-3】 某企业 H 产品经三道工序进行加工，单位产品材料消耗定额为 300 公斤，其中第一道工序投料定额为 90 公斤，第二道工序投料定额为 120 公斤，第三道工序投料定额为 90 公斤；月末结存在产品 600 件，其中第一道工序 200 件，第二道工序 180 件，第三道工序 220 件。则原材料分工序一次投入情况下在产品投料率与投料约当量的计算如下：

第一道工序在产品投料率 = 90/300 × 100% = 30%
第一道工序在产品投料约当量 = 200 × 30% = 60（件）
第二道工序在产品投料率 =（90 + 120）/300 × 100% = 70%
第二道工序在产品投料约当量 = 180 × 70% = 126（件）
第三道工序在产品投料率 =（90 + 120 + 90）/300 × 100% = 100%
第三道工序在产品投料约当量 = 220 × 100% = 220（件）
H 产品全部在产品投料约当量 = 60 + 126 + 220 = 406（件）

（3）原材料随生产加工进度陆续、均衡投入且原材料投料程度与加工程度完全一致或基本一致，则在产品投料程度按其加工程度计算。

（4）原材料随生产加工进度陆续投入，但原材料投料程度与加工程度不一致。则在产品投料程度计算公式为

$$某工序在产品投料率 = \frac{本工序前各工序投入材料费用额（量）+ 本工序投入材料费用额（量）× 本工序投料率}{单位产品投入材料费用额（量）}$$

公式中材料费用或数量可以是实际数也可以是定额数，本工序投料率应事先确定，也可以按 50% 的简化投料率计算。

【例 5-4】 假设例 5-3 中原材料随生产加工进度陆续投入，但原材料的投料程度与加工程度不一致。另外，第一、第二、第三道工序在产品各工序投料率 60%、50% 与 45%，则在产品投料率与投料约当量的计算如下：

第一道工序在产品投料率 = 90 × 60%/300 × 100% = 18%
第一道工序在产品投料约当量 = 200 × 18% = 36（件）
第二道工序在产品投料率 =（90 + 120 × 50%）/300 × 100% = 50%
第二道工序在产品投料约当量 = 180 × 50% = 90（件）
第三道工序在产品投料率 =（90 + 120 + 90 × 45%）/300 × 100% = 83.5%
第三道工序在产品投料约当量 = 220 × 83.5% = 183.7（件）
H 产品全部在产品投料约当量 = 36 + 90 + 183.7 = 309.7（件）

2. 在产品加工程度计算

在产品加工程度又称完工程度或完工率,指在产品实际(定额)耗用工时占完工产品实际(定额)工时百分比。在产品加工程度计算一般包括两种方法。

(1) 不分工序确定在产品完工程度。将 50%作为在产品平均完工程度的一种方法。如果企业各工序在产品数量和单位产品在各工序的加工量相差不多的情况下,前后工序加工程度可互相抵补,因此全部在产品完工程度可按照 50%确定。

(2) 分工序确定在产品完工程度。指在产品按实际(定额)耗用工时占完工产品实际(定额)工时百分比作为在产品完工程度的一种方法。计算公式为

$$\text{某工序在产品完工率} = \frac{\text{本工序前各工序耗用实际(定额)工时} + \text{本工序耗用实际(定额)工时}}{\text{单位产品耗用实际(定额)工时}} \times \text{本工序完工率}$$

公式中,本工序完工率是事先确定的,通常由于每一道工序内部在产品完工程度并不相同,因此对它们的完工率可以逐一计算,也可以简化计算而平均以 50%作为完工率。

【例 5-5】 某企业 L 产品需要经过三道工序陆续加工而成,单位完工产品工时定额为 500 小时,月末结存在产品 650 件。其中:第一道工序有在产品 230 件,单位产品工时定额为 160 小时;第二道工序有在产品 200 件,单位产品工时定额为 200 小时,第三道工序有在产品 220 件,单位产品工时定额为 140 小时。在产品在各道工序的完工程度均为 50%。各道工序在产品完工率与加工约当产量的计算如下:

第一道工序在产品完工率 = 160 × 50%/500 × 100% = 16%

第一道工序在产品加工约当量 = 230 × 16% = 36.8(件)

第二道工序在产品完工率 = (160 + 200 × 50%)/500 × 100% = 52%

第二道工序在产品加工约当量 = 200 × 52% = 104(件)

第三道工序在产品完工率 = (160 + 200 + 140 × 50%)/500 × 100% = 86%

第三道工序在产品加工约当量 = 220 × 86% = 189.2(件)

H 产品全部在产品加工约当量 = 36.8 + 104 + 189.2 = 330(件)

3. 生产费用在完工产品与月末在产品间的分配

约当产量比例法基本做法是生产费用在本月完工产品与月末在产品之间的分配,就是将本月投入全部费用额以本月产出全部实物的约当量计算约当产量单位成本,然后求得本月完工产品与月末在产品各自应承担费用。这种分配方式通常称为加权平均法。然而,由于月初在产品费用的存在,就会出现当上月与本月成本水平变化较大时,本月月末在产品费用会受上月成本水平影响。因此,为了如实地反映本月末结存在产品费用水平,在约当产量比例法下,对月末在产品还可以采用先进先出法进行计价。该方法是指假定本月发生的生产费用先用于月初在产品加工,在产品生产周期小于一个月情况下,月初在产品将在本月全部完工,剩余生产费用再在本月完工产品与月末在产品间进行分配。这样,月末在产品费用不受上月成本水平影响,反映了本月成本水平。

先进先出法下月初在产品费用全部由本月完工产品负担,也就是说约当产量只包括本月实际投入生产量,而不包括月初在产品在上月实际投入生产量,即约当产量只与本月发

生的生产费用有关。

该分配方式基本原理是将本月完工产品分为两部分计算约当产量，即月初在产品约当产量与本月投入约当产量。月初在产品各成本项目费用反映上月费用水平，本月生产费用反映本月各受益对象成本水平，因而本月生产费用受益对象包括了三类：其一是上月末未加工完而留待本月继续加工的在产品数量的约当产量；其二是本月完工数量减去月初在产品数量的本月投入数量；其三是本月末在产品数量约当产量。计算公式为

（1）本月完工产品约当产量 = 月初在产品在本月加工的约当产量 + 本月投产本月完工的产品产量

其中：

月初在产品在本月加工的约当产量 = 月初在产品数量 × (1-上月完工程度)

本月投产本月完工的产品产量 = 本月投产数量 − 月末在产品结存数量

= 本月完工产品数量 − 月初在产品数量

（2）月末在产品约当产量 = 月末在产品结存数量 × 月末在产品完工程度

（3）约当产量单位成本 = $\dfrac{\text{本月发生的生产费用}}{\text{本月完工产品约当产量} + \text{月末在产品约当产量}}$

（4）月末在产品费用 = 约当产量单位成本 × 月末在产品约当产量

（5）本月完工产品成本 = 月初在产品费用 + 本月生产费用 − 月末在产品费用

= 月初在产品费用 + 约当产量单位成本 × 本月完工产品约当产量

【例 5-6】 某企业生产 L 产品，5 月初在产品结存 300 件，加工程度 60%；本月投产 2 000 件，完工 1 700 件；月末在产品 600 件，加工程度为 40%。L 产品耗用的直接材料在生产开始时投入全部材料的 70%，当加工程度达到 80% 时，再投入剩余的 30% 材料。L 产品月初在产品费用：直接材料 4 102 元，直接人工 405 元，制造费用 845 元；本月生产费用：直接材料 44 885 元，直接人工 7 480 元，制造费用 9 856 元。计算过程如下：

（1）直接材料费用的分配：L 产品 5 月初在产品结存 300 件，已加工 60%，由于直接材料在生产开始时投入全部材料的 70%，剩余 30% 材料在加工程度达到 80% 时再投入，因此 5 月初在产品上月投料率为 70%，6 月份为使其完工而在本月为其投入了剩余的 30%。月末结存 600 件在产品加工程度为 50%，因此本月份为其投入 60% 的材料。

本月完工产品约当产量 = 300 ×（1 − 70%）+（1 700 − 300）= 1 490（件）

月末在产品约当产量 = 600 × 70% = 420（件）

直接材料约当产量单位成本 = 44 885/（1 490 + 420）= 23.5（元/件）

月末在产品直接材料费用 = 420 × 23.5 = 9 870（元）

完工产品直接材料费用 = 4 102 + 44 885 − 9 870 = 39 117（元）

或　　　　　　　　　　= 4 102 + 1 490 × 23.5 = 39 117（元）

（2）直接人工费用的分配：L 产品 5 月初在产品结存 300 件，已加工 60%，因此 6 月份为使其完工而投入了剩余的 40%。

本月完工产品约当产量 = 300 ×（1 − 60%）+（1 700 − 300）= 1520（件）

月末在产品约当产量 = 600 × 40% = 240（件）

直接人工约当产量单位成本 = 7 480/（1 520 + 240）= 4.25（元/件）
月末在产品直接人工费用 = 240 × 4.25 = 1 020（元）
完工产品直接人工费用 = 405 + 7 480 − 1020 = 6 865（元）
或　　　　　　　　　　 = 405 + 1 520 × 4.25 = 6 865（元）
（3）制造费用的分配：
本月完工产品约当产量 = 300 ×（1 − 60%）+（1 700 − 300）= 1 520（件）
月末在产品约当产量 = 600 × 40% = 240（件）
制造费用约当产量单位成本 = 9 856/（1 520 + 240）= 5.6（元/件）
月末在产品制造费用 = 240 × 5.6 = 1 344（元）
完工产品制造费用 = 845 + 9 856 − 1344 = 9 357（元）
或　　　　　　　　 = 845 + 1520 × 5.6 = 9 357（元）
1 500 件完工 L 产品成本 = 39 117 + 6 865 + 9 357 = 55 339（元）
500 件月末在产品费用 = 9 870 + 1 020 + 1 344 = 12 234（元）

相关案例

深圳市创益通技术股份有限公司对约当产量的计算：约当产量是根据月末在产品盘点数量，依据其实际耗用工时占定额工时的比例，确定其完工程度，再按完工程度，将在产品折合成完工产品的数量。该公司生产工艺为多步骤生产模式，在产品约当产量 = ∑[月末在产品在某工序的盘点数量×（在产品在该工序之前已完工工序的定额工时之和÷该产品各工序定额工时之和）]。

本月完工产品直接人工成本计算：某半成品/产成品本月完工产品的直接人工成本 = [（上月末该产品的在产品成本中的直接人工成本 + 本月直接人工分摊额）÷（本月该产品完工入库数量 + 本月该产品约当产量）] × 本月该产品完工入库数量；某产品本月直接人工分摊额 =（直接人工成本总额÷当月所有产品实际耗用生产工时之和）× 某产品本月实际耗用生产工时。

本月末在产品直接人工成本计算：某半成品/产成品本月末在产品直接人工成本 = 上月末该产品在产品成本中的直接人工成本 + 本月直接人工投入成本 − 本月完工产品的直接人工成本。

（二）定额比例法

该种方法指将产品全部生产费用按完工产品和月末在产品的定额消耗量或定额费用比例，分配计算完工产品成本和月末在产品费用的方法。该方法要区分成本项目分别进行，直接材料费用按原材料定额消耗量或原材料定额费用比例分配，选择依据是：①当产品只耗用一种直接材料，可按直接材料定额消耗量比例分配；②当产品耗用两种或两种以上直接材料且各种直接材料计量单位不同，应按照直接材料定额费用比例分配。直接人工、制造费用等加工费用，由于计划工资率与计划制造费用分配率都只有一个，所以按定额消耗量或定额成本比例分配结果是一样的，具体选择标准在于分配资料取得的难易程度，通常按定额工时比例进行分配。该方法适用于各项消耗定额或费用定额比较准确、稳定，但各月末在产品数量变动较大产品。

定额比例法计算公式为

$$\text{直接材料费用分配率} = \frac{\text{月初在产品直接材料费用额} + \text{本月实际发生的直接材料费用额}}{\text{完工产品直接材料定额消耗量（成本）} + \text{月末在产品直接材料定额消耗量（费用）}}$$

完工产品直接材料费用额 = 直接材料费用分配率 × 完工产品直接材料定额消耗量（成本）

月末在产品直接材料费用额 = 直接材料费用分配率 × 月末在产品直接材料定额消耗量（费用）

$$\text{直接人工费用（制造费用）分配率} = \frac{\text{月初在产品直接人工费用（制造费用）额} + \text{本月实际发生的直接人工费用（制造费用）额}}{\text{完工产品定额工时（成本）} + \text{月末在产品定额工时（费用）}}$$

完工产品直接人工费用（制造费用）额 = 直接人工费用（制造费用）分配率 × 完工产品定额工时（成本）

在产品直接人工费用（制造费用）额 = 直接人工费用（制造费用）分配率 × 月末在产品定额工时（费用）

【例 5-7】 某企业生产 R 产品，原材料在生产开始时一次投入。6 月初在产品费用：直接材料 38 500 元，直接人工 15 000 元，制造费用 5 600 元。6 月份发生生产费用为：直接材料 186 500 元，直接人工 92 640 元，制造费用 35 800 元。6 月份完工产品 12 000 件，月末在产品 3 000 件，完工程度 60%。R 产品有关定额资料如下：单件原材料耗用量 2 千克，每千克计划成本 5 元；单件工时定额 1.5 小时，每小时工资费用 4 元，制造费用定额 2 元。计算过程见表 5-10。

表 5-10 制造成本分配表

产品名称：R

成本项目	月初在产品费用	本月费用发生额	生产费用合计	费用分配率	完工产品成本		月末在产品费用	
					定额	实际	定额	实际
①	②	③	④=②+③	⑤=④/(⑥+⑧)	⑥	⑦=⑥×⑤	⑧	⑨=⑧×⑤
直接材料	38 500	186 500	225 000	1.5	120 000	180 000	30 000	45 000
直接人工	15 000	92 640	107 640	1.3	72 000	93 600	10 800	14 040
制造费用	5 600	24 000	41 400	0.5	36 000	36 000	5 400	5 400
合 计	59 100	314 940	374 040		228 000	309 600	46 200	64 440

表中：完工产品直接材料定额成本 = 12 000 × 2 × 5 = 120 000（元）

完工产品直接人工定额成本 = 12 000 × 1.5 × 4 = 72 000（元）

完工产品制造费用定额成本 = 12 000 × 1.5 × 2 = 36 000（元）

在产品直接材料定额成本 = 3 000 × 2 × 5 = 30 000（元）

在产品直接人工定额成本 = 3 000 × 1.5 × 4 × 60% = 10 800（元）

在产品制造费用定额成本 = 3 000 × 1.5 × 2 × 60% = 5 400（元）

相关案例

常州银河世纪微电子股份有限公司依托 ERP 管理软件，根据自身业务模式和生产流程特点，建立了规范合理的成本核算体系，对存货及成本实施有效核算管理。公司以产品最末端的"存货编码"作为成本计算对象。成本核算具体流程及方法如下：

（1）料工费归集：①直接材料。各车间产品生产直接耗用的主要材料包括硅片、芯片、框架/引线、铜材、塑封料、包装材料及化学试剂等。材料到货并验收后按实际发生的采购成本确认入库，实际领用时计入"生产成本——直接材料"，按月末一次加权平均法计价出库。②直接人工。直接人工包括各车间直接参加产品生产的员工工资、奖金、津贴、社保等薪酬费用。③制造费用。制造费用包括产品生产过程中车间管理人员薪酬、折旧费、水电费、修理费、加工费及辅助材料等其他各项间接费用。

（2）在产品成本的保留：期末在产品成本包括材料成本、直接人工和制造费用。①根据期末车间在产品盘点数乘以材料结存价格保留在产品材料成本。②对处于每个生产流程上的产品根据各工序所需时间制定定额工时，根据各工序机器运转时间制定定额费时。直接人工保留金额＝单位工时单价*在产品的定额工时，单位工时单价＝（期初在产品中的直接人工＋当期发生的直接人工）/（当期完工产品定额工时之和＋期末在产品定额工时之和）；制造费用保留金额＝单位费时单价*在产品的定额费时，单位费时单价＝（期初在产品中的制造费用＋当期发生的制造费用）/（当期完工产品定额费时之和＋期末在产品定额费时之和）。

（3）完工产品成本分配。当月产成品实际耗用成本＝期初在产品余额＋本期投入成本－期末在产品余额。直接材料：按产成品入库数量*单位材料定额，在各完工产品之间进行分配；直接人工：某产品分配的直接人工＝该产品的定额工时×单位工时单价；制造费用：某产品分配的制造费用＝该产品的定额费时×单位费时单价。产品完工入库结转库存商品。

采用定额比例法必须取得完工产品和月末在产品的定额消耗量和定额工时资料。完工产品定额消耗量和定额工时用完工产品数量乘以单位产品原材料消耗定额、工时定额求得；月末在产品定额消耗量和定额工时用在产品月末账面结存量或实际盘存量以及相应材料消耗定额和工时定额求得。采用这种方法核算在产品成本必须具备健全的在产品盘存制度和核算制度。计算完工产品与在产品定额消耗量或定额成本对在产品种类较少或产品生产工序较少企业来说工作量不大，但如果产品种类繁多或产品生产工序多，则工作量相当繁重。此种情况下，月末在产品定额数据可使用倒算方法求得。基本原理是：

（1）实际投入（定额）＝实际产出（定额）

（2）月初在产品数量＋本月投入量＝本月完工产品数量＋月末在产品数量

（3）月初在产品费用＋本月生产费用＝本月完工产品成本＋月末在产品费用

（4）月初在产品定额消耗量（定额费用）＋本月投入定额消耗量（定额成本）

＝本月完工产品定额消耗量（定额成本）＋月末在产品定额消耗量（定额费用）

月末在产品定额消耗量（定额费用）＝月初在产品定额消耗量（定额费用）

＋本月投入定额消耗量（定额成本）－本月完工产品定额消耗量（定额成本）

$$直接材料费用分配率 = \frac{月初在产品直接材料费用额 + 本月实际发生的直接材料费用额}{月初在产品定额消耗量（或定额费用） + 本月投入定额消耗量（或定额成本）}$$

$$直接人工费用（制造费用）分配率 = \frac{月初在产品直接人工费用（制造费用）额 + 本月实际发生的直接人工费用（制造费用）额}{月初在产品定额消耗量（或定额费用） + 本月投入定额消耗量（或定额成本）}$$

其中，月初在产品定额消耗量（定额费用）可从上月成本核算资料中取得；本月投入定额消耗量（定额成本）通常根据每道工序零部件数量乘以零部件定额成本求得；本月完工产品定额消耗量（定额成本）以完工产品数量乘以单位产品定额消耗量（定额成本）求得。

【例 5-8】某企业生产 F 产品，月初在产品直接材料定额费用 9 250 元，定额工时 7 220 小时，本月投入生产原材料定额费用 114 400 元，定额工时 53 650 小时，月初在产品费用：直接材料 21 200 元，直接人工 6 420 元，制造费用 3 698 元；本月发生的生产费用：直接材料 108 360 元，直接人工 36 189 元，制造费用 20 650 元；本月完工产品直接材料定额费用 104 800 元，定额工时 50 200 元。制造成本分配表如表 5-11 所示。

表 5-11 制造成本分配表

产品名称：R

成本项目	月初在产品费用		本月投入费用		生产费用合计		费用分配率	完工产品成本		月末在产品费用	
	定额	实际	定额	实际	定额	实际		定额	实际	定额	实际
(1)	(2)	(3)	(4)	(5)	(6)=(2)+(4)	(7)=(3)+(5)	(8)=(7)/(6)	(9)	(10)=(9)×(8)	(11)=(6)−(9)	(12)=(7)−(10)
直接材料	9 250	21 200	114 400	108 360	123 800	117 610	0.95	104 800	99 560	19 000	18 050
直接人工	7 220 小时	6 420	53 650 小时	36 189	60 870 小时	42 609	0.70	50 200 小时	35 140	10 670 小时	7 469
制造费用	7 220 小时	3 698	53 650 小时	20 650	60 870 小时	24 348	0.40	50 200 小时	20 080	10 670 小时	4 268
合 计		31 318		165 199		184 567			154 780		29 787

表中，直接材料费用分配率 =（21 200 + 108 360）/（9 250 + 114 400）= 0.95
直接人工费用分配率 =（6 420 + 36 189）/（7 220 + 53 650）= 0.7
制造费用分配率 =（3 698 + 20 650）/（7 220 + 53 650）= 0.4

三、完工产品按定额成本计算

当企业定额管理比较健全，月末完工产品数量较少而未完工产品较多情况下，月末计算与结转完工产品成本可按其定额成本进行。完工产品按定额成本计算的具体公式参照定额比例法中的相关内容。

相关案例

浙江泰福泵业股份有限公司半成品和产成品采用定额成本进行成本归集，定额成本包括定额材料成本、定额人工成本和定额制造费用。以定额材料成本为例，直接材料按照各产品定额材料成本占车间当月定额材料成本合计金额的比例作为分配系数进行分配，具体计算过程如下（直接人工和制造费用类同）：分配系数＝产品定额材料成本/车间定额材料成本合计金额；车间定额材料成本合计金额＝$\sum$（产品定额成本×产品实际产量）；产品实际材料成本＝车间实际材料成本金额×分配系数。公司按照产品配置形成生产物料清单（BOM 表）的数量和相应单价计算出定额材料成本，即半产品和产成品的定额材料成本＝标准耗用量×材料标准单价。每型号产成品或半成品的标准耗用量（BOM 表）由公司技术部门编制。针对每一销售订单，销售部和技术部根据客户具体要求对 BOM 表进行复核，涉及物料调整则新建一个该客户的新 BOM 表。BOM 表主要构成基本不会变化，主要根据客户需求对其中零部件进行调整，如铜件改为铝件。

材料标准单价通过人工录入系统并维护。①各生产车间中因铁铸件和铝铸件车间主要原材料分别为铁和铝，材料单一，分配时只与数量有关，标准单价固定不变，其他生产车间耗用原材料种类众多，如电气车间半成品线圈包括定子、电缆线、漆包线、热保护器、绝缘纸等材料，财务部每月根据每种原材料月末加权平均单价调整半成品标准单价。②装车间将各半成品组装成水泵成品，材料成本系根据 BOM 耗用半成品成本、原材料成本加上包装物成本构成，对于原材料标准单价和包装物标准单价一年至少定期维护一次，除定期维护外，当材料采购价格变动幅度大时进行调整。

公司按照上述方法确定半成品和产成品的定额成本，并据此将实际发生成本归集并分配至各规格型号产品，进行生产成本的结转，定额成本较为准确地反映了公司实际成本。以陆上泵-JET-EC 产成品与定子（小槽）-Φ90*140 片（600 料）通用半成品为例加以说明，分别见表 5-12 与表 5-13。

表 5-12　陆上泵-JET-EC 产成品

项目	2020 年 1—3 月	2019 年	2018 年	2017 年
单位实际生产成本/（元/台）	196.18	182.78	195.02	180.50
定额单位生产成本/（元/台）	191.00	185.12	194.25	183.40
差异/（元/台）	5.18	−2.35	0.77	−2.90
差异率	2.71%	−1.27%	0.40%	−1.58%

表 5-13　定子（小槽）-Φ90*140 片（600 料）通用半成品

项目	2020 年 1—3 月	2019 年	2018 年	2017 年
单位实际生产成本/（元/台）	10.76	11.09	12.87	13.81
定额单位生产成本/（元/台）	11.00	11.00	12.98	13.81
差异/（元/台）	−0.25	0.09	−0.11	−0.00
差异率	−2.25%	0.84%	−0.85%	0.00

单位实际成本与定额单位成本之间差异率较小，定额成本较为准确。

第四节　完工产品成本的核算

通过分配，产品成本计算单中生产费用就被划分为完工产品制造成本与在产品费用两部分。以光明工厂 2020 年 9 月 M 产品的成本核算资料为例，该产品生产费用在本月完工产品与月末在产品间成本划分采用了约当产量比例法，则 M 产品 9 月末完整的"产品成本计算单"如表 5-14 所示。

表 5-14　产品成本计算单

2020 年 9 月

基本生产车间：M 产品　　完工产量：400 件　　月末在产品：90 件　　完工程度：60%

2020年		摘要	约当产量	直接材料	直接人工	燃料及动力	制造费用	废品损失	成本合计
月	日								
9	1	月初在产品费用		13 600	10 200	600	9 600		34 000
	30	分配材料费用		112 530.5					112 530.5
	30	分配工资费用			40 850				40 850
	30	分配动力费用				6 440			6 440
	30	分配折旧费用					6 085		6 085
	30	分配修理费用					12 370.2		12 370.2
	30	分配制造费用					33 444.06		33 444.06
		合　计		126 130.5	51 050	7 040	61 499.26		245 719.76
	30	不可修复废品成本		−7 276.8	−2 722.68	−375.48	−3 279.96		−13 654.92
	30	转入废品净损失						12 724.92	12 724.92
		生产费用总计		118 853.7	48 327.32	6 664.52	58 219.3	12 724.92	244 789.76
		分配率		242.56	106.45	14.68	128.24		
		完工产品成本		97 024	42 580	5 872	51 296	12 724.92	209 496.92
		月末在产品费用		21 829.7	5 747.32	792.52	6 923.3		35 292.84

表中，直接材料分配率 = 118 853.7/（400 + 90）= 242.56（元/件）
　　　直接人工分配率 = 48 327.32/（400 + 90×60%）= 106.45（元/件）
　　　燃料及动力分配率 = 6 664.52/（400 + 90×60%）= 14.68（元/件）
　　　制造费用分配率 = 58 219.3/（400 + 90×60%）= 128.24（元/件）

企业完工产品要及时验收入库，成本应从"基本生产成本"账户转入有关账户借方，"基本生产成本"账户期末余额就是该产品月末在产品费用。完工产品结转的账务处理是：

借：库存商品——M 产品　　　　　　　　　　　　　　　　　209 496.92
　　贷：基本生产成本——M 产品　　　　　　　　　　　　　　209 496.92

本章小结

生产费用期末在完工产品与产品间的分配决定着企业存货结构进而影响着企业估值，生产费用在两者间的分配方法的任何变动都涉及会计估计变更问题，是需要发布相关公告的。可以看出，生产费用在完工产品与在产品间分配方法选择具有很强的经济后果。具体而言，生产费用在完工产品与在产品之间的分配有三种思路，具体方法的选择应该与相应的生产方式相对应，而且企业产品成本核算采用的会计政策和估计一经确定就不得随意变更。

完工产品 manufactured goods
半成品 work in process
在产品 work-in-process inventory
定额成本 normal cost
约当产量法 equiwalent units method
定额比例法 quota proportion method

深圳证券交易所上市审核中心 2020 年 9 月 30 日出具了《关于恒宇信通航空装备（北京）股份有限公司申请首次公开发行股票并在创业板上市的审核中心意见落实函》（审核函〔2020〕010550 号），中审众环会计师事务所（特殊普通合伙）作为申报会计师对"6.关于存货跌价准备"的"（2）报告期各期末，发行人生产成本余额分别为 666.87 万元、424.25 万元、431.11 万元、1 096.50 万元，计提存货跌价准备分别为 235.32 万元、45.42 万元、69.69 万元、152.19 万元。请发行人结合在产品在手订单情况等分析并披露生产成本计提存货跌价准备的原因及计提是否充分"进行了回复：

生产成本计提存货跌价准备的情况

报告期内各期末生产成本计提存货跌价准备的情况如表 5-15 所示。

表 5-15　各期末生产成本计提存货跌价准备情况　　　　　单位：万元

项目	2020 年 6 月 30 日	2019 年末	2018 年末	2017 年末
生产成本	1 096.50	431.11	424.25	666.87
其中：航空产品	856.76	270.75	184.35	136.25
研发服务	239.74	160.36	239.90	530.62
存货跌价准备	176.63	154.53	45.42	235.32
其中：生产成本-研发服务存货跌价准备	152.19	69.69	45.42	235.32
预计负债-存货跌价准备	24.44	84.84		

注：对于研发的亏损合同，计提的存货跌价准备在预计负债科目反映。

报告期内各期末生产成本包含航空产品和研发服务项目,航空产品报告期内毛利率一直维持在 70%左右,期末在生产成本中核算的航空产品均有销售合同或投产函,因此航空产品不存在跌价的情况。研发服务主要是军品研发服务项目,委托单位拨付的研制经费可能无法弥补整个研制成本,导致部分研制服务项目出现跌价。

对于报告期内生产成本中研发服务项目的跌价测试情况,申报会计师给出的解释:研发服务主要是军品研发项目,部分研发项目研制成本较高,委托单位支付的研制费用有可能无法弥补整个研制成本,会导致研发服务项目出现跌价。在报告期内按成本与可变现净值孰低计量,对于生产成本高于其可变现净值的,计提相应的跌价准备,计入当期损溢。

比如,2020 年 6 月 30 日生产成本中研发服务项目的跌价测试情况见表 5-16。

表 5-16 2020 年 6 月 30 日生产成本中研发服务项目跌价测试情况　　　单位:万元

项目	研发成本	售价	预计总成本	跌价准备情况		订单类型
				其中:存货跌价准备	其中:预计负债	
E0200	90.25	84.91	147.70	62.79		合同
E0110	48.53	75.47	54.69			合同
F0150	60.40	211.98	296.82	60.40	24.44	合同
M1000	38.87	21.70	45.12	23.42		合同
C0224	1.70	9.43	15.02	5.58		合同
合计	239.74	403.49	559.35	152.19	24.44	

根据上述回复资料,讨论生产成本(在产品)跌价准备计提应考虑的因素。

思考题

1. 在产品与完工产品怎样影响着企业运营?
2. 在产品与完工产品为什么存在盘盈或盘亏现象?应如何防范?
3. 生产费用在完工产品与在产品之间选择不同分配方法有着怎样的会计后果?

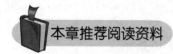

本章推荐阅读资料

《企业会计准则第 1 号——存货》及《企业会计准则第 28 号——会计政策、会计估计变更和差错更正》。

第六章

产品成本核算基本方法

学习提要与目标

本章将教材第三、四、五章的内容有机的整合以形成完整的产品成本核算程序,包括品种法、分批法与分步法三种基本核算方法,并对它们各自的适用范围、应用条件等环境性因素予以阐述,本章内容是成本核算原理在一定具体条件(特定生产方式)下的实际应用。

通过本章学习,应能够:
➢ 掌握品种法、分批法和分步法的含义、特点、适用范围、核算程序
➢ 理解品种法、分批法和分步法三种基本产品成本核算方法间的关系

《企业产品成本核算制度(试行)》第九条规定,制造企业一般按照产品品种、批次订单或生产步骤等确定产品成本核算对象。产品成本核算的核心内容就是确定成本核算对象并由此构建核算方法,上述三类核算对象分别对应着品种法、分批法与分步法三种基本核算方法。如何理解产品成本核算方法呢?完整的产品生产过程包括了四种生产状态及其相应的核算时点,即原材料、在产品、自制半成品、产成品(库存商品),这体现出的企业实体业务活动就是最初的原材料投入直至最终的具有新使用价值的产成品形成,而产品成本核算是对生产过程中这种实物形态变化利用价值形态的成本数据加以累计汇总直至计算出产成品制造成本。

第一节 产品成本核算的品种法

一、品种法的特点与适用范围

(一)品种法的概念和适用范围

品种法是以产品的品种为成本计算对象、归集生产费用、计算产品成本的一种方法。它主要适用于大量大批的单步骤生产,如发电、采掘等企业。在这类企业中,产品的生产工艺过程只有一个加工步骤,并且只能在同一地点加工完成,因而不可能按照生产步骤计算产品成本。在大量大批多步骤生产中,如果企业或车间规模较小,或者车间是封闭式的,即从原材料投入到产品加工完成的全过程,都是在一个车间内进行的,或者生产是按流水线组织的,尽管属于复杂生产,但在成本管理工作中不要求提供各步骤的成本资料时,也可以用品种法计算成本,如小型水泥厂、制砖厂、织布厂以及辅助生产的蒸汽车间等。

按照产品品种计算成本,是产品成本计算最一般、最起码的要求,不论什么组织方式

的制造企业，不论什么生产类型的产品，也不论成本管理要求如何，最终都必须按照产品品种计算出产品成本，因此，品种法是最基本的成本计算方法。《企业产品成本核算制度（试行）》第九条第（一）项规定"大量大批单步骤生产产品或管理上不要求提供有关生产步骤成本信息的，一般按照产品品种确定成本核算对象。"

（二）品种法的主要特点

采用品种法计算产品成本时，应以产品品种作为成本计算对象，按不同的产品品种开设基本生产成本明细账，按成本项目开设专栏，归集生产费用。如果车间只生产一种产品，成本计算对象就是这种产品，要按这种产品开设一张基本生产成本明细账，并按成本项目分设专栏。在这种情况下，生产车间所发生的产品费用都是直接费用，按照成本项目归集后，就可以直接计入产品的基本生产成本明细账，没有在各成本计算对象之间分配费用的问题。如果生产多种产品，需要按不同的产品品种分别开设基本生产成本明细账，所发生的生产费用依照成本项目归集，其中直接费用应直接计入各产品的基本生产成本明细账；间接费用则要采用适当的分配方法，在各成本计算对象之间分配，然后分别计入各基本生产成本明细账有关成本项目。

采用品种法计算产品成本的企业一般是定期于每月月末计算产品成本。因为品种法适用于大量、大批单步骤生产，这种生产是高度的重复生产一种或几种产品，不能在产品完工时立即计算它的成本。因此品种法的成本计算期与会计期间是相一致的。

采用品种法月末计算产品成本时，如果是单步骤生产，一般不存在尚未完工的在产品，即使有在产品数量也很小，这就不需要计算月末在产品成本，基本生产成本明细账中按成本项目归集的全部费用，就是完工产品的总成本，总成本按完工产量平均，即为完工产品的单位成本。如果有在产品，并且数量较多，这就需要将基本生产成本明细账中归集的各项费用，采用适当的分配方法，在完工产品和月末在产品之间进行分配，计算完工产品成本和月末在产品成本。

（三）品种法核算的基本程序

品种法产品成本核算基本程序如图 6-1 所示。

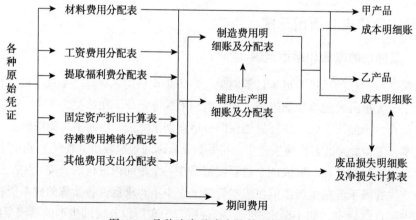

图 6-1 品种法产品成本核算基本程序

（1）按产品品种开设基本生产成本明细账。如果一个企业只生产一种产品，则只需设置一个基本生产成本明细账；如果企业生产两种或两种以上产品，则应为不同的产品分别设置明细账，同时开设辅助生产成本明细账和制造费用明细账。

（2）根据各项生产费用发生的原始凭证和其他有关资料，分配各种要素费用，编制要素费用分配表。凡是某种产品直接发生的费用，直接记入其基本生产成本明细账；凡是几种产品共同发生的费用，采用适当方法分配记入各种产品的基本生产成本明细账。

（3）根据辅助生产成本明细账所归集的全月费用，编制辅助生产费用分配表，并根据分配结果，登记有关明细账。

（4）根据制造费用明细账归集的全月费用，编制制造费用分配表，并登记各种基本生产成本明细账。

（5）将基本生产成本明细账所归集的全部费用，在完工产品与月末在产品之间进行分配，计算出月末完工产品成本和在产品成本。

二、品种法案例

浙江恒威电池股份有限公司专业从事高性能环保锌锰电池的研发、生产及销售，主要产品包括LR03、LR6、LR14、LR20、6LR61系列碱性电池及R03、R6、R14、R20、6F22系列碳性电池。公司根据碱性电池与碳性电池的工艺流程并结合成本核算情况将主要生产阶段界定如下：生产阶段一：正极制造，即对碱性电池正极材料（包括碱性二氧化锰、高纯石墨粉、HA1681黏结剂）、碳性电池正极材料（碳性电解二氧化锰、天然二氧化锰粉、乙炔黑、氯化锌）进行拌粉等工序制成碱性、碳性正极粉；生产阶段二：光身电池制造，即利用不同类型产品的电池生产线将电池各种原材料按照工艺流程的要求生产成光身电池；生产阶段三：包装，对静置老化后的光身电池利用各种包装设备进行贴标并包装生产成为产成品。

各生产阶段主要成本核算对象。公司存货下设原材料、在产品、库存商品、生产成本、制造费用等二级科目进行核算。①原材料：主要核算公司为生产产品而采购的各类原料，包括碱性及碳性主要材料、包装材料和辅助材料等。②在产品：主要核算经过正极制造后的碱性正极粉和碳性正极粉以及光身电池。③库存商品：主要核算公司已完成全部生产过程并已验收入库，可以按照合同规定的条件送交订货单位，或可以作为商品直接对外销售的产品。④生产成本：主要核算公司为生产产品而发生的各项生产成本，包括各项直接材料成本、直接人工成本和制造费用。⑤制造费用：主要核算无法直接分配到产成品中的各项间接成本，主要包括机器设备的折旧摊销费、机物料消耗、能源消耗、维修费及车间管理人员的人工费用等。公司存货计价方法为实际成本法，存货发出计价方法为月末一次加权平均法，采用永续盘存制作为存货盘点制度，以品种法核算产品成本，以定额成本法作为产品成本的分配方法。

1. 在产品（正极粉）成本归集、分配和结转

在产品（正极粉）仅承担直接材料成本，具体归集和分配如下：公司按订单生产，直接材料一次性投料，直接材料按照实际领用数量进行归集，材料领用单价按照月末一次加

权平均法进行结转，期末根据尚未使用的正极粉确定在产品（正极粉）的结存金额。当月领用出库在产品（正极粉）应分配直接材料成本＝本期领用材料金额＋期初在产品（正极粉）金额－期末在产品（正极粉）余额（结合仓库盘点数量与实际构成材料单价计算）。将应分配直接材料成本根据各型号在产品(正极粉)定额分配至对应的在产品(光身电池)。

2. 在产品（光身电池）成本归集、分配和结转

①直接材料归集和分配：公司在产品（光身电池）主要原材料包括锌粉、碱性电解二氧化锰、钢壳、碳性电解二氧化锰、锌筒、隔膜纸等。每月根据各型号在产品（光身电池）产量及各型号在产品（光身电池）对各种原材料的单位定额耗用量计算出每月各种原材料的定额耗用总量。再根据每月各类原材料的实际耗用总量除以各类原材料的定额耗用总量计算出每类原材料的分配比例。最终根据各类原材料的分配比例乘以当月各型号在产品（光身电池）对各类材料的定额耗用总量，计算出不同类别在产品（光身电池）直接材料投入总额。②直接人工归集与分配。直接人工核算公司在生产过程中耗用的生产工人工资及相应社保费用等，直接人工根据各车间进行归集，将每月直接人工总额以标准工时为分配系数分配至当月完工入库的各型号在产品（光身电池）。③制造费用归集与分配。制造费用按各车间进行归集。将每月制造费用总额以在产品（光身电池）标准工时为分配系数分配至当月完工入库的各型号在产品（光身电池）。④在产品成本结转。每月根据各型号在产品的实际领用采用月末一次加权平均法结转在产品成本。

3. 产成品成本归集、分配和结转

（1）成本归集、分配。公司在产品（光身电池）在静置老化期后经包装生产，完工后转入产成品核算，其中每月发生的直接人工及制造费用均在在产品（光身电池）进行分摊，产成品成本包含领用的各型号在产品（光身电池）及包装材料成本；产成品对应订单的专用包装材料按订单进行领用和归集，通用包装材料按照当月实际领用的包装材料在完工产成品之间进行分摊。

（2）产成品成本结转。根据各型号产成品实际发出数量，采用月末一次加权平均法结转产成品成本。

三、品种法的延伸——分类法

（一）分类法的特点与适用范围

有一些企业，生产的产品品种、规格繁多，如食品厂生产饼干几十种、面包几十种、糖果上百种。又如制鞋厂，每一种鞋又有不同规格。这样的企业在计算产品成本时，如果仍按产品的品种、规格归集费用计算产品成本，成本核算工作将极为繁重。产品成本计算的分类法，就是在产品品种、规格繁多的企业，为了简化成本计算工作而采用的一种成本计算方法。但这种方法的使用需要有一定的条件，即产品品种、规格虽然繁多，但这些产品可以按照一定的标准分类，否则无法采用分类法。

产品成本计算分类法，是以产品的类别作为成本计算对象、按类别归集费用、计算产品成本的一种方法。分类法是品种法的一种延伸，是品种法的一种简化，其实质是一种归

类汇集和分配生产费用的辅助性成本计算方法。分类法的成本核算对象为产品类别，应按产品类别设基本生产成本明细账，汇集分配生产费用，先计算各类产品成本，各类产品成本可根据企业生产类型和管理要求选择相应的品种法、分批法或分步法计算；然后按照一定的分配方法，计算类内不同品种、规格的产品成本。因此分类法是与成本计算的基本方法结合应用的。《企业产品成本核算制度（试行）》第九条规定"产品规格繁多的，可以将产品结构、耗用原材料和工艺过程基本相同的产品，适当合并作为成本核算对象"。该规定就指明了产品成本核算可以采用分类法，而分类法实质上是对品种法的改进。

（二）分类法的成本核算程序

分类法产品成本核算基本程序如图 6-2 所示。

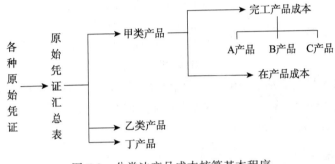

图 6-2 分类法产品成本核算基本程序

（1）根据产品结构、使用原材料、工艺过程基本相同的原则，将各品种、规格产品划分产品类别。

（2）以产品类别为成本核算对象，设置基本生产成本明细账，按各成本项目汇集生产费用，计算各类产品总成本。

（3）采用适当方法将各类产品总成本在类内各品种、规格产品之间进行分配，计算类内各产品总成本和单位成本。

显然，正确划分产品类别和选择适当标准分配计算类内产品成本是分类法的关键。①产品类别的划分。首先应考虑产品的性质、结构、用途和所耗用原材料相同或相似的进行归类；其次考虑产品加工工艺特点，将加工工艺相同的进行归类。这样将产品划分成不同类别，计算出不同类别产品的成本。在分类时产品归类要合适。类内产品间差异过大，成本计算不细；差异过小，成本计算工作量将加大。②类内产品成本分配。采用分类法计算出各类完工产品总成本后，需要将总成本分配给类内不同品种、规格的产品。分配方法的选择应根据各类产品的实际情况和管理要求来确定。计算类内各产品成本的方法，常用的是系数分配法和定额比例法。

系数分配法是将分配标准折算成相对固定的系数，按照固定系数分配类内各产品成本的方法。在确定产品系数时，一般在同类产品中选择一种产量较大、生产较稳定或规格适中的产品为标准产品，将该产品的分配标准额的系数定为"1"，类内其他产品的分配标准额与标准产品分配标准额相比，求得其他产品的系数。系数一经确定，不应任意变动，应相对稳定。产品系数有综合系数和单项系数两种。综合系数是指产品各成本项目用同一系数分配，例如，以产品的定额成本、售价等为分配标准计算的系数；单项系数是指产品各成本项目采用不同的分配标准计算的系数，例如，直接材料用材料定额消耗量或材料定额成本为分配标准计算的系数，直接人工用定额工时或定额工资为分配标准计算的系数，制造费用按定额工时或定额制造费用为分配标准计算的系数。产品系数计算公式如下：

综合系数：

$$产品单位系数 = \frac{某品种或规格产品的分配标准（定额成本、售价等）}{标准品种或规格产品的分配标准（定额成本、售价等）}$$

单项系数：

$$直接材料系数 = \frac{某品种或规格产品的直接材料分配标准（如定额成本）}{标准品种或规格产品的直接材料分配标准（如定额成本）}$$

$$直接人工（或其他成本项目）系数 = \frac{某品种或规格产品的直接人工（或其他成本项目）分配标准（如定额工时）}{标准品种或规格产品的直接人工（或其他成本项目）分配标准（如定额工时）}$$

定额比例法是将按类别汇集的生产费用先在完工产品和月末在产品之间用定额消耗量或定额成本比例进行分配，计算类内完工产品总成本和在产品成本；然后再用定额比例分配类内各种规格产品的实际成本。

（三）分类法举例

假设某企业甲、乙、丙三种产品生产中利用相同原材料，加工工艺相近，在成本计算中将其合并为一类，称为 M 类，采用分类法计算产品成本。根据各种费用分配表登记后的 M 类产品基本生产成本明细账见表 6-1。

表 6-1　基本生产成本明细账

产品：M 类　　　　　　　　　　　　　　　　　　　　　　　　　　　　　　　单位：元

项目	直接材料	直接人工	制造费用	成本合计
月初在产品定额成本	30 100	9 200	6 300	45 600
本月发生费用	71 200	26 500	13 700	111 400
合　计	101 300	35 700	20 000	157 000
M 类完工产品成本	88 500	24 600	11 300	124 400
月末在产品定额成本	12 800	11 100	8 700	32 600

根据产品的产量月报、直接材料费用系数和工时消耗定额，分配计算甲、乙、丙三种产品的完工产品成本，见表 6-2 与表 6-3。

表 6-2　直接材料费用系数计算表

产品名称	单位产品直接材料费用				直接材料费用系数
	直接材料名称	消耗定额/千克	计划单价/元	费用定额	
甲（标准产品）	1 021	1 120	0.55	616	1
	2 033	633	0.45	284.85	
	小计			900.85	

续表

产品名称	单位产品直接材料费用				直接材料费用系数
	直接材料名称	消耗定额/千克	计划单价/元	费用定额	
乙	1 021	1 580	0.55	869	995/900.85 = 1.10
	3 015	350	0.36	126	
	小计			995	
丙	1 021	1 210	0.55	665.5	857.5/900.5 = 0.95
	1 052	400	0.48	192	
	小计			857.5	

表 6-3 产品成本计算表

项目	产量	直接材料费用系数	直接材料费用总系数	工时消耗定额	定额工时	直接材料	直接人工	制造费用	成本合计
①	②	③	④=②×③	⑤	⑥=②×⑤	⑦=④×分配率	⑧=⑥×分配率	⑨=⑥×分配率	⑩
分配率						55.94	0.30	0.14	
甲产品	550	1	550	50	27 500	30 767	8 250	3 850	42 867
乙产品	420	1.10	462	55	23 100	25 844.28	6 930	3 234	36 008.28
丙产品	600	0.95	570	52	31 200	31 888.72	9 420	4 216	45 524.72
合计			1582		81 800	88 500	24 600	11 300	124 400

直接材料费用分配率 = 88500/1582 = 55.94

直接人工费用分配率 = 24600/81800 = 0.30

制造费用分配率 = 11300/81800 = 0.14

> **相关链接**
>
> 迈克尔·波特在2005年将产品线定义为:"提供功能相近、满足相同的消费群体、使用相同的营销渠道并在一定价格范围的产品集。"产品线就是指系列同类产品,一条产品线就是一个产品类别,而若干条产品线组成了产品组合,其中包含产品线的多少便被称为产品组合宽度,每条产品线包含的产品项目的多少被称为产品组合深度,各类产品线之间在最终用途、生产条件、销售渠道等方面相互关联的程度被称为产品组合关联度。约翰·奎尔奇与戴维·肯尼在论文《扩大利润而非产品线》中提出管理良好且更为精简的产品线能为公司带来更多的利润,是公司一项资产,然而产品线延伸也存在着诸多弊端,比如因生产批次缩短与生产线更换频繁而使生产复杂性增加,另外在包含多产品的产品线中,理论上生产每种产品的单位成本比只生产最热门产品的成本高出25%~45%,同时产品线延伸的成本有些还比较隐蔽,传统成本核算制度的不足是原因之一。

四、联产品与副产品的成本核算

(一)联产品的成本计算

1. 联产品的概念及成本计算

联产品是利用同一种材料,在同一个生产过程中,同时生产出来的几种使用价值不同的产品。如炼油厂从原油中可以同时提炼出汽油、煤油和柴油等几种主要产品；钢铁企业炼焦工序同时生产出全焦、煤气和焦油等产品；奶制品厂可同时生产出牛奶、奶油等产品；煤气厂在煤气生产过程中，可同时生产出煤气、焦炭和煤焦油等产品。这些产品虽然性能、用途有所不同，但都是用同种原材料在同一生产过程生产出的各种主要产品，因此称为联产品。

联产品虽然是同一生产过程，但联产品中各种不同品种的产品是生产到某阶段先行分离出来，这一分离时的生产阶段叫"分离点"。分离前的费用和成本计算是采用分类法，分离后如仍需继续单独加工，对分离后的成本应根据其分离后的生产特点，选择适当的成本计算方法计算其成本。通常把分离前的成本称为联合成本或共同成本，把继续加工成本称为可归属成本。联产品的成本计算，就是分离点前联产品的联合成本在各联产品之间进行分配。联合成本的分配方法有：系数分配法、实物量分配法、相对销售价值分配法和净实现价值分配法等。我国一般采用系数分配法。至于联产品分离前的成本归集以及分离后的可归属成本计算，可根据企业的不同生产类型和工艺过程的特点选用一定的成本计算方法进行计算。联产品成本核算基本程序如图6-3所示。

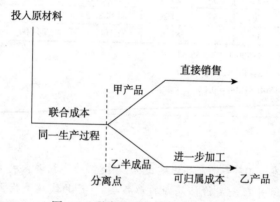

图6-3 联产品成本核算基本程序

其成本的计算可分为三种类型。

（1）原材料投入后经过同一生产过程，生产出若干种不同产品，其成本的计算将联产品归为一类产品，汇集生产费用先计算联合成本，然后选择适当方法分配计算各种联产品成本。

（2）原材料投入后经过同一生产过程，在某一"点"上分离出不同的产品，这个点称为"分离点"，某种产品分离出来后，不需加工即可出售，该产品成本为分离前应负担的那部分成本。

（3）某些联产品在"分离点"分离出来后，需要进一步加工后才能出售，这些联产品的成本是分离前的成本加上分离后的可归属成本。

2. 联产品成本计算举例

某企业用同一种原材料，在同一工艺过程中生产出A、B、C、D四种产品，它们是联产品，同属于甲类产品。分离前采用分类法归集联合成本。这些联产品采用售价作为分配标准,以 A 产品为标准产品,系数为 1,A 产品分离后还要继续加工。2020 年 8 月有关成本计算资料及结果分别见表 6-4~表 6-7。

表 6-4　甲类产品成本计算单

2020 年 8 月　　　　　　　　　　　　　　　　　　　　　　　单位:元

项　　目	直接材料	直接人工	制造费用	合　　计
分离前的联合成本	22 400	6 850	11 200	40 450
各成本项目占总成本的比重	55.38%	16.93%	27.69%	100%
分离后 A 产品的可归属成本	1 220	3 115	720	5 055

表 6-5　系数计算表

产品名称	产量/千克	售价/元	系　数
A	1 250	16	1
B	660	18.4	1.15
C	1 100	15.2	0.95
D	320	19.2	1.2

表 6-6　联产品成本计算单

2020 年 8 月

产品名称	产量	系数	标准产量	联合成本	标准产量单位成本	联产品总成本	联产品单位成本
	①	②	③=①×②	④	⑤=④/③	⑥=③×⑤	⑦=⑥/①
A	1 250	1	1 250			14 712.5	11.77
B	660	1.15	759			8 933.43	13.54
C	1 100	0.95	1 045			12 299.65	11.18
D	320	1.2	384			4 504.42	14.07
合计			3 438	40 450	11.77	40 450	

表 6-7　A 产品成本汇总计算表

2020 年 8 月　　　　　　　　　　　　　　　　　　　　　　　单位:元

项　目	分离前应分配成本		分离后可归属成本	总成本	单位成本
	①比重/%	②=①×总金额			
直接材料	55.38	8 147.78	1 220	9 367.78	7.49
直接人工	16.93	2 490.83	3 115	5 605.83	4.48
制造费用	27.69	4 073.89	720	4 793.89	3.84
合　计		14 712.5	5 055	19 767.5	15.81

> **相关案例**
>
> 杭州大地海洋环保股份有限公司业务细分为危险废物资源化利用、危险废物无害化处置和电子废物拆解处理。电子废物拆解处理业务主要是废电视机、废电冰箱、废洗衣机、废空调及废电脑,电子废物的拆解产物为联产品,比如废金属、废塑料、废玻璃、废电路板及其他等。在成本核算上,该公司按照产品大类内部各明细产品的产值(售价×产量)

分摊直接材料;直接人工总额先按照各大类的定额工资进行分摊,再按照产品大类内部各明细产品的产值(售价×产量)进行分摊;制造费用先按照大类的定额费率(此处用定额工资替代)进行归集,再按照产品大类内部各明细产品的产值(售价×产量)进行分摊。

(二)副产品的成本计算

1. 副产品的概念及成本计算

副产品指在生产主要产品的过程中,附带生产的一些非主要产品。它不是企业生产的主要产品,但这些副产品尚有一定价值和用途,能满足某些方面的需要。如制皂企业,在生产肥皂过程中产生的甘油;高炉炼铁过程中,在生产生铁主要产品的同时,还可以回收煤气;还有些企业在生产过程中所产生的一些废气、废水、废渣。对于"三废"的综合利用,回收或提炼出的产品,也可以称为副产品。但主、副产品不是固定不变的,随着生产技术的发展和开发综合利用,在一定条件下,副产品也能转为主要产品。

> **相关链接**
>
> 据中国养殖网2013年12月4日报道,苏格兰赫瑞瓦特大学化学工程师正在进行着威士忌产业和鲑鱼养殖业的可能合作,用威士忌酿造中产生的副产品生产鲑鱼饲料成分以进一步增强包括鲑鱼养殖在内的苏格兰水产养殖业可持续发展。通常,每生产1升威士忌酒会产生高达15升的副产品。苏格兰威士忌产自单一的谷物大麦,其副产品酒糟中含有大部分能回收的大麦蛋白,可以用它来制成一种蛋白质产品,并将该蛋白质整合进鲑鱼饲料配方,全面生产有望于2016年开始。
>
> 另据东北网牡丹江2013年12月4日报道,污水处理厂处置污水时产生的污泥副产品正受到有投资意向企业的青睐。中国水网《中国污泥处理处置市场报告》统计,污水处理厂每处理一万吨污水就会产生5~10吨污泥,污泥是污水处理过程中污染物的浓缩,含有大量重金属、病原体和细菌,如果随意堆放或简单处理会产生较高二次污染风险。我国当前大约80%污泥未做任何处置处理而仅仅是简单填埋或堆放,这也预示着污泥处理将成为环保产业新增长点。

副产品与联产品之间既有区别又有联系。两者的相同之处主要在于生产过程。副产品与联产品都是联合生产过程的产出物,即同源产品,都不可能按每种产品归集生产费用;联产出来的各种联产品、副产品性质和用途都不相同;联产过程结束后,有的产品可以直接出售,有的需进一步加工后再出售。两者的区别主要在于价值大小。副产品销售收入相对主要产品而言为数轻微,在企业全部产品销售总额中所占比重很小,对企业效益影响不大。联产品销售价格较高,其生产的好坏直接影响企业的经济效益。联产品都是企业的主要产品,是企业生产经营活动的主要目标;副产品是次要产品,依附于主要产品,不是企业生产经营活动的主要目标。实际上,联产品和副产品的划分标准并不固定,时间、地点和企业的管理策略常常改变着两者的划分。

2. 副产品的成本计算

由于副产品和主要产品是在同一生产过程中生产出来的，所以主要产品和副产品费用很难分开，这样只能把副产品和主要产品归为一类产品，采用分类法归集费用计算成本。然后先确定出副产品的成本，再从发生的费用总额中扣除副产品的成本，所得余额就是主要产品成本。之所以先确定副产品成本，主要原因是副产品售价低，这样可以用简便的计算方法，确定出副产品的成本。扣除的方法，通常是从总成本的直接材料项目中扣除，也可以按照副产品的计价额与总成本的比例，分别从主产品各成本项目中扣除。对于副产品计价额，可以根据不同情况分别采用以下几种方法。

（1）对于回收或提炼出的副产品，不需要再加工时，可以按它们售价减去销售费用、销售税金及附加和销售利润后的余额计价。

如果分离后的副产品还需要进行加工，其成本计价有两种方法：一是副产品只负担可归属成本，不负担分离点前发生的任何成本，而只把分离点后进一步加工的成本，作为该副产品的成本。二是副产品既负担可归属成本，也负担分离点前的联合成本。这部分加工费也要从售价中扣除。

（2）对于在同一生产过程中回收的副产品较多时，为了简化计算手续，也可以按事前规定的固定单价计价扣除。

（3）对于无须加工即可供厂内其他方面自用的副产品，应按此项物品购入时价格计价；如果尚需加工后才能自用，则应按此项物品购入价格减去加工费后的余额计价。

合理地对副产品进行计价，是正确计算主副产品成本的重要条件，如果副产品计价过高，就会把应由主产品负担的费用人为地转嫁给副产品；反之，就会把副产品应负担的费用转嫁给主产品。这样都会影响主副产品成本计算的正确性，掩盖了主副产品成本超支或降低的真实情况，不利于对成本的分析。当副产品的售价不能抵偿其加工费用时，则说明了副产品的用途不大，这时也可以把发生的费用全部给主产品负担，副产品则不计算成本，所取得的收入可以从本期或下期费用中扣除。如果由于生产发展的需要，副产品的地位发生了变化，价值有所提高，产量在全部产品中占的比例也较大，则应将副产品作为联产品来计算成本。

3. 副产品成本计算举例

假设某企业在生产甲产品的同时，生产出副产品乙产品和丙产品。月末没有在产品，乙产品按扣除后的单位售价计算；丙产品按固定的单价计算。乙和丙产品无须再继续加工，成本计算有关资料及计算结果分别见表6-8~表6-10。

表6-8 成 本 资 料　　　　　　　　　　　　　单位：元

项　　目	直接材料	直接人工费	制造费用	合　　计
月初在产品成本	1 480	660	230	2 370
本月发生的费用	28 600	13 900	6 780	49 280
合　　计	30 080	14 560	7 010	51 650
完工产品成本	30 080	14 560	7 010	51 650
月末在产品成本	——			

表 6-9 产量及售价统计资料

产品名称	产量/吨	扣减后的单位售价/元	固定单价
甲产品	8 260		
乙产品	770	11.5	
丙产品	135		3

表 6-10 完工产品成本汇总计算表 单位：元

成本项目	月初在产品成本 ①	本月发生费用 ②	合计 金额 ③=①+②	合计 比重/%	丙产品 135 吨 总成本	丙产品 135 吨 单位成本	乙产品 770 吨 总成本	乙产品 770 吨 单位成本	甲产品 8260 吨 总成本	甲产品 8260 吨 单位成本
直接材料	1 480	28 600	30 080	58.24	405	3	8855	11.5	20 820	2.52
直接人工	660	13 900	14 560	28.19					14 560	1.76
制造费用	230	6 780	7 010	13.57					7 010	0.85
合计	2370	49 280	51 650	100	405		8855		42 390	5.13

直接材料比重 = 30 080/51 650 × 100% = 58.24%
直接人工比重 = 14 560/51 650 × 100% = 28.19%
制造费用比重 = 7 010/51 650 × 100% = 13.57%

相关案例

新疆大全新能源股份有限公司主要从事高纯多晶硅的研发、制造与销售，副产品主要为生产过程中产生的粉末碳头料、液碱、废品等，由于公司副产品的收入占比较低，副产品与多晶硅为同一生产过程，难以分开核算成本，对于副产品的销售收入公司不单独核算成本。报告期内主要副产品产出量、占多晶硅产量的比重列示如表 6-11 所示。

表 6-11 主要副产品产出量及占多晶硅产量的比重

产量	2020 年 1—9 月	2019 年	2018 年	2017 年
多晶硅	56 280.54	41 556.41	23 350.27	20 199.76
主要副产品				
粉末碳头料	1 560.10	1 420.52	534.66	282.73
液碱	21 872.39	31 492.16	16 643.33	25 712.63
粉末碳头料与多晶硅产量比率	2.77%	3.42%	2.29%	1.40%
液碱与多晶硅产量比率	38.86%	75.78%	71.28%	127.29%

粉末碳头料包括碳头料和粉末料。碳头料是指还原炉中固定硅芯的石墨夹头接触的部分多晶硅，由于受到石墨夹头污染而只能作为副产品出售或者作为加工硅芯的原料。每个还原炉每批产品安装的石墨夹头数量一定，随着生产规模的扩大，碳头料产出也相应增加。2018 年以后单晶硅片用料占比提升，破碎工艺过程中形成的粉末料数量增加，作为副产品对外出售或用作硅芯加工的原料。粉末碳头料随着公司产能的增加有所提升。

副产品液碱由氯碱车间产出，氯碱装置主要作为冷氢化装置的辅助生产、补充。公司现有氯碱装置每年产能 1 万吨，主要产品是氢气、氯气，副产品为液碱；氢气和氯气

> 合成为氯化氢是生产多晶硅环节的重要原盐,副产品液碱部分自用(清洗设备、酸碱中和),剩余部分对外销售。氯碱车间具有相对独立性,故副产液碱产量和销量与多晶硅产量无直接配比关系。
>
> 公司对副产品的管理措施与主产品的管理措施一致,要求仓库严格按制度、标准开展副产品验收入库工作;严格根据销售出库单、采购订单等正确的出库单据,办理出库并确保发货商品类别、数量的准确性,以及质量的完好性;定期开展盘点工作,确保库存商品账实相符,发现问题必须查明原因,追究责任,及时进行账务处理。

第二节 产品成本核算的分批法

一、分批法特点与适用范围

(一) 分批法的概念和适用范围

分批法是按照产品批别或订单作为成本计算对象来归集生产费用并计算产品成本的一种方法,又称订单法。这种方法一般适用于小批单件的多步骤生产,如重型机械、船舶、精密仪器、专用工具模具和专用设备的制造。在某些单步骤生产下,无论是企业还是车间,如果生产也按小批单件组织,如某些特殊或精密铸件的熔铸,也可以来用分批法,单独计算这些铸件的成本。《企业产品成本核算制度(试行)》第九条规定"小批单件生产产品的,一般按照每批或每件产品确定成本核算对象"。

适用于分批成本计算的工厂或车间有以下几种。

(1) 生产一般是根据购货单位的订货单组织的小批单件生产类型的企业。这些企业专门根据订货者的要求,生产特殊规格、规定数量的产品。订货者的订货可能是单件的大型产品,如船舶、大型锅炉;也可能是多件同样规格的产品,如根据订货工厂的设计图样生产几件实验室用的特种仪器。

(2) 产品种类经常变动的小规模制造厂,如生产门窗把手、插销等小五金厂,由于它规模小,工人数量少,同时要根据市场需要不断变动产品的种类和数量,不可能按照产品设置流水线生产,因而必须按每批产品的投产计算其成本。

(3) 工业企业的其他生产,如新产品的试验制造、自制专用设备、机器设备和运输工具的修理等。

总之,这些企业的共同特点是一批产品通常不重复生产,即使重复也是不定期的,企业生产计划的编制及日常检查、核算工作都以购货者订单为依据,或企业事先规定的批量为依据。

(二) 分批法的主要特点

1. 成本计算对象

成本计算对象就是产品的批别(单件生产为件别)。由于在小批和单件生产中,产品的种类和每批产品的批量,大多是根据购买单位的订单确定,因而按批、件计算产品成本,往往也是按订单计算产品成本。但是,如果在一张订单中规定有几种产品,或者虽只有一种产品但其数量较大而又要求分批交货时,这时,如果按订货单位的订单组织生产,就不利于按产品品种考核、分析成本计划的完成情况,而生产管理上也不便于集中一次投料,或满足不了分批交货的要求。针对这一情况,企业生产计划部门可以将上述订单按照产品品种分批别组织生产,或将同类产品划分数批组织生产,计算成本。如果购买者所订购产品是由许多部件装配而成的大型产品,如订购一艘船舶,它的生产周期很长,就可以按照大的部件分成不同批次,分别组织生产。另外有些企业,虽然不是直接按购买者的订单,而是按照自己规定的产品批别来组织生产,但各批生产的特殊性比较明显,也要分成不同的批别组织生产。也就是说,分批法的成本计算对象并不一定是购货单位的订货单,很大程度上是企业计划部门的"内部订单"。上述两种订单在成本会计上都可称为"生产任务通知单"。

2. 成本计算期

分批法计算产品成本,一般在订单完工后才计算,所以成本计算是非定期的,成本计算期和生产周期一致而和会计核算报告期不一致。也就是说,在分批法下,完工订单的成本反映在成本报表上,不仅包括报告月份发生的成本费用,还包括以前月份所发生的成本费用。

3. 费用在完工产品与在产品之间的分配

在分批法下,月终未完工的订单,就是在产品,成本明细账上所归集的成本费用,就是在产品成本。订单完工后,把成本明细账上所归集的成本费用进行结算,就是产成品成本。因而,这种方法从理论上讲,只有费用在各种产品之间的分配问题,而不存在费用在完工产品和在产品之间的分配问题。

在小批生产中,由于产品批量较小,批内产品一般都能同时完工,或者在相距不久的时间内全部完工,在月内不存在分配费用问题。但如果批内产品有跨月陆续完工的情况,在月末计算产品成本时,一部分产品已完工,另一部分产品尚未完工,这时就有必要在完工产品和在产品之间分配费用,以便计算完工产品和月末在产品成本。如果跨月陆续完工的情况不多,可以采用按计划单位成本、定额单位成本或近期相同产品的实际单位成本计算完工产品成本,从产品成本明细账中转出,剩余数额为在产品成本。但在该批产品全部完工时,还应计算该批产品的实际总成本和单位成本,但对已经转账的完工产品成本,不做账面调整。这样做主要是为了计算先交货的成本。这种分配方法核算工作虽然简单,但分配结果不甚准确。因而在批内产品跨月陆续完工情况较多,月末完工产品数量占批量比重较大时,为了提高产品成本计算的正确性,则应采用适当的方法,在完工产品与在产品之间分配费用,计算完工产品成本和在产品成本。为了使同一批产品尽量同时完工,避免跨月陆续完工的情况,减少在完工产品和在产品之间分配费用的工作,在合理组织的前提下,可以适当缩小产品的批量。

(三)分批法成本计算的基本程序

1. 按订单开设基本生产成本明细账

在生产开始时,会计部门应根据每一份订单或每一批产品生产通知单(内部订单),开设一张基本生产成本明细账(即产品成本计算单)。基本生产成本明细账可按车间、成本项目分设专栏,把有关这一张订单的直接成本和间接成本全部计入。为了分析、考核各车间的工作成绩,加强车间的成本管理,除会计部门设置的基本生产成本明细账外,各车间也可按每一订单和每一批产品开设一张基本生产成本明细账,记录每一订单在本车间发生的费用。

2. 归集和分配生产费用的程序

该程序说明如下:

(1)各张订单、各批产品所直接耗用的各种材料、费用,都要在有关的原始凭证上填明订单号及生产通知单号,以便费用整理、归集计入各成本明细账,即直接费用直接归集批别基本生产成本明细账,间接费用要填明其用途和费用发生地点。

(2)辅助生产成本、各车间制造费用、管理部门有关的费用要按原始凭证填明的发生地点、费用明细项目,通过材料、工资等分配表汇总登入辅助生产成本、制造费用、管理费用明细账内。

(3)结算各辅助生产成本,编制辅助生产费用分配表。把各订单、生产通知单、各批产品直接耗用的辅助生产产品、劳务的成本,直接计入各有关成本明细账。各车间、管理部门一般消耗的辅助生产产品、劳务的成本计入各车间的制造费用及管理费用明细账。

(4)加计各车间制造费用明细账,算出总数,按照规定的方法分配计入有关的成本明细账。

(5)单件、小批生产一般不单独计算废品损失。如果计算,可根据废品报废凭证,计算不可修复废品成本,从各有关的成本明细账的直接材料、直接工资和制造费用等成本项目中减除,转入废品损失。可修复废品的修复费用根据费用分配表计入废品损失明细账。在分批法下,废品损失一般能直接归属于各订单,这样就可以从废品损失明细账直接转入各有关订单的成本明细账内。

(6)月终各车间要将各订单在本车间发生的费用报送会计部门进行核对。当某订单、生产任务通知单或某批产品完工、检验合格后,应由车间填制完工通知单,以便结算成本。已经发出完工通知单的订单,以后一般不再发生费用。

(7)会计部门收到车间送来的完工通知单,要检查该成本明细账及有关凭证,检查是否将有关直接、间接费用全部记入账,有无漏记或误记,多余退库金额是否已扣除。检查无误后,把成本明细账上已归集的成本费用加计总数,扣除退库的材料、半成品以及废料价值,得到产成品的实际总成本,除以完工数量,就是产成品的单位成本。

(8)根据产品成本明细账和原始凭证的资料,编制产品成本计算表。

分批法产品成本核算基本程序如图 6-4 所示。

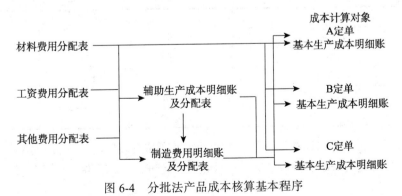

图 6-4 分批法产品成本核算基本程序

> **相关案例**
>
> 　　上海华依科技集团股份有限公司的主产品是动力总成智能测试设备，鉴于该产品定制化特性，公司针对客户需求采用订单导向型生产模式，在成本核算上则根据订单及产品类别单独立项，下达生产任务通知单，成本按照项目号进行归集，生产过程中采用 ERP 统一物料管理。成本要素包含直接材料、直接人工以及制造费用。①直接材料：在与客户沟通并确定需求后，协调技术中心制订产品方案，包含设计图样及物料清单，采购部门根据物料清单进行材料的采购，冷装车间根据物料清单在 ERP 中进行领料，公司每月末根据生产领料单，按月末一次加权平均法计算原材料出库成本，直接按项目号计入生产成本。②直接人工：包括生产人员的工资、社保等薪酬费用，每月月末，财务部取得生产人员薪酬计算表，按照当月在执行项目实际耗用工时为基数分摊计入项目号生产成本；③制造费用：公司制造费用由直接费用和间接费用构成，直接费用为可直接归集至项目的费用支出，主要包括项目人员差旅费、客户现场各种费用等，按项目号归集计入生产成本；间接费用主要包括房租物业费、折旧摊销费等，按照当月在执行项目实际耗用工时为基数分摊计入项目号生产成本。对于测试服务业务，其成本材料使用较少，主要系人工成本和制造费用，制造费用中以房屋租赁费、测试实验室装修费摊销和测试台架折旧为主。材料领用按照项目号而直接归集，直接人工及制造费用归集后按照机器工时在项目间分摊。

二、分批法举例

　　某重型机器厂生产卷扬机和各种型号的机床，产品的生产技术是装配式复杂生产。该厂根据购买单位的订单来组织生产，所订购产品规格不一，有的是单件生产，有的是小批生产，因此从生产组织来看，属于单件小批生产类型的企业。由于该厂生产工艺过程和生产组织的特点，要求按订单归集生产费用，计算各订单产品成本。

　　1. 该厂只设有卷扬机生产车间与机床生产车间，辅助生产车间从略。成本项目设为"直接材料""直接工资""燃料和动力""制造费用"四项。

　　（1）生产情况。9月份有关成本计算资料如表 6-12 所示。

表 6-12　生产情况表

产品批号	产品名称	批量	完工产量	耗用工时
8101	#449 卷扬机	50 台	无	12 600
8102	#225 卷扬机	40 台	5 台	9 800
8103	#655 号车床	10 台	4 台（另 6 台上月完工）	2 800
8104	#620 号车床	20 台	20 台	4 800
合　计				30 000

　　（2）该厂各批产品共同耗用材料，按当月各批产品直接领用半成品、原料及主要材料金额比例加以分配，分配金额取整数，小数点后四舍五入。本月份半成品和材料耗用情况如表 6-13 所示。

表 6-13　本月份半成品和材料耗用情况

摘要	8101 批号产品耗用	8102 批号产品耗用	8103 批号产品耗用	8104 批号产品耗用	各批产品耗用辅助材料	合计
半成品	9 703	1 628				11 331
原料及主要材料	20 997	18 272	2 500	1 300		43 069
辅助材料				900	6 600	7 500
合计	30 700	19 900	2 500	2 200	6 600	61 900

（3）该厂生产工人工资和职工福利费及燃料和动力费，按当月各批产品耗用工时分配。本月份生产工人工资和职工福利合计为 15 000 元，燃料和动力费为 2 100 元。

（4）该厂各车间制造费用在全厂范围内按各批产品的耗用工时分配，本月份各车间制造费用总数为 9 600 元。

（5）该厂 8102 批号产品每台计划成本为：直接材料 1 800 元，直接工资 400 元，燃料和动力 56 元，制造费用 344 元。

2. 编制产品耗用材料分配表（表 6-14）、工资及职工福利费分配表、燃料和动力费分配表、制造费用分配表（三表合一见表 6-15）；并按产品订单设置基本生产成本明细账（表 6-16、表 6-17、表 6-18），登记产品成本明细账（表 6-19）且计算完工产品成本。其中 8102 批号完工产品按单位计划成本计算入库。编制完工产品入库相应的会计分录。

3. 根据上述各项资料，编制各种表格及登记各批产品明细账。

表 6-14　产品耗用材料分配表

20××年 9 月　　　　　　　　　　　　单位：元

产品批号	原料及主要材料	半成品	小计	辅助材料 直接耗用	辅助材料 共同耗用 分配率	辅助材料 共同耗用 分配金额	合计
8101	20 997	9 703	30 700		0.121 323 5	3 725	34 425
8102	18 272	1 628	19 900		0.121 323 5	2 514	22 314
8103	2 500		2 500		0.121 323 5	303	2 803
8104	1 300		1 300	900	0.121 323 5	158	2 358
合计	43 069	11 331	54 400			6 600	61 900

共同耗用辅助材料分配率 = $\dfrac{6\ 600}{30\ 700+19\ 900+2\ 500+1\ 300}$ = 0.121 323 5

8101 产品分配 3 725 元（0.121 323 5×9 700）；8102 产品分配 2 414 元；8103 产品分配 303 元；8104 产品分配 158 元。

表 6-15　工资、职工福利费、燃料和动力费、制造费用分配表

20××年 9 月　　　　　　　　　　　　单位：元

产品批号	生产工时	工资及福利费	燃料和动力	制造费用
8101	12 600	6 300	882	4 032
8102	9 800	4 900	686	3 136

续表

产品批号	生产工时	工资及福利费	燃料和动力	制造费用
8103	2 800	1 400	196	896
8104	4 800	2 400	336	1 536
合计	30 000	15 000	2 100	9 600
每生产工时分配率		0.5	0.07	0.32

$$生产工人工资及福利费分配率 = \frac{15\,000}{12\,600 + 9\,800 + 2\,800 + 4\,800} = 0.5$$

8101 产品分配 6 300 元（0.5×12 600）；8102 产品分配 4 900 元；8103 产品分配 1 400 元；8104 产品分配 2 400 元。

$$燃料和动力分配率 = \frac{2\,100}{12\,600 + 9\,800 + 2\,800 + 4\,800} = 0.07$$

8101 产品分配 882 元（0.07×12 600）；8102 产品分配 686 元；8103 产品分配 196 元；8104 产品分配 336 元。

$$制造费用分配率 = \frac{9\,600}{12\,600 + 9\,800 + 2\,800 + 4\,800} = 0.32$$

8101 产品分配 4 032 元（0.32×12 600）；8102 产品分配 3 136 元；8103 产品分配 896 元；8104 产品分配 1 536 元。

表 6-16　基本生产成本明细账

产品名称：#449 卷扬机　　　　　　　　　　批号：8101
产　　量：50 台　　　　　　　　　　　　　开工日期：计划 9.1　实际 9.1
订货单位：××建筑公司　　　　　　　　　　完工日期：计划 10.15　实际：

20××年		凭证号数	摘要	成本项目				
月	日			直接材料	直接工资	燃料和动力	制造费用	合计
9		****	生产领用	34 425	6 300	882	4 032	45 639
			完工总成本					
			单位成本					

表 6-17　基本生产成本明细账

产品名称：#225 卷扬机　　　　　　　　　　批号：8102
产　　量：40 台　　　　　　　　　　　　　开工日期：计划 9.1　实际 9.1
订货单位：××工厂　　　　　　　　　　　　完工日期：计划 10.3　实际完工 5 台

20××年		凭证号数	摘要	成本项目				
月	日			直接材料	直接工资	燃料和动力	制造费用	合计
9		****	生产领用	22 314	4 900	686	3 136	31 036
9		****	完工转出	9 000	2 000	280	1 720	13 000
			完工总成本					
			单位成本					

完工 5 台产品按计划成本转出。直接材料费用 = 5×1 800 = 9 000 元，直接工资 = 5×400 = 2 000 元，燃料和动力 = 5×56 = 280 元，制造费用 = 5×344 = 1 720 元。

表 6-18　基本生产成本明细账

产品名称：#655 车床　　　　　　　　　批号：8103
产　　量：10 台　　　　　　　　　　　开工日期：计划 7.7　实际 7.7
订货单位：××加工厂　　　　　　　　　完工日期：计划 9.27　实际：9.29　完工 5 台

20××年		凭证号数	摘要	成本项目				
月	日			直接材料	直接工资	燃料和动力	制造费用	合计
7		****	生产领用	17 560	2 000	280	1 400	21 240
8		****	生产领用	6 310	1 500	210	1 200	9 220
8		****	本月转出	16 500	3 000	420	2 400	22 320
9		****	生产领用	2 803	1 400	196	896	5 295
			完工总成本	10 173	1 900	266	1 096	13 435
			单位成本	2 543.25	475	66.5	274	3 358.75
9		****	本月转出	10 173	1 900	266	1 096	13 435

上月完工 6 台按计划成本一次转出入库。本月完工 4 台产品：直接材料费用 = 17 560 + 6 310 − 16 500 + 2 803 = 10 173；直接工资 = 2 000 + 1 500 − 3 000 + 1 400 = 1 900；燃料和动力 = 280 + 210 − 420 + 196 = 266；制造费用 = 1 400 + 1 200 − 2 400 + 896 = 1 096。

表 6-19　产品成本明细账

产品名称：#620 卷扬机　　　　　　　　批号：8104
产　　量：20 台　　　　　　　　　　　开工日期：计划 7.3　实际 7.3
订货单位：××工厂　　　　　　　　　　完工日期：计划 9.28　实际：9.29 完工 20 台

20××年		凭证号数	摘要	成本项目				
月	日			直接材料	直接工资	燃料和动力	制造费用	合计
7		****	生产领用	22 540	3 300	462	4 000	30 302
8		****	生产领用	10 670	2 800	392	3 800	17 662
9		****	生产领用	2 358	2 400	336	896	5 295
			完工总成本	35 568	8 500	1 190	9 336	54 594
			单位成本	1 778.4	425	59.5	466.8	2 729.7
9		****	本月转出	35 568	8 500	1 190	9 336	54 594

完工产品入库，编制转账凭证（此处以会计分录代替）：

　　借：产成品——8 102——#449　　　　　　　　　　　　　13 000
　　　　　　　——8 103——#655　　　　　　　　　　　　　13 435
　　　　　　　——8 104——#620　　　　　　　　　　　　　54 594
　　贷：基本生产成本——8 102　　　　　　　　　　　　　13 000
　　　　　　　——8 103　　　　　　　　　　　　　　　　13 435
　　　　　　　——8 104　　　　　　　　　　　　　　　　54 594

三、简化的分批法

在小批、单件生产的企业或车间中，如果同一月份投产的产品批数很多，几十批甚至上百批，且月末未完工产品的批数也较多，例如，机械制造厂或修配厂就属于这种情况。在这种情况下，如果各项间接费用采用当月分配法，即将当月的间接费用全部分配给各批产品,而不管各批产品是否已经完工,费用分配的核算将非常繁重。因而为了简化核算工作,在这类企业或车间可采用另外一种方法,即累计间接费用分配法,也叫简化的分批法。采用这种方法,每月发生的各项间接费用,不是按月在各批产品之间进行分配,而是先将其分别累计起来,到产品完工时,按照完工产品累计工时的比例,在各批完工产品之间再进行分配。

计算公式如下:

$$全部产品累计间接费用分配率 = \frac{全部产品累计间接费用}{全部产品累计工时}$$

$$某批完工产品应负担的间接费用 = 该批完工产品累计工时 \times 全部产品累计间接费用分配率$$

为了按月提供企业或车间全部产品的累计生产费用和累计工时(实用工时或已完成的定额工时)资料,必须设立产品成本二级账。采用这种方法,仍应按照产品批别来设立产品基本生产成本明细账,但在各批产品完工之前,明细账内只需按月登记直接费用(通常是直接材料费用)和生产工时,而不必按月进行各项间接费用的分配、登记以计算各批在产品成本;只有在有完工产品的那个月份,才按上列公式计算、登记完工产品成本。而全部产品的在产品成本则只以总数反映在产品成本二级账上。基于这种方法只对完工产品分配间接费用,而不分批计算在产品成本的特点,因而又称其为不分批计算产品成本的分批法。产品成本二级账的基本格式见表6-20。

表6-20 产品成本二级账
(各批产品总成本)

月	日	凭证号数	摘要	直接材料	工时	直接人工	燃料及动力	制造费用	成本合计
×	30	****	本月发生						
×	31	****	本月发生						
×	30	****	本月发生						
×	30		累计						
×	30		全部产品累计间接费用分配率	—	—				—
×	30		本月完工产品转出						
×	30		余额						

这里需说明一个理论问题,即分批法可简化部分的标准是什么?产品成本计算是按产品成本项目归集生产费用的。按照与产品形成的关系,分为直接成本与间接成本两部分。但对于不同性质的产品而言,这两部分的划分并不是绝对的。比如,直接成本既可能指直接材料与直接工资之和,也可能指直接材料或直接工资。另外,"直接"与"间接"也非绝对,可能随着产品生产环境的改变而转换。但是,一旦选定直接成本后,间接成本部分就可能是简化的对象。因此,分批法简化的对象就是"间接成本"部分。

第三节 产品成本核算的分步法

《企业产品成本核算制度(试行)》第九条规定,"多步骤连续加工产品且管理上要求提供有关生产步骤成本信息的,一般按照每种(批)产品及各生产步骤确定成本核算对象。"

这就是产品成本核算的分步法。

一、分步法的特点与适用范围

(一) 分步法的概念和适用范围

分步法是按照产品的生产步骤和产品品种汇集生产费用、计算产品成本的一种方法，它适用于大量大批多步骤生产，如冶金、纺织、造纸，以及大量大批生产的机械制造等。在这些企业里，生产工艺过程是由若干个在技术上可以间断的生产步骤组成，即从原材料投入生产到产成品完成，要经过若干个连续的加工步骤。原材料经过一个加工步骤，便生产出形状和性能不同的半成品，上一步骤的半成品，是下一步骤的加工对象，直到最后一个步骤加工或装配完毕，才生产出产成品。在这样的企业里，为了加强各生产步骤的成本管理，特别是实行分级管理、分级核算的企业，不仅要求按照产品品种计算产品成本，而且还要求按照生产步骤计算半成品成本，以便为考核和分析各种产品及其各生产步骤半成品成本计划的完成情况提供资料。

(二) 分步法的主要特点

成本计算分步法的特点主要表现在以下三个方面。

1. 成本计算对象的确定

多步骤生产每经过一个加工步骤，便会产出不同的半成品，它们是后面有关步骤的加工对象，也可装配成不同的产成品。因此，采用分步法计算成本时，成本计算对象是各个加工步骤的各种或各类产品，按每个加工步骤的各种或各类产品设置产品基本生产成本明细账。如果企业只生产一种产品，成本计算对象就是该种产品及其所经过的各生产步骤，基本生产成本明细账应按照产品的生产步骤开立。如果企业生产多种产品，成本计算对象则应是各种产成品及其所经过的各生产步骤，按每种产品的各个步骤开设基本生产成本明细账。

需要注意的是，成本计算划分的步骤与实际的生产步骤不一定完全一致，它根据实际加工步骤结合管理要求加以确定。为简化核算，只对管理上有必要分步计算成本的生产步骤单独开设产品成本明细账，单独计算成本；管理上不要求单独计算成本的生产步骤，则可与其他生产步骤合并设立产品成本明细账，合并计算成本。

2. 成本计算期的确定

在大量大批多步骤生产的条件下，原材料连续投入，产品不断地往下移动，生产过程中始终有一定数量的在产品，成本计算只能在每月月底进行，所以成本计算是定期的，成本计算期与生产周期不一致，而与会计报告期一致。

3. 月末产品成本明细账中归集费用的处理

由于分步法适用于大量大批多步骤生产，成本计算按月进行，而多步骤生产产品须经若干步骤加工才能完工，月末通常都有较大数量的在产品。因此，按加工步骤归集在产品成本明细账中的生产费用，大多要采用适当的分配方法在完工产品与月末在产品之间进行分配，计算各产品、各生产步骤的完工产品成本和月末在产品成本，然后按照产品品种结转各步骤的完工产品成本,计算每种产品的产成品成本。

二、分类法的两种方法

由于生产费用按各加工步骤进行归集,然后再汇总计算产成品成本,因此,需要将各步骤费用按一定方式进行结转。结转方式可采用逐步结转和平行结转,分步法也就分成了逐步结转分步法和平行结转分步法两种。

(一)逐步结转分步法

1. 逐步结转分步法概述

逐步结转分步法,也称为计算半成品成本的分步法。它是按照产品的加工顺序,首先计算第一个加工步骤的半成品成本,然后结转给第二个加工步骤;第二个加工步骤把第一个加工步骤转来的半成品成本加上本步骤发生的费用,计算求得第二个加工步骤的半成品成本;再结转给第三个加工步骤,依此顺序结转累计,一直到最后一个加工步骤才能计算出产成品的成本。这种方法广泛适用于大量大批多步骤生产企业,各步骤生产出的半成品主要是转给下一步骤继续加工,最后加工成本企业产成品。例如玻璃仪器的生产,配料熔化成玻璃液,经过拉管机拉成玻璃管,再经过烧制制成各种玻璃仪器。为了分别计算各种产成品的成本,也要计算这些半成品成本。半成品成本的计算是产成品成本计算的需要。有的企业各步骤生产出来的半成品可以对外销售,例如,纺织厂的棉纱;钢铁厂的生铁等都经常外售,为了计算对外销售半成品成本,也要求计算这些半成品的成本。半成品成本的计算是对外销售的需要。

逐步结转分步法的成本计算对象是各种产成品及其所经过的各步骤的半成品成本。成本结转程序,上一步骤所产半成品的成本,要随着半成品实物的转移,从上一步骤的成本计算单转入下一步骤相同产品的成本计算单中,逐步计算半成品成本和最后一个步骤的产成品成本。因此逐步结转分步法有了如下三个特点:①实物流转与成本数据流转一致;②上一生产步骤自制半成品是下一生产步骤加工对象;③最后生产步骤归集的生产费用在完工产品与在产品之间的分配,就可以计算出产成品总成本。逐步结转分步法核算程序如图6-5所示。

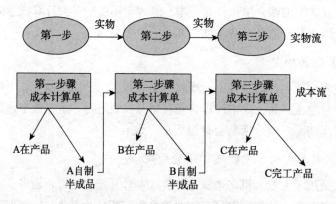

图6-5 逐步结转分步法核算程序

各步骤完工半成品由下一步骤直接领用时,半成品成本应在各步骤成本计算单之间直接结转。如果完工的半成品，不直接为下一步骤领用，要通过半成品库收发，这样就要设置"自制半成品"账户，按半成品的品种、规格设置"自制半成品"明细账。在验收入库时，应借记"自制半成品"科目，贷记"基本生产成本"科目。在下一步骤领用半成品时，再作相反的会计分录。

月末，各步骤成本计算单归集的费用，因为有完工半成品，又有正在加工中的在产品，所以应将各步骤的生产费用采用适当的分配方法在完工半成品和加工中的在产品（狭义在产品，即在产品成本按实物所在地集中）之间进行分配，以便计算完工半成品成本。这样，通过半成品成本的逐步结转，在最后一个步骤的成本计算单中，即可计算出产成品的成本。

根据半成品成本转入下一步骤成本计算单的反映方法不同，逐步结转分步法又可分为分项结转的逐步结转分步法和综合结转的逐步结转分步法。

相关案例

深圳迅捷兴科技股份有限公司从事印制电路板的研发、生产和销售，印制电路板生产工序较多，不同层数和不同生产工艺的产品在材料耗用、需经过的生产工序等方面存在差异，公司成本核算采用逐步结转分步法，分层数、分工艺、分工序按月核算。公司按层数和生产工艺对产品进行分类，以生产工序为轴而逐步计算、结转各类产品成本，即从第一工序开始，先计算该工序完工半成品成本并转入第二工序，加上第二工序成本算出第二工序完工半成品成本，再转入第三工序，依此类推，到最后工序算出完工产品成本。计算过程如下：①第一工序（开料工序）。期末在产品成本=（期初在产品成本+本期开料工序成本）/（期初在产品面积+本期开料工序产品面积）×期末在产品面积；完工半成品成本=期初在产品成本+本期开料工序成本－期末在产品成本；结转下工序成本=完工半成品成本。②开料工序外的其他工序。期末在产品成本=（期初在产品成本+本期上工序转入成本+本期本工序成本）/（期初在产品面积+本期上工序转入产品面积）×期末在产品面积；完工半成品成本=期初在产品成本+本期上工序转入成本+本期本工序成本期末在产品成本；结转下工序成本=完工半成品成本。③最后工序（包装工序）。根据上述计算方法，包装工序转出的成本即为产成品的入库成本。④生产成本归集与分配。成本与各工序直接相关的，则直接计入相应工序成本，比如直接材料、车间生产人员人工成本、工序外发加工费、水电费、专用生产设备折旧等。成本与各工序没有直接关系的则先计入公摊费用，比如辅助材料、生产辅助部门人员人工成本、公用设备及房屋折旧等，再按照各工序产量进行分摊计入工序成本。工序成本按照层数和生产工艺相应的分配率在各类产品之间进行分摊。公司产品采取月末一次加权平均法结转本月营业成本。

2. 分项逐步结转分步法

分项结转法是指各步骤所耗的半成品成本分成本项目反映。上步骤的半成品成本，按照成本项目逐一转到下一步骤成本计算单上的"对口"成本项目中。如果半成品通过半成品库收发，那么在自制半成品明细账中登记半成品成本时，也应按照成本项目分别登记。总之，半成品成本无论处于哪个生产步骤，都是按照成本项目反映的。

分项结转，可以按照半成品的单位实际成本结转，也可以按照半成品的计划单位成本结转，然后按成本项目分项调整成本差异。很明显，后一种做法的工作量较大，因此一般采用按实际成本分项结转的方法。

【例 6-1】 假定某企业生产甲产品，经过两个生产步骤顺序进行加工。第一车间生产的 D 半成品通过自制半成品库收发（见表 6-22）。假定生产车间与生产步骤的划分相同，两个车间的月末在产品均按定额成本计价。计算结果见表 6-21、表 6-23。

表 6-21　产品成本计算单

第一车间：D 半产品　　　　　　2020 年 8 月　　　　　　　　　　单位：元

项目	产量/件	直接材料	直接人工	制造费用	合计
月初在产品成本（按额定成本计算）		13 100	10 200	8 600	31 900
本月发生费用		57 600	31 100	22 400	111 100
合计		70 700	41 300	31 000	143 000
完工自制半成品转出	1800	52 500	31 700	27 800	112 000
月末在产品成本（按额定成本计算）		18 200	9 600	3 200	31 000

自制半成品入库，结转入库的自制半成品成本，作如下会计分录：

　　借：自制半成品——甲产品 D 半成品　　　　　　　　　　112 000
　　　　贷：基本生产成本——步骤 D 半成品　　　　　　　　　　112 000

表 6-22　半成品明细账

D 半成品　　　　　　　　　　　　　　　　　　　　　　　　单位：元

月份	项目	数量/件	实际成本			合计
			直接材料	直接人工	制造费用	
8	月初余额	1 320	38 500	21 200	18 200	77 900
	本月增加	1 800	52 500	31 700	27 800	112 000
	合计	3 120	91 000	52 900	46 000	189 900
	单位成本		29.17	16.96	14.74	
	本月减少	2 010	58 631.7	34 089.6	29 627.4	122 348.7
9	月初余额	1 110	32 368.3	18 810.4	16 372.6	67 551.3

第二车间领用 D 半成品，作如下会计分录：

　　借：基本生产成本——二步骤甲产品　　　　　　　　　　122 348.7
　　　　贷：自制半成品——甲产品 D 半成品　　　　　　　　　　122 348.7

表 6-23　产品成本计算单

第二车间：甲产品　　　　　　2020 年 8 月　　　　　　　　　　单位：元

项目	产量/件	直接材料	直接人工	制造费用	合计
月初在产品成本（按定额成本计算）		8 920	7 110	5 600	21 630
本期发生费用			25 600	13 300	38 900
本月耗用半成品费用	2010	58 631.7	34 089.6	29 627.4	122 348.7
合计		67 551.7	66 799.6	48 527.4	182 878.7
完工产成品转出	2050	48 651.7	51 599.6	37 327.4	137 578.7
月末在产品成本（按定额成本计算）		18 900	15 200	11 200	45 300

完工产品入库的会计分录：
借：库存商品——甲产品　　　　　　　　　　　　　　　　137 578.70
　　贷：基本生产成本——二步骤甲产品　　　　　　　　　　　137 578.70

采用分项结转半成品成本，成本计算单直接、正确提供按原始成本项目反映的企业产品成本资料。但这一结转在各步骤完工产品成本中反映不出所耗上一步骤半成品费用是多少及本步骤加工费是多少，所以不便于进行各步骤完工产品的成本分析。正因为如此，分项结转法一般在管理上不要求分别提供各步骤完工产品所耗半成品费用和本步骤加工费用资料，但要求提供按原始成本项目反映的产品成本资料的情况下采用。

3．综合逐步结转分步法

综合结转法是指各步骤所耗上步骤完工的半成品成本，不分成本项目，以一个总数记入该步骤成本计算单中的"直接材料"或专设的"半成品"项目。综合结转可以按照半成品的实际成本结转，也可以按照半成品的计划成本结转。

1）按实际成本综合结转

采用这种方法，就是各步骤完工的半成品，按实际成本结转下一步骤的成本计算单中的"直接材料"或"半成品"项目中；如果半成品通过半成品库收发时，则各步骤完工的半成品按实际成本记入半成品明细账，下一步骤领用半成品时，也按实际成本计价领用。由于各月所生产的半成品单位成本不同，因而所耗半成品的单位成本也有个计价问题，可以采用先进先出或加权平均等方法计算。

【例6-2】某企业H产品经由三个车间生产，第一车间生产A自制半成品，第二车间生产B自制半成品，第三车间生产H产品。A、B自制半成品均由仓库收发；原材料在开始生产时一次投入；各车间月末在产品费用均按定额成本计价。该企业成本核算采用综合逐步结转分步法。有关数据如下：

（1）9月1日，"基本生产成本"各明细账户月初余额见表6-24。

表　6-24

项目	自制半成品	直接材料	直接人工	燃料及动力	制造费用	成本合计
第一车间		18 960	12 030	3 240	5 680	39 910
第二车间	21 250		6 250	2 785	2 015	32 300
第三车间	18 715		3 354	1 325	1 276	24 670

（2）9月1日，自制半成品明细账户月初余额见表6-25。

表　6-25

项目	数量	单价	金额
A自制半成品	340	125	42 500
B自制半成品	150	197	29 550

（3）9月30日，"基本生产成本"各明细账户本月生产费用（自制半成品除外）见表6-26。

表 6-26

项目	直接材料	直接人工	燃料及动力	制造费用	成本合计
第一车间	78 315	41 286	11 436	19 553	150 590
第二车间		58 980	25 469	21 791	106 240
第三车间		45 720	15 150	16 480	77 350

第二车间领用 A 自制半成品 1 425 件，第三车间领用 B 自制半成品 1 180 件，自制半成品采用先进先出法计价。

（4）各车间月初在产品、本月投产、本月完工自制半成品或产成品及月末在产品的数量见表 6-27。

表 6-27

项目	月初在产品	本月投产	本月完工	月末在产品
第一车间	350	1 250	1 325	275
第二车间	180	1 425	1 405	200
第三车间	120	1 180	1 150	150

（5）各车间月末在产品单位定额成本见表 6-28。

表 6-28

项目	自制半成品	直接材料	直接人工	燃料及动力	制造费用	成本合计
第一车间		58	35	11	16	120
第二车间	125		35	15	10	185
第三车间	200		28	10	12	250

计算结果见表 6-29~表 6-33。

表 6-29 产品成本计算单
（基本生产成本明细账）

第一车间：A 自制半成品　　　　20××年 9 月　　　　　　　单位：元

项目	产量/件	直接材料	直接人工	燃料及动力	制造费用	成本合计
月初在产品成本	350	18 960	12 030	3 240	5 680	39 910
本月发生费用	1250	78 315	41 286	11 436	19 553	150 590
合计	1600	97 275	53 316	14 676	25 233	190 500
自制半成品转出	1325	81 325	43 691	11 651	20 833	157 500
月末在产品成本（定额成本）	275	15 950	9 625	3 025	4 400	33 000

借：自制半成品——A　　　　　　　　　　　　　　　　157 500
　　贷：基本生产成本——第一车间　　　　　　　　　　　　　　157 500

表 6-30　自制半成品明细账

A 自制半成品　　20××年9月　　单位：元

日期	摘要	增加			减少			结存		
		数量/件	单价	金额	数量/件	单价	金额	数量/件	单价	金额
1	月初余额							340	125	42 500
30	入库	1 325	118.87	157 500				1 665		200 000
30	领用				340	125	42 500			
30	领用				1 085	118.87	128 973.95			
30	本月发生及余额	1 325		157 500	1 425		171 473.95	240	118.87	28 526.05

借：基本生产成本——第二车间　　171 473.95
　贷：自制半成品——A　　　　　　171 473.95

表 6-31　产品成本计算单

（基本生产成本明细账）

第二车间：B 自制半成品　　20××年9月　　单位：元

项目	产量/件	直接材料	直接人工	燃料及动力	制造费用	成本合计
月初在产品成本	180	21 250	6 250	2 785	2 015	32 300
本月发生费用	1 425	171 473.95	58 980	25 469	21 791	277 713.95
合计	1 605	192 723.95	65 230	28 254	23 806	310 013.95
自制半成品转出	1 405	167 723.95	58 230	25 254	21 806	273 013.95
月末在产品成本（定额成本）	200	25 000	7 000	3 000	2 000	37 000

借：自制半成品——B　　　　　　273 013.95
　贷：基本生产成本——第二车间　273 013.95

表 6-32　自制半成品明细账

B 自制半成品　　20××年9月　　单位：元

日期	摘要	增加			减少			结存		
		数量/件	单价	金额	数量/件	单价	金额	数量/件	单价	金额
1	月初余额							150	197	29 550
30	入库	1 405	194.32	273 013.95				1 555		302 563.95
30	领用				150	197	29 550			
30	领用				1 030	194.32	200 149.6			
30	本月发生及余额	1 405		273 013.95	1 180		229 699.6	375	194.32	72 864.35

借：基本生产成本——第三车间　　229 699.60
　贷：自制半成品——B　　　　　　229 699.60

表 6-33 产品成本计算单

（基本生产成本明细账）

第三车间：H 产品　　　　　　　　　　20××年9月　　　　　　　　　　单位：元

项目	产量/件	直接材料	直接人工	燃料及动力	制造费用	成本合计
月初在产品成本	120	18 715	3 354	1 325	1 276	24 670
本月发生费用	1 180	229 699.6	45 720	15 150	16 480	307 049.6
合计	1 300	248 414.6	49 074	16 475	17 756	331 719.6
完工产品转出	1 150	218 414.6	44 874	14 975	15 956	294 219.6
月末在产品成本（定额成本）	150	30 000	4 200	1 500	1 800	37 500

　　借：库存商品——H 产品　　　　　　　　　　　　　　294 219.60
　　　　贷：基本生产成本——第三车间　　　　　　　　　　294 219.60

2）综合逐步结转分步法的成本还原

采用综合结转法结转成本，计算出来的产成品成本，成本项目中增加了"半成品"项目。因为在综合结转法结转成本时，各步骤所耗半成品的成本是以"半成品"或"原材料"项目综合反映的。这样成本计算单不能提供按原始成本项目反映的成本资料。另外，在生产步骤较多的情况下，逐步综合结转以后，表现在产成品成本中的绝大部分费用是最后一个步骤所耗半成品的费用，其他费用只是最后一个步骤的费用，在产成品成本中所占的比重很小。显然不符合产品成本构成的实际情况，从而不能据以从整个企业角度来考核和分析产品成本的构成与水平。因此，管理上要求按照原始成本项目考核和分析企业产品成本计划的完成情况时，就必须进行成本还原。

所谓成本还原，就是将产成品成本中以综合项目反映的自制半成品成本，逐步分解为以原始的成本项目表现的成本。这时，就要从最后一个步骤起进行成本还原，直至还原到第一个步骤。成本还原的方法，通常有以下两种。

（1）综合成本还原法。按各步骤耗用半成品成本占上一步骤本月完工半成品成本的比例还原，即该比例就是产成品所耗半成品费用中每一成本项目与本月上一步骤所产该种半成品的相同成本项目的比例关系。先确定产成品成本中半成品成本占上一步骤本月所产该种半成品成本的比例，然后以该比例分别乘以上一步骤本月所产该种半成品各成本项目的成本，这样就可将耗用半成品的综合成本进行还原。如果成本计算不是两步，而是三步，则要按上述方法再还原一次，以此类推。

$$综合成本还原率 = \frac{本月产成品所耗上一步骤半成品成本合计}{本月所产该种半成品成本合计}$$

这里以例 6-2 的相关数据来理解综合成本还原率的计算原理。按照成本还原的基本做法，第三车间 H 产品 9 月份产成品成本为 294 219.6 元，其中 218 414.6 元为综合成本数据需要还原，而第三车间的加工对象是第二车间完工的 B 自制半成品，因此认为两者具有完全相同或极其相似的成本结构，即用 B 自制半成品的成本结构来计量 218 414.6 元的成本结构。B 自制半成品的成本结构如下：直接材料占比 = 167 723.95/273 013.95、直接人工占比 = 58 230/273 013.95、燃料及动力占比 = 25 254/273 013.95、制造费用占比 = 21 806/273 013.95。

由此综合成本数据 218414.6 元的成本构成就初步还原为：直接材料占比 = 218 414.6 × 167 723.95/273 013.95 = 167 723.95 × 218 414.6/273 013.95、直接人工占比 = 218 414.6 × 58 230/273 013.95 = 58 230 × 218 414.6/273 013.95、燃料及动力占比 = 218 414.6 × 25 254/273 013.95 = 25 254 × 218 414.6/273 013.95、制造费用占比 = 218 414.6 × 21 806/273 013.95 = 21 806 × 218 414.6/273 013.95，显然在成本还原过程中 218 414.6/273 013.95 就是综合成本还原率，也就得到了综合成本还原率的计算公式。

以例 6-2 相关资料编制的产成品成本还原计算表见表 6-34。

表 6-34　产成品成本还原计算表（综合还原）

20××年 6 月　　　　　　　　　　　　　　　　　　产量：1 150 件

行次	项目	还原分配率	自制半成品 B	自制半成品 A	直接材料	直接人工	燃料及动力	制造费用	合计
（1）	还原前产成品成本		218 414.60			44 874	14 975	15 956	294 219.60
（2）	第二步半成品成本			167 723.95		58 230	25 254	21 806	273 013.95
（3）	第一次成本还原	218 414.60/273 013.95 = 0.800 0	−218 414.60	134 179.16	46 584	20 203.2	17 448.24	0
（4）	第一步半成品成本	134 179.16/157 500 = 0.851 9			81 325	43 691	11 651	20 833	157 500
（5）	第二次成本还原			−134 179.16	69 280.77	37 220.36	9 925.49	17 752.54	0
（6）	还原后产成品总成本				69 280.77	128 678.36	45 103.69	51 156.78	294 219.60
（7）	还原后产成品单位成本	（6）/1 150			60.24	111.89	39.22	44.48	255.84

（2）分项成本还原法。按半成品各成本项目占全部成本的比重还原。采用这种方法，首先要确定各步骤完工产品的成本结构，即各成本项目占全部成本的比重；然后将产成品成本中的半成品综合成本乘上前一步骤该种半成品的各成本项目的比重，就可以把综合成本进行分解；如果成本计算不是两步，而是两步以上，那么第一次成本还原后，还会有未还原的半成品成本，这时应将未还原的半成品成本，再乘上前一步骤该种半成品的各成本项目的比重，以此类推，直到半成品成本还原为原始成本项目为止。该种成本还原方法的基本思路是：由于产成品所耗半成品来源于上一步骤自制半成品库或成本计算单，因而，这两者的成本项目构成是完全相同的。

以例 6-2 相关资料编制的产成品成本还原计算表见表 6-35。

3）按计划成本综合结转法

各步骤所耗用上一步骤自制半成品成本按计划成本计价，其他成本项目的计算同实际成本综合结转。也就是说，半成品的日常收发均按计划单位成本计价核算，月末在半成品实际成本计算出来后，再计算半成品的成本差异率，将所耗半成品的计划成本调整为实际

表 6-35　产成品成本还原计算表（分项还原）

20××年 9 月　　　　　　　　　　　　　　　　　　产量：1 150 件

成本项目	第三步骤	第二步骤成本结构	半成品 204687.10 还原至二步骤	第一步骤成本结构	半成品 134274.74 还原至二步骤	成本合计	单位成本
直接材料	218 414.60	167 723.95/273 013.95 = 61.43%	218 414.6×61.43% = 134 172.09	81 325/157 500 = 51.63%	134 172.09×51.63% = 69273.05	69 273.05	60.24
直接人工	44 874	58 230/273 013.95 = 21.33%	218 414.6×21.33% = 46 587.83	43 691/157 500 = 27.74%	134 172.09×27.74% = 37219.34	128 681.17	111.90
燃料及动力	14 975	25 254/273 013.95 = 9.25%	218 414.6×9.25% = 20 203.35	11 651/157 500 = 7.40%	134 172.09×7.40% = 9 928.73	45 107.08	39.22
制造费用	15 956	21 806/273 013.95 = 7.99%	218 414.6×7.99% = 17 451.33	20 833/157 500 = 13.23%	134 172.09×13.23% = 17 750.97	51 158.30	44.49
合计	294 219.60	100%	218 414.60		134 172.09	294 219.60	255.84

成本。因此，按计划成本综合结转的分步法，在自制半成品明细账中，不仅要反映半成品收发结存的数量和实际成本，而且还要反映半成品的收发结存的计划成本、成本差异额和成本差异率。同时，在成本计算单中，对于所耗半成品，可以按照调整成本差异后的实际成本登记；为了便于分析上一步骤半成品成本差异对本步骤成本水平的影响，也可以按照所耗半成品的计划成本和成本差异分别登记。采用后一种登记方法时，成本计算单中的"半成品"（直接材料）项目，要分设"计划成本""成本差异""实际成本"三栏。

按照计划成本综合结转半成品成本有如下优点：可以简化和加速半成品收发的凭证计价和记账工作。在半成品种类较多，按类计算半成品成本差异率，调整所耗半成品成本差异时，更可省去按品种计算半成品实际成本的大量计算工作。在各步骤的成本计算单中反映所耗半成品是计划成本和成本差异，因而剔除了上一步骤半成品节约或超支对本步骤成本水平的影响，有利于产品成本分析工作的进行。实行内部经济核算制的企业，各步骤按固定的计划单位成本，计算本步骤耗用上步骤的半成品成本，剔除了上步骤成本水平对下步的影响，有利于分清各步骤的经济责任，便于考核各步骤所分管的成本指标的完成情况。

采用综合结转法逐步结转半成品成本，从成本计算单中可以反映出各个生产步骤产品所耗半成品的费用，从而便于考核、分析各步骤产品所耗半成品费用的水平，可以加强各步骤的成本管理，但是成本还原工作比较繁重。因此在管理上要求计算各步骤产品所耗半成品费用，但不要求进行成本还原的情况下，采用综合结转分步法计算产品成本为最好。

（二）平行结转分步法

1. 平行结转分步法概述

平行结转分步法，也称为不计算半成品成本法。该种方法主要适用于大量多步骤装配式生产的企业。在这样的企业里，各步骤半成品的种类很多，又很少对外销售，不需要计算半成品成本。如果再采用逐步结转分步法，核算工作量会很大，也没有必要。为了简化和加速成本计算工作，便采用了平行结转分步法。

平行结转分步法，在计算各步骤成本时，不计算各步骤所产半成品的成本，也不计算各步骤所耗上一步骤的半成品成本，只计算本步骤发生的各项费用以及这些费用中有多少应计入产成品成本中。把各步骤计入产成品成本中的费用称为"份额"。将相同产品的各步骤的份额平行结转、汇总，即可计算出该种产品的产成品成本。这种结转成本的方法，就称为平行结转法。也就是说，半成品成本数据并不随着半成品实物的转移而结转，而是在哪步骤发生就留在该步骤的成本明细账里，直到最后加工成产成品，才将其成本从各步骤成本明细账中转出。平行结转分步法核算程序如图6-6所示。

从图6-6可以看出，各步骤成本计算单按成本项目归集后，月末的分配只是分为两部分：一部分是应计入企业产成品的部分；另一部分是尚未最后完成整个生产过程的在产品部分。这里的在产品是从全厂的范围而言的广义在产品，它包括三部分，即①本步骤正在加工的在产品；②本步骤已经完工转入半成品库的半成品；③已从半成品仓库转到以后各步骤正在进一步加工，尚未最后完成的在产品。因此，平行结转分步法的在产品费用，是指这三部分广义在产品的费用。其中后两部分的实物已从本步骤转出，但其费用仍留在本步骤成本计算单中。这些情况说明，在平行结转分步法下，各步骤成本计算单上汇集的生产费用，是要在产成品与广义的在产品之间进行分配，从而计算出各步骤加工费用中应计入最终产品成本的份额，然后平行汇总计算完工产品成本。

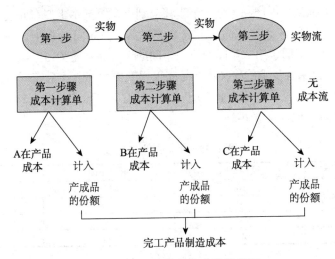

图6-6 平行结转分步法核算程序

从图6-6还可以看出，各生产步骤不计算半成品成本和结转半成品成本。而只计算在企业的产成品入库时，各步骤产品费用中应计入产成品成本的份额。各生产步骤转入产成品的成本应从"基本生产成本"账户的贷方，转入"库存商品"账户的借方。这样，不论半成品是直接从一个生产步骤转入另一个生产步骤，还是这种结转通过半成品库收发，都不需要进行自制半成品明细核算和总分类核算。

平行结转分步法计算产成品成本，首先需要计算各生产步骤应计入产成品成本的"份额"。确定"份额"常用的分配方法有约当产量法和定额比例法。使用约当产量法时，通过以下计算公式计算求得。其计算公式如下：

$$某步骤应计入产成品成本的份额 = 产成品数量 \times 单位产成品耗用该步骤半成品数量 \times 该步骤单位半成品费用$$

$$\text{该步骤单位半成品费用} = \frac{\text{该步骤月初在产品费用} + \text{该步骤本月生产费用}}{\text{该步骤约当产量}}$$

$$\text{该步骤约当数量} = \text{最终完工产品数量} + \text{本步骤月末在产品约当产量} + \text{本步骤以后各步期末在产品数量}$$

  显然,平行结转分步法的关键是步骤约当产量的计算,这里用到的是广义在产品概念,该广义在产品概念存在两种应用情形:其一是前后步骤之间的半成品投入可能并不是 1 对 1 的关系,会存在前步骤 1 件以上半成品耗用才形成后步骤 1 件本步骤半成品的生产情况,因此将某步骤生产费用在受益对象间分配时,一般以本步骤半成品为标准进行约当,也就是把产成品数量及本步骤在产品数量折算成相当于本步骤半成品的数量,而本步骤后的各步骤期末在产品数量与本步骤半成品数量的约当关系则应结合所处步骤及投入量情况加以考虑,通常可借助产成品与本步骤后某步骤在产品间的数量关系而确定本步骤半成品与该步骤在产品间的数量关系。其二是各步骤间的半成品实物流转都是 1 对 1 的关系,则约当的范围仅限于分配生产费用步骤的期末在产品数量而不涉及该步骤以外的其他步骤。

2. 平行结转分步法举例

  某企业大量大批生产甲产品,分三个步骤分别由三个基本生产车间进行生产。一车间生产 A 半成品,二车间将 A 半成品加工成 B 半成品,三车间将 B 半成品加工成甲产品。每件甲产品耗用第一车间、第二车间及第三车间的半成品数量为 3:2:1。原材料在生产开始时一次投入,月末各步骤的狭义在产品完工程度均为 60%。后车间对前车间投入半成品的留置数量为 1 对 1 关系。该企业 2020 年 10 月有关产量和成本资料如下:

  (1)甲产品生产记录见表 6-36。

表 6-36 甲产品生产记录 单位:元

项目	第一车间	第二车间	第三车间
月初在产品	30	15	10
本月投入	110	120	80
本月完工	120	80	40
月末在产品	20	55	50

  (2)月初在产品成本资料见表 6-37。

表 6-37 月初在产品成本 单位:元

项目	直接材料	直接人工	制造费用	合计
第一车间	2 250	980	1 030	4 260
第二车间		1 120	920	2 040
第三车间		2 240	1 500	3 340

  (3)本月生产费用资料见表 6-38。

表 6-38 本月生产费用 单位:元

项目	直接材料	直接人工	制造费用	合计
第一车间	13 620	4 160	5 030	22 810
第二车间		7 730	6 900	14 630
第三车间		6 290	4 310	10 600

根据以上资料，采用平行结转分步法计算产品成本。

各车间产品成本明细账见表 6-39～表 6-41。

表 6-39　一车间产品成本明细账

产品名称：A 半成品　　　　　　　　　　　　　　　　　　　　　　　　　　　单位：元

项　目	直接材料	直接人工	制造费用	合　计
月初在产品成本	2 250	980	1 030	4 260
本月生产费用	13 620	4 160	5 030	22 810
合计	15 870	5 140	6 060	27 070
应计入产成品成本的份额	11 541.82	3 928.66	4 631.85	20 102.33
月末在产品成本	4 328.18	1 211.34	1 428.15	6 967.67

表 6-39 中，应用前述计算公式计算的"应计入产成品成本的份额"：

直接材料应计入产成品成本的份额 $= 40 \times 3 \times \dfrac{15\,870}{40+20+55+50} = 11\,541.82$（元）

直接人工应计入产成品成本的份额 $= 40 \times 3 \times \dfrac{5\,140}{40+20 \times 60\%+55+50} = 3\,928.66$（元）

制造费用应计入产成品成本的份额 $= 40 \times 3 \times \dfrac{6\,060}{40+20 \times 60\%+55+50} = 4\,631.85$（元）

表 6-40　二车间产品成本明细账

产品名称：B 半成品　　　　　　　　　　　　　　　　　　　　　　　　　　　单位：元

项　目	直接材料	直接人工	制造费用	合　计
月初在产品成本		1 120	920	2 040
本月生产费用		7 730	6 900	14 630
合计		8 850	7 820	16 670
应计入产成品成本的份额		5 756.10	5 086.18	10 842.28
月末在产品成本		3 093.9	2 733.82	5 827.22

表 6-40 中，应用前述计算公式计算的"应计入产成品成本的份额"：

直接人工应计入产成品成本的份额 $= 40 \times 2 \times \dfrac{8\,850}{40+55 \times 60\%+50} = 5\,756.10$（元）

制造费用应计入产成品成本的份额 $= 40 \times 2 \times \dfrac{7\,820}{40+55 \times 60\%+50} = 5\,086.18$（元）

表 6-41　三车间产品成本明细账

产品名称：甲成品　　　　　　　　　　　　　　　　　　　　　　　　　　　　单位：元

项　目	直接材料	直接人工	制造费用	合　计
月初在产品成本		2 240	1 100	3 340
本月生产费用		6 290	4 310	10 600
合计		8 530	5 410	13 940
应计入产成品成本的份额		4 874.29	3 091.43	7 965.72
月末在产品成本		3 655.71	2 318.57	5 974.28

表 6-41 中，应用前述计算公式计算的"应计入产成品成本的份额"

直接人工应计入产成品成本的份额 $= 40 \times 1 \times \dfrac{8\,530}{40 + 50 \times 60\%} = 4\,874.29$（元）

制造费用应计入产成品成本的份额 $= 40 \times 1 \times \dfrac{5\,410}{40 + 50 \times 60\%} = 3\,091.43$（元）

根据上述计算结果，将各步骤应计入产成品成本的份额平行汇总，计算产成品成本，编制产成品成本汇总计算表，见表 6-42。

表 6-42　产成品成本汇总计算表

产品名称：甲产品　　　　　　　　　　20××年10月

产量：40 件　　　　　　　　　　　　　　　　　　　　　　　　单位：元

项　目	直接材料	直接人工	制造费用	合　计
第一车间	11 541.82	3 928.66	4 631.85	20 102.33
第二车间		5 756.10	5 086.18	10 842.28
第三车间		4 874.29	3 091.43	7 965.72
总成本	11 541.82	14 559.05	12 809.46	38 910.33
单位成本	288.55	363.98	320.24	972.76

编制完工产品入库转账凭证：

借：库存商品——甲　　　　　　　　　　　　　　　　　　　　38 910.33

　　贷：基本生产成本　　　　　　　　　　　　　　　　　　　　38 910.33

3. 平行结转分步法的优缺点及其适用范围

平行结转分步法的优点有：由于各步骤只计算本步骤直接发生的费用，因而可以同时计算成本，不必互相结转、互相等待，有利于加速成本的计算工作，同时还可以避免上步骤成本水平高低对下步骤成本的影响；平行汇总计算产成品的成本，不必计算和结转半成品成本，核算工作简化；能直接提供原始成本项目反映的产品成本资料，不需要进行成本还原。

但是，由于各步骤不计算和结转半成品成本，半成品实物转移和成本转移脱节，因而带来以下缺点：各步骤的产品成本，不包括所耗半成品费用，因而不能全面地反映各该步骤的生产耗费水平（第一步骤除外），不利于这些步骤进行成本分析；由于各步骤的半成品成本不随半成品实物转移而同步转移，各步骤的半成品实物虽已向下一步骤转移，但在没有最后完工之前其金额仍保留在原步骤的账上，这种在产品成本与它的实物相分离、使用价值核算与实物核算相脱节的情况，不利于在产品的实物管理和资金管理。

由于平行结转分步法具有以上有优、缺点，因而一般只宜在半成品种类较多，逐步结转半成品成本的工作量较大，管理上又不要求提供各步骤半成品成本资料的情况下采用。而且在采用时，应加强各步骤在产品收发结存的数量核算，以便为在产品的实物管理和资金管理提供资料。

> **相关链接**
>
> 鉴于波音公司股东对投资回报缓慢的飞机研发不感兴趣，在股东利益至上的今天，波音公司在得不到股东同意的情况下是无法贸然开发新飞机的，而模块化生产方式实现了新飞机开发的国际分工。波音公司说服各国参与共同投资，投资风险分散的同时还掌控研发制造以及销售的整个流程。波音787飞机采用了国际分工的模块化生产方式，分属于9个国家的45家企业参加了整个飞机的研发制造，其中日本企业与波音公司所占比例均为35%，该飞机主要材料碳纤维复合材料是由日本东丽公司独家提供的。制造波音787需要超过300万个零部件，在模块化生产方式下，这些零部件由参加共同开发该机型的各国企业分别组装生产出完成度极高的机体、机翼等各种模块。这些模块被运到位于西雅图的波音工厂中进行最后组装。然而波音787停飞揭示了模块化生产方式的致命弱点，因为飞机制造模块化要求各参与方实现各自分担部分高的完成度，但这也就意味着组装整机的风险越大，比如日本企业生产的机体与其他模块出现微小不吻合就会导致该机型生产中断。

本章小结

财政部颁布并于2014年1月1日起施行的《企业产品成本核算制度（试行）》第九条规定："制造企业一般按照产品品种、批次订单或生产步骤等确定产品成本核算对象。（一）大量大批单步骤生产产品或管理上不要求提供有关生产步骤成本信息的，一般按照产品品种确定成本核算对象。（二）小批单件生产产品的，一般按照每批或每件产品确定成本核算对象。（三）多步骤连续加工产品且管理上要求提供有关生产步骤成本信息的，一般按照每种（批）产品及各生产步骤确定成本核算对象。产品规格繁多的，可以将产品结构、耗用原材料和工艺过程基本相同的产品，适当合并作为成本核算对象。"

上述规定对应着品种法（包括分类法）、分批法与分步法等三种产品成本核算基本方法，它们有着各自的特点和适用范围。然而，这三种产品成本核算基本方法之间有着必然的内在逻辑关系，可以说是方法之间的演进性。其中，品种法是任何产品成本核算方法的基础。当我们把品种法中的成本计算对象由单一的产品"品种"向"类别"扩展的时候就形成了分类法；当我们把品种法中的成本计算对象由单一的产品"品种"向"批别"扩展的时候就形成了分批法；而分步法则是每一生产步骤"品种"的品种法组合。同时，分类法的成本核算原理同样适用于计算联产品与副产品。简化分批法与分批零件法是对企业不同的生产组织形式而针对一般分批法的创新性改进，满足企业产品成本核算的成本效益原则，当然在选用时要视其特定的适用范围而定。

总之，产品成本核算方法之间有着内在的逻辑关系，它们共同构成了产品成本核算的方法体系。也就意味着各种方法之间的交叉性与融合性，这同时表明一种产品成本的核算可能是多种成本核算方法的组合而不是机械地套用某种具体方法。

关键词汇

分批法 Job-costing method   分步法 process-costing method
联产品 Joint Products   副产品 By-Products
联合成本 Joint costs   主产品 Main product
可归属成本 Separable costs   分离点 Splitoff point

小组讨论

《企业会计准则第 30 号——财务报表列报》第三十条规定企业在利润表中应当对费用按照功能分类，分为从事经营业务发生的成本、管理费用、销售费用和财务费用等；第三十一条规定利润表至少应当单独列示反映营业成本的项目。《企业会计准则讲解（2010）》提出企业可以在附注中披露费用按照性质分类的利润表补充资料，即将费用按其性质分为耗用的原材料、职工薪酬费用、折旧费、摊销费等。《企业会计准则第 31 号——现金流量表》第十条规定了经营活动产生现金流量至少应当单独列示销售商品、提供劳务收到的现金及购买商品、接受劳务支付的现金两个最主要报表项目，这也就表明企业库存商品的变化引导着经营活动现金流量的动态状况。从利润表与资产负债表间相关报表项目钩稽关系看，库存商品账面价值所对应的入库完工产成品制造成本又决定着营业成本数据。显然，企业产品视角的营业成本描述是上市公司信息披露实践最为核心内容，这也就意味着财务会计将企业主体内部的会计核算对象指向了商品产品。

美国威廉·拉佐尼克在其名著《车间的竞争优势》中阐述了英国、美国、日本在工业上的相继兴衰，即英国制造业让位于美国大规模制造体系而后日本柔性制造体系又异军突起。车间里的劳资关系，以及由此相关的技术路径构成了企业战略与管理手段的重要内容。制造业企业分厂或部门、车间和班组构成了企业基本制造单元。品种法、分批法与分步法是企业基本制造单元的核算方法。杭州正强传动股份有限公司主要产品包括十字轴万向节总成、节叉、十字轴，产品生产步骤包括锻加工、车加工、热处理、磨加工、装配等多个环节，公司按照品种法和分步法相结合的方式进行产品成本核算。公司以各生产车间的产品作为成本计算对象，下一步骤领用上一步骤半成品时，按上一步骤完工半成品价值进行结转，根据实际领用数量、加权平均结转单价计入下一步骤产品的领用成本。

根据上述资料，讨论如何理解车间竞争优势及选择成本核算方法存在的风险。

思考题

1. 品种法、分批法与分步法之间有着怎样的内在关系？
2. 品种法、分批法与分步法能够同时应用吗？试举例。
3. 品种法、分批法与分步法能够结合应用吗？试举例。

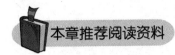 **本章推荐阅读资料**

1. 财政部：《企业产品成本核算制度（试行）》，2013年。
2. 王仲兵：《成本会计学》，东北财经大学出版社，2012年第2版。
3. 王仲兵：《基于先进生产方式的新成本控制模式构建》，《商业时代》，2009年第7期。
4. 威廉·莱恩等：《成本会计精要》，刘宵仑、朱晓辉译，人民邮电出版社，2012年第2版。

第七章

作业成本核算

学习提要与目标

品种法、分批法、分步法是产品成本核算三种基本方法,然而企业运营高效率是以一系列活动单元为基础的,因此,要素费用的发生与归集并不一定以最终完工产品为成本核算对象,一旦将活动单元界定为作业并设定为成本核算对象,作业成本核算制度便应运而生。本章对作业成本核算的产生、基本概念、程序、作业管理、适时生产制度与倒推成本法等进行了较为全面的阐述。

通过本章学习,应能够:
➢ 掌握作业成本的基本概念、核算程序
➢ 理解作业成本法与传统成本核算的差异
➢ 了解作业成本核算与作业管理的发展
➢ 领会适时生产制度与倒推成本法的基本原理

常规理解的作业是一个耳熟能详的概念,然而在现代成本会计语境下则有其独特的逻辑,尤其是将其设定为成本对象,则作业与生产活动及生产流程间的关系就值得探究,换言之,作业概念是否是对生产活动的一种再分类?成本流程及产品成本核算方法会发生怎样的变化?相对于产品成本核算基本方法带来怎样的增量信息?比如需要重构产品成本核算账户体系吗?从这些角度看,作业概念引入现代成本会计核算至少包括了浅层次与深层次两个视角,前者就是应用于特定产品成本项目(现阶段指的是制造费用),而后者则从生产活动及生产流程入手变革成本核算程序,具体表现为最终完工产品成本的核算是借助于作业概念完成的,由此作为产品成本核算辅助方法的作业成本核算也就得以构建并日趋完善,初步突破了"物对人的包围"的传统成本核算模式,更深化了成本核算的资源配置效率观。

第一节 作业成本核算概述

一、作业成本制度的源起

从学术渊源来看,作业成本制度最早可追溯到1941年美国会计学家埃里克·科勒(Eric L. Kohler)发表的针对水力发电行业间接费用分配问题的文章,其1952年编著的《会计师词典》首次提出了"作业""作业账户""作业会计"等概念。乔治·斯托布斯(George Staubus)教授1954年《收益的会计概念》、1971年《作业成本计算与投入产出会计》和1988年《服务与决策的作业成本计算——决策有用框架中的成本会计》等著作，提出了一系列作业成本观念。作业成本制度作为专门术语正式被学术界接受并得到系统阐述，应该以 20 世纪 80 年代中后期罗宾·库伯（Robin Cooper）和罗伯特·卡普兰（Robert S. Kaplan）两位教授发表的系列文章为标志。他们在对美国公司调查研究后发展了斯托布斯的思想，1988 年正式提出了以作业为基础的成本计算法（Activity Based Costing，ABC）。库珀教授《一论 ABC 的兴起：什么是 ABC 系统》《二论 ABC 的兴起：何时需要 ABC 系统》《三论 ABC 的兴起：需要多少成本动因如何选择》《四论 ABC 的兴起：ABC 系统看起来到底像什么》及与卡普兰合作的《计量成本的正确性：制定正确的决策》等五篇代表作标志着作业成本计算法的诞生，他们两人被公认为作业成本法首创者和奠基人。

从实践层面来看，20 世纪 60 年代美国通用电气公司（GE）曾创造"作业成本分析"的方法以管理间接成本，该种方法被视为作业成本制度的雏形，作业成本法作为分配间接成本的有效方法应运而生。随着作业概念深入产品设计、适时生产系统和全面质量管理等基本环节，以作业成本核算和作业分析有机组合为主要内容的作业管理也逐步成为一种全新管理方法。

然而，尽管作业成本制度的应用情境已经具备，应用程序及工具方法等比较成熟，但对其研究与实践却在 20 世纪 90 年代开始有减弱的趋势，出现了已采纳并实施作业成本法的企业放弃的现象，这就是所谓的作业成本法之谜。对此也有相关的探索，这也意味着作业成本法仍然处于动态优化进程中。

二、传统成本核算方法的固有局限

从 20 世纪 80 年代中期起，传统成本核算所提供的成本信息对企业决策的相关性越来越受到怀疑，这体现为成本核算所处的企业经营环境及管理要求已经发生了巨变。会计学者开始对传统成本核算系统进行全面的反思，尤其是以约翰逊与卡普兰1987年发表的《相关性消失：管理会计的兴衰》及霍恩格伦等的《成本会计和成本管理问题》为代表，认为有必要对传统成本会计系统进行全面变革。作业成本核算被认为能够更准确分配间接成本和计算产品成本进而提高成本信息的决策有用性与价值相关性。

传统成本核算的最大特点是将生产费用划分为直接成本与间接成本两类，其中直接成本与受益对象有着直接关联性，该类费用发生时直接确认并记入其受益对象，因此又称直接计入费用，而间接成本一般是以全厂或分生产部门的费用分配率来确认并记入其受益对象，传统成本核算方式可以描述为两步骤数量基础分配，如图 7-1 所示。

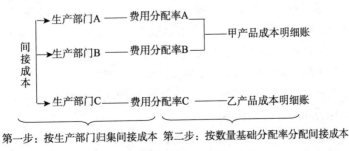

图 7-1 传统成本核算方法

从传统间接费用分配标准来看，经常被使用的包括机器工时、直接人工、直接材料、直接成本及产品重量、体积等，这些分配标准通常假定是与间接费用发生存在因果关系的，然而，制造费用显然是一种典型的混合成本，因此选择单一的分配标准可能只与制造费用明细项目中某些内容相关，而其他部分可能甚至和该分配标准完全无关。形成间接费用的不同费用项目终归有各自不同的形成过程，所以传统间接费用的分配会导致产品成本计算得不准确，当制造费用占产品成本的比重不大情况下，不会有较大影响，但在占较大比重情况下就会严重扭曲产品成本的真实性。

传统成本核算方法对成本控制也产生了不利影响，因为若简单地将成本受益对象界定在产品层面，往往就将成本控制囿于成本费用发生额与产品利润额间的线性关系上，表现为不惜一切代价绝对地削减成本费用额以保持一定的目标利润水平，这样的做法很可能会降低企业竞争力，因为不当削减成本的经济后果就是使必需的投入得不到保证从而导致应有的产出无法实现。

传统成本核算方法呈现出的种种不适源于其建立在工业经济时代层级管理基础上，即：①生产环境上的阶段性；对效率的追求；相对稳定及本地化。②生产上的劳动分工；流水线式作业；少品种、重复制造、批量生产。③管理上的劳动分工理论；注重运用 TQM、JIT、SE 等方法改善各环节管理；金字塔式多级职能部门管理。④IT 手段的手工化及信息孤岛。

三、作业成本核算的产生

作业成本改变了传统的直接以产品为受益对象的核算方式及其背后的生产方式，以汽车产业发展为例，其生产方式可以划分为三个阶段，即工艺化单件制作阶段（从 19 世纪末期到 20 世纪早期）、大批量制造阶段（从 20 世纪初期到 50 年代）及精益制造阶段（从 20 世纪 50 年代至今）。不同阶段代表了各自的差异化的生产方式，三种生产方式之间体现出一定的演进性，可以说精益生产方式代表着方向，该生产方式有五项核心内容：一是提供客户真正需要的价值；二是对每一种产品定义价值流；三是将保留下来的步骤按连续流动的形式加以排列；四是客户拉动企业创造价值；五是追求尽善尽美。显然，这五项内容的核心是客户价值的实现，这恰好代表了现代社会的消费者生活方式，就是个性化的追求。

以上海通用为例，就是借助组织内部的"利益共同体"来实现的市场化的成本责任界定，透明而公正。该企业将"顾客至上"原则运用到了组织内部的关系链中，比如要求所有工作都应具有能满足最终客户需求的价值，规定每个员工都要找到自己的客户，如果没有找到客户，岗位就没有存在的必要。通过"客户链、价值链"来评价所有部门、车间和员工的工作绩效，按照这一原则，从公司业务的源头到最终用户，构成一条内部"客户链"，每一部门、每位员工都必须在这条链上找到自己的位置。在这条链上每一环节都是上一环节的直接用户，每个环节的工作都是为了使自己的直接客户满意，公司所有的工作都应该使在这一客户链上传递的产品和服务，按照最终客户的期望不断增值，并将价值传递给最终用户，从而确保公司最终客户满意。

消费者追求个性的结果就是传统的大批量生产被小批量或单件生产所取代，适时制（JIT）生产方式营运而生，按照适时制的原理，企业应该以顾客的具体需要作为生产经营的出发点，并以此前推而统筹安排企业的生产经营活动，即前道工序只能严格地按照后道工序对产品（服务）或半成品的数量、质量和交货要求来组织生产，前道工序生产状况完全取决于后道工序的要求，如此环环相扣的由订单式销售所引发的"以顾客为中心"的生产方式就对传统成本核算方式提出了挑战，比如分步法就是针对期初与期末有存货而设计的，而适时制（JIT）生产方式通常不会有存货。

高新技术的发展也在推动先进生产方式的形成，从20世纪70年代开始，高新技术逐渐地应用于生产领域，计算机化、自动化与网络化成为企业生产的主要特征，数控机床、机器人、计算机辅助设计、弹性制造系统、计算机一体化的制造系统成功地应用于订货、设计制造、营销配运、售后服务等生产经营活动。这些高新技术的应用导致了制造企业内部服务活动比重上升、制造活动比重下降和直接生产工人的锐减，其直接影响就是改变了企业产品的成本结构，成本管理的重心应该由传统的直接材料、直接人工等成本项目转向间接费用等成本项目。

新制造环境下形成的新生产方式使得对企业的传统认识也得到深化，出现了新企业观。新企业观是指把企业理解为服务于顾客利益需要而设计的一系列作业的集合体，每一项作业都有特定的功能，它的完成需要消耗企业的资源，同时也为企业创造了一定的价值，不同的作业之间通过流程的传递，价值进行累加，直到最终完成所有的作业，将产品提供给用户。可以看出，正是新的制造环境导致对生产角度的企业本质从作业层面开始深入思考，作业也从最初的间接费用的分配载体发展至作业成本制度及作业管理，相应的基于作业的全面预算管理、基于作业的企业绩效评价等便逐渐形成，作业管理也日益成为一种主流的管理理论。

作业成本核算方式是与后工业经济时代管理特征相适应的，这主要表现在：①环境上的持续性、来自创新、瞬息万变、全球一体化。②生产上的流程化、动态联盟；多品种、小批量、个性化。③管理上的流程管理；注重业务流程整体最优；扁平式的业务流程管理。④IT手段上的协同商务、知识管理。

企业应用作业成本核算所处的外部环境通常具备以下特点之一：一是客户个性化需求较高，市场竞争激烈；二是产品的需求弹性较大，价格敏感度高。企业应能够清晰地识别资源费用、作业、作业链、成本动因，为资源费用以及作业成本的追溯或分配提供合理的依据。企业应拥有先进的计算机及网络技术，配备完善的信息系统，能够及时、准确提供各项资源、作业、成本动因等方面的信息。由此，作业成本核算一般适用于具备以下特征的企业：作业类型较多且作业链较长；同一生产线生产多种产品；企业规模较大且管理层对产品成本准确性要求较高；产品、客户和生产过程多样化程度较高；间接或辅助资源费用所占比重较大等。

> **相关链接**
>
> 我国2014年1月1日起施行的《企业产品成本核算制度（试行）》有如下描述：
>
> 第二十条规定："多维度，是指以产品的最小生产步骤或作业为基础，按照企业有关部门的生产流程及其相应的成本管理要求，利用现代信息技术，组合出产品维度、工

> 序维度、车间班组维度、生产设备维度、客户订单维度、变动成本维度和固定成本维度等不同的成本核算对象。"
>
> 第三十六条规定:"制造企业可以根据自身经营管理特点和条件,利用现代信息技术,采用作业成本法对不能直接归属于成本核算对象的成本进行归集和分配。"
>
> 第四十六条规定:"信息传输、软件及信息技术服务等企业,可以根据经营特点和条件,利用现代信息技术,采用作业成本法等对产品成本进行归集和分配。"
>
> 《企业产品成本核算制度——钢铁行业》第一章总则:"四、具备条件的钢铁企业,可以采用基于工序的作业成本法进行核算。"
>
> 《企业产品成本核算制度——石油石化行业》第一章总则:"五、油气产品成本一般采用作业成本法或按照重点成本类别进行核算。"

第二节 作业成本核算的基本概念

作业成本核算已经形成了较为成熟的概念体系及实施机制,我国财政部《管理会计应用指引第 304 号——作业成本法》提供了相关的规范,其第一章总则之第一条"作业成本法,是指以'作业消耗资源、产出消耗作业'为原则,按照资源动因将资源费用追溯或分配至各项作业,计算出作业成本,然后再根据作业动因,将作业成本追溯或分配至各成本对象,最终完成成本计算的成本管理方法"。显然,该界定涉及一系列新概念并且还衍生出许多概念,对作业成本核算的掌握的基础是对这些概念的准确理解。

一、资源与资源费用

作业成本核算没有使用传统成本核算中的资产耗费概念,而是使用了比作为会计要素的资产含义更广的资源概念,资源的概念外延非常广泛,涵盖了企业所有价值载体,比如没有实物形态的知识产权、自创商誉等。事实上,企业还可以理解为建立在管理型框架内的各类资源的集合体,企业成长主要取决于能否更有效地利用现有资源。近年来美国管理会计学界推出的资源消耗会计(RCA),就是将"资源"看作一个广义概念,确定多样化和具有相互关系的成本归属以及提供产能的框架,解决一个部门向另外一个部门转移价值的问题。该模式力求在扩展资源概念与适度成本动因间确定强有力的因果关系,将资源投入与多样化的产出对应起来。

由此作业成本法中的"作业消耗资源"所指的是作业对资源费用的占用。资源费用是指企业在一定期间内开展经济活动所发生的各项资源耗费。资源费用既包括房屋及建筑物、设备、材料、商品等有形资源的耗费,也包括信息、知识产权、土地使用权等各种无形资源的耗费,还包括人力资源耗费以及其他各种税费支出等。显然,作业成本核算视角下的成本对象是多元的,而传统成本核算方法的最终成本核算主体都是指向了完工产品,因此资源费用的范畴要远大于资产耗费,后者包含在前者中。

二、作业与作业中心

作业,是指企业基于特定目的重复执行的任务或活动,是连接资源和成本对象的桥梁。

作业可以是一项非常具体的任务或活动，也可以泛指一类任务或活动。企业生产活动与生产流程可以有多角度的分类描述，传统成本核算方法面对的是基于传统企业组织架构下的交易、业务或事项，会计要素也与之有较好的匹配性，这种匹配性贯穿于整个账户体系，这在明细账上体现最为明显。传统成本核算账户体系的基本模式是"基本生产成本—成本项目—成本费用要素"，其中"基本生产成本"作为总账明确了成本核算对象，"成本项目"以专项的方式按照费用的经济用途来列示，"成本费用要素"则以费用的经济内容来明细"成本项目"的构成，而这三者都是以企业组织架构下各部门的职能定位进行费用性质判断的，也就是说传统成本核算流程高度匹配于传统部门职能。显然，这里的作业并不是企业原有的组织部门及其相应设定的内部活动，而是一种重新确认。

（一）作业的类别

作业是连接资源和成本对象的桥梁，不同的作业划分影响甚至决定着资源与成本对象间的对应程度及其量化关系。作业可以有多角度分类，其中比较有代表性的分类包括下述几种。

1. 根据服务层次和范围划分

企业可按照受益对象、层次和重要性将作业分为以下五类并分别设计相应的作业或作业中心：①产量级作业。明确地为个别产品（或服务）实施的、使单个产品（或服务）受益的作业。该类作业的数量与产品（或服务）的数量成正比例变动。包括产品加工、检验等。②批别级作业。为一组（或一批）产品（或服务）实施的、使该组（或批）产品（或服务）受益的作业。该类作业的发生是由生产的批量数而不是单个产品（或服务）引起的，其数量与产品（或服务）的批量数成正比变动。包括设备调试、生产准备等。③品种级作业。为生产和销售某种产品（或服务）实施的、使该种产品（或服务）的每个单位都受益的作业。该类作业用于产品（或服务）的生产或销售，但独立于实际产量或批量，其数量与品种的多少成正比例变动。包括新产品设计、现有产品质量与功能改进、生产流程监控、工艺变换需要的流程设计、产品广告等。④客户级作业。为服务特定客户所实施的作业。该类作业保证企业将产品（或服务）销售给个别客户，但作业本身与产品（或服务）数量独立。包括向个别客户提供的技术支持活动、咨询活动、独特包装等。⑤设施级作业。为提供生产产品（或服务）的基本能力而实施的作业。该类作业是开展业务的基本条件，其使所有产品（或服务）都受益，但与产量或销量无关。包括管理作业、针对企业整体的广告活动等。

2. 根据消耗对象划分

根据消耗对象不同，作业可分为主要作业和次要作业：主要作业是被产品、服务或客户等最终成本对象消耗的作业；次要作业是被原材料、主要作业等介于中间地位的成本对象消耗的作业。

3. 根据所完成的职能划分

根据所完成的职能，作业可分为逻辑作业、平衡作业、质量作业和变化作业。①逻辑作业。与材料有关的包括订购、执行和确认材料的移动；与人员有关的包括间接车间场地工人；从事收料、检验、运输、数据处理及会计人员。②平衡作业。满足材料、人工和机器的需求，如采购、材料计划、生产控制、预测和调度。③质量作业。保证生产符合各种规格要求，如质量控制、为履行质量要求的间接工艺和采购等。④变化作业。制造、行业管理和质量工程中涉及工作日程、常规程序、标准、规格和领用材料等需要变动的作业。

4. 根据增加价值与否划分

根据增加产品价值与否，作业可分为增值作业、非增值作业与无效作业。①增值作业。增值作业是企业生产经营所必需的且能为顾客带来价值的作业，就是说这种作业的增减变动会导致顾客价值的增减变动，例如在产品加工及完工产品包装。②非增值作业。非增值作业是并非企业必需的生产经营，不能为顾客带来价值，就是说这种作业增加或减少并不影响顾客价值的大小，因此也称之为浪费，例如原材料、在产品及产成品存储作业。③无效作业。无效作业是指不仅不对顾客价值没有贡献而且对企业价值产生负面影响的作业，例如差错、停工、无意义的文件或报告、过度的检查或包装等。

另外，还有诸多观点对作业的类别进行研究，比如詹姆斯·A.布林逊将作业分成了重复作业和不重复作业、基本作业和次要作业、必要作业和酌量性作业三种情况；还有将小型公司的作业分为成本目标作业与维持性作业两类；此外还有宏观作业与微观作业；专属作业与共同消耗作业，等等。

作业的不同分类方式意味着它是随着企业规模、工艺和组织形式等的不同而各异，作业的划分是有着层次性的，最基础的层面就是在产品成本核算中，基于企业现状的作业确认并以此界定作业与资源及产品间在数量上的因果关系，这也就是费用分配标准的确定过程。高层次的作业则定位于企业战略层面，作业效率成为竞争中的重要决定因素，决定着直接影响企业相对成本地位和差异化的程度。事实上，整个20世纪80年代日本企业挑战西方企业的核心就在于作业效率上的差异，借助高效率作业提供了品质更佳、成本更低的产品。这时的作业则被视为企业一种最基本的竞争机制，是基于流程管理的价值创造机制。

> **相关链接**
>
> 《企业产品成本核算制度——钢铁行业》"第四章 产品成本归集、分配和结转"之"三、产品成本的分配和结转"的"四、作业成本法下产品成本的归集、分配及结转"中"（一）工序系统及作业划分"：
>
> 钢后系统，是指包括炼钢及其下游各工序的生产系统，主要包括炼钢、浇铸、热轧、冷轧、涂层、镀层、焊管工序等。炼钢工序划分为粗炼、精炼等作业（如需要，也可将铁水预处理设为作业）；浇铸工序按照工艺划分为连铸或模铸作业；热轧工序划分为加热、热轧、精整、包装等作业；冷轧工序划分为酸洗、冷轧、热处理、涂镀、精整、包装等作业。
>
> 辅助生产系统，是指为生产主流程提供辅助产品和劳务的生产单位，主要包括电力、燃气、水、运输、修理等。根据管理需要，辅助生产系统可依据服务内容和性质设置相应的作业。

> 《企业产品成本核算制度——石油石化行业》"第四章 产品成本归集、分配和结转"之"三、作业成本法下油气成本的归集、分配及结转"的"（二）作业过程分类及对应作业单元"：
> 　　油气产品生产企业作业过程通常划分如下：采出作业、驱油物注入作业、稠油热采作业、油气处理作业、轻烃回收作业、井下作业、测井试井作业、天然气净化作业、厂矿管理作业、其他辅助作业。

（二）作业中心与作业成本库

　　企业往往有数量庞大的作业，如果不采取有效的分类方法，就会使作业成本的归集与分配很繁杂，显然作业中心概念的提出是基于简化作业成本核算的需要而做的一种类别划分，就是将同质作业归集在一起构成了作业中心，作业中心可以是某一项具体的作业，也可以是由若干个相互联系的能够实现某种特定功能的作业的集合，进而将同质作业引发的成本归集到同质成本库，然后再由成本库分配给成本对象。

（三）作业链与价值链

　　企业为满足顾客需要而建立的一系列有序的作业集合体。作业链是在描述构成企业作业集合体中的各种作业之间的逻辑关系。企业本身就是一个由此及彼、由内而外的作业链。作业链以多种形式存在，有些情况下呈现出网络型，因为多项作业之间可能存在互为投入产出关系。图 7-2 描述了一种作业关系。

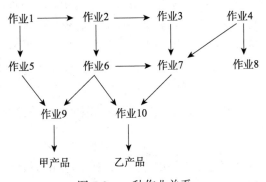

图 7-2　一种作业关系

　　从图 7-2 可看出，每项作业都是其上游作业的顾客，反过来其下游作业又是它本身的顾客。作业链是在描述企业为达到预想的目标或产品的一系列有序和完善的步骤或操作。换言之，作业链体现了企业的业务流程结构。具体来说就是若干项关联性作业构成流程，而每项作业又可以细分为若干项任务，每项任务又是由若干步骤来执行或完成的。作业链通常体现按照既定流程产生期望结果，如产品、服务，因而具有实体性特征。

　　价值链通常被界定为作业链的价值表现，是优化的作业链的价值增值表现。作业的转移同时伴随着价值的转移，最终产品是全部作业的集合，同时也表现了全部作业的价值集合。作业链是价值链的载体，比如价值链管理首要解决的是企业各项作业能否满足客户需要，否则就是无效作业，这类作业不给客户带来价值，也不能给企业带来价值增值。可以说，价值链管理的基本环节就是梳理流程、消除无效作业、构建有效作业体系，从这个角度看，作业链与价值链之间具有本质统一性。当然，作业链与价值链并不是呈现严格的对应关系，尤其是价值链的边界要远远大于作业链，因为价值链主要描述供应商、生产商、中间商和顾客及其内部战略经营单位之间的相互影响和依赖关系，从而识别它们为顾客创造的价值，强化公司的竞争优势。

三、成本对象与成本动因

成本对象是指企业追溯或分配资源费用、计算成本的对象物。成本对象可以是工艺、流程、零部件、产品、服务、分销渠道、客户、作业、作业链等需要计量和分配成本的项目。成本动因是指诱导成本发生的原因，是成本对象与其直接关联的作业和最终关联的资源之间的中介。成本控制的关键是控制成本动因，因为成本动因支配着成本行为并决定着成本的发生。实践中成本动因存在不同的划分标准，比如有执行性成本动因、时间性成本动因及精确性成本动因之说；还有单一成本动因与复合成本动因之分；另外又如数量型成本动因与比重型成本动因，等等。由于成本动因是在构建成本分配的标准，因此在选择成本动因时要综合考虑一些重要因素，这包括相关程度、实施成本与行为导向等。对成本动因的分类目前没有统一划分标准，但作业成本核算中的成本动因通常按其在资源流动中所处的位置和作用分为资源动因与作业动因。

1. 资源动因

资源动因是引起资源耗用的成本动因，它反映了资源耗用与作业量之间的因果关系。资源动因选择与计量为将各项资源费用归集到作业中心提供了依据。企业应识别当期发生的每一项资源消耗，分析资源耗用与作业中心作业量之间的因果关系，选择并计量资源动因。企业一般应选择那些与资源费用总额呈正比例关系变动的资源动因作为资源费用分配的依据。更深层次的资源动因分析可以揭示作业成本的资源项目，即作业成本费用要素，通过作业成本费用要素和作业相应关系的分析，资源动因可以用于评价作业耗用资源的效率。

2. 作业动因

作业动因是引起作业耗用的成本动因，反映了作业耗用与最终产出的因果关系，是将作业成本分配到流程、产品、分销渠道、客户等成本对象的依据。作业动因需要在交易动因、持续时间动因和强度动因间进行选择：①交易动因。交易动因指用执行频率或次数计量的成本动因，包括接受或发出订单数、处理收据数等。②持续时间动因。持续时间动因指用执行时间计量的成本动因，包括产品安装时间、检查小时等。③强度动因。强度动因指不易按照频率、次数或执行时间进行分配而需要直接衡量每次执行所需资源的成本动因，包括特别复杂产品的安装、质量检验等。企业如果每次执行所需要的资源数量相同或接近，应选择交易动因；如果每次执行所需要的时间存在显著的不同，应选择持续时间动因；如果作业的执行比较特殊或复杂，应选择强度动因。对于选择的作业动因，企业应采用相应的方法和手段进行计量，以取得作业动因量的可靠数据。

相关案例

1995 年成立的西安欧亚学院是经教育部批准、具有独立颁发国家承认学历文凭资格的综合性全日制本科普通高校，已经连续多年在中国民办大学排行榜上名列前茅。2010年 11 月，西安欧亚学院成为陕西承担国家教育体制改革试点项目的唯一民办高校。学院 2008 年与诺亚舟财务管理咨询公司合作推行 ABC 作业成本法并荣获"2009 年中国管理会计协会管理会计年度奖"，是国内首家获此殊荣的普通高等院校。该院确定了"财务数据—资源—作业—产品"的分配方法，其作业成本核算系统重视控制行政和非教学环节中管理支持性作业的成本，通过调整费用结构，将资源更多投入到授课、专业、课程建设、招生和就业服务作业。主要做法是：会计科目—资源—作业—成本对象，就是从会计核算系统获得成本数据，按照资源属性还原到资源，然后把资源按照资源动因分配到作业，最后把作业按照作业动因分配到成本对象而准确计算生均成本。其基本做法如图 7-3 所示。

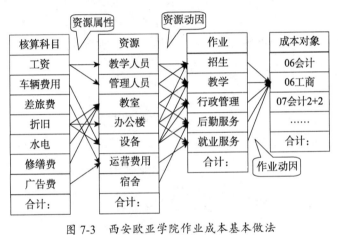

图 7-3　西安欧亚学院作业成本基本做法

四、作业成本报表

作业成本信息报告的目的是通过设计、编制和报送具有特定内容和格式要求的作业成本报表向企业内部各有关部门和人员提供其所需要的作业成本及其他相关信息。作业成本报表内容和格式应根据企业内部管理需要确定。作业成本报表提供的信息一般应包括以下内容：①企业拥有的资源及其分布以及当期发生的资源费用总额及其具体构成的信息；②每一成本对象总成本、单位成本及其消耗的作业类型、数量及单位作业成本的信息，以及产品盈利性分析的信息；③每一作业或作业中心的资源消耗及其数量、成本以及作业总成本与单位成本的信息；④与资源成本分配所依据的资源动因以及作业成本分配所依据的作业动因相关的信息；⑤资源费用、作业成本以及成本对象成本预算完成情况及其原因分析的信息；⑥有助于作业、流程、作业链（或价值链）持续优化的作业效率、时间和质量等方面非财务信息；⑦有助于促进客户价值创造的有关增值作业与非增值作业的成本信息及其他信息；⑧有助于业绩评价与考核的作业成本信息及其他相关信息；⑨上述各类信息的历史或同行业比较信息。

五、两维作业成本核算

美国学者特尔内（Peter B. Tarney）提出"两维作业成本模型"用来说明作业成本核算的原理。这里所谓的两维，就是成本分配观与过程分析观。前者指产品耗费作业而作业耗费资源，计算产品成本是计算产品所耗资源的成本，因此，成本分配观下的产品成本计算包括两个步骤：第一步是将耗费的资源按资源动因记入作业并计算作业成本，第二步是将作业成本按作业动因计入产品成本。第二步指的是作业管理，是通过作业分析来进行流程优化，并设置相应的业绩指标对完成的结果予以评价。

成本分配观与过程分析观并不是互相孤立的。成本分配观下作业成本计算主要是满足过程分析观下作业管理的信息需求。这种信息就是影响公司业绩的信息，即什么因素引起作业和怎样妥善地实施作业，企业可以利用这类信息改善业绩和增加顾客价值。作业成本管理思想就是建立在"过程观"基础上来认识作业和成本的关系的，所指过程其实就是作业的集合即作业链。为了有效地控制成本的发生以及进一步降低成本，作业成本管理把成本视为"作业过程的成本"，借助于作业过程分析全面实施联系的、动态的管理控制。可以说，过程分析观是成本分配观的发展和延伸。两维作业成本核算如图7-4所示。

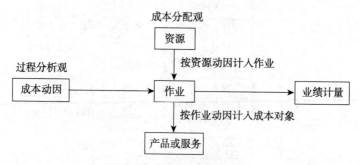

图 7-4　两维作业成本核算

显然，作业成本核算中成本动因的提出将传统上的基于产品的成本分析深入至作业层面，通过作业认定、成本动因分析以及对作业效率、质量和时间的计量，更真实地揭示资源、作业和成本之间的联动关系，为资源的合理配置，以及作业、流程和作业链（或价值链）的持续优化提供依据。同时，通过作业成本法提供的信息及其分析，为企业更有效地开展规划、决策、控制、评价等各种管理活动奠定坚实基础。作业过程的分析如图7-5所示。

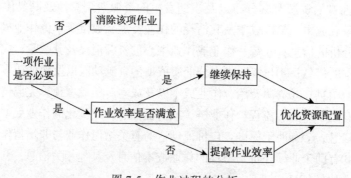

图 7-5　作业过程的分析

> **相关案例**
>
> 作为典型网络型公司的顺丰每天平均上千万个运单在流程节点产生的数据、采购用油、车辆运输、专机散航、产品定报价、折扣分析等财务、业务、采购、客户方面的数据量惊人,企业需要打通不同部门间各类数据流通,统一获取与记录这些数据,以便将考核、分析、支持经营决策的数据建立在财务和业务的"同一种语言"表达基础上。顺丰 2014 年正式引入 ABC 成本法(Activity Based Costing),精确追踪每件快递在收发全过程每环节所产生的成本。"我举个例子,一件快递的成本包括收件和派件快递员收取的佣金(commission),这个很容易理解;但是一件快递装车后,车上拥有许多件快递,那么分摊到这件快递在这趟运送中的运输成本是多少?再比如,快递到了中转站以后,需要时间才能进入下一环节,那么中转站的成本分摊到这件快递上又是多少?这些问题就需要通过 ABC 成本法,将过程中的每个环节进行拆解,再将每个环节之中的成本动因(cost driver)以一个符合逻辑的方式平摊下去"。顺丰首席财务官伍玮婷女士(Grace)认为 ABC 成本法细致拆分了产品在运送过程中的每环节,令企业有机会清晰了解一件快递按某一运输方式经全流程大概产生的毛利,并发现花费过多的环节或具备优化空间的环节,由此密切连接了财务与业务驱动力(business driver)。

第三节 作业成本核算的程序

作业成本核算通过追踪所有资源费用到作业,然后再到流程、产品、分销渠道或客户等成本对象,提供全口径、多维度的更加准确的成本信息。当然,任何成本信息的提供都要遵循相应的成本核算程序,作业成本核算亦是如此。企业应用作业成本核算,一般按照资源识别及资源费用的确认与计量、成本对象选择、作业认定、作业中心设计、资源动因选择与计量、作业成本汇集、作业动因选择与计量、作业成本分配、作业成本信息报告等程序进行。

一、作业成本核算的基本程序

1. 资源识别及资源费用的确认与计量

资源识别及资源费用的确认与计量是指识别出由企业拥有或控制的所有资源,遵循国家统一的会计制度,合理选择会计政策,确认和计量全部资源费用,编制资源费用清单,为资源费用的追溯或分配奠定基础。资源费用清单一般应分部门列示当期发生的所有资源费用,其内容要素一般包括发生部门、费用性质、所属类别、受益对象等。资源识别及资源费用的确认与计量应由企业的财务部门负责,在基础设施管理、人力资源管理、研究与开发、采购、生产、技术、营销、服务、信息等部门的配合下完成。

2. 成本对象选择

在作业成本核算下,企业应将当期所有的资源费用,遵循因果关系和受益原则,根据资源动因和作业动因,分项目经由作业追溯或分配至相关的成本对象,确定成本对象的成本。企业应根据国家统一的会计制度,并考虑预算控制、成本管理、营运管理、业绩评价以及经济决策等方面的要求确定成本对象。当然要认识到现阶段的作业成本核算的目的还是解决间接费用的精准分配问题,而最终成本对象也还是完工产品成本,因此作业成本核算下的成本对象与传统成本核算方法一致,也是按照产品的品种、批次或步骤作为成本计算对象,换言之现阶段作业成本核算就是针对制造费用成本项目的。

3. 作业认定

作业认定是指企业识别由间接或辅助资源执行的作业集,确认每一项作业完成的工作以及执行该作业所耗费的资源费用,并据以编制作业清单的过程。作业认定的内容主要包括对企业每项消耗资源的作业进行识别、定义和划分,确定每项作业在生产经营活动中的作用、同其他作业的区别以及每项作业与耗用资源之间的关系。作业认定一般包括以下两种形式,即:①根据企业生产流程,自上而下进行分解。②通过与企业每一部门负责人和一般员工进行交流,自下而上确定他们所做的工作,并逐一认定各项作业。企业一般应将两种方式相结合,以保证全面、准确认定作业。

作业认定的具体方法一般包括调查表法和座谈法,其中:①调查表法是指通过向企业全体员工发放调查表,并通过分析调查表来认定作业的方法。②座谈法是指通过与企业员工的面对面交谈,来认定作业的方法。企业一般应将两种方法相结合,以保证全面、准确认定全部作业。

企业对认定的作业应加以分析和归类,按顺序列出作业清单或编制出作业字典。作业清单或作业字典一般应当包括作业名称、作业内容、作业类别、所属作业中心等内容。某企业按照现有职能部门的活动分解出的作业如表7-1所示。

表7-1 某企业按照现有职能部门的活动分解出的作业

职能部门	主要作业
产品开发	内部开发;申请专利;外购专利
物资采购	获取采购信息;签订合同;完成交易
储运	收货;验货;存储;发货;运输
生产	材料准备;设备维护;加工;包装;车间管理
质量控制	检验
销售	获取客户信息;建立销售渠道;签订合同;完成交易
会计	收款;付款;制单;系统输入;系统输出;财务分析

作业认定还应关注将作业数量控制在合理的水平上。一般来讲,初次建立作业成本核算制度的企业设置 20~30 种作业即可,成熟运用作业成本核算制度的企业通常的作业种类数量也不宜超过 100 种。

4. 作业中心设计

作业中心设计是指企业将认定的所有作业按照一定的标准进行分类,形成不同的作业中心,作为资源费用追溯或分配对象的过程。企业可按照受益对象、层次和重要性划分出产量级、批别级、品种级、客户级、设施级五类作业并分别设计相应的作业中心。

5. 资源动因选择并计量与作业成本归集

作业成本归集是指企业根据资源费用与作业之间的因果关系，将所有的资源费用直接追溯或按资源动因分配至各作业中心，计算各作业总成本的过程。作业成本归集应遵循以下基本原则：①对于为执行某种作业直接消耗的资源，应直接追溯至该作业或作业中心；②对于为执行两种或两种以上作业或作业中心共同消耗的资源，应按照各作业或作业中心的资源动因量比例分配至各作业中心。

为便于将资源费用直接追溯或分配至各作业或作业中心，企业可以按照资源与不同层次作业的关系，将资源分为如下 5 类：

（1）产量级资源。产量级资源包括为单个产品（或服务）所取得的原材料、零部件、人工、能源等。

（2）批别级资源。批别级资源包括用于生产准备、机器调试的人工等。

（3）品种级资源。品种级资源包括为生产某一种产品（或服务）所需要的专用化设备、软件或人力等。

（4）顾客级资源。顾客级资源包括为服务特定客户所需要的专门化设备、软件和人力等。

（5）设施级资源。设施级资源包括土地使用权、房屋及建筑物，以及所保持的不受产量、批别、产品、服务和客户变化影响的人力资源等。对产量级资源费用，应直接追溯至各作业中心的产品等成本对象。对于其他级别的资源费用，应选择合理的资源动因，按照各作业中心的资源动因量比例，分配至各作业中心。企业为执行每一种作业所消耗的资源费用的总和，构成该种作业的总成本。

6. 作业动因选择与作业成本分配

当作业中心仅包含一种作业的情况下，所选择的作业动因应该是引起该作业耗用的成本动因；当作业中心由若干个作业集合而成的情况下，企业可采用回归分析法或分析判断法，分析比较各具体作业动因与该作业中心成本之间的相关关系，选择相关性最大的作业动因，即代表性作业动因，作为作业成本分配的基础。

作业成本分配是指企业将各作业中心的作业成本按作业动因分配至产品等成本对象，并结合直接追溯的资源费用，计算出各成本对象的总成本和单位成本的过程。作业成本分配一般按照以下两个程序进行。

（1）分配次要作业成本至主要作业，计算主要作业的总成本和单位成本。企业应按照各主要作业耗用每一次要作业的作业动因量，将次要作业的总成本分配至各主要作业，并结合直接追溯至次要作业的资源费用，计算各主要作业的总成本和单位成本。计算公式如下：

次要作业成本分配率 = 次要作业总成本/该作业动因总量

某主要作业分配的次要作业成本
= 该主要作业耗用的次要作业动因量 × 该次要作业成本分配率

主要作业总成本 = 直接追溯至该作业的资源费用 + 分配至该主要作业的次要作业成本

主要作业单位成本 = 主要作业总成本/该主要作业动因总量

（2）分配主要作业成本至成本对象，计算各成本对象的总成本和单位成本。企业应按照各成本对象耗用每一主要作业的作业动因量，将主要作业成本分配至各成本对象，并结

合直接追溯至成本对象的单位水平资源费用,计算各成本对象的总成本和单位成本。计算公式如下:

某成本对象分配的主要作业成本
=该成本对象耗用的主要作业成本动因量×主要作业单位成本
某成本对象总成本
=直接追溯至该成本对象的资源费用+分配至该成本对象的主要作业成本
某成本对象单位成本=该成本对象总成本/该成本对象产出量

这里需要说明的是,将作业划分为主要作业与次要作业实质上在明确作业成本核算的步骤或原理,目的在于从作业链视角描述作业或作业中心间的层次性,一般的逻辑是从资源费用到次要作业再到主要作业直至成本对象,也可以理解为次要作业对应于资源动因而主要作业对应着作业动因,这样能确保作业与生产流程的对应关系。

7. 产品成本计算

作业成本核算的成本对象多元化意味着成本信息要满足不同是使用需求,比如以作业成本信息为基础的预算体系构建、以作业成本信息为基础的作业的增值分析等。这些内容显然都针对的是企业内部管理而言的,而一旦将成本对象明确为产品则遵守企业会计准则的相关规范就成为必然,这时教材第二章的内容就要得到执行,也就意味着现阶段作业成本核算并不是改变企业为产品生产所耗资源额,改变的只是资源额在各受益产品间的归集与分配方式。这些资源的成本信息一般从企业账簿记录中可以得到,但可能在记录形式上有所改变。比如在产品成本明细账中按该产品所涉及的作业种类开设作业成本项目,将各作业或作业中心的成本结转到各产品的成本明细账中,如果期末有在产品,则还需要按照一定的方法将各项作业成本在期末完工产品与在产品之间进行分配。由此将各产品发生的直接生产成本和各成本库中作业成本分别汇总,得到该产品总成本或单位成本。

> **相关链接**
>
> 《企业产品成本核算制度——石油石化行业》"第四章 产品成本归集、分配和结转"之"第一节 油气产品成本归集、分配和结转"的"三、作业成本法下油气成本的归集、分配及结转"提出:(一)作业成本法归集、分配及结转步骤:1.根据油气生产过程划分作业类型。2.识别作业单元。分析各作业设施、组织机构及业务类型与作业过程的关系,确定各作业过程对应的作业单元。3.将各作业单元发生的成本费用归集到对应的作业过程。4.将作业过程的成本直接归集或按照受益原则分配到对应的成本中心。5.将各作业过程归集的油气生产成本在原油、天然气、凝析油、液化气等产品间按照受益原则、采用当量系数法进行分配。6.根据各产品商品量计算各产品的单位生产成本,并据此将产成品成本结转至"库存商品"科目。
>
> 《企业产品成本核算制度——钢铁行业》"第四章 产品成本归集、分配和结转"之"四、作业成本法下产品成本的归集、分配及结转"的"(二)作业成本的归集、分配及结转步骤"也进行了相似规范。

二、作业成本核算例解

【例 7-1】 某企业 2020 年 6 月生产 A、B 和 C 三种电子产品。产品 A 工艺最简单，本月销售 12 000 件；产品 B 工艺相对复杂，本月销售 24 000 件；产品 C 最复杂，本月销售 4 800 件。该企业设有一个基本生产车间，主要工序包括零部件排序准备、自动插件、手工插件、压焊、技术冲洗及烘干、质量检测和包装。原材料和零部件均外购。

（1）该企业现阶段采用传统成本核算方法计算完工产品成本，以直接人工工时为基础分配制造费用。有关成本资料如表 7-2 所示。

表 7-2 成本资料

成本项目	A 产品	B 产品	C 产品	成本合计
产量（件）	12 000	24 000	4 800	
直接材料（元）	600 000	2 160 000	96 000	2 856 000
直接人工（元）	696 000	1 920 000	192 000	2 808 000
制造费用（元）				4 672 800
年直接人工工时（小时）	45 000	120 000	12 000	177 000

（2）现在该企业准备采用作业成本核算。经分析将形成制造费用的资源耗费归类为工资费用、折旧费用、电费和办公及其他费用。制造费用的资源费用项目构成如表 7-3 所示。

表 7-3 制造费用的资源费用项目构成　　　　　　　单位：元

资源费用项目	金额
工资费	2 130 000
折旧费	1 401 800
电费	700 920
办公及其他费用	440 080

（3）管理人员经过分析，认定了公司发生的主要作业并将其划分为几个同质作业成本库，然后将间接费用归集到各作业成本库中。各项资源费用的资源动因：①各项作业的人员及工资水平固定，各项作业人工费可认为是专属费用；②各项作业所耗折旧费按其所用设备账面原值比例进行分配；③各项作业承担的电费按各自单独安装的电表显示的耗电量与电费单价计量；④各项作业的办公及其他费用按作业人员的人数比例计算。本例题直接给出资源费用项目的分配结果如表 7-4 所示。

表 7-4 资源费用分配表　　　　　　　单位：元

资源类别	资源费用	资源动因	作业成本库							
			装配	材料采购	物料处理	起动准备	质量控制	产品包装	工程处理	管理
工资费	2 130 000	专属费用	634 800	108 000	320 000	1 620	275 680	180 000	336 000	273 900
折旧费	1 401 800	资产原值	493 780	75 000	246 800	720	107 900	70 000	265 000	142 600
电费	700 920	耗电量	201 020	32 000	85 000	1 080	91 050	30 000	135 000	125 770
办公及其他费用	440 080	作业人数	125 520	25 000	68 200	180	30 570	20 000	104 000	66 610
作业成本合计			1 455 120	240 000	720 000	3 600	505 200	300 000	840 000	608 880

（4）管理人员认定各作业成本库的成本动因如表 7-5 所示。

表 7-5　各作业成本库的成本动因表

制造费用	成本动因	作业量			
		A 产品	B 产品	C 产品	合计
装配	机器小时（小时）	15 000	37 500	12 000	64 500
材料采购	订单张数（张）	1 800	7 200	21 000	30 000
物料处理	材料移动（次数）	1 050	4 500	9 450	15 000
起动准备	准备次数（次数）	1 500	6 000	15 000	22 500
质量控制	检验小时（小时）	6 000	12 000	12 000	30 000
产品包装	包装次数（次数）	600	4 500	9 900	15 000
工程处理	处理时间（小时）	15 000	27 000	18 000	60 000
管理	直接人工（小时）	45 000	120 000	12 000	177 000

要求：①采用传统成本核算方法计算产品 A、B 和 C 制造成本。
②根据成本动因计算单位作业成本。
③将作业成本库的制造费用按单位作业成本分摊到产品。
④采用作业成本法计算产品 A、B 和 C 的制造成本。

根据上述资料，可计算求得：
（1）采用传统成本核算方法计算的产品制造成本见表 7-6。

表 7-6　产品成本计算表（传统成本核算法）　　　　　　　　单位：元

成本项目	A 产品	B 产品	C 产品	
直接材料（元）	600 000	2 160 000	96 000	
直接人工（元）	696 000	1 920 000	192 000	以直接人工工时为基础
制造费用（元）	1 188 000	3 168 000	316 800	的制造费用分配率=
合计	2 484 000	7 248 000	604 800	4 672 800/177 000=26.4
产量（件）	12 000	24 000	4 800	
单位产品成本	207	302	126	

（2）单位作业成本计算见表 7-7。

表 7-7　单位作业成本（作业成本动因率）计算表

作业	成本动因	年制造费用	年作业量	单位作业成本
装配	机器小时（小时）	1 455 120	64 500	22.56
材料采购	订单张数（张）	240 000	30 000	8
物料处理	材料移动（次数）	720 000	15 000	48
起动准备	准备次数（次数）	3 600	22 500	0.16
质量控制	检验小时（小时）	505 200	30 000	16.84
产品包装	包装次数（次数）	300 000	15 000	20
工程处理	处理时间（小时）	840 000	60 000	14
管理	直接人工（小时）	608 880	177 000	3.44

（3）将作业成本库的制造费用按单位作业成本分摊到各产品见表7-8。

表7-8 作业成本分配表

作业	单位作业成本	A产品		B产品		C产品	
		作业量	作业成本	作业量	作业成本	作业量	作业成本
装配	22.56	15 000	338 400	37 500	846 000	12 000	270 720
材料采购	8	1 800	14 400	7 200	57 600	21 000	168 000
物料处理	48	1 050	50 400	4 500	216 000	9 450	453 600
起动准备	0.16	1 500	240	6 000	960	15 000	2 400
质量控制	16.84	6 000	101 040	12 000	202 080	12 000	202 080
产品包装	20	600	12 000	4 500	90 000	9 900	198 000
工程处理	14	15 000	210 000	27 000	378 000	18 000	252 000
管理	3.44	45 000	154 800	120 000	412 800	12 000	41 280
合计			881 280		2 203 440		1 588 080

（4）采用作业成本核算法计算产品A、B和C的制造成本见表7-9。

表7-9 产品成本计算表　　　　　　　　　　单位：元

成本项目	A产品（12000件）	B产品（24000件）	C产品（4800件）	成本合计
直接材料	600 000	2 160 000	96 000	2 856 000
直接人工	696 000	1 920 000	192 000	2 808 000
装配	338 400	846 000	270 720	1 455 120
材料采购	14 400	57 600	168 000	240 000
物料处理	50 400	216 000	453 600	720 000
起动准备	240	960	2 400	3 600
质量控制	101 040	202 080	202 080	505 200
产品包装	12 000	90 000	198 000	300 000
工程处理	210 000	378 000	252 000	840 000
管理	154 800	412 800	41 280	608 880
合计	2 177 280	6 283 440	1 876 080	10 336 800
单位产品成本	181.44	261.81	390.85	

三、作业成本核算与传统成本核算的比较

根据例7-1的相关资料，可以通过编制作业成本核算与传统成本核算的计算结果比较表来对比分析两者间的差异，如表7-10所示。

从表7-10可以看出，作业成本核算与传统成本核算的主要区别体现在制造费用的分配上，因此，这里所说的传统成本核算实际上是指采用传统制造费用分配方法的那些成本核算制度。数据对比显示，工艺最简单的产品A在传统成本核算方法下成本被高估的可能性很大，而最复杂且产量最低的产品C的成本被低估的可能性较大。传统成本计算方法的计算结果导致成本信息扭曲，也不利于企业制定产品价格，并能对特殊订货的价格作出真实判断及继续或停止生产某产品决策。产生差异的原因可以从下述角度来分析：①作业成本

表 7-10 作业成本核算法与传统成本核算法计算结果比较表

项目		总成本				单位成本			
		直接材料	直接人工	制造费用	合计	直接材料	直接人工	制造费用	合计
A产品 （12000件）	传统	600 000	696 000	1 188 000	2 484 000	50	58	99	207
	作业	600 000	696 000	881 280	2 177 280	50	58	73.44	181.44
	差异额	0	0	306 720	306 720	0	0	25.56	25.56
	差异率	0	0	34.80%	14.09%	0	0	34.80%	14.09%
B产品 （24000件）	传统	2 160 000	1 920 000	3 168 000	7 248 000	90	80	132	302
	作业	2 160 000	1 920 000	2 203 440	6 283 440	90	80	91.81	261.81
	差异额	0	0	964 560	964 560	0	0	40.19	40.19
	差异率	0	0	43.78%	15.35%	0	0	43.78%	15.35%
C产品 （4800件）	传统	96 000	192 000	316 800	604 800	20	40	66	126
	作业	96 000	192 000	1 588 080	1 876 080	20	40	330.85	390.85
	差异额	0	0	-1 271 280	-1 271 280	0	0	-264.85	-264.85
	差异率	0	0	-80.05%	-67.76%	0	0	-80.05%	-67.76%

核算是通过作业或作业中心来界定作业成本库，而不是传统的将生产车间或部门设定为成本中心；②用以分配作业成本到成本对象的分配标准是建立在因果关系基础上的成本动因，而传统方法则采用单一数量基础分配标准，这类标准通常既与资源消耗无关又与成本对象无关。③通过确认各种作业或作业中心的成本，使管理人员知道作业消耗资源情况，从而有助于企业有效地控制间接成本，不断降低产品成本。

总体看来，作业成本核算的主要优点：一是能够提供更加准确的各维度的成本信息，有助于企业提高产品定价、作业与流程改进、客户服务等决策的准确性；二是改善和强化成本控制，促进绩效管理的改进和完善；三是推进作业基础预算，提高作业、流程、作业链（或价值链）管理的能力。作业成本核算的主要缺点：部分作业的识别、划分、合并与认定，成本动因的选择以及成本动因计量方法的选择等均存在较大的主观性，操作较为复杂，开发和维护费用较高。

第四节 作业成本核算的账务处理

作业成本核算与传统成本核算在会计账户设置及账务处理上存在一定差异，因为从作业成本核算程序看，作业成本核算涉及两类具有层次性的成本对象，先是作业或作业中心，再是最终受益产品，这样的成本流程就要求相应的成本信息与之对应。传统成本核算相应的成本流程中制造费用是由全厂统一或按部门进行归集和分配，由此形成了"基本生产成本—制造费用—制造费用要素"的账户体系，其中制造费用要素反映的是生产环节耗费的经济内容。作业成本核算改变了传统成本流程，比如现阶段制造费用是由作业成本库分别进行归集和分配，理论上应有相应的账务核算体系。

一、预演性作业成本核算的账务处理

从管理层面看，将企业全部资源按作业为基本单元进行配置本质上并不是直接以产品

成本核算为导向的，即使是预演性作业成本也是如此，这里的预演性作业成本是指只在企业的某方面实施作业成本法，例如一个部门或一条生产线。这与现阶段将作业成本核算适用于制造费用成本项目有异曲同工之效，即选择生产车间引起制造费用发生的生产活动的作业认定来进行核算，由此现阶段作业成本核算的基本原理就是既然制造费用由作业或作业中心归集而与由成本动因进行分配，进而制造费用成本项目的明细要用作业成本来反映。

下面以例 7-1 有关资料为依据说明作业成本核算的账务处理。

1. 根据表 7-2 的有关资料进行直接成本项目的账务处理

借：基本生产成本——A 产品——直接材料	600 000
——B 产品——直接材料	2 160 000
——C 产品——直接材料	96 000
贷：原材料	2 856 000
借：基本生产成本——A 产品——直接人工	696 000
——B 产品——直接人工	1 920 000
——C 产品——直接人工	192 000
贷：应付职工薪酬	2 808 000

2. 各类资源费用分配计入作业成本库的账务处理

根据表 7-4 的资料编制以下会计分录：

（1）工资费用的分配。

借：制造费用——装配	634 800
——材料采购	108 000
——物料处理	320 000
——起动准备	1 620
——质量控制	275 680
——产品包装	180 000
——工程处理	336 000
——管理	273 900
贷：应付职工薪酬	2 130 000

（2）折旧费用的分配。

借：制造费用——装配	493 780
——材料采购	75 000
——物料处理	246 800
——起动准备	720
——质量控制	107 900
——产品包装	70 000
——工程处理	265 000
——管理	142 600
贷：应付职工薪酬	1 401 800

（3）电费的分配。

借：制造费用——装配	201 020
——材料采购	32 000
——物料处理	85 000
——起动准备	1 080
——质量控制	91 050
——产品包装	30 000
——工程处理	135 000
——管理	125 770
贷：应付账款	700 920

（4）办公及其他费用的分配。

借：制造费用——装配	125 520
——材料采购	25 000
——物料处理	68 200
——起动准备	180
——质量控制	30 570
——产品包装	20 000
——工程处理	104 000
——管理	66 610
贷：银行存款	440 080

3. 将作业成本库归集的费用分配计入产品成本的账务处理

根据表7-8的资料编制以下会计分录：

（1）将装配费记入产品成本。

借：基本生产成本——A——制造费用（装配）	338 400
——B——制造费用（装配）	846 000
——C——制造费用（装配）	270 720
贷：制造费用——装配	1 455 120

（2）将材料采购费记入产品成本。

借：基本生产成本——A——制造费用（材料采购）	14 400
——B——制造费用（材料采购）	57 600
——C——制造费用（材料采购）	168 000
贷：制造费用——材料采购	240 000

（3）将物料处理费记入产品成本。

借：基本生产成本——A——制造费用（物料处理）	50 400
——B——制造费用（物料处理）	216 000
——C——制造费用（物料处理）	453 600
贷：制造费用——物料处理	720 000

（4）将起动准备费记入产品成本。

借：基本生产成本——A——制造费用（起动准备）　　　　240
　　　　　　　　——B——制造费用（起动准备）　　　　960
　　　　　　　　——C——制造费用（起动准备）　　　　2 400
　　贷：制造费用——起动准备　　　　　　　　　　　　3 600

（5）将质量控制费记入产品成本。

借：基本生产成本——A——制造费用（质量控制）　　　101 040
　　　　　　　　——B——制造费用（质量控制）　　　202 080
　　　　　　　　——C——制造费用（质量控制）　　　202 080
　　贷：制造费用——质量控制　　　　　　　　　　　　505 200

（6）将产品包装费记入产品成本。

借：基本生产成本——A——制造费用（产品包装）　　　12 000
　　　　　　　　——B——制造费用（产品包装）　　　90 000
　　　　　　　　——C——制造费用（产品包装）　　　198 000
　　贷：制造费用——产品包装　　　　　　　　　　　　300 000

（7）将工程处理费记入产品成本

借：基本生产成本——A——制造费用（工程处理）　　　210 000
　　　　　　　　——B——制造费用（工程处理）　　　378 000
　　　　　　　　——C——制造费用（工程处理）　　　252 000
　　贷：制造费用——工程处理　　　　　　　　　　　　840 000

（8）将管理费记入产品成本

借：基本生产成本——A——制造费用（管理费）　　　　154 800
　　　　　　　　——B——制造费用（管理费）　　　　412 800
　　　　　　　　——C——制造费用（管理费）　　　　41 280
　　贷：制造费用——管理费　　　　　　　　　　　　　608 880

4. 结转产品成本的账务处理

借：库存商品——A　　　　　　　　　　　　　　　　2 177 280
　　　　　　——B　　　　　　　　　　　　　　　　6 283 440
　　　　　　——C　　　　　　　　　　　　　　　　1 876 080
　　贷：基本生产成本——A　　　　　　　　　　　　　2 177 280
　　　　　　　　　　——B　　　　　　　　　　　　　6 283 440
　　　　　　　　　　——C　　　　　　　　　　　　　1 876 080

不难看出，作业成本核算必然会增加会计账户使用的数量，但可以使会计账户设置与作业成本流转保持一致，有利于成本费用的控制。上述账务处理都是建立在传统成本核算账户体系上，只是通过转换制造费用成本项目的明细内容来提供增量成本信息，就是将制造费用成本项目按经济内容反映的明细账转变为基于作业成本库的作业成本项目。实践中出于不同核算意图，作业成本核算账户体系可探讨多种设置方式，比如从作业是否增加价值的角度进行账户设置，增值作业可专设总账或一级账户归集按间接成本设立的作业成本库的作业成本；对于非增值作业账户的设置则应考虑特定作业成本信息需求的满足，非增值作业包括了维持性作业成本与无效作业成本，前者有其存在的必然性但应加以控制，因此可从标准成本的视角设置"标准间接成本"账户而后者可设置"间接成本差异"账户。

二、正式作业成本核算的账务处理

正式作业成本核算是指企业中产品或服务的核算要完全遵照作业成本核算基本程序展开，而不仅仅适用于生产部门引发制造费用发生的资源耗费。显然，实施正式作业成本核算尚存较大难度，但这并不妨碍探讨其账户体系设置及使用。正式作业成本核算要回答作业或作业中心与总账或一级账户设置的对应性问题，因为正式作业成本核算下的生产流程表现为企业作业设定基础上的作业链，由此作业成本流程要与之匹配。这可以从适时生产制度与倒推成本法来展开。

（一）适时生产制度的理念和目标

适时生产制度最早起源于日本，它的基本思想可概括为"只在需要的时候，按需要的量生产所需的产品"，这也是 Just-in time（JIT）一词所要表达的本来含义。适时生产制度的根本目标是最大限度地减少产成品、在产品及原材料等各类存货数量，提高生产效率与改善质量控制，从而大幅度降低企业总成本。

1. 适时生产制度与传统生产制度的区别

传统生产制度的特点是推动式生产，即生产是按照企业内部既定的生产工艺流程推进的，是从成本投入（要素费用发生）到价值产出（产成品入库）的正向物流过程。该种生产制度不可避免地导致在产品、半成品和产成品的存在，对存货管理形成巨大挑战，比如产品积压、产品技术过时或变质等。适时生产制度是一种需求拉动式生产，其起点是订单式销售，根据顾客订单生产并追求"零存货"目标以减少物流成本、库存成本及最大限度提高产品质量。适时生产制度具有逆向物流特征，与传统供应链反向运作，是对原材料、中间库存、最终产品及相关信息从消费地到起始点的实际流动进行有效的计划与管控。

2. 适时生产制度的基本特征

适时生产制度通过缩减时间及空间占用以消除浪费而实现竞争优势，主要体现在：①大幅降低存货数量。时间安排的高度精密性使得各生产环节之间不存在或很少存在已完成某工序但还没有被后工序使用的在产品或半成品，这部分在产品或半成品通常被称为缓冲存货。②显著提高了产品质量。适时生产的零存货使得传统的可接受质量水平观念受到冲击，全面质量管理得到强化。③极大地缩短了生产周期。适时生产制度简化生产流程、按需生产减少了产成品待售时间、采用制造单元形式缩短了生产协调时间，生产周期得以缩短。

3. 适时生产制度的运行要点

适时生产制度是一种全方位的系统工程，其运行包括如下要点：①转换管理观念，生产管理者要转变为协调者；②全体员工要在清晰、可度量的绩效评价下创新性参与；③接受现代质量管理观念,将优质"做进"全部产品而绝不仅仅是把不合格产品"拣出来";④"看板"系统下均衡化生产,后工序与其前工序要无缝对接;⑤生产布局应呈现需求拉动式小批量生产方式下的"制造单元"成本管理;⑥维持良好的供应关系,与供应商建立长期战略合作关系。适时生产制度同时也是自动化生产控制制度,需要借助计算机集成制造系统(CIM)重组与再造传统生产流程、改造生产组织管理模式及提高物流管理水平等。

(二)适时生产制度的成本核算

适时生产制度将产品生产周期划分为增值时间与非增值时间,增值时间为生产过程中对产品直接加工的必要操作时间,非增值时间为储存、等待、运送和检验时间。消除非增值时间使产品生产周期等于产品实际加工的增值时间则要避免产品在机器与机器间的传递距离与存货量,半成品运送与保管是无效作业,降低运送与保管成本要求车间或工段合理布局,车间或工段内部要合理规划,将生产同种产品的机器集中起来形成"制造单元"以避免不必要环节,产品各工序在制造单元内连续加工,前工序完工即刻转入后工序。这种生产方式减少了所加工产品在制造单元内各工序间移动时间,也减少了更换机器设备、安装模具、搬动原材料及半成品等所耗时间。

适时生产制度的"零存货"目标导致:①本期生产成本即为本期购买成本,本期销售成本即为本期生产成本,不再需要期末存货实地盘点与永续盘存。②存货完全具有了同质性的单一类别,传统生产方式下的采购、库存、发料等都得以简化为特定的作业(活动)。③将基本生产活动集中于制造单元内,简化了成本计算并提高了成本计算准确性。

1. 倒推成本法含义与特点

倒推成本法是指产品完工或销售时倒过来计算在产品、产成品成本的计算方法。采用该方法通常要满足三个条件:①企业管理层只需要简单会计体系并认为详细成本记录不必要;②每种产品都有一套标准成本,存货数量相对较少;③与传统成本法下的财务结果基本接近,不会扭曲成本。倒推成本法在会计确认时点上表现为推迟会计记录,最常见的是在产品出售后才编制相应会计分录。

倒推成本法的主要特点是:①将产品生产耗用的材料费用、工资费用及制造费用直接计入产品主营业务成本;②会计期末如果企业有存货则再利用倒推成本法计算存货成本,由主营业务成本账户回流到存货账户。账户设置是:①"原材料和在产品"账户,购入材料时直接计入该账户借方。②"加工成本"账户用以核算直接人工与制造费用。③产品生产完成时分配制造费用。④生产量大于销售量或有在产品时将主营业务成本账户部分金额转出计入"产成品"或"原材料和在产品"账户借方。这里需要提及的是,"原材料和在产品"账户描述了原材料在生产需要时由供应商直接送至指定地点从而原材料与生产完全同步,而又单设了"加工成本"账户则意味着该账户实际上反映着产品的直接材料费用情况。

2. 倒推成本法例解

某企业在适时生产制度下采用倒推成本法进行产品成本核算,满足如下三种情形:该企业只生产甲产品、原材料期初余额为零且在产品没有期初与期末余额;没有直接材料差异(若有则差异的核算与标准成本法处理基本一致)。该企业2020年9月发生下列会计事项:

(1)用银行存款购入原材料 170 000 元。
(2)本月实际发生加工成本 102 000 元。
(3)本月甲产品完工 1 650 件,甲产品标准单位成本为直接材料 100 元,加工成本为 60 元,两者之和为 160 元。
(4)本月出售甲产品 1 620 件。

倒推成本法有三种基本类型,区别在于记账时点差异,分述如下:

第一种类型:以材料购进、产品完工为记账时点,则该企业 2020 年 9 月应编制的会计分录:

① 购进材料:
  借:原材料和在产品   170 000
    货:银行存款   170 000

② 本月发生加工成本:
  借:加工成本   102 000
    货:应付职工薪酬   92 000
      累计折旧   10 000

③ 计算完工产品成本:
  借:库存商品(1 650×160)   264 000
    货:原材料与在产品(1 650×100)   165 000
      加工成本(1 650×60)   99 000

④ 结转销售成本:
  借:主营业务成本(1 620×160)   259 200
    货:库存商品(1 620×160)   259 200

⑤ 会计期间内发生的实际加工成本可能会分配不足或分配过多,因此,企业应在年末或月末进行调整,假定该企业是在月末进行调整,则会计分录为:
  借:主营业务成本   3 000
    货:加工成本   3 000(102 000 - 99 000)

9 月份各存货账户余额为"原材料和产品"为 5 000 元,"库存商品"为 4 800 元,共计 9 800 元。

第二种类型:以材料购进、产品销售为记账时点。这种方法不强调存货构成信息,因此可将"原材料和在产品"及"库存商品"两个账户合并,设置一个"存货"账户即可。则该企业 2020 年 9 月应编制的会计分录:

① 购进材料:
  借:存货   170 000
    货:银行存款   170 000

② 本月发生加工成本:
  借:加工成本   102 000
    货:应付职工薪酬   92 000
      累计折旧   10 000

③产品出售时，结转销售成本：

　　借：主营业务成本（1 620×160）　　　　　　　　　　　259 200
　　　　贷：存货（1 620×100）　　　　　　　　　　　　　　　162 000
　　　　　　加工成本（1 620×60）　　　　　　　　　　　　　　97 200

④由于加工成本不计入存货，但102 000元的加工成本仅分配了97 200元，其中差额4 800元便是分配不足的数额，应于月末编制调整分录：

　　借：主营业务成本　　　　　　　　　　　　　　　　　　　4 800
　　　　贷：加工成本　　　　　　　　　　　　　　　　　　　　4 800

于是，9月末存货余额为8 000元。

第三种类型：以产品出售时为记账时点。这种方法是适时生产制度环境下最简单会计处理方法，也是倒推成本法中"倒推"的由来。该企业2020年9月应编制的会计分录：

①购进原材料：

　　借：主营业务成本　　　　　　　　　　　　　　　　　　170 000
　　　　贷：银行存款　　　　　　　　　　　　　　　　　　　170 000

②本月发生加工成本：

　　借：主营业务成本　　　　　　　　　　　　　　　　　　102 000
　　　　贷：应付职工薪酬　　　　　　　　　　　　　　　　　92 000
　　　　　　累计折旧等　　　　　　　　　　　　　　　　　　10 000

③将销售成本倒推出期末存货。本月生产1 650件甲产品但只售出1 620件，还剩30件，则这30件未售出甲产品的标准成本4 800（30×160）元就为期末存货成本。该企业2020年9月应编制的会计分录：

　　借：存货　　　　　　　　　　　　　　　　　　　　　　　3 200
　　　　贷：主营业务成本　　　　　　　　　　　　　　　　　　3 200

3. 倒推成本法述评

倒推成本法的账务处理不完全符合一般公认会计原则，不确认在产品成本影响企业期末资产计价与收益计量。倒推成本法的简易性也可能导致不能提供太多增量信息以便成本决策及业绩考评，同时，也使得它缺乏审计追踪的能力方面，即它无法确认生产中每一步的资源使用情况，尽管企业管理当局可以通过监测、计算机控制和其他非财务手段予以控制。另外，特定制造单元不仅实际成本可以得到确认且能够和标准成本进行比较分析，这种比较分析至少可以按月甚至可以每天进行，这一定程度弥补倒推成本法不足。

从更深层次看，适时生产制度代表了未来先进生产方式但成本信息结构却最简单，这是因为先进生产方式已经通过企业系统结构、人员组织、运行方式和市场供求等方面的变革使生产过程极简化，传统存货从生产视角由泾渭分明的原材料、在产品、半成品及库存商品的实物形态结构转变为特定生产方式下的作业链。全方位的高度均衡恰恰通过几个关键点的数据就将适时生产制度的运行结果描绘出来，这体现着一种必然，甚至可以说，超过这种精练核算方式的本身就是一种浪费，这已经违背适时生产制度的初衷了。当然，如果还需要某些方面的信息，则可以在成本核算制度上加以设计以提供相应的信息。

 **本章小结**

品种法、分批法、分步法是产品成本核算基本方法,但这些基本方法的核心特点都是围绕着实物流转来展开的,产品生产过程中体现活劳动的人的因素也通过货币计量而"物化"。作业成本核算初步突破了"物对人的包围",将实物结果背后人的动因以作业概念体现出来。我国一些先进制造企业开始推广使用作业成本法,铁路运输、物流、教育、传媒、航空、医疗、保险等行业和部门的企业也进行了试点并取得一些经验。

 **关键词汇**

作业成本核算制度(ABC 法)Activity-based Costing System
成本动因 cost driver
作业中心 activity center
作业成本库 cost pool
增值作业 value-added activity
非增值作业 non-value-added activity
成本分配观 cost assignment view
过程分析观 process analysis view
适时生产制度(JIT)Just-In-Time Production System
倒推成本法 Backflush Costing
资源动因 resource driver
作业动因 activity driver
价值链 value chain

小组讨论

三羊马(重庆)物流股份有限公司物流运输主要是通过不同运输方式组合的多式联运,其成本按要素分成铁路成本、公路成本、物流辅助成本与间接成本。铁路成本、公路成本、物流辅助成本主要核算与作业直接相关成本,就是公司业务部门在物流信息系统中以每个发运指令为起点记录每台车的运输作业环节,在各运输节点对进度进行跟踪确认,计量铁路运费支出、物流费、配送费、短驳成本等并直接计入单台整车或每吨货物。间接成本核算与作业直接相关但无法直接对应到每台车或承运货物上的作业成本,主要以整车综合运输板块间接成本为主,基本构成是人工费、折旧费、自有车费用等,需要按费用发生类型先行归集,月终时再采用一定方法在承运车辆或货物间进行分配而计入各承运车辆或货物成本。公司报告期内物流辅助服务成本构成情况如表 7-11 所示。

表 7-11 公司报告期内物流辅助服务成本构成情况表

项目	2020年1—6月		2019年		2018年		2017年	
	金额/万元	比例/%	金额/万元	比例/%	金额/万元	比例/%	金额/万元	比例/%
外购物流辅助成本	4 055.12	69.13	11 082.50	70.70	9 181.59	74.60	7 490.36	80.68
其中：前端装车成本	1 902.48	32.43	5 508.91	35.15	4 448.84	36.14	3 737.35	40.26
后端卸车成本	2 152.64	36.70	5 573.59	35.56	4 732.76	38.45	3 753.01	40.43
间接成本	1 811.17	30.87	4 592.02	29.30	3 126.94	25.40	1 793.20	19.32
其中：人工成本	1 250.36	21.31	3 736.61	23.84	2 271.23	18.45	1 374.18	14.80
其他间接成本	560.82	9.56	855.40	5.46	855.71	6.95	419.01	4.51
合计	5 866.29	100.00	15 674.52	100.00	12 308.54	100.00	9 283.56	100.00

外购物流辅助成本核算装载作业、卸载作业、加固作业、解固作业及仓储管理作业等外购直接成本，而间接成本会因业务结构导致波动从而影响物流辅助服务成本结构。报告期各期物流辅助单位成本基本稳定，分别为 26.94 元/台、27.66 元/台、28.96 元/台和 31.36 元/台。

公司报告期各期全程物流服务情况如表 7-12 所示。

表 7-12 公司报告期各期全程物流服务情况表

项目	2020年1—6月	2019年	2018年	2017年
服务收入/万元	12 997.28	31 795.24	27 654.72	34 880.88
服务成本/万元	11 604.61	27 951.36	23 779.50	28 878.30
作业数量/万台	7.68	20.03	13.67	18.23
作业单价/（元/台）	1 692.35	1 587.38	2 023.02	1 913.38
作业单位成本/（元/台）	1 511.02	1 395.47	1 739.54	1 584.11
作业里程	10 567.10	25 421.23	21 374.19	27 299.64
作业单价/（元/台/千米）	1.23	1.25	1.29	1.2
作业单位成本/（元/台/千米）	1.10	1.10	1.11	1.06

公司全程物流业务根据公司与客户确定的运输价格，以双方确认的线路结算里程，实行运费结算的全包干制（包含但不限于运输费、装卸费等一切门到门费用）。单台商品车全程运费收入=结算里程×价格单位（元/台/千米）

公司报告期各期两端作业服务情况如表 7-13 所示。

表 7-13 公司报告期各期两端作业服务情况表

项目	2020年1—6月	2019年	2018年	2017年
服务收入/万元	17 178.69	46 576.51	41 997.90	29 755.38
服务成本/万元	14 492.47	38 858.95	32 341.08	21 175.70
作业数量/万台	228.36	651.59	581.91	517.35
作业单价/（元/台）	75.23	71.48	72.17	57.51
作业单位成本/（元/台）	63.46	59.64	55.58	40.93

与全程业务相比，两端业务主要集中于装卸、加固、两端分拨等作业内容，较全程业务少了火车长距离运输环节。以公铁联运方式运输整车的核心环节为铁路运输，商品车通过铁路干线最大限度地运输到"门"，进而最大限度地缩短两端分拨距离。因此单就两端业务而言，服务收费更多针对作业内容按台计费，通常不与两端分拨里程挂钩，而是按照两端分拨远近采购阶梯形定价方式，故无法按里程进行定价，无法计算两端作业服务运输里程。

根据上述资料，讨论作业成本制度的行业适应性。

1. 将品种、批别或者步骤作为产品成本核算对象存在哪些不足？作业对这些不足是如何弥补的？这种弥补是一种替代还是优化？
2. 作业能否成为企业内部生产效率计量的最佳资源配置单元呢？给出解释。

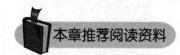

1. [美]Robert S.Kaplan Anthony A.Atkinson：《高级管理会计》，吕长江译，东北财经大学出版社，2009年版。

2. 王仲兵：《主流管理会计工具：述评与整合》，经济科学出版社，2010年版。

3. 瑞夫·劳森编. 杨继良译：《管理会计师协会教学案例（第2辑）》，经济科学出版社，2012年版。

4. 王仲兵：《成本控制系统建构研究》，经济科学出版社，2008年版。

5. 美国管理会计师协会（IMA）：《管理会计在中国——成本计算方法、成本管理实务和财会职能》，经济科学出版社，2010年版。

第八章

定额成本与标准成本核算

学习提要与目标

本章主要阐述成本控制的基本原理,并详细介绍了定额成本法和标准成本法两种主要的成本控制方法。

通过本章学习,应能够:
- 理解定额法的概念、特点和基本原理;
- 熟悉定额成本核算的程序;
- 了解定额成本制定及差异核算;
- 综合运用定额成本核算法;
- 熟悉标准成本的制定方法;
- 掌握标准成本差异的计算和分析;
- 掌握标准成本法下的会计核算与账务处理。

成本核算与成本控制存在着辩证关系,成本核算主要目标之一是按照特定原则与程序计算产品成本的实际金额以辨析成本控制目标的实现程度,而成本核算结果又是企业未来经营期间成本控制目标制定的起点与基数;成本控制的指导思想与具体方法决定着成本核算方式,对成本核算所提供的成本信息有着导向性作用。因此同时(同步)实现成本核算与成本控制就成为现代成本会计职能充分发挥的基础。这也推动了品种法、分批法、分步法三种成本核算基本方法由事后成本信息提供向成本控制前置于成本核算的转变,从操作层面看就是解决生产过程中实际耗费的核算方式问题。定额成本与标准成本两种核算方式提供了新思路,即将实际发生的耗费在进入相关账户体系前进行重分类,符合目标成本与不符合目标成本的两部分耗费采用差异化的会计处理方式,这样就提供了不符合目标成本耗费的增量信息,为及时发现存在的成本问题,并采取相应控制措施打下决策基础。

第一节 定额成本核算

一、定额成本核算概述

定额成本核算也称定额法,是指以产品定额成本为基础,加上或减去脱离定额的差异、材料成本差异和定额变动差异,来计算产品实际成本的方法。显然,定额法实现了成本核算与成本控制的结合,但它不是一种独立使用的成本核算方法,而是与基本核算方法结合

使用，如品种法下的定额法、分批法下的定额法和分步法下的定额法等。定额法的基本原理是对实际耗费的重分类，即定额法下的产品实际成本由定额成本、脱离定额差异、材料成本差异和定额变动差异四部分构成，计算公式为

产品实际成本＝按现行定额计算的产品定额成本±脱离现行定额差异±材料成本差异±月初在产品定额变动差异

（一）定额法的特点

采用定额法的企业，能够在生产费用发生时就及时地反映、监督生产费用和产品成本脱离定额的差异，从而将成本计划、成本控制、成本核算、成本分析有机地整合，提高成本管理总体水平。其主要特点是：①产品的定额消耗量、费用定额及定额成本在成本核算前就已经制定出来，作为实际生产费用的支出标准，以此作为降低成本的依据。②在生产费用实际发生时，分别核算符合定额的费用和发生的各种差异，以加强对成本差异的日常核算、分析和控制。③月末，以定额成本为基础，加减各种成本差异，计算产品的实际成本，为成本的定期分析与考核提供数据支持。

（二）定额法的适用范围

定额法与生产类型没有直接关系，无论何种生产类型，只要具备下列条件，都可采用定额法计算产品成本，即：①企业定额管理制度比较健全，定额管理工作基础较好；②产品的生产已经定型，消耗定额比较准确、稳定。只是大量大批生产企业比较容易制定定额，比较容易达到上述两个条件，所以也可以说定额法主要适用于大批量生产企业，如生产柴油机、发动机、各种机床、车床、各种车辆等的企业。

定额法的成本计算对象既可以是最终完工产品，也可以是半成品，还可以是某种生产费用要素，比如直接材料费用，所以定额法既可以在整个企业运用，也可以只运用于企业中的某些生产环节或职能部门等。

（三）定额法成本核算程序

定额法成本核算要按照企业生产工艺特点和管理要求，事先制订科学合理的定额，实际生产费用归集与分配中的每一步都要分别定额成本、定额差异和定额变动来进行，具体的成本核算程序如下。

1. 确定成本计算对象及基本方法

定额法的成本数据流转也是由选定的成本核算基本方法决定的，该方法是在成本计算对象已经确定下来后实施的一种成本计算辅助方法。按成本计算对象设置产品成本明细账（产品成本计算单），专栏内各成本项目应分设"定额成本""脱离定额差异""定额变动差异""产品实际成本"等各明细内容。

2. 制定定额成本

应当根据企业现行消耗定额和费用定额，按照企业确定的成本项目，每月或每季根据定额成本计算卡片编制产品定额成本计算表，按产品品种分别制定产品定额成本。

3. 核算脱离定额差异

在生产费用实际发生时,企业应将生产费用区分为符合定额的费用和脱离定额的差异,将符合定额的费用和脱离定额的差异分别编制凭证进行核算,并予以汇总。尤其是对差异凭证要严格控制,必须有一定的审批手续才能发生与入账。

4. 在定额变动的当月,应调整月初在产品定额成本,计算月初定额变动差异

5. 在完工产品和月末在产品之间分配各项差异

月末,将月初结存和本月发生的脱离定额差异、材料成本差异和定额变动差异分别汇总,按照确定的成本计算方法在完工产品和月末在产品间进行分配。

6. 计算完工产品的实际总成本和单位成本

以本月完工产品定额成本为基础,加上或减去各项差异,计算出完工产品的实际总成本,完工总成本除以总产量就是完工产品单位实际成本。

由于产品定额成本事先就已制定出来,因此其成本核算的日常工作主要是核算三类差异。

> **相关链接**
>
> 定额管理可能会损害企业利益:①如果自下而上制定的定额过低使目标成本失去意义,并成为企业发展动力的阻碍;②如果自上而下制定的定额过高会超过企业系统能力,并产生破坏性后果。③上述两种情况使得企业经常把平均量(额)作为目标加以实施,这可能导致员工只关心定额而不关心工作质量,上下工序之间,或不同零件之间,员工的合作精神受到损害,相互推卸责任、不配合及分配不公等主观想法弥漫于企业,定额反而成了阻拦企业改进质量和提高生产力的绊脚石。

二、定额成本与脱离定额差异的确定

(一)定额成本的确定

定额成本核算的基础是事先制定出单位产品消耗定额、工时定额和费用定额等并据以形成单位产品定额成本,这一般是通过制定定额成本卡以编制定额成本计算表来实现的。

1. 定额成本与计划成本的比较

定额成本是依据现行消耗定额与计划单位价格计算出来的,与定额成本高度相关的是计划成本概念,两者都是以消耗定额与计划单价为依据确定的,两者通用的计算公式如下:

直接材料费用定额 = 产品直接材料消耗定额 × 原材料计划单价

直接人工费用定额 = 产品生产工时定额 × 生产工资计划单价(计划小时工资率)

制造费用定额 = 产品生产工时定额 × 制造费用计划单价(计划小时费用率)

其中:生产工资计划单价(计划小时工资率)

＝预计某车间全年生产工人工资总额/预计该车间全年总定额工时

制造费用计划单价（计划小时费用率）

＝预计某车间全年制造费用总额/预计该车间全年总定额工时

这意味着产品定额成本与产品计划成本两者既有相同之处又有区别。两者的相同之处是以同样的影响因素为依据确定的目标成本。两者的不同之处主要表现在以下三个方面：①计算计划成本的消耗定额通常是指计划期（一般为一年）平均消耗定额，在计划期内通常保持不变，也叫计划定额；而计算定额成本的消耗定额指的则是企业现行消耗定额，要体现出企业现有生产条件和技术水平下所应达到的耗费水平。由此计划成本的消耗量定额在计划期内通常是不变的，而定额成本的消耗量定额在计划期内则是变动的。②计算计划成本的直接材料、直接人工及制造费用的计划单价在计划期内通常是不变的，而计算定额成本的这些计划单价则可能发生变动。③计划成本是企业计划期整体成本控制目标，是考核和分析企业成本计划完成情况的依据；定额成本更侧重于作为产品实际成本的计算基础，多聚焦于日常生产费用的事中控制。当然也可笼统地认为计划期内一系列定额成本变动有助于计划期的计划成本的实现，因为现行定额成本更加符合实际情境。

2. 产品定额成本制定范围与实施

为了利于成本差异的分析和考核，产品定额成本包括的成本项目及其内容和计算方法，应该与实际成本所包括的成本项目及其内容和计算方法保持一致。比如鉴于产品生产出现废品损失与停工损失具有较大的不确定性，理论上定额成本通常不包括废品损失和停工损失成本项目，实际成本中的废品损失和停工损失都是超过定额成本的差异，但实践中有些行业企业的废品及停工的出现还是具有较强的规律性，因此也可以根据成本资料分零部件按照工序制定废品损失标准。另外，产品定额成本的计算工作一般由计划、技术、会计等部门共同完成，当然不同的企业由于产品生产工艺流程不同，组织产品定额成本计算就不尽相同。

3. 产品定额成本计算的基本方法

最为典型的产品定额成本计算是机械制造企业的从零件生产到部件装配再至产品组装的累进模式。首先是制定产品所有零件的定额成本，这种定额成本出于简化目的可只包括直接成本；其次对由零件组成的部件制定定额成本，即零件定额成本汇总并加上部件装配的定额成本；最后将部件和零件的定额成本汇总并加上产品组装的定额成本，就是产品直接成本的定额成本，然后加上应分配制造费用的定额成本，便构成了整个产品定额单位成本。这样的制定过程，是通过编制零件定额成本计算表（零件定额卡）、部件定额成本计算表和产品定额成本计算表等进行的。

【例 8-1】 某企业生产 M 产品，由第一车间制造 a_1、a_2、a_3、a_4、a_5 零件，然后由第二车间以 3 个 a_1 零件和 2 个 a_2 零件装配成 N 部件，2 个 a_3 零件、1 个 a_4 零件装配成 Q 部件，最后由第三车间将 N 部件和 Q 部件各 1 个和 1 个 a_5 零件及 1 个外购件 R 组装成 M 产品。现行消耗定额、计划单价见表 8-1、表 8-2。

第八章 定额成本与标准成本核算

表 8-1 现行消耗定额表

项目		材料消耗定额			工时定额
		材料名称	数量	残值	
零件	a_1	K	10 千克	1.5 元	4 工时
	a_2	L	6 千克		8 工时
	a_3	K	4 千克		2 工时
	a_4	K	8 千克		6 工时
	a_5	L	4 千克		4 工时
部件	N	a_1	3 个		10 工时
		a_2	2 个		
	Q	a_3	2 个		10 工时
		a_4	1 个		
产品		N	1 个		20 工时
		Q	1 个		
		a_5	1 个		
		R	1 个		

表 8-2 计划单价表

项目	计划单位价格（元/千克）	计划小时工资率（元/工时）	计划小时费用率（元/工时）
K 材料	3		
L 材料	5		
R 外购件	10		
第一车间		2	
第二车间		3	
第三车间		2.5	
制造费用			3

（1）根据上述资料，为零件编制零件定额成本计算表（零件定额卡），该表只反映直接材料与直接人工。现以 a_1 零件的定额成本计算表 8-3 为例，其余零件定额成本计算表从略。

表 8-3 a_1 零件定额成本计算表

零件编号：LJ-a_1　　　　　　　　　　2020 年 6 月　　　　　　　　　　　　单位：元

材料名称	计量单位	消耗定额	计划单价	金额
K	千克	10	3	30
工序	工时定额		累计工时定额	
1	1		1	
2	1		2	
3	2		4	
直接材料		直接人工		定额成本合计
金额	回收残值	计划单价	金额	
30	1.5	2	8	36.5

（2）根据零件定额成本计算表及相关定额资料为部件编制部件定额成本计算表，也只反映直接材料和直接人工，N 部件定额成本计算如表 8-4 所示，Q 部件从略。

表 8-4　N 部件定额成本计算表

部件编号：BJ-N　　　　　　　　　　2020 年 6 月　　　　　　　　　　　　单位：元

零件名称	耗用数量	直接材料定额成本	部件直接人工定额成本（累计工时定额：38 工时）					定额成本合计
			零件直接人工定额成本	装配定额成本			小计	
				工时定额	计划小时工资率	金额		
a_1	3	85.5	24				24	109.5
a_2	2	60	32				32	92
装配				10	3	30	30	30
定额成本合计		145.5					86	231.5

（3）根据有关零件、部件定额成本计算表和相关定额资料编制 M 产品定额成本计算表，如表 8-5 所示。

表 8-5　M 产品定额成本计算表

产品：M　　　　　　　　　　　　2020 年 6 月　　　　　　　　　　　　单位：元

零部件名称	耗用数量	直接材料定额成本	产品直接人工定额成本（累计工时定额：82 工时）					产品制造费用定额成本			定额成本合计
			零部件直接人工定额成本	组装定额成本			小计	定额工时	计划小时费用率	金额	
				定额工时	计划小时工资率	金额					
N	1	145.5	86				86				231.5
Q	1	48	50				50				98
a_5	1	20	8				8				28
R	1	10									10
组装				20	2.5	50	50				50
制造费用								82	3	246	246
定额成本合计		223.5					194			246	663.5

如果产品的零、部件较多，为了简化成本计算工作，也可以不计算零件定额成本，而根据列有零件材料消耗定额、工序计划、工时消耗定额的零件定额卡，以及材料计划单价、计划的工资率和费用率，计算部件定额成本，然后汇总计算产成品定额成本；或者根据零、部件的定额卡直接计算产成品定额成本。仍以上列资料为例，编制 M 产品定额成本计算表，如表 8-6 所示。

表 8-6　M 产品定额成本计算表

产品：M　　　　　　　　　　　　2020 年 6 月　　　　　　　　　　　　单位：元

项目		直接材料定额成本			直接人工定额成本			制造费用定额成本			定额成本合计
		消耗定额（千克）	计划单价（元/千克）	金额	工时定额（工时）	计划小时工资率	金额	工时定额（工时）	计划小时费用率	金额	
直接材料	K 材料	46	3	138							138
	L 材料	16	5	80							80
	外购件 R			10							10

续表

项目		直接材料定额成本			直接人工定额成本			制造费用定额成本			定额成本合计
		消耗定额（千克）	计划单价（元/千克）	金额	工时定额（工时）	计划小时工资率	金额	工时定额（工时）	计划小时费用率	金额	
直接材料	小计			228							
	减：残值	1.5	3	4.5							4.5
	合计			223.5							
定额工时	第一车间				42	2	84				84
	第二车间				20	3	60				60
	第三车间				20	2.5	50				50
	全厂							82	3	246	246
	合计						194			246	
总计				223.5			194			246	663.5

 相关案例

广东金源照明科技股份有限公司研发中心开发新产品后由工程部、采购中心、人事部、财务中心共同确定新产品定额成本，主要流程：①工程部确定新产品所需物料清单，采购中心结合市场询价及当期采购价格确定各类材料标准采购价格，工程部根据获得的材料清单和采购价格确定新产品定额材料成本；②工程部确定分拆生产工序，测算各工序工时，结合人事部统计的工价情况测算新产品定额人工成本；③工程部确定机器设备耗用情况，结合产品单位实际制造费用及新产品耗用情况等资料确定新产品定额制造费用；④财务中心对上述流程及结果进行整体复核。公司产品定额成本维护以工程部为主，研发中心、采购中心、生产中心、财务中心、销售中心等部门随时将对产品成本有影响的信息反馈工程部以便做进一步判断，若需要调整产品定额，由工程部提出申请并经由生产中心总监审批。新产品定额成本确定后通常每季度对其进行复核以确定定额成本准确程度。

工程部在原材料市场价格出现大幅波动、工价发生大幅变动等情况下提出产品定额调整申请，生产中心总监审批后使用新定额成本。定额成本调整情况：①移动照明。同规格型号产品除塑料材料价格有波动而其他材料采购价格相对稳定，塑料材料价格波动对整个产品成本影响相对较小，报告期内未调整。②固定照明。固定照明业务规模较小，按订单需求生产，产品更新换代较快，同规格型号产品生命周期较短，报告期内未调整。③LED 封装。LED 封装产品原材料（如芯片）价格随行就市而不断变动，公司对 LED 封装产品定额成本实时更新。④光伏组件。光伏组件特别是大功率光伏组件，其原材料中电池片占比最高且价格波动对大功率光伏组件影响最大；公司 2018 年 8 月、2019 年 4 月、2019 年 12 月随电池片的价格波动调整了所有光伏组件定额成本。

（二）脱离定额差异的确定

脱离定额差异是指产品生产过程中各项生产费用实际支出偏离现行定额的金额。核算脱离定额差异时，要把实际发生的费用分为符合定额成本的费用和脱离定额的差异两部分来反映，分别编制定额凭证和差异凭证，并在有关费用分配表和明细账中分别予以登记。对脱离定额差异的核算是定额法的重要内容，必须及时正确地组织定额差异的核算，及时反映脱离定额的差异是节约还是超支，然后分析差异原因和确定责任。定额法下脱离定额差异的核算是分别按产品成本项目进行的，因此，脱离定额差异就包括了直接材料费用脱离定额差异、直接人工费用脱离定额差异和制造费用脱离定额差异。

1. 直接材料脱离定额差异的核算

直接材料脱离定额差异是指实际耗用量与实际产量的现行定额耗用量之间的差额与计划价格的乘积，就是直接材料耗用量的用量差异。实践中产生材料用量差异的原因较多，比如超支差异的原因主要有超过限额领用材料、使用替代材料、实际产量小于额定（或计划）产量的差额产量的超支用料、实际回收少于定额回收的废料等；节约差异的原因主要有未领应领的限额材料、退料（包括假退料）、实际产量多于额定（或计划）产量的差异产量节约用料、实际回收多于定额回收的废料等。显然，直接材料实际耗费量是确定脱离定额差异的关键。根据产品生产所用材料种类、投入方式及脱离定额差异类型和原因，通常采用限额法、切割法和盘存法计算直接材料脱离定额差异。

（1）限额法。限额法也称差异凭证法，定额法下直接材料领用多采用限额领料（定额发料）制度，即限额范围内领料根据限额领料单进行，若因产量增加而需增加领料则在办理追加限额后使用限额领料单领用。超额用料或领用替代材料而又未办理追加限额手续的则应填制差异凭证，其中超额用料是脱离定额差异；替代材料中超出或少于原规定材料的作为脱离定额差异，被替代材料从原定限额中扣除。若车间月末有余料则应办理退料手续，退料单应视为差异凭证，所退材料额是脱离定额差异。差异凭证应填明差异的数量、金额以及发生差异的原因。

需要明确的是，限额领料凭证上规定的领料限额不一定就是直接材料定额消耗量，其所登记的实际领料数量也不一定就是直接材料实际消耗量，因此两者的差异不一定是直接材料脱离定额差异。这是因为限额领料凭证通常只是对当期计划投产量所需物料的定额限定，而实践中也会出现限额领料凭证所载的计划（规定）投产产品量与实际投产产品量不一致，加之生产车间期初和期末往往有余料并且数额一般不相等，所以只有实际投入产品量等于计划（规定）产品量，且生产车间期初与期末均无余料或数量相等时，领料差异才是直接材料脱离定额差异。计算公式如下：

直接材料定额消耗量＝产品生产实际投入量×直接材料单位消耗定额

直接材料实际耗用量＝期初结存材料数量＋本期领用材料数量－期末结存材料数量

直接材料脱离定额差异＝直接材料实际耗用量－直接材料定额消耗量

【例 8-2】 某企业生产 G 产品，限额领料单产品数量为 2 200 件，每件产品原材料消耗定额为 5.5 千克，则领料限额为 12 100 千克。本月实际发出材料 11 500 千克。直接材料脱离定额差异会有下述三种情况：

①如果本月投产产品数量符合限额领料单产品数量，即 2 200 件，且期初、期末都没有结存材料，则少领 600（12 100－11 500）千克的领料差异就是材料脱离定额差异

（节约）。

②如果本期投产产品数量为 2 200 件，但车间期初结存材料 100 千克，期末结存材料为 110 千克，则直接材料实际耗用量为 11 490 千克（11 500 + 100 - 110），直接材料脱离定额差异为 -610 千克（11 490 - 12 100），是节约额。

③若本月投产产品数量为 2 000 件，车间期初结存材料 100 千克，期末结存材料 110 千克，则直接材料实际耗用量为 11 490 千克（11 500 + 100 - 110），直接材料脱离定额差异为 490 千克（11 490 - 2 000 × 5.5），是超支额。

（2）切割法。这种方法要求对于需要切割才能使用的材料（如板材、棒材等），通过材料切割核算单核算用料差异，以控制用料。这种核算单一般应按切割材料的批别开立，单中填明发交切割材料的种类、数量、消耗定额和应切割成的毛坯数量；切割完成后，再填写实际切割成的毛坯数量和材料实际消耗量。根据实际切割成的毛坯数量和消耗定额，计算出材料定额消耗量，与材料实际消耗量相比较，可得出用料脱离定额的差异。采用该法进行控制用料时，应先采用限额法控制领料。材料切割核算单如表 8-7 所示。

表 8-7　材料切割核算单

材料编号：2202　　　　　　计量单位：千克　　　　　　计划单价：7 元（废料 2.5 元）
产品名称：甲　　　　　　　零件名称：B₁　　　　　　　图纸号：9-108
切割人姓名：×××　　　　　　　　　　　　　　　　　机床编号：522
发交切割日期：2020 年 6 月 2 日　　　　　　　　　　完工日期：2020 年 6 月 6 日

实际发料数量	退回余料数量	材料实际消耗量		废料回收量	
620	32	588		36.5	
单件消耗定额	单件回收废料定额	应切割成毛坯数量	实际切割毛坯数量	材料定额消耗量	废料定额回收量
6	0.3	98	95	570	28.5
材料脱离定额差异		废料脱离定额差异			差异原因	责任人
数量	金额	数量	单价	金额	切割技术不熟练，造成边料过多，减少毛坯量	×××
18	126	-8*	2.5	-20		

* 回收废料超过定额的差异冲减材料费用，以负值表示；低于定额的差异以正值表示。

　　材料实际消耗量 = 实际发料数量 - 退回余料数量 = 620 - 32 = 588 千克
　　应切割成的毛坯数量 = 材料实际消耗量/单件消耗定额 = 588/6 = 98 件
　　材料定额消耗量 = 实际切割成的毛坯数量 × 单件消耗定额 = 95 × 6 = 570 千克
　　材料脱离定额差异 = （材料实际消耗量 - 材料定额消耗量）× 计划单价 = （588 - 570）× 7 = 126 元
　　废料定额回收量 = 实际切割毛坯数量 × 单件回收废料定额 = 95 × 0.3 = 28.5
　　废料脱离定额差异 = （废料实际回收量 - 废料定额回收量）× 计划单价 = （36.5 - 28.5）× 2.5 = 20 元

> **相关案例**
>
> 　　苏州天禄光科技股份有限公司购入原材料大板，将大片光学板材根据需要分切为若干尺寸的小板，最后将裁切后的光学板材进行外形加工、抛光研磨，在板材裁切和抛光研磨环节会产生一部分边条粉末废料。该部分废料与公司投入原材料及生产出的产成品有一定匹配关系，具体情况如表 8-8 所示。

表 8-8 废料与投入原材料及产成品的匹配关系　　　　　　　　　　单位：吨

项目	2020年1—3月	2019年	2018年	2017年
原材料大板投入（A）	2 976.85	14 187.51	14 790.94	9 028.80
小板及导光板产出（B）	2 796.47	13 337.58	13 826.80	8 451.24
投入产出比（B/A）	93.94%	94.01%	93.48%	93.60%
理论应产生废料（C）	180.38	849.93	964.14	577.57
实际入库废料（D）	190.00	922.68	984.30	595.02
差异（E=D−C）	9.62	72.74	20.16	17.46
差异率（E/D）	5.06%	7.88%	2.05%	2.93%
废料平均售价（万元/吨）	0.39	0.59	0.66	0.72
差异金额（万元）	3.79	42.84	13.34	12.59

注1：废料平均售价取自当期边条、粉末销售的平均单价；
注2：差异金额＝废料平均售价×单价

由表 8-8 可知，报告期各期测算的投入产出分别为 93.60%、93.48%、94.01%、93.94%，相对稳定。根据各期投入产出比测算的理论应产生废料与实际入库废料差异分别为 17.46 吨、20.16 吨、72.74 吨和 9.62 吨，差异率均在 10%以内，差异主要系裁切产生的边条粉末表面附有保护膜、存放过程中会吸收水分及裁切不规则等所致。因此，废料与投入原材料及生产出的产成品匹配关系合理。

（3）盘存法。除使用限额领料单等定额凭证和超额领料单等差异凭证以控制日常材料消耗外，还应定期通过盘存法核算脱离定额差异。一般做法是：①定期（按工作班、工作日或按周、旬等）根据完工产品数量和在产品盘存数量计算投入产品量，再乘以直接材料消耗定额，算出直接材料定额消耗量；②根据限额领料单、超额领料单、退料单等材料凭证及车间结存材料的盘存数量，计算出直接材料实际消耗量；③将直接材料实际消耗量与定额消耗量对比计算直接材料脱离定额差异。显然，本期实际投入产品数量的计算公式要满足的前提是，直接材料在生产开始时一次投入，如果直接材料是随着生产进度陆续投入的，则公式中期末在产品数量及期初在产品数量应是约当产量。

不论采用哪种方法核算直接材料定额消耗量和脱离定额差异，都应该分批或者定期地将这些核算资料按照成本计算对象汇总，编制直接材料定额费用和脱离定额差异汇总表。该表既可以用来汇总反映和分析直接材料脱离定额差异的原因，又可以用来代替材料费用分配表登记产品成本明细账，还可以报送管理当局或向职工公布，以便根据发生的原因采取措施，进一步挖掘降低材料费用的潜力。直接材料费用定额和脱离定额差异汇总表，如表 8-9 所示。

表 8-9 直接材料费用定额和脱离定额差异汇总表

产品名称：乙产品　　　　　　　　　　　　　　　　　　　　　　　　　　2020年6月

材料类别及名称		计量单位	计划单位价格	定额费用		按计划价格计算的实际费用		脱离定额差异		差异原因分析
				数量	金额	数量	金额	数量	金额	
主要材料	L	千克	6	15 000	90 000	15 755	94 530	+755	4 530	略
	P	千克	5	11 500	57 500	12 000	60 000	+500	2 500	略

续表

材料类别及名称		计量单位	计划单位价格	定额费用		按计划价格计算的实际费用		脱离定额差异		差异原因分析
				数量	金额	数量	金额	数量	金额	
辅助材料	S	件	4	2 600	10 400	2 560	10 240	−40	−160	略
	H	件	2	1 400	2 800	1 450	2 900	+50	+100	略
合计					160 700		167 670		+6 970	

2. 直接人工脱离定额差异的核算

生产工人工资主要是计件工资和计时工资两种。计件工资下生产工人工资属于直接费用，按计件单价支付的工资都是符合定额的费用，除此之外的奖金、津贴等则是直接人工脱离定额差异，要用单独的差异凭证反映。也就是说凡符合定额的生产工资反映在工作班产量记录、工序进程单等定额凭证中，直接人工脱离定额差异应记录在"工资补付单"等差异凭证并注明差异发生原因，然后提交有关部门审批。当然，如果计时工资下生产工人工资能够直接计入某种产品制造成本，这就意味着该产品对其有单位产品工资定额，该种情况下与计件工资有相同的直接人工脱离定额差异确认。计算公式如下：

直接人工脱离定额差异 = 该产品实际生产工人工资 −（该产品实际产量 × 该产品单位工时定额）

计时工资下生产工人工资通常属于间接计入费用，生产工时与小时工资率是影响直接人工脱离定额差异的因素。计算公式如下：

某产品实际生产工资 = 该产品实际生产工时 × 实际小时工资率

某产品定额生产工资 = 该产品定额生产工时 × 计划小时工资率

该产品直接人工脱离定额差异 = 该产品实际生产工资 − 该产品定额生产工资

$$计划小时工资率 = \frac{某车间计划产量的定额生产工人工资}{该车间计划产量的定额生产工人工时}$$

$$实际小时工资率 = \frac{某车间生产工人实际工资总额}{该车间实际生产工总额时}$$

需要说明的是，企业不论采取哪种工资形式，都应按照成本计算对象汇总编制直接人工脱离定额差异汇总表。表中汇总反映各种产品的定额工资、定额工时、实际工资、实际工时、定额差异，以及产生差异的原因，用以考核和分析各种产品生产工时和生产工资定额的执行情况，并据以计算产品的直接人工成本。

3. 制造费用定额差异的核算

制造费用一般属于间接费用，日常核算中不能在制造费用发生时直接按受益产品确定脱离定额差异，而只能根据制定的费用预算（计划）下达给有关部门和车间负责管理，并按照费用项目分别计算脱离预算差异。由于制造费用项目繁多，只能针对不同项目采用不同控制方法。比如对于一般消耗性材料，可以采用限额领料单、超额领料单等定额凭证和差异凭证进行控制，并在凭证上事先列明计划数，领用时填写实际领用数，然后注明脱离定额差异；对于生产工具、零星费用，可用费用手册、费用定额卡等凭证进行控制，在这些凭证上注明费用控制指标，费用实际发生时登记实际数和脱离预算数。各产品应负担的制造费用脱离定额差异只有到月末实际费用分配给各产品以后，才能以其实际费用与定额费用相比较加以确定。制造费用脱离定额差异计算公式如下：

某产品实际制造费用 = 该产品实际生产工时 × 实际小时费用率

某产品制造费用定额 = 该产品定额生产工时 × 计划小时费用率

该产品制造费用脱离定额差异 = 该产品实际制造费用 − 该产品制造费用定额

实际小时工资率 = 某车间实际制造费用总额/该车间实际生产工时总额

计划小时工资率 = 某车间计划产量的定额制造费用/该车间计划产量的定额生产工时

制造费用脱离定额差异应按成本计算对象分别编制制造费用定额差异汇总表，用以反映和控制制造费用定额及其脱离定额差异的情况。

另外，如果企业制定有废品损失定额标准，将废品实际损失与废品损失定额之间的差异视为节约或超支，也可称之为废品损失脱离定额差异，其中可修复废品修复费用应全部作为定额差异记入产品成本明细账，不可修复废品净损失按照定额成本计算后转入产品成本明细账。

为了计算完工产品实际成本，需要将脱离定额差异在完工产品和月末在产品之间进行分配。由于定额法的基础就是有完备的定额成本资料，所以企业可选择定额比例法将脱离定额差异在完工产品与月末在产品之间分配。如果各月末在产品数量比较稳定，可以按定额成本计算在产品成本，即月末在产品不负担脱离定额差异而全部由完工产品来承担。如果废品较多而脱离定额差异分配率又较大的情况下废品也应负担脱离定额差异。如果废品与定额发生变动产品为同一品种，废品还应承担定额变动差异。

三、产品实际成本的计算

（一）材料成本差异的核算

定额法下材料日常核算是按计划成本进行的，即材料定额成本和材料脱离定额差异都按材料计划单位价格计算，材料成本差异体现了材料实际价格偏离计划价格的程度，属于材料脱离定额差异中的价格差异。因此月末计算产品实际成本时必须按照进行材料成本差异的调整。《企业产品成本核算制度（试行）》第四十八条明确指出，企业采用计划成本、标准成本、定额成本等类似成本进行直接材料日常核算的，期末应当将耗用直接材料的计划成本或定额成本等类似成本调整为实际成本。企业材料采购一般与生产车间、班组无关，对它们而言是不可控成本，由厂部财会部门集中分配计算。计算公式如下：

某产品应负担的材料成本差异

= （该产品材料定额成本 ± 材料定额差异）× 材料成本差异率

定额法下各种产品应承担的材料成本差异通常由各该产品完工产品成本负担，不计入月末在产品成本。

（二）定额变动差异的核算

定额变动差异是指由于生产技术和劳动生产率的提高，原来制定的消耗定额或费用定额修订后新定额与修订前的旧定额之间的差异。新定额一般在月初（季初或年初）开始实行，当月投入产品所耗生产费用都按新定额标准进行核算，然而月初在产品定额成本并未修订，仍然是按旧定额计算的。为了使按旧定额计算的月初在产品定额成本和按新定额计算的本月投入产品的定额成本能在新定额基础上相加，这样既便于计算产品实际成本也表明新定额从期初开始执行以保持当期成本数据的一致性，由此计算月初在产品定额成本的定额变动差异，目的是将月初在产品按旧定额计算的定额成本调整为按新定额计算的定额成本。

定额变动差异是企业对原定额进行修改而产生的新旧定额之间的差异，是定额本身变动的结果，与生产费用的节约或超支无关。定额成本终究是企业的一种目标成本，定额本身的任何变化只会导致对实际生产费用划分的变化，即定额标准提高，则实际生产费用中符合定额标准的金额就会变小，这体现为调减月初在产品旧定额成本，而调减金额要调增实际生产费用中新定额成本外的部分；定额标准降低，则实际生产费用中符合定额标准的金额就会变大，这体现为调增月初在产品旧定额成本，而调增金额要调减实际生产费用中新定额成本外的部分。这样的增减调整确保了新定额成本既对实际生产费用进行了重分类又保证了未改变实际生产费用额。计算公式为

月初在产品定额变动差异 = 月初在产品按旧定额计算的定额成本 − 月初在产品按新定额计算的定额成本

【例 8-3】 某企业 2020 年 7 月末 H 产品在产品 12 件，定额成本为 300 元，承担的脱离定额差异为 25 元。8 月初 H 产品定额从 25 元调整为 22 元。则有：

（1）8 月初 H 产品 12 件在产品实际成本 = 300 + 25 = 325 元
（2）8 月初 H 产品 12 件在产品新定额成本 = 12 × 22 = 264 元
（3）8 月初 H 产品 12 件在产品定额成本调整额 = −36 元（300 − 264）
（4）8 月初 H 产品 12 件在产品定额变动差异 = +36 元

定额变动差异 36 元之所以用正号表示，是因为不管 8 月初 12 件在产品的现行定额发生怎样的变化，其实际生产费用都是 325 元，因此必然有：300 元（旧定额成本）− 36（定额成本调整）+ 25（脱离定额差异）+ 定额变动差异（+36）。可以看出，定额变动的后果只是实际生产费用在定额与非定额两者间的重新划分而已。

月初在产品定额变动差异，可以根据在产品账面结存数量或盘存数量以及新旧定额，计算出月初在产品的新旧定额消耗量，进一步确定定额消耗量差异和差异金额。这种计算必须按照零部件和工序进行，工作量较大，为了简化计算，也可以采用系数折算的方法来确定月初在产品的定额变动差异，公式如下：

$$定额变动系数 = \frac{按新定额计算的单位产品费用}{按旧定额计算的单位产品费用}$$

月初在产品定额变动差异 = 按旧定额计算的月初在产品成本 × (1 − 定额变动系数)

综上所述，定额修订月份的产品实际成本计算公式为

产品实际成本 = 按现行定额计算的产品定额成本 ± 脱离定额差异 ± 材料成本差异 ± 月初在产品定额变动差异

(三)定额成本核算举例

2020年11月,某企业大批大量生产A产品,由一个封闭式车间进行,采用定额成本法计算产品成本。月初在产品150件,本月投产量为500件,本月完工产品600件,月末在产品50件,材料系生产开始时一次投入,材料消耗定额由上月80元降至本月78元。材料成本差异分配率为−2%,单位产品工时定额10小时,计划小时工资率为4元,计划小时制造费用率为6元。材料成本差异和定额变动差异全部由完工产品负担,脱离定额差异按定额比例法在月末完工产品与在产品之间分配。根据资料登记的产品成本计算单见表8-10,对表中的有关栏目说明如下:

在A产品成本计算单中,月初在产品数据[第(1)栏和第(2)栏]应根据上月末在产品成本资料登记,由于材料成本差异和定额变动差异均由完工产品成本负担,因而月初在产品成本中不包括这两种成本差异。月初定额变动资料,应根据月初在产品定额变动差异计算表登记(本例略),即 $12\,000 \times (1 - 78/80) = 300$ 元。其中定额成本调整数[第(3)栏],是用来调整按旧定额计算的月初在产品定额成本的(定额降低时用负数,定额提高时用正数);定额变动差异数[第(4)栏],是应计入本月产品成本的月初在产品定额变动差异(定额降低时用正数,定额提高时用负数),二者数额相同,但正负方向相反。

第(5)栏和第(6)栏中,材料定额成本和脱离定额差异应根据材料定额费用和脱离定额差异汇总表登记,本例中的脱离定额差异直接给出数据,各成本项目的定额成本计算如下:

材料定额成本 = 本期投产量 × 单位产品定额材料成本 = $500 \times 78 = 39\,000$ 元

工资定额成本 = 本期投产量 × 单位产品定额工时 × 计划小时工资率
$= 500 \times 10 \times 4 = 20\,000$ 元

制造费用定额成本 = 本期投入产量 × 单位产品定额工时 × 计划小时制造费用率 = $500 \times 10 \times 6 = 30\,000$ 元

本月生产费用中的材料成本差异[第(7)栏],应根据材料成本差异分配表登记(本例略);本月生产费用中的人工费用和制造费用的定额成本和脱离定额差异,应根据各该费用的分配表或汇总表登记(本例略)。表中生产费用合计数[第(8)—(11)栏]应根据月初在产品成本、月初在产品定额变动和本月生产费用相应资料汇总登记。其中定额成本应根据月初在产品的定额成本、定额成本调整和本月生产费用中的定额成本的代数和计算登记。

表中差异率[第(12)栏],即脱离定额差异分配率,应根据生产费用合计数中的脱离差异合计数除以定额成本合计数计算填列[(12) = (9) ÷ (8)]。如果材料成本差异和定额变动差异也要在完工产品与月末在产品之间进行分配,则表中的差异率还应包括这两种成本差异率。

表中产成品定额成本[第(13)栏]应根据产成品入库单所列产成品数量乘以产品的单位定额成本计算登记,即 $600 \times 78 = 46\,800$ 元。产成品应分配负担的脱离定额差异,则应根据产成品的定额成本乘以脱离定额差异的差异率计算填列[(14) = (13) × (12)]。由于本例中材料成本差异和定额变动差异全部归由产成品成本负担,因而本月产成品成本中的这两种成本差异,应根据生产费用合计数中的这两种成本差异直接登记[(15) = (10),(16) = (11)],不必根据差异率再分配计算。

表 8-10 产品成本计算单

产品名称：A
2020 年 11 月
单位：元
产量：600 件

项目	月初在产品成本		月初在产品定额成本调整		本月生产费用			生产费用合计			差异率		本月产品成本			月末在产品成本	
	定额成本	脱离定额差异	定额变动	定额变动差异	定额成本	脱离定额差异	材料成本差异	定额成本	脱离定额差异	材料成本差异	脱离定额差异	定额变动差异	定额成本	脱离定额差异	材料成本差异	定额变动差异	实际成本	定额成本	脱离定额差异
栏次	(1)	(2)	(3)	(4)	(5)	(6)	(7)	(8)=(1)+(3)+(5)	(9)=(2)+(6)	(10)=(4)+(7)	(12)=(9)÷(8)	(11)=(4)	(13)	(14)=(13)×(12)	(15)=(13)×(10)	(16)=(11)	(17)=(13)+(14)+(15)+(16)	(18)=(8)-(13)	(19)=(18)×(12)
材料	12 000	-661		+300	39 000	-860	-762.80	50 700	-1 521	-762.80	-3%	+300	46 800	-1 404	-762.80	+300	44 933.20	3 900	-117
工资	5 500	-460			20 000	+2 500		25 500	+2 040		+8%		24 000	+1 920			25 920	1 500	+120
费用	8 000	-390			30 000	-750		38 000	-1 140		-3%		36 000	-1 080			34 920	2 000	-60
合计	25 500	-1 511	-300	+300	89 000	+890	-762.80	114 200	-621	-762.80		+300	106 800	-564	-762.80	+300	105 773.20	7 400	-57

表中月末在产品成本可以根据月末在产品盘存数乘以各项费用定额计算登记，也可以根据生产费用合计数中的定额成本减去本月产成品定额成本计算登记[(18)=(8)-(13)]。月末在产品应分配负担的脱离定额差异或其他差异，可以根据其定额成本乘以脱离定额差异的差异率计算[(19)=(18)×(12)]，也可倒算登记。

从表8-10可看出，本月A产品定额成本为106 800元，实际成本为105 773.2元，成本节约1 026.80元，其中由于定额降低引起的定额变动差异为超支300元，其余都是有利因素。

第二节 标准成本核算

定额成本与标准成本都是成本控制的目标成本，两者在基本功能定位及实施逻辑上有异曲同工之处，比如都是能够同步实现成本核算与成本控制的辅助方法，但两者在制定目标成本的依据、实际成本与目标成本的揭示和设置、对差异的分配及账务处理等均存在差异化内容，本节主要介绍标准成本核算制度及其应用。

一、标准成本制度概述

标准成本制度也称标准成本法，是指企业以预先制定的标准成本为基础，通过比较标准成本与实际成本，计算和分析成本差异、揭示成本差异动因，进而实施成本控制、评价经营业绩的一种成本管理方法。标准成本将实际发生的耗费划分为标准成本与成本差异两部分，因此有了标准成本也就有了事中控制和事后分析的基准。

（一）标准成本

标准成本是指在正常的生产技术水平和有效的经营管理条件下，企业经过努力应达到的产品成本水平。作为一种目标成本的标准成本有着理想标准成本、正常标准成本和现实标准成本的划分。

1. 理想标准成本

理想标准成本是指企业在目前生产条件下，以现有生产技术和管理水平处于最佳状态基础上制定的成本。这种成本要求在现有生产条件下的各种消耗都达到最优水平，比如资源无浪费、设备无故障、产出无废品、工时全高效等，显然这种成本状态对可能出现的生产要素价格波动、生产工人技术熟练程度差别及机器设备故障等因素没有给予充分考虑，因此标准过高而难以达到，实际工作中很少采用。

2. 正常标准成本

正常标准成本是企业在正常生产状态下应实现的成本。所谓正常状态，就是正常的工作效率、正常经营能力利用程度、正常生产工人技术熟练程度等情况。企业在制定标准成本时剔除了偶发的、非正常因素的影响，根据过去较长时期实际成本平均值并估计未来变动趋势最终制定。这种标准成本的明显特征是对过去成本水平的总括描述，对现状及未来成本趋势有较强的借鉴价值但完全用以指导实际不现实，因此并不会得到广泛应用。

3. 现实标准成本

现实标准成本是企业在现有生产技术条件和管理水平下，依据最可能发生的生产要素消耗量及价格、生产经营能力利用程度等因素所确定的标准成本。现实标准成本最接近于实际成本，但又包容了部分理论上不应存在而现实中尚不能避免的设备故障、人工闲置等，因此既可以用于成本控制，也可用于存货计价。在经济形势变化不确定情况下，这种标准成本是最为适用的。

标准成本允许有一定变动幅度，实际成本在允许的幅度内波动仍被视为正常成本，超过波动幅度的才视为非正常成本。也就是说，标准成本差异额只有在超出一定百分比范围才需要查明原因，同时对不同的差异程度予以不同重视程度。比如标准成本测定为120元，在正常范围内可在3个标准差的幅度内变动（假定每一个标准差为2元），即在114元到126元之间范围内变动一般进行深入分析。这通常被称为按"例外原则"进行管理。

 相关链接

苏州艾隆科技股份有限公司对于具有中等及较高标准化程度的产品，存在理论化成本。商务部与客户接洽了解院方需求并会同项目部制定初步产品配置方案，项目部待合同签订后现场实地测量，制定包括位置、尺寸、强弱电布线方案、使用流程（如前出药口、后出药口、侧出药口）、技术路线方案（如地轨模式、提升机模式）等具体内容的技术方案和实施方案，将被认可的方案图样交工艺部进行生产工艺转化而形成生产工艺BOM，BOM列明具体使用材料清单（理论化成本）。生产部根据实际生产工艺会进行少量增减或调整，如欧姆龙、汇川与派克等电控之间根据适用性进行选择而产生差异；院方可能因现场场地条件、用药品种变化等原因提出新需求而调整设计方案引起使用用料与BOM差异；低值、使用量大的部分材料往往根据生产线实际存量情况据以领用而与BOM存在差异。理论材料成本与实际材料成本差异如表8-11所示。

表8-11 理论材料成本与实际材料成本差异表

产品名称	主要型号	理论材料成本/万元	平均材料成本/万元	差异/万元	差异率/%
快速发药机	IRON-1200	20.02	21.36	1.34	6.28
快速发药机	IRON-900	17.58	17.98	0.39	2.18
高速发药机	IRON-G46	4.09	4.15	0.06	1.48
智能存取机	IRON-108	4.79	5.25	0.46	8.82
输液成品分拣机	IRON-FJ30	4.38	4.62	0.25	5.32
针剂统排机	IRON-TP200	5.39	5.74	0.35	6.04
病区综合管理柜		2.48	2.44	−0.04	−1.72

公司产品的平均材料成本与理论材料成本总体差异较小，主要差异是由部分项目特殊需求增改部分零配件导致的；此外部分产品在报告期内存在更新换代，更新改造后实际材料成本有一定变动。

（二）标准成本制度的应用程序

企业应用标准成本法的一般程序如下。

1. 确定应用对象

为了实现成本的精细化管理，企业应根据标准成本法的应用环境，结合内部管理要求，确定应用对象。标准成本法的成本对象可以是不同种类、不同批次或不同步骤的产品。

2. 制定标准成本

在制定标准成本时，企业一般应结合经验数据、行业标杆或实地测算的结果，运用统计分析、工程试验等方法，按照以下程序进行：①就不同的成本或费用项目，分别确定消耗量标准和价格标准；②确定每一成本或费用项目的标准成本；③汇总不同成本项目的标准成本，确定产品的标准成本。

3. 实施过程控制

企业在制定标准成本基础上，将产品成本及各成本或费用项目的标准用量和标准价格层层分解，落实到部门及相关责任人，形成成本控制标准。各归口管理部门（或成本中心）根据相关成本控制标准，控制费用开支与资源消耗，监督、控制成本的形成过程，及时分析偏离标准的差异及成因，采取措施加以改进。

在标准成本法实施过程中，各相关部门（或成本中心）应对其所管理的项目进行跟踪分析。其中生产部门一般应根据标准用量、标准工时等，实时跟踪和分析各项耗用差异，从操作人员、机器设备、原料质量、标准制定等方面寻找差异原因，采取应对措施，控制现场成本，并及时反馈给人力资源、技术、采购、财务等相关部门，共同实施事中控制；采购部门一般应根据标准价格，按照各项目采购批次，揭示和反馈价格差异形成的原因，控制和降低总采购成本。

4. 成本差异计算与动因分析

企业应定期将实际成本与标准成本进行比较和分析，确定差异数额及性质，揭示差异形成的动因，落实责任中心，寻求可行的改进途径和措施。在成本差异的分析过程中，企业应关注各项成本差异的规模、趋势及其可控性。对于反复发生的大额差异，企业应进行重点分析与处理。

5. 修订与改进标准成本

企业为保证标准成本科学、合理与可行，至少每年对标准成本进行测试，通过编制成本差异分析表，确认是否存在因标准成本不准确而形成的成本差异。当该类差异较大时，企业应按照标准成本制定程序对标准成本进行调整。除定期测试外，当外部市场、组织机构、技术水平、生产工艺、产品品种等内外部环境发生较大变化时，企业也应及时对标准成本进行调整。

标准成本法一般适用于产品及其生产条件相对稳定，或生产流程与工艺标准化程度较高的企业。

(三)标准成本会计

标准成本制度并不囿于单纯的产品成本计算,而是将标准成本与会计制度相结合而形成的一整套成本会计核算与控制系统。标准成本制度的主要内容包括制定标准成本、计算和分析成本差异、成本差异账务处理三部分。其中制定标准成本是采用标准成本制度的前提和关键,计算和分析成本差异是标准成本制度的重点。成本核算视角的标准成本会计三方面基本内容如下。

(1)标准成本会计只计算产品标准成本而不计算其实际成本,"基本生产成本""库存商品""自制半成品"等账户借贷方均按标准成本入账。

(2)实际成本与标准成本间各种差异分别设置差异账户进行归集,常见差异账户有"材料用量差异""材料价格差异""人工效率差异""人工工资率差异""变动制造费用效率差异""变动制造费用耗费差异""固定制造费用耗费差异""固定制造费用效率差异"及"固定制造费用能力差异"等。账户借方反映超支差异,贷方反映节约差异。

(3)企业期末选择适当的成本差异处理方式结清余额。通常有三种处理方式可供选择:一是将成本差异全部计入当期损益;二是将成本差异按标准成本比例分配给期末在产品、产成品和本期已销产品;三是将成本差异年内按期顺序结转,但编制年度财务报表时将12月份累计成本差异余额以第一种或第二种方式结转,这样确保成本差异不会影响到下年度。

标准成本会计的主要核算程序如图8-1所示。

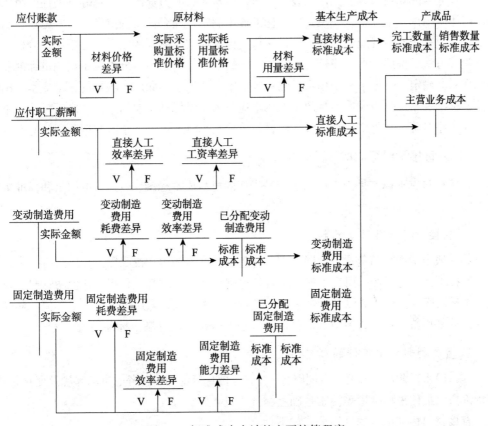

图8-1 标准成本会计的主要核算程序

> **相关链接**
>
> 美国管理学家米契尔·拉伯福在《世界上最伟大的管理原则》中提出"人们会去做受到奖励的事情";美国国际商业机器公司(IBM)前总裁郭士纳在《谁说大象不能跳舞》中写道,"人们只会做你检查的,而不会做你期望的";卡普兰和诺顿教授提出"如果你无法有效衡量企业经营绩效,你就无法有效地管理它"。标准成本是"受到奖励的事情""你期望的"与"有效衡量企业经营绩效",因此与标准成本相符的实际耗费对企业而言就是"损失"或"利得"。标准成本制度在日本企业会计实践中相当活跃,日本大藏省企业会计审议会制定有《成本计算标准》,但实际上日本企业的标准化程度却并不高,反观欧美企业由于管理层更迭的相对频繁而导致管理会计等经营体系的变更,反而促进了标准化的进程。这可能与日本企业总体上的家族式管理,推行了终身雇佣、年功序列工资等经营策略有关。因此,标准成本制度的有效实施可能受到会计体系以外的因素影响。

二、标准成本的制定

产品标准成本通常由直接材料标准成本、直接人工标准成本和制造费用标准成本构成。企业通常成立由采购、生产、技术、营销、财务、人力资源、信息等有关部门组成的跨部门团队采用"上下结合"模式进行标准成本制定,经企业管理层批准后实施。在制定标准成本时,企业一般应结合经验数据、行业标杆或实地测算的结果,运用统计分析、工程试验等方法,按照以下程序进行:①就不同的成本或费用项目分别确定消耗量标准和价格标准;②确定每一成本或费用项目的标准成本;③汇总不同成本项目的标准成本,确定产品的标准成本。每一成本项目的标准成本应分为用量标准(包括单位产品消耗量、单位产品人工小时)和价格标准(包括原材料单价、小时工资率、小时制造费用分配率等)。

(一)直接材料标准成本的制定

直接材料成本标准是指直接用于产品生产的材料成本标准,包括标准用量和标准单价两方面。

1. 直接材料标准用量的制定

其一般由生产部门负责,会同技术、财务、信息等部门,按照以下程序进行:①根据图样等技术文件进行产品研究,列出所需各种材料及可能的替代材料,并说明这些材料种类、质量及库存情况;②以分析过去用料经验记录为基础,采用过去用料平均值、最高与最低值的平均数、最节省数量、实际测定或技术分析数据等制定标准用量。

2. 直接材料标准单价的制定

其一般由采购部门负责,会同财务、生产、信息等部门,在考虑市场环境及变化趋势、订货价格以最佳采购批量等因素基础上综合确定。

直接材料标准成本的计算公式如下:

直接材料标准成本 = 单位产品的标准用量 × 材料的标准单价

材料按计划成本核算的企业，材料的标准单价可以采用材料计划单价

假定某企业甲产品耗用 A、B 两种直接材料，直接材料标准成本计算如表 8-12 所示。

表 8-12　单位产品直接材料标准成本计算表

标准	材料 A	材料 B
标准用量（1）	22 千克	20 千克
价格标准（2）	10 元	5.6 元
成本标准（3）=（1）×（2）	220 元	112 元
单位产品直接材料标准成本（4）=Σ（3）=332 元		

（二）直接人工标准成本的制定

直接人工成本标准是指直接用于产品生产的人工成本标准，包括标准工时和标准工资率。

1. 直接人工标准工时的制定

其一般由生产部门负责，会同技术、财务、信息等部门，在对产品生产所需作业、工序、流程工时进行技术测定基础上，考虑正常工作间隙，并适当考虑生产条件变化，生产工序、操作技术改善，及相关工作人员主观能动性充分发挥等因素，合理确定单位产品工时标准。

2. 直接人工标准工资率的制定

其一般由人力资源部门负责，根据企业薪酬制度等制定。

直接人工标准成本计算公式为

直接人工标准成本 = 单位产品标准工时 × 小时标准工资率

承上例，企业甲产品直接人工标准成本计算如表 8-13 所示。

表 8-13　单位产品直接人工标准成本计算表

项目	标准
月标准总工时（1）	10 000 小时
月标准总工资（2）	59 375 元
标准工资率（3）=（2）÷（1）	5.937 5 元/小时
单位产品标准工时（4）	16 小时
直接人工标准成本（5）=（4）×（3）	95 元

（三）制造费用标准成本的制定

制造费用成本标准应区分变动制造费用项目和固定制造费用项目分别确定。

1. 变动制造费用标准成本的制定

变动制造费用指通常随产量变化而成正比例变动的制造费用。变动制造费用项目的标

准成本根据标准用量和标准价格确定。变动制造费用的标准用量可以是单位产量的燃料、动力、辅助材料等标准用量,也可以是产品的直接人工标准工时,或者是单位产品的标准机器工时。标准用量的选择需考虑用量与成本的相关性,制定方法与直接材料的标准用量,以及直接人工的标准工时类似。变动制造费用的标准价格可以是燃料、动力、辅助材料等标准价格,也可以是小时标准工资率等。制定方法与直接材料的价格标准,以及直接人工的标准工资率类似。变动制造费用项目标准成本的计算公式如下:

变动制造费用项目标准成本 = 变动制造费用项目的标准用量 × 变动制造费用项目的标准价格

2. 固定制造费用标准成本的制定

固定制造费用是指在一定产量范围内,其费用总额不会随产量变化而变动,始终保持固定不变的制造费用。固定制造费用一般按照费用的构成项目实行总量控制;也可以根据需要,通过计算标准分配率,将固定制造费用分配至单位产品,形成固定制造费用的标准成本。制定固定费用标准,一般由财务部门负责,会同采购、生产、技术、营销、人事、信息等有关部门,按照以下程序进行:①依据固定制造费用的不同构成项目的特性,充分考虑产品的现有生产能力、管理部门的决策以及费用预算等,测算确定各固定制造费用构成项目的标准成本;②通过汇总各固定制造费用项目的标准成本,得到固定制造费用的标准总成本;③确定固定制造费用的标准分配率,标准分配率可根据产品的单位工时与预算总工时的比率确定。其中,预算总工时,是指由预算产量和单位工时标准确定的总工时。单位工时标准可以依据相关性原则在直接人工工时或者机器工时之间作出选择。固定制造费用标准成本计算公式如下:

固定制造费用标准成本由固定制造费用项目预算确定;
固定制造费用标准总成本 = ∑固定制造费用项目标准成本
固定制造费用标准分配率 = 单位产品的标准工时 ÷ 预算总工时
固定制造费用标准成本 = 固定制造费用总成本 × 固定制造费用标准分配率

承上例,企业甲产品制造费用标准成本计算如表8-14所示。

表8-14 单位产品制造费用标准成本计算表

项目	标准
月标准总工时(1)	10 000 小时
标准变动制造费用总额(2)	30 000 元
标准变动制造费用分配率(3)=(2)÷(1)	3 元/小时
单位产品工时标准(4)	16 小时
变动制造费用标准成本(5)=(1)×(3)	48 元
标准固定制造费用总额(6)	120 000 元
标准固定制造费用分配率(7)=(6)÷(1)	12 元/小时
固定制造费用标准成本(8)=(4)×(7)	192 元
单位产品制造费用标准成本(9)=(5)+(8)	240 元

（四）标准成本卡

单位产品标准成本是对直接材料标准成本、直接人工标准成本、制造费用标准成本的汇总。单位产品标准成本的制定是通过编制单位产品标准成本单（卡）进行的。每种产品生产之前，该产品标准成本单（卡）要送达有关人员，包括各级生产部门负责人、会计部门、仓库等，作为领发料、分配员工和支出其他费用的依据。单位产品标准成本单（卡）如表 8-15 所示。

表 8-15　单位产品标准成本卡（甲产品）

成本项目		用量标准	标准价格	单位标准成本
直接材料	A	22 千克	10 元	220 元
	B	20 千克	5.6 元	112 元
	小计	/	/	332 元
直接人工		16 小时	5.9375 元	95 元
变动制造费用		16 小时	3 元	48 元
固定制造费用		16 小时	12 元	192 元
甲产品单位标准成本				667 元

> **相关案例**
>
> 　　海南金盘智能科技股份有限公司 ERP 采用 SAP 系统进行管理，销售、供应链和成本核算等全部通过 SAP 系统完成，并以标准成本法对产品生产耗用的直接材料、直接人工、制造费用等进行核算。公司在每年 11 月会对下一年度产品的标准成本进行测算：①技术部门负责制定每一个具体型号产品的标准 BOM 物料清单和工艺路线，并根据工艺改进等情况及时修订 BOM 和工艺路线，通过 BOM 实现对生产领用原材料的控制，根据工艺路线，进行工时的控制；②销售生产部门会根据公司总体计划，制订年度生产计划、人员需求计划、各项费用计划；③采购部门根据原材料市场行情及走势，对下一年度各种原材料价格进行预测，测算平均价格；④人力资源部根据公司薪酬政策制订下一年度产品工资总定额，同时提供工资定额增减幅度及车间管理、辅助人员薪资增减幅度；⑤财务部门基于以上核算产品的材料成本、人工费用和制造费用，并核定产品标准成本。公司会根据上月原材料加权平均单价，对原材料单位标准价格进行复核或修订。当产品生产工艺发生显著改变时，公司则会对产品标准成本进行重新估算。报告期内，公司实际成本与标准成本的差异率分别为 1.68%、1.17%、-1.52%、1.29%，公司严格执行标准成本制定和修订政策，及时对偏差进行修正，使得公司实际成本与标准成本的差异率较小，符合产业规律。

企业应在制定标准成本的基础上，将产品成本及其各成本或费用项目的标准用量和标准价格层层分解，落实到部门及相关责任人，形成成本控制标准。各归口管理部门（或成本中心）应根据相关成本控制标准，控制费用开支与资源消耗，监督、控制成本的形成过程，及时分析偏离标准的差异并分析其成因，并及时采取措施加以改进。

三、标准成本差异分析

成本差异是指实际成本与相应标准成本之间的差额。当实际成本高于标准成本时，形成超支差异；当实际成本低于标准成本时，形成节约差异。企业应定期将实际成本与标准成本进行比较和分析，确定差异数额及性质，揭示差异形成的动因，落实责任中心，寻求可行的改进途径和措施。

（一）成本差异的分类

成本差异因成本构成内容不同而不同，从成本项目形成及便于分析角度可将成本差异进行多角度的类别划分。主要包括：①按成本差异的经济用途分为直接材料成本差异、直接人工成本差异与制造费用成本差异。该种分类明确了产品总的成本差异情况及其主要构成因素，但无法提供形成差异的具体原因。②按成本差异形成过程分为数量差异与价格差异，该种分类解释了成本差异形成的具体动因。③按成本差异的可控程度分为可控制差异与不可控差异，该种分类明确了管理与优化成本差异的方向。④按差异对成本的影响分为有利差异与不利差异，该种分类明确了成本差异管理的侧重点。

（二）直接材料成本差异分析

直接材料成本差异是指直接材料实际成本与标准成本之间的差额，该项差异可分解为直接材料价格差异和直接材料数量差异。直接材料价格差异是指采购过程中直接材料实际价格偏离标准价格所形成的差异，直接材料数量差异是指产品生产过程中直接材料实际消耗量偏离标准消耗量所形成的差异。计算公式如下：

直接材料成本差异 = 实际成本 − 标准成本
　　　　　　　　 = 实际耗用量 × 实际单价 − 标准耗用量 × 标准单价
直接材料成本差异 = 直接材料价格差异 + 直接材料数量差异
直接材料价格差异 = 实际耗用量 × （实际单价 − 标准单价）
直接材料数量差异 = （实际耗用量 − 标准耗用量） × 标准单价

（三）直接人工成本差异分析

直接人工成本差异是指直接人工实际成本与标准成本之间的差额，该差异可分解为工资率差异和人工效率差异。工资率差异是指实际工资率偏离标准工资率形成的差异，按实际工时计算确定；人工效率差异是指实际工时偏离标准工时形成的差异，按标准工资率计算确定。计算公式如下：

直接人工成本差异 − 实际成本 − 标准成本
　　　　　　 = 实际工时 × 实际工资率 − 标准工时 × 标准工资率
直接人工成本差异 = 直接人工工资率差异 + 直接人工效率差异
直接人工工资率差异 = 实际工时 × （实际工资率 − 标准工资率）
直接人工效率差异 = （实际工时 − 标准工时） × 标准工资率

（四）变动制造费用项目成本差异分析

变动制造费用项目成本差异是指变动制造费用项目实际发生额与变动制造费用项目标准成本之间的差额，该差异可分解为变动制造费用项目价格差异和数量差异。具体而言，变动制造费用项目如果是燃料、动力、辅助材料等则其计算和分析原理与直接材料相同；变动制造费用项目如果是工资费用等与人工工时或机器工时高度相关的则其计算和分析原理与直接人工相同。以后者为例的计算公式为

变动制造费用成本差异 = 变动制造费用实际成本 − 变动制造费用标准成本

变动制造费用效率差异 =（实际工时 − 标准工时）× 标准分配率

变动制造费用耗费差异 =（实际分配率 − 标准分配率）× 实际工时

（五）固定制造费用项目成本差异分析

固定制造费用项目成本差异是指固定制造费用项目实际成本与标准成本之间的差额。分析固定制造费用项目成本差异的基础是明确固定制造费用与产品成本的关联性，即两者是通过企业产能水平建立关联的。在分析具体成本差异时分两差异分析法与三差异分析法两种。

（1）两差异分析法将固定制造费用项目成本差异分为耗费差异和能量差异。企业产能水平首要表现在实际产量对计划产量（设计或预算产量）的实现程度上，而产量（业务量）又对应着各自的固定制造费用额，由此耗费差异就是指实际固定制造费用与计划固定制造费用之间的差异；企业产能水平的另一个表现就是对设计或计划的生产能力的使用程度，这就是实际产量标准工时脱离计划产量标准工时而产生的成本差异，称之为能量差异。

（2）三差异分析法将能量差异又具体划分为能力差异和效率差异，其中能力差异指实际产量实际工时脱离计划产量标准工时引起的生产能力利用程度差异而导致的成本差异，效率差异是指因生产效率差异导致的实际工时脱离标准工时而产生的成本差异。固定制造费用项目成本差异计算公式如下：

耗费差异 = 实际固定制造费用 − 计划产量标准工时 × 标准费用分配率

能力差异 =（计划产量标准工时 − 实际产量实际工时）× 标准费用分配率

效率差异 =（实际产量实际工时 − 实际产量标准工时）× 标准费用分配率

在标准成本制度实施过程中，各相关部门（或成本中心）应对其所管理的项目进行跟踪分析。生产部门一般应根据标准用量、标准工时等，实时跟踪和分析各项耗用差异，从操作人员、机器设备、原料质量、标准制定等方面寻找差异原因，采取应对措施，控制现场成本，并及时反馈给人力资源、技术、采购、财务等相关部门，共同实施事中控制。采购部门一般应根据标准价格，按照各项目采购批次，揭示和反馈价格差异形成的原因，控制和降低总采购成本。在具体分析成本差异时，企业应关注各项成本差异的规模、趋势及其可控性。对于反复发生的大额差异，企业应进行重点分析与处理。企业可将生成的成本差异信息汇总，定期形成标准成本差异分析报告，并针对性地提出成本改进措施。

为保证标准成本的科学性、合理性与可行性，企业应定期或不定期对标准成本进行修

订与改进。一般情况下,标准成本的修订工作由标准成本的制定机构负责。企业应至少每年对标准成本进行测试,通过编制成本差异分析表,确认是否存在因标准成本不准确而形成的成本差异。当该类差异较大时,企业应按照标准成本的制定程序,对标准成本进行调整。除定期测试外,当外部市场、组织机构、技术水平、生产工艺、产品品种等内外部环境发生较大变化时,企业也应及时对标准成本进行调整。

四、标准成本核算举例与述评

假定某企业 5 月份甲产品计划产量、实际产量、实际耗用量和实际成本资料见表 8-16。

表 8-16　甲产品 5 月份相关成本数据

项目	总数	单位数
计划产量	1 200 件	
实际产量	1 000 件	
实际耗用工时	17 000 小时	17 小时
直接材料耗用量 A	15 000 千克	15 千克
直接材料耗用量 B	20 000 千克	20 千克
直接材料费 A	180 000 元	12 元/千克
直接材料费 B	93 000 元	4.65 元/千克
直接人工	85 000 元	5 元/小时
变动制造费用	61 999 元	3.647 元/小时
固定制造费用	194 000 元	

甲产品标准成本资料见表 8-15 的标准成本卡。根据资料进行如下成本差异分析。

(一)成本差异分析

1. 直接材料成本差异分析

直接材料成本差异 = 直接材料实际成本 − 直接材料标准成本
= (180 000 + 93 000) − 332 × 1 000 = −59 000(元)
材料用量差异 = (15 000 − 22 000) × 10 + (20 000 − 20 000) × 5.6 = −70 000(元)
材料价格差异 = (12 − 10) × 15 000 + (4.65 − 5.6) × 20 000 = 11 000(元)

通过以上计算可以看出,甲产品本月耗用 A、B 材料发生 59 000 元节约差异。由于生产部门耗用材料低于标准,节约 70 000 元,应该查明材料用量节约的具体原因,以便巩固和发扬成绩。从材料价格上看,由于材料价格变动超支了 11 000 元,从而抵消了一部分由于材料降低耗用而形成的成本节约。这主要是材料采购部门的工作责任,也应查明原因,以便改进工作,降低材料价格。

2. 直接人工成本差异分析

直接人工成本差异 = 直接人工实际成本 − 直接人工标准成本

$= 85\,000 - 95 \times 1\,000 = -10\,000$（元）

直接人工效率差异 $= (17\,000 - 16\,000) \times 5.937\,5 = 5\,937.5$（元）

直接人工工资率差异 $= (5 - 5.937) \times 17\,000 = -15\,937.5$（元）

通过以上计算可以看出，该产品的直接人工成本总体上节约 10 000 元。其中人工效率差异超支 5 937.5 元，但工资率差异节约 15 937.5 元。工资率低于标准，可能是企业采用了新的工资制度，或任用了一部分技术等级和工资级别较低的工人，使小时工资率降低了 0.935 7 元。但也因此降低了工作效率，使工时的耗用由标准的 16 000 小时升高为 17 000 小时，多耗费了 1 000 工时，从而导致成本超支 5 937.5 元。但从直接人工的整体水平来看，成本是节约的，可见劳资部门在工资制度改革上的成本是值得肯定的。

3. 变动制造费用成本差异分析

变动制造费用成本差异 $= 61999 - 48 \times 1000 = 13999$（元）

变动制造费用效率差异 $= (17000 - 16000) \times 3 = 3000$（元）

变动制造费用耗费差异 $= (3.647 - 3) \times 17000 = 10999$（元）

通过以上计算可以看出，甲产品变动制造费用超支了 13 999 元，都是由于降低效率的结果，工时由 16 000 小时升为 17 000 小时，相应的费用分配率由 3 元提高为 3.647 元，使变动制造费用发生超支。应该查明工时和费用分配率提高的具体原因。

4. 固定制造费用成本差异分析

固定制造费用成本差异 $= 194\,000 - 192 \times 1\,000 = 2\,000$（元）

固定制造费用耗费差异 $= 194\,000 - 1\,200 \times 16 \times 12 = -36\,400$（元）

变动制造费用能量差异 $= (1\,200 \times 16 - 1\,000 \times 16) \times 12 = 38\,400$（元）

通过以上计算可以看出，该企业甲产品固定制造费用超支 2 000 元，主要是由于生产能力利用不足，实际产量小于计划产量所致。固定制造费用超支，不论是耗费差异，还是能量差异，一般均应相关的管理部门负责。

如果采用三差异分析法，可以将固定制造费用能量差异进一步分解为固定制造费用能力差异和固定制造费用效率差异进行分析。

固定制造费用能力差异 $= (1\,200 \times 16 - 17\,000) \times 12 = 26\,400$（元）

变动制造费用效率差异 $= (17\,000 - 1\,000 \times 16) \times 12 = 12\,000$（元）

（二）标准成本核算的账务处理

按照标准成本制度基本原理，标准成本核算最主要的特点是将产品实际成本分解为标准成本与成本差异两部分，因此应该设置两类账户与之对应。为了便于考核，各成本差异账户还可以按责任部门设置明细账，分别记录各部门的各项成本差异。标准成本制度下产品成本核算基本程序如下：①为成本计算对象按成本项目分别制定标准成本；②按成本计算对象分别设置产品成本明细账，按成本差异分别设置成本差异明细账；③编制各种成本费用分配表，分别反映其标准成本、实际成本和成本差异；④将标准成本计入产品成本明细账，计算并结转完工产品标准成本；⑤按成本计算对象分别编制成本差异计算表，计算与分析各种成本差异，并将各成本差异计入其成本差异账户，结出各成本差异账户月末余额；⑥采用合适方法将各成本差异账户月末余额予以结转。

以前述企业为例，对本月甲产品的各种成本差异进行归集并编制会计分录如下：

（1）借：基本生产成本——甲产品　　　　　　　　　　332 000
　　　　直接材料价格差异　　　　　　　　　　　　　　 11 000
　　　贷：直接材料用量差异　　　　　　　　　　　　　 70 000
　　　　　原材料　　　　　　　　　　　　　　　　　　273 000

（2）借：基本生产成本——甲产品　　　　　　　　　　 95 000
　　　　直接人工效率差异　　　　　　　　　　　　　　5 937.5
　　　贷：直接人工工资率差异　　　　　　　　　　　 15 937.5
　　　　　应付职工薪酬　　　　　　　　　　　　　　　 85 000

（3）借：变动制造费用　　　　　　　　　　　　　　　 48 000
　　　　变动制造费用效率差异　　　　　　　　　　　　 3 000
　　　　变动制造费用耗费差异　　　　　　　　　　　　 10 999
　　　贷：原材料、应付职工薪酬等　　　　　　　　　　 61 999

（4）借：固定制造费用　　　　　　　　　　　　　　　192 000
　　　　固定制造费用能量差异　　　　　　　　　　　　 38 400
　　　贷：固定制造费用效率差异　　　　　　　　　　　 36 400
　　　　　原材料、应付职工薪酬等　　　　　　　　　　194 000

　或：借：固定制造费用　　　　　　　　　　　　　　　192 000
　　　　固定制造费用能力差异　　　　　　　　　　　　 26 400
　　　　固定制造费用效率差异　　　　　　　　　　　　 12 000
　　　贷：固定制造费用效率差异　　　　　　　　　　　 36 400
　　　　　原材料、应付职工薪酬等　　　　　　　　　　194 000

（5）借：基本生产成本　　　　　　　　　　　　　　　240 000
　　　贷：变动制造费用　　　　　　　　　　　　　　　 48 000
　　　　　固定制造费用　　　　　　　　　　　　　　　192 000

（6）假设本月生产的甲产品全部完工：
　　　借：产成品　　　　　　　　　　　　　　　　　　667 000
　　　贷：基本生产成本　　　　　　　　　　　　　　　667 000

（7）将全部标准成本差异转入"本年利润"科目：
　　　借：直接材料价格差异　　　　　　　　　　　　（11 000）
　　　　　直接材料用量差异　　　　　　　　　　　　　 70 000
　　　　　直接人工效率差异　　　　　　　　　　　　（5 937.5）
　　　　　直接人工工资率差异　　　　　　　　　　　 15 937.5
　　　　　变动制造费用效率差异　　　　　　　　　　（3 000）
　　　　　变动制造费用耗费差异　　　　　　　　　　（10 999）
　　　　　固定制造费用能量差异　　　　　　　　　　（38 400）
　　　　　固定制造费用效率差异　　　　　　　　　　　36 400

贷：本年利润　　　　　　　　　　　　　　　　　　　　　53 001

（三）标准成本制度评价

（1）标准成本法的主要优点：一是能及时反馈各成本项目不同性质的差异，有利于考核相关部门及人员的业绩；二是标准成本的制定及其差异和动因的信息可以使企业预算的编制更为科学和可行，有助于企业的经营决策。

（2）标准成本法的主要缺点：一是要求企业产品的成本标准比较准确、稳定，在使用条件上存在一定的局限性；二是对标准管理水平较高，系统维护成本较高；三是标准成本需要根据市场价格波动频繁更新，导致成本差异可能缺乏可靠性，降低成本控制效果。

定额成本与标准成本作为目标成本的两种实现方式，在核算上有着基本相同的机制，即两者都是在事前制定目标成本并依此进行成本的事先控制和事中控制，根据成本差异进行事中反映和事后分析反馈，从而达到成本控制的目的。两者也存在明显的差异，主要表现为具体应用程序及特定工具方法选择，在制定目标成本的依据、实际成本与目标成本间差异的处理模式等方面各具特色。

定额成本控制的基本原理是将核算与控制结合起来，以产品的定额成本为基础，加减定额差异，来计算产品的实际成本，而通过制定定额成本、计算定额差异和分析差异责任，又可以实现成本控制的目的。因此，定额成本法不仅是一种成本计算方法，而且也是一种成本控制方法。

标准成本控制的基本原理是以预先制定的标准成本作为基础，用标准成本与实际成本进行比较，核算和分析成本差异，从而实现加强成本控制、评价成本管理业绩的一种成本控制方法。标准成本控制的核心是按标准成本记录和反映产品成本的形成过程和结果，并利用成本差异分析实现对成本的控制。其主要内容包括标准成本的制定、成本差异的计算、成本差异的账务处理和成本差异的分析。其中标准成本的制定是采用标准成本法的前提和关键，据此可以达到成本事前控制的目的；成本差异计算和分析是标准成本法的重点，借此可以促成成本控制目标的实现。

盘存法 physical inventory method
制造费用差异 overhead variance
标准成本 standard cost
标准成本制度 standard cost system
理想标准成本 ideal standard
正常标准成本 expected standard

现实标准成本 practical standard
标准成本差异 standard cost variance
材料成本差异 material cost variance
人工成本差异 labor cost variance

东莞怡合达自动化股份有限公司对标准工时有着较佳的实践，其具体的操作实务主要包括如下内容：

1. 标准工时的确定方法

标准工时是指具有一定作业熟练程度的操作人员在标准作业条件下按照品质要求以正常速度完成标准作业所使用的时间，包括观测时间、评比、作业宽放、疲劳宽放、生理宽放、管理宽放。其中：宽放时间指作业人员在操作时所需的停顿或休息时间；作业宽放指作业过程中不断发生小事，如工作讨论、不良品发现等；疲劳宽放指因为疲劳而引起的速度减慢或必要的休息；生理宽放指上厕所、喝水、擦汗等因私人生理需求而引起的延迟；管理宽放指开会、工作安排等因管理需要而引起的非作业时间。

公司标准工时确定：标准工时 = 观测时间 × 评定系数 × (1 + 宽放率)，测定方法如下：

（1）测量对象选择。公司测量对象原则上选择取得上岗资格的员工，在此条件不满足情况下可考虑选择入职三个月以上，且在被测工序工作一个月以上，对生产工艺熟悉，有一定的熟练程度的操作人员。

（2）评定系数的确定。评定系数的确定采用平准化法。平准化法以熟练度、努力程度、工作条件和一致性四个因素作为作业速度变动的评价因素，每个评价因素分成六个等级，每个等级对应于一定的修正值。评定时，根据因素及其等级，对作业或操作单元进行评定。评定因素及其等级对应的修正值如表 8-17 所示。

表 8-17 修正值如表

评价等级	熟练度系数		努力度系数		工作条件系数		一致性系数	
最优（A）	A1	+0.15	A1	+0.13	A	+0.06	A	+0.04
	A2	+0.13	A2	+0.12				
优（B）	B1	+0.11	B1	+0.10	B	+0.04	B	+0.03
	B2	+0.08	B2	+0.08				
良（C）	C1	+0.06	C1	+0.05	C	+0.02	C	+0.01
	C2	+0.03	C2	+0.02				
普通（D）	D	+0.00	D	+0.00	D	+0.00	D	+0.00
可（E）	E1	−0.05	E1	−0.04	E	−0.03	E	−0.02
	E2	−0.10	E2	−0.08				
劣（F）	F1	−0.16	F1	−0.12	F	−0.07	F	−0.04
	F2	−0.22	F2	−0.17				

①熟练度指操作者完成某项工作的方法与效率，其衡量标准有操作中的犹豫程度、动作的正确性、有无失败的情况、有无因动作不当而导致作业中断、信心的程度、动作的韵律、对操作的熟练程度等。②努力度指操作者工作时对提高效率的主要表现。其衡量标准有：对工作的兴趣，是否充分利用时间，工作的仔细程度，是否愿意接受有益的建议，工作场所秩序等。③工作条件指操作者周围的温度、湿度、通风、照明、噪声等，高温、高噪声环境对人的生理和心理都有不良影响。④一致性指操作者在不同周期中完成同一作业或动作要素所需时间是否一致。一致性评价标准如表 8-18 所示。

表 8-18　一致性评价标准

等级	符号	操作单元最大时间与最小时间比值	一致性系数
最优	A	≤1.2	0.04
优	B	1.2～1.5	0.03
良	C	1.5～1.8	0.01
普通	D	1.8～2.0	0
可	E	2.0～3.0	−0.02
劣	F	≥3.0	−0.04

运用平准化法进行作业评定，其评定系数的计算公式为：评定系数 = 1 + 熟练度系数 + 努力度系数 + 工作条件系数 + 一致性系数。正常情况下，上述四个影响因素处于平均状态，系数均为 0，评定系数为 1，其余情况下，评定系数采用上述方式计算。

（3）宽放时间的计算。根据公司产品生产现状确定宽放包括作业宽放、疲劳宽放、生理宽放、管理宽放四种。总宽放时间的计算方法为：总宽放时间 = 作业宽放时间 + 疲劳宽放时间 + 生理宽放时间 + 管理宽放时间。总宽放率 = 作业宽放率 + 疲劳宽放率 + 生理宽放率 + 管理宽放率。参考宽放率为：一人一机工序 8%～15%，一人多机工序 10%～25%。

（4）工序作业工时收集和计算方法。①测量法：用秒表记录单个零件的该工序所有加工元素的总时间（包括切削和测量时间），再算出单个加工元素加工时间，重复记录多次加工的数据，最后取平均值，使收集数据更为准确；②经验估算法：根据以前加工的经验，与现工件相比对，可以估算出现有工件大概加工工时；③统计分析法：对不同操作员工进行测算，以一个固定的时间（比如 1 小时或更长时间）加工出多少件产品，或是一批零件（总数量）加工完成需要多少分钟，可以得出每件产品加工平均工时；④类推比较法：主要比对材料、尺寸大小、孔和槽的多少、形位公差、加工余量和难度系数，也可以大概估算出现工件加工时间；⑤工时沿用法：如工件再次加工时，或改版本，但改动不大，可以沿用以前每件加工工时。

2. 机加产品标准工时的确定

公司以标准工时核算的产品的生产工艺主要为机加工方式，机加产品总工时 = 准备时间 + 作业时间。准备时间和作业时间均为标准时间。准备时间主要指在物料开始正常加工前的准备工作时间，主要包括工具的准备、物料的准备、防护器具的配带、熟悉图纸、制令扫描、刀具装卸、调机、首件试切、测量、首件检验等。准备工时主要是在物料加工前的准备时间，准备工时的采集要筛选该工序必要准备动作，过程用秒表记录用时。公司针对各工序准备内容在 ERP 制定了标准的准备时间。公司主要机加工工序的标准准备时间如表 8-19 所示。

表 8-19 主要机加工工序标准准备时间

序号	工序	准备工时(分)	准备工时组成部分
1	锯床	1	扫开工，寻找工艺流程表对应物料，物料上机，测量工艺所需尺寸，扫完工
2	数控车	30	取对应尺寸物料，扫开工，熟悉图样，首件试调机（准备刀具和卡爪、装刀和卡爪、装工件、编程、对刀、试切、测量、首检），卸刀和卡爪，扫完工
3	CNC	40	取对应尺寸物料或者工件，扫开工，熟悉图样，首件试调机（准备刀具和卡爪、装刀和卡爪、装工件、编程、对刀、试做、测量、首检），卸刀和卡爪，扫完工
4	磨床	10	取工件，扫开工，熟悉图样，装夹工件，首件试调机（找砂轮、试做、测量、首检、修砂轮），卸砂轮，扫完工
5	铣床	10	取对应尺寸物料或工件，熟悉图样，首件试调（准备刀具、装刀具、定位装夹、试做、测量、首检），卸刀具，扫完工
6	车铣复合机	不带 Y 轴 40 / 带 Y 轴 60	取对应尺寸物料，扫开工，熟悉图样，首件试调机（准备刀具和卡爪、装刀和卡爪、装工件、编程、对刀、试做、测量、首检），卸刀和卡爪，扫完工
7	快走丝	10	扫开工取对应尺寸物料或工件，熟悉图样，首件试调机（编程、归原点、装夹、试做、测量、首检），清理机台，扫完工
8	抛光	1	取工件，物料上机
9	修毛刺	1	取工件，物料上机
10	攻丝机	2	取工件、对应丝锥，物料上机
11	打火花	15	取工件，熟悉图纸，首件试调机（编程、归原点、装夹、试做、测量、首检），扫完工
12	回火	1	扫开工，取工件，准备垫块，扫完工
13	无心磨	10	扫开工，取工件，装夹具，调机，扫完工
14	外圆磨	10	取工件，扫开工，熟悉图样，装夹工件，首件试调机（找砂轮、校表、试做、测量、首检、修砂轮），卸砂轮，扫完工
15	滚齿	20	取对应尺寸物料，扫开工，熟悉图样，首件试调机（工装刀具、校表、程式），卸刀和卡爪，扫完工
16	普车	8	取对应尺寸物料或者工件，扫开工，熟悉图样，首件试调机（准备刀具和卡爪、装刀和卡爪、装工件、对刀、试做、测量、首检），卸刀和卡爪，扫完工
17	校正	1	扫开工，取工件，物料上机，装夹，校表，扫完工
18	铆压	1	扫开工，取工件，物料上机，装销钉，扫完工
19	拉床	1	扫开工，取工件，装刀，物料上机，扫完工

作业时间主要包括零件的装夹与拆卸时间及加工时间，从工艺角度考虑，主要指一个零件（一批相同的零件）开始加工至加工完成的全部时间。作业时间的标准工时制定如下：对各工序的作业类型进行细分，找出工序中通用加工元素；将各工序的作业类型细分后，去各个工序现场，找与细分的作业类型的物料测量收集工时数据；根据工件材质、外形尺寸大小、难易程度、孔槽的多少和大小、形位公差等不同的要求，对通用加工件的标准工

时乘以对应的系数估算得出。

公司根据上述的步骤和收集方法，制定出机加生产部的工艺加工《工时制定参考基准表》，并在 ERP 系统内建立不同型号、不同尺寸工件的标准工时数据库，并以此基准可根据条件变化进行维护与更新。公司对产品标准工时的修改情况主要包括：工艺工程师每周会抽取不同的机加工物料的工序对其生产工时进行现场测量，确认存在差异 20%以上的进行反馈，并对存在问题的部分标准工时进行重新测量确定标准工时；经过工艺变更、作业方式方法改善、作业环境改善、作业使用工具改善等生产性改善活动，造成与之前标准工时制定环境或条件变化较大。公司会对以上的情况进行修改标准工时，经生产经理、IE 经理及以上主管审核后生效，然后由工艺工程师进行归档并对 ERP 系统的工时进行修正。

根据上述资料，讨论标准成本的一般性与特定性。

1. 什么是定额成本法？它有哪些主要特点？
2. 什么是标准成本？制定标准成本有什么现实意义？
3. 为什么说定额成本法、标准成本法都是成本控制的方法？定额成本法与标准成本法有什么不同？

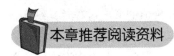

1. Jesse T. Barfield etc: Cost Accounting: Traditions and Innovation，5e，中国财政经济出版社，2003 年版。

2. Charles T. Horngren etc: Cost Accounting: A Managerial Emphasis，清华大学出版社，2001 年版。

3. 查尔斯·T. 亨格瑞等：《会计学（第 6 版·下）》（管理会计），中国人民大学出版社，2008 年版。

| 第九章 |

变动成本核算

本章明确了变动成本法的概念,对比分析了变动成本法与完全成本法在应用的前提条件、产品成本构成、期间成本构成、销货成本及存货成本水平、损益确定程序、成本信息作用等方面的异同,阐述了变动成本法的优缺点及应用程序。

通过本章学习,应能够:

➢ 理解变动成本法与完全成本法应用的前提条件;
➢ 区分变动成本法和完全成本法的差异;
➢ 理解变动成本法的优缺点。

成本会计的基本职能之一就是资产计价,即核算存货账面价值的形成过程及其结果,由此不同的成本分类方法就会形成不同的产品成本构成与利润额。可以说变动成本法既是一种产品成本计算方法,也是一种损益计算方法。通常将传统的完全成本法称为传统成本计算方法,与之相对应的就是变动成本法。变动成本计算模式早在20世纪30年代就已经产生,到20世纪60年代开始风靡欧美,20世纪70年代末开始传入中国,曾在一些机械行业企业中进行试点和运用。变动成本法是管理会计重要内容之一,但产品成本核算也可以借鉴其基本做法而提供特定成本信息并通过一定方式调整出符合公认会计原则的产品成本。《企业产品成本核算制度(试行)》第二十条明确提出,企业可以按照现代企业多维度、多层次的管理需要确定多元化产品成本核算对象,其中就包括了变动成本与固定成本维度的成本核算对象。

第一节 变动成本法概述

一、完全成本法与变动成本法

(一)完全成本法与变动成本法的概念

常规成本计算中有一种以产品成本和期间成本作为划分口径和损益确定程序的方法,该方法将成本计算分为完全成本计算(简称完全成本法或吸收成本法)和变动成本计算(简称变动成本法或直接成本法)。我们在本章之前讲述的成本核算实际上就是完全成本法,即在组织常规的成本计算过程中,以成本的经济用途分类为前提条件,将全部生产成本作为产品成本的构成内容而将非生产成本作为期间成本,并按传统损益确定程序计量损益的一种成本计算模式。完全成本法通常被认为是变动成本法出现之前长期沿用的传统成本计算模式，也常被称为制造成本法。我国存货计价实务与相关制度规范都是倾向于将所有实际发生的成本计入存货账面价值，比如《管理会计应用指引第 405 号——多维度盈利能力分析》第十一条明确规定"企业应遵循'谁受益、谁负担'原则，通过建立科学有效的成本归集路径，将实际发生的完全成本基于业务动因相对合理地分摊到管理最小颗粒度"。

变动成本法则是指企业以成本性态分析为前提条件，仅将生产过程中消耗的变动生产成本作为产品成本的构成内容，而将固定生产成本和非生产成本（变动非生产成本和固定非生产成本）作为期间成本，直接由当期收益予以补偿的一种成本管理方法。由于变动成本法不包括固定生产成本在内，故亦称为直接成本法或边际成本法。实践中直接材料、直接人工两个产品成本项目都是变动生产成本，而制造费用一般要划分为变动制造费用与固定制造费用，其中，固定制造费用被认为是固定生产成本而不属于产品制造成本范畴。

（二）完全成本法与变动成本法的比较

1. 适用范围不同

完全成本法按公认会计原则来归集分配企业的生产过程的费用，因而适用财务会计系统的需要；变动成本法为满足经营管理的需要;主要适用于管理会计系统。

2. 计算出来的产品制造成本与存货成本不同

完全成本法是将制造成本全部计入产品与存货账面价值；变动成本法将所有成本划分为变动与固定两部分，将变动制造成本计入产品成本和存货账面价值，而固定制造成本连同非制造成本均作为期间成本，从当期边际贡献项下减除。

3. 编制利润表排列方式，以及计算出来的利润数不同

完全成本法按经济职能排列，变动成本法按成本习性排列，并算出边际贡献数。计算出来的净利润中，完全成本法下期初和期末存货成本包含固定制造费用，变动成本法下存货只包括变动成本，不包括固定制造费用，因而两者计算出来的净利润不相同。

两种成本核算方法的异同如表 9-1 所示。

表 9-1 变动成本法与完全成本法的异同

成本构成内容	变动成本法		完全成本法	
产品成本	变动制造成本	直接材料 直接人工 变动制造费用	制造成本	直接材料 直接人工 制造费用
期间成本	变动非制造成本	变动销售费用 变动管理费用 变动财务费用	非制造成本	销售费用 管理费用 财务费用
	固定成本	固定制造费用 固定销售费用 固定管理费用 固定财务费用		

【例9-1】 A企业生产甲产品，2020年6月产量是10 000件，每件直接材料12元，直接人工8元，变动制造费用7元，全月发生固定制造费用80 000元。计算两种成本法下的单位产品成本。计算结果如表9-2所示。

表9-2 产品成本计算单　　　　　　　　　　　　　　　　　　　　　　单位：元

成本项目	直接材料	直接人工	变动制造费用	固定制造费用	单位产品成本合计
完全成本法	12	8	7	8	35
变动成本法	12	8	7	—	27

二、变动成本法的基本概念与特点

（一）成本性态与变动成本法

成本性态是指成本与业务量之间的相互依存关系。按照成本性态，成本可划分为固定成本、变动成本和混合成本。总体而言，成本性态的核心内涵是将成本划分为固定成本与变动成本两部分，总成本也就相应地表示为下述公式：

总成本 = 固定成本总额 + 变动成本总额
　　　 = 固定成本总额 + 单位变动成本 × 业务量

如果用 y 代表总成本，a 代表固定成本总额，b 代表单位变动成本，x 代表业务量，则总成本的计算公式可以表示为

$$y = a + bx$$

该计算公式是直线方程，其中：x 是自变量，y 是因变量，a 是常数（即截距），b 是直线的斜率。当能够计算出公式中的 a 与 b 值后，就可以利用这个直线方程进行成本预测、成本决策、其他短期决策及弹性预算编制等。总成本的成本习性模型如图9-1所示。

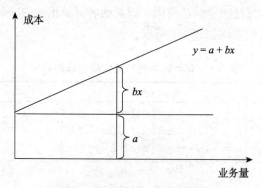

图9-1　总成本的成本习性模型

将成本划分为变动成本和固定成本两类，有利于判断成本变动的内在动因，比如是由生产量驱动的还是由经营规模驱动的，不同的驱动因素决定了成本耗费与其受益对象之间的相关关系及其方式，这有助于更精确地将成本耗费确认到其受益对象上去。

相关链接

WTO（世界贸易组织）《反倾销协定》、欧盟《欧共体理事会关于抵制非欧共体成员倾销进口的第 384/96 号规则》、美国反倾销调查问卷中关于"生产成本部分计算项目表"等都明确地对产品成本划分为变动部分与固定部分提出了要求。此举的真正目的在于防止固定性费用被非反倾销调查产品承担，从而使被调查产品少计成本，或者在调查期使固定性费用被不恰当地削减或调整，所以更强调费用分摊方法的一贯性，而且这种划分也有利于对该企业的生产能力、技术水平、市场化水平进行综合考察，并且使对销售费用、管理费用、利润率等的估计更加可靠。

《国际财务报告准则第 2 号——存货》第 13 条（IAS2.13）规定，生产过程中固定制造费用应当基于生产设备的正常产能（Normal capacity）进行分摊。该原则使得在产量很少或设备闲置时，不会增加单位存货中分摊的固定制造费用而虚高存货成本；在产量很高时，单位存货中分摊的固定制造费用下降，亦使得这些存货成本不会超过正常产能下生产的存货成本。IAS2.13 反映了谨慎性原则，提升了相关性（决策有用性）。

我国《企业产品成本核算制度（试行）》第三十四条明确指出：企业应当根据生产经营特点，以正常生产能力水平为基础，按照资源耗费方式确定合理的分配标准。

（二）成本性态分析与成本分类

成本性态分析是指企业基于成本与业务量之间的关系，运用技术方法，将业务范围内发生的成本分解为固定成本和变动成本的过程。

1. 固定成本

固定成本指在一定范围内，其总额不随业务量变动而增减变动，但单位成本随业务量增加而相对减少的成本。如直线法计提固定资产折旧费、企业管理部门办公费等。固定成本可具体化为约束性固定成本与酌量性固定成本。约束性固定成本同企业生产经营能力形成与常规维护相关，具有短期内难以改变的强约束性，因此也称为经营能力成本；酌量性固定成本是由企业高管层按既定经营方针确定的预算性固定成本，会因经营方针的变化而动态改变，由此常被称为随意性固定成本。然而固定成本的固定性是与一定范围相对应的，一旦超过了限定的范围则固定成本也会发生变动。其主要特点如图 9-2 所示。

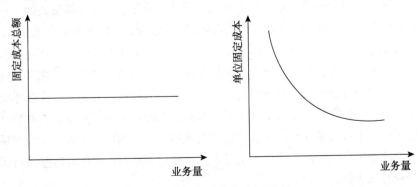

图 9-2　固定成本的主要特点

2. 变动成本

变动成本是指在一定范围内，其总额随业务量变动而发生相应的正比例变动而单位成本保持不变的成本。如原材料消耗，生产工人计件工件等。也就是说变动成本与业务量在一定范围内存在线性关系，而超出该范围则两者可能就是非线性关系。其主要特点如图 9-3 所示。

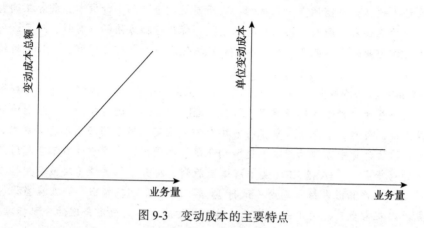

图 9-3　变动成本的主要特点

3. 混合成本

混合成本指总额随业务量变动但不成正比例变动的成本。混合成本的分解方法主要包括：高低点法、回归分析法、账户分析法（也称会计分析法）、技术测定法（也称工业工程法）、合同确认法，前两种方法需要借助数学方法进行分解，后三种方法可通过直接分析认定。①高低点法。企业以过去某一会计期间的总成本和业务量资料为依据，从中选取业务量最高点和业务量最低点，将总成本进行分解，得出成本模型。该方法计算较为简单，但结果代表性较差。计算公式如下：单位变动成本＝（最高点业务量的成本－最低点业务量的成本）/（最高点业务量－最低点业务量），固定成本总额＝最高点业务量的成本－单位变动成本×最高点业务量，或＝最低点业务量的成本－单位变动成本×最低点业务量。②回归分析法。企业根据过去一定期间的业务量和混合成本的历史资料，应用最小二乘法原理，计算最能代表业务量与混合成本关系的回归直线，借以确定混合成本中固定成本和变动成本的方法。回归分析法的结果较为精确，但计算较为复杂。计算公式如下：假设混合成本符合总成本模型，即 $y = a + bx$，a 代表固定成本总额，b 代表单位变动成本，有 $b = [n\sum x_i y_i - \sum x_i \sum y_i]/[n\sum x_i^2 - (\sum x_i)^2]$，$a = [\sum y_i - b\sum x_i]/n$。③账户分析法。企业根据有关成本账户及其明细账的内容，结合其与产量的依存关系，判断其比较接近的成本类别，将其视为该类成本。账户分析法较为简便易行，但比较粗糙且带有主观判断。④技术测定法。企业根据生产过程中各种材料和人工成本消耗量的技术测定来划分固定成本和变动成本。技术测定法仅适用于投入成本和产出数量之间有规律性联系的成本分解。⑤合同确认法。企业根据订立的经济合同或协议中关于支付费用的规定，来确认并估算哪些项目属于变动成本，哪些项目属于固定成本。

在产品制造成本的构成项目中,直接材料、直接人工通常为变动成本,而制造费用则是一种混合成本,需要划分为变动制造费用与固定制造费用,变动制造费用与产品生产直接相关,固定制造费用是为企业提供一定的生产经营条件以便保持既定生产能力,并使它经常处于正常状态而发生的成本。这种耗费的发生更具资本化性质,发生后就与外部市场环境变化的敏感性下降,其变动通常受企业产能等变化的影响而同产品实际生产没有直接联系,与会计期间相关并随着时间的消逝而逐渐丧失,因此应在费用发生的当期全额列入收益表内。这样,变动成本法下只有变动生产成本才构成产品成本,并随着产品实体的流动而流动,随产量变动而变动。

 相关链接

深圳市创益通技术股份有限公司采用品种法进行成本核算,设有直接材料、直接人工、制造费用三个成本项目。该公司主导产品包括了高频高速连接线,其中,某主导产品报告期内总成本分别为25.93万元、1 064.05万元、2 113.01万元和1 146.46万元,2017年销量较低、总成本较低,随着主导产品销量增长,产品总成本逐年增加。相关数据如表9-3所示。

表9-3 某主导产品报告期内总成本与销量　　　　单位:万元/KPCS

项目	成本构成	2020年1—6月	2019年	2018年	2017年
成本总额/万元	直接材料	525.15	911.63	370.39	10.07
	直接人工	216.44	322.42	176.92	9.73
	外协加工费	272.25	676.74	387.00	0.66
	制造费用	132.61	202.22	129.74	5.47
	合计	1146.46	2113.01	1064.05	25.93
销量(KPCS)		739.25	1215.51	478.95	9.20

在进行产品总成本水平分析时,公司将主导产品的单位成本分为固定成本和变动成本,固定成本包括车间管理人员人工成本、折旧与摊销、租赁成本;变动成本包括直接材料、直接人工、委外加工成本和变动制造费用,具体情况见表9-4所示。

表9-4 某主导产品报告期内成本性态情况　　　　单位:元/KPCS

成本属性	成本构成项目	2020年1—6月	2019年	2018年	2017年
单位固定成本	制造费用—短期薪酬	436.41	443.01	659.77	2 340.32
	制造费用—折旧与摊销	399.29	266.93	385.73	886.73
	制造费用—租赁费	195.63	225.75	508.19	401.74
	小计	1 031.33	935.69	1 553.69	3 628.78
单位变动成本	直接材料	7 103.85	7 499.96	7 733.41	10 940.32
	直接人工	2 927.83	2 652.51	3 693.86	10 579.86
	外协加工成本	3 682.80	5 567.53	8 080.26	713.20

续表

成本属性	成本构成项目	2020年1—6月	2019年	2018年	2017年
单位变动成本	直接人工+外协加工费小计	6 610.63	8 220.04	11 774.12	11 293.07
	制造费用—水电费、低值易耗品等	762.55	727.99	1 155.18	2 317.49
	小计	14 477.03	16 447.98	20 662.71	24 550.88
单位成本总计		15 508.37	17 383.68	22 216.40	28 179.66
销量		739.25	1 215.51	478.95	9.20

注：公司部分产品的外协加工费包括加工费和包料的材料费，为了可比，本表格的外协加工费为扣除包料的材料费后的加工费，包料的材料费划分到直接材料。

公司加大了技术改造升级和自动化设备投入，总固定成本上升，但随着公司高频高速连接线销售规模的快速增长，单位固定成本下降；单位变动成本下降主导了产品总单位成本下降，主要原因为：①随着公司高频高速线产品销售规模持续扩大，生产工艺和技术的逐渐成熟，产品报废率大幅下降和主要材料采购价格下降使得单位材料成本下降；②公司加大了技术改造升级和自动化设备投入，使得单位人工成本下降；③外协组装单价的下降使得单位外协加工成本下降。

（三）变动成本法的成本流程与收益计量

变动成本法计算的产品成本只包括产品在生产过程中耗费的直接材料、直接人工与变动制造费用，固定制造费用全额计入利润表中，作为期间成本抵减当期收益。变动成本法的成本流程如图9-4所示。

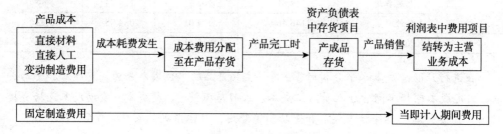

图9-4 变动成本法的成本流程

在变动成本法下，利润的计算通常采用贡献式损益表。该表一般应包括营业收入、变动成本、边际贡献、固定成本、利润等项目。其中，变动成本包括变动生产成本和变动非生产成本两部分，固定成本包括固定生产成本和固定非生产成本两部分。贡献式损益表中损益计算包括以下两个步骤：

（1）计算边际贡献总额。

边际贡献总额 = 营业收入总额 − 变动成本总额
           = 销售单价 × 销售量 − 单位变动成本 × 销售量
           =（销售单价 − 单位变动成本）× 销售量

= 单位边际贡献 × 销售量

（2）计算当期利润。

利润 = 边际贡献总额 − 固定成本总额

显然，变动成本不仅深化了成本核算的"谁受益 谁承担"原则，更是考虑了产品成本中变动生产成本与产品销量的精准配比关系，从而揭示了成本、销售量和利润之间的依存关系，尤其是从产品定价视角看，产品单位售价变动与单位成本变动相关，其中更是受单位成本中直接材料、直接人工等变动成本的市场价格状况极大影响，同时这也使得当期利润真正反映企业市场化经营状况，有利于企业经营预测和决策。变动成本法对于分析各种产品盈利能力、科学进行成本计划及成本控制和成本评价与考核等工作提供了有用信息。

第二节　变动成本法的核算程序

成本信息要同时满足存货计价与收益确定的对外信息需求和经营决策与管理控制的对内信息需求。从公认会计原则角度看，变动成本法不能用来编制对外的财务会计报告，但它对于成本预测、决策和分析，特别是对于成本控制和寻求降低成本的途径有重要的作用，而且企业也没有必要建立两套成本计算系统，因此，变动成本法通常是与完全成本计算结合应用的。鉴于企业内部信息需求量大且是经常性的而对外编制财务报告则定期进行，也可以说，变动成本法体现着过程而完全成本法是结果。一般的做法就是将日常核算建立在变动成本法基础上，对产品成本和存货成本都按照变动成本计算，然后在对其进行适当的调整，以适应公认会计原则对产品成本和存货成本的要求。由此可见，两种方法的结合运用充分体现了管理会计与财务会计的"同源分流"和"不同目的，不同成本"的多维成本观念。

一、变动成本法的账户设置

变动成本法的账户设置与其他实际成本核算方法基本相同，区别在于变动成本法下相应生产成本类账户登记的成本费用都只是变动成本部分。《企业产品成本核算制度（试行）》第二十一条：企业应当根据生产经营特点和管理要求，按照成本的经济用途和生产要素内容相结合的原则或者成本性态等设置成本项目；第二十八条提出交通运输企业一般设置营运费用、运输工具固定费用与非营运期间的费用等成本项目。主要内容包括：

（1）日常核算应以变动成本法为基础，即"基本生产成本"和"自制半成品""库存商品"的成本均只包括直接材料、直接人工和变动制造费用。

（2）设置"变动制造费用"账户，借方用以核算生产过程中发生的变动费用，期末将发生额转入"基本生产成本"。也可以在"制造费用"总账下设置"变动制造费用"明细账进行核算。

（3）设置"固定制造费用"账户，借方归集当期发生的固定制造费用，期末将应由已销产品负担的部分从贷方转入"主营业务成本"的借方。期末余额与"基本生产成本"和"产成品"的余额一起列入"存货"。也可以在"制造费用"总账下设置"固定制造费用"明细账进行核算。

（4）设置"主营业务成本"账户，反映已销产品变动生产成本。

（5）设置"在产品存货调整""产成品存货调整"以及"主营业务成本调整"账户，分别反映"基本生产成本"账户期末余额（就是资产负债表中存货报表项目的在产品存货）、库存商品存货以及已销产品应负担的固定制造费用。

（6）设置"变动销售费用""变动管理费用""变动财务费用"及"固定销售费用""固定管理费用""固定财务费用"账户，借方用以分别归集这些费用的变动和固定部分，期末再从贷方转入"本年利润"账户。

二、变动成本法核算程序的具体内容

变动成本法的核算程序基本上与完全成本法的核算程序相同，就是与第二章所述的基本程序相同，即：①确定成本核算对象及成本核算期间；②依据成本核算对象设置总分类账户及明细分类账户；③设置产品成本项目细化产品制造成本；④通过总分类账户及明细分类账户归集和分配要素费用；⑤成本计算期末将归集的生产费用在完工产品与在产品之间分配；⑥结转完工产品成本并入库。

两种方法的主要区别在于变动成本法下日常核算时所涉及的总分类账户都是按照变动成本计价和转账的。到期末，将归集在"固定制造费用"账户借方的总额在已销产品、库存商品存货及在产品存货之间进行分配，从"固定制造费用"账户贷方分别转入"在产品存货调整""产成品存货调整"以及"主营业务成本调整"账户的借方。

固定制造费用额在已销产品、库存商品存货及三者间的分配可按如下公式计算：

$$固定制造费用分配率 = \frac{期初"固定制造费用"明细账户余额 + 本期发生的固定制造费用}{已销产品数量 + 库存商品存货数量 + 在产品存货约当数量}$$

已销产品应承担的固定制造费用 = 已销产品数量 × 固定制造费用分配率

库存商品存货应承担的固定制造费用 = 库存商品存货数量 × 固定制造费用分配率

在产品存货应承担的固定制造费用 = 在产品存货数量 × 固定制造费用分配率

当期初在产品转化为产成品或期初产成品转化为已销产品时，"在产品存货调整"账户或"库存商品存货调整"账户的期初余额，也要随之结转，也就是说把"在产品存货调整"账户期初借方余额转到"库存商品存货调整"账户内，或把"库存商品存货调整"账户期初借方余额转到"主营业务成本调整"账户内。期末编制对外财务报表时，把"基本生产成本"、"库存商品"和"主营业务成本"账户的期末余额加上相应调整账户的期末余额即可将存货和主营业务成本的变动成本调整为完全成本法下的产品成本。

【例9-2】 M公司有一个基本生产车间采用变动成本法核算甲产品成本，存货发出采用先进先出法。甲产品2020年10月有关资料如下：

1. 甲产品库存商品存货月初为150件，总成本为17 400元，其中变动生产成本为14 250元，固定制造费用为3150元。

2. 甲产品10月份期初没有在产品，本月投产数量是1 200件，完工数量是1 000件，月末在产品数量是200件。

3. 本月发生了如下有关成本：

（1）甲产品耗用直接材料费用72 000元，材料是在生产开始时一次投入，生产车间耗用材料费用 8 400 元，其中变动材料费用 6 600 元，固定材料费用 1 800 元。

（2）本月工资总额为 65 080 元，其中生产车间生产工人工资为 31 080 元，生产车间管理人员工资为 12 000 元，厂部管理人员工资为 22 000 元。

（3）生产车间发生的其他制造费用 6 450 元，其中变动制造费用 4 500 元，固定制造费用 1 950 元。

4. 生产费用在完工产品与期末在产品之间使用约当产量法进行分配，期末在产品完工程度为 55%。10 月份 M 公司销售甲产品 900 件，单位售价为 160 元。

根据上述资料，M 公司甲产品成本核算的账务处理如下：

（1）车间领用材料。

  借：基本生产成本——甲   72 000
    变动制造费用   6 600
    固定制造费用   1 800
    贷：原材料   80 400

（2）发生人工费用。

  借：基本生产成本——甲   31 080
    固定制造费用   12 000
    固定管理费用   22 000
    贷：应付职工薪酬   65 080

（3）发生其他制造费用。

  借：变动制造费用   4 500
    固定制造费用   1 950
    贷：银行存款等账户   6 450

（4）结转变动制造费用。

  借：基本生产成本——甲   11 100
    贷：变动制造费用   11 000

（5）计算并结转完工产品成本。

直接材料费用分配率 = 72 000/（1 000 + 200）= 60 元/件

产成品直接材料费用 = 1 000 × 60 = 60 000 元

在产品直接材料费用 = 200 × 60 = 12 000 元

直接人工费用分配率 = 31 080/（1 000 + 200 × 55%）= 28 元/件

产成品直接人工费用 = 1 000 × 28 = 28 000 元

在产品直接人工费用 = 200 × 55% × 28 = 3 080 元

变动制造费用分配率 = 11 100/（1 000 + 200 × 55%）= 10 元/件

产成品变动制造费用 = 1 000 × 10 = 10 000 元

在产品变动制造费用 = 200 × 55% × 10 = 1 100 元

完工产品成本 = 60 000 + 28 000 + 10 000 = 98 000 元

在产品费用 = 12 000 + 3 080 + 1 100 = 16 180 元

  借：库存商品   98 000

    贷：基本生产成本   98 000

（6）采用先进先出法计算并结转已售产品成本。

已售产品成本 = 14 250 +（900 − 150）× 98 000/1 000 = 87 750 元

  借：主营业务成本   87 750
    贷：库存商品   87 750

库存商品存货的账面余额是 14 250 + 98 000 − 87 750 = 24 500 元

（7）分配固定制造费用。

固定制造费用额 = 3 150 + 1 800 + 12 000 + 1 950 = 18 900 元

固定制造费用约当产量 = 900 + 250 + 200 × 55% = 1 260 件

固定制造费用分配率 = 18 900/1 260 = 15 元/件

已销产品应承担的固定制造费用 = 900 × 15 = 13 500 元

库存商品存货应承担的固定制造费用 = 250 × 15 = 3 750 元

在产品存货应承担的固定制造费用 = 200 × 55% × 15 = 1 650 元

  借：主营业务成本调整   13 500
    库存商品存货调整   3 750
    在产品存货调整   1 650
    贷：固定制造费用   18 900

月末，经调整后利润表中反映的主营业务成本为 101 250 元（87 750 + 13 500）。在资产负债表中，存货项目的库存商品和在产品的成本是 46 080 元（24 500 + 3 750 + 16 180 + 1 650）。

三、变动标准成本制度

  每种成本核算方法都有着优点与不足并存的两面性，解决的基本思路就是通过多种相关方法的结合使用来发挥优点而规避缺点，变动标准成本制度就是其中的一种。变动标准成本制度是指将标准成本制度与变动成本法相结合，以同时实现标准成本制度与变动成本法的优越性，并使两者的不足得到有效改善。

  1. 变动标准成本制度科目设置的特点

  标准成本制度既可以实施于完全成本法也可用于变动成本法，第七章的内容实际上就是完全标准成本制度。也就是说对标准成本制度而言只是计量的对象发生变化而已，因此变动标准成本制度同标准成本核算制度基本相同，即变动标准成本制度的计算步骤、成本差异计算与分析、账务处理等都与标准成本制度基本一致。科目设置的核心内容是：一是将"制造费用"科目分解为"变动制造费用"与"固定制造费用"两个；二是变动标准成本制度在相关的成本类账户中只登记变动制造成本及其成本差异；三是增设"在产品存货调整""产成品存货调整"以及"主营业务成本调整"账户，以便将变动成本法与完全成本法有机结合起来。

  2. 变动标准成本制度的核算

  完全标准成本制度与变动标准成本制度的主要差异在固定制造费用上，其他方面大体相同，因此本部分内容仅是对变动标准成本制度的整体核算流程予以讲述，而不涉及过于详尽的细节。

【例 9-3】 某企业生产甲产品采用完全标准成本制度，基本生产成本（在产品）标准成本期末余额为 3 200 元，产成品标准成本期末余额为 4 500 元。该企业从 2020 年 7 月开始改用变动标准成本制度，存货采用变动标准成本计价。企业年度固定制造费用预算 24 000 元，制造成本预算 400 000 元。

（1）本期发生的各种要素费用如表 9-5 所示。

表 9-5　7 月份发生各种费用支出　　　　　　　　　　　　　　单位：元

项目	生产费用			实际变动制造费用	实际固定制造费用
	标准成本	用量或效率差异	价格或工资率差异		
原材料	13 000	320		2 200	
工资	3 200	240	160		600
折旧费					1 200
合计	16 200	560	160	2 200	1 800

（2）变动制造费用效率差异为 190 元，耗费差异为 –220 元。

（3）本月完工产品变动标准成本为 20 000 元，已销产品变动标准成本为 21 000 元，主营业务收入为 23 500 元。

变动标准成本制度的账务处理过程如下：

（1）7 月份发生各种费用支出。

① 直接材料标准成本及成本差异的会计分录：

　　借：基本生产成本——甲　　　　　　　　　　　　　　　　　　　13 000
　　　　直接材料用量差异　　　　　　　　　　　　　　　　　　　　　320
　　　　变动制造费用　　　　　　　　　　　　　　　　　　　　　　2 200
　　　贷：原材料　　　　　　　　　　　　　　　　　　　　　　　　15 520

② 直接人工标准成本及成本差异的会计分录：

　　借：基本生产成本——甲　　　　　　　　　　　　　　　　　　　 3 200
　　　　直接人工效率差异　　　　　　　　　　　　　　　　　　　　　240
　　　　直接人工工资率差异　　　　　　　　　　　　　　　　　　　　160
　　　　固定制造费用　　　　　　　　　　　　　　　　　　　　　　　600
　　　贷：应付职工薪酬　　　　　　　　　　　　　　　　　　　　　4 200

③ 折旧费用的会计分录：

　　借：固定制造费用　　　　　　　　　　　　　　　　　　　　　　1 200
　　　贷：累计折旧　　　　　　　　　　　　　　　　　　　　　　　1 200

（2）结转本期变动标准制造费用。

变动标准制造费用 = 2 200（实际）+ 220 – 190 = 2 230 元

　　借：基本生产成本——甲　　　　　　　　　　　　　　　　　　　 2 230

变动制造费用效率差异	190	
贷：变动制造费用耗费差异		220
变动制造费用		2 200

（3）结转本期完工产品变动标准成本。

借：库存商品——甲　　　　　　　　　　　　　　　20 000
　　贷：基本生产成本　　　　　　　　　　　　　　　　　　20 000

（4）本期收到产品销售收入。

借：银行存款　　　　　　　　　　　　　　　　　　23 500
　　贷：主营业务收入　　　　　　　　　　　　　　　　　　23 500

（5）结转本期已销产品变动标准成本。

借：主营业务成本　　　　　　　　　　　　　　　　21 000
　　贷：库存商品　　　　　　　　　　　　　　　　　　　　21 000

（6）将本期发生的固定制造费用结转至本年利润。

借：本年利润　　　　　　　　　　　　　　　　　　1 800
　　贷：固定制造费用　　　　　　　　　　　　　　　　　　1 800

（7）将收入、成本结转至本年利润。

借：主营业务收入　　　　　　　　　　　　　　　　23 500
　　贷：本年利润　　　　　　　　　　　　　　　　　　　　23 500
借：本年利润　　　　　　　　　　　　　　　　　　21 000
　　贷：主营业务成本　　　　　　　　　　　　　　　　　　21 000

（8）将各项成本差异结转至本年利润。

借：本年利润　　　　　　　　　　　　　　　　　　690
　　贷：直接材料用量差异　　　　　　　　　　　　　　　　320
　　　　直接人工效率差异　　　　　　　　　　　　　　　　240
　　　　直接人工工资率差异　　　　　　　　　　　　　　　160
　　　　变动制造费用效率差异　　　　　　　　　　　　　　190
　　　　变动制造费用耗费差异　　　　　　　　　　　　　（220）

　　变动成本法计算的存货账面价值不符合公认会计原则，不适应对外财务报告的要求，变动标准成本会计制度也存在着该局限，因此，期末需要将按变动标准成本制度确定的有关报表项目的金额调整为完全成本法下的金额，由于标准成本制度本身就是一种完全成本法，所以可以说就是将变动标准成本制度的相关报表项目金额调整为完全标准成本制度下的报表项目金额。

　　期末进行账项调整的内容及方法主要包括如下三方面内容：第一，在开始实行变动标准成本制度时，如果上期执行的是完全标准成本制度，则需要将本期初"在产品"与"产成品"中含有的固定制造费用结转至"存货调整"科目，该科目也可以细化为"在产品存货调整"、"产成品存货调整"两个科目；第二，每期发生的固定制造费用全部结转至"本年利润"科目；第三，根据存货增减额计算应吸收或转出的固定制造费用，通过"本年利润"和"存货调整"科目进行调整。结合上例说明如下：

（1）按照企业年度固定制造费用预算占制造成本预算的比例，将本期初存货按变动标准成本计价。

调整率 = 年度固定制造费用预算/年度制造成本预算 × 100%

　　　 = 24 000/400 000 × 100% = 6%

本期初在产品所吸收的固定制造费用 = 3 200 × 6% = 192 元

本期初产成品所吸收的固定制造费用 = 4 500 × 6% = 270 元

根据以上数据，编制会计分录：

借：存货调整　　　　　　　　　　　　　　　　　　　　　　　　462

　　贷：基本生产成本　　　　　　　　　　　　　　　　　　　　192

　　　　库存商品　　　　　　　　　　　　　　　　　　　　　　270

经过该笔会计分录的调整，期初的完全标准成本制度下在产品金额与产成品金额就被调整为变动标准成本制度下的 3 008 元（3 200 − 192）与 4 230 元（4 500 − 270）。

（2）确定按变动标准成本计算的本期末在产品和产成品金额。通过变动标准成本制度的账务处理及相关资料，可计算求得

本期末在产品存货金额 = 3 008 +（13 000 + 3 200 + 2 230）− 20 000 = 1 438 元

本期末产成品存货金额 = 4 230 + 20 000 − 21 000 = 3 230 元

（3）计算存货增减变化额中所吸收的固定制造费用。具体步骤如下：

① 确定调整率：

调整率 = 年度固定制造费用预算/年度变动成本预算 × 100%

　　　 = 24 000/（400 000 − 24 000）× 100% = 6.38%

②确定存货变动成本增减额：

（1 438 + 3 230）−（3 008 + 4 230）= −2 570 元

③确定存货减少额所吸收的固定制造费用：

−2 570 × 6.38% = −163.97 元

④根据上述调整额编制会计分录：

借：本年利润　　　　　　　　　　　　　　　　　　　　　　　163.97

　　贷：存货调整　　　　　　　　　　　　　　　　　　　　　163.97

上述处理方法的优点是：第一，能同时反映出按变动成本法计量的利润与按完全成本法计算的利润；第二，在期末编制资产负债表时，将"存货调整"科目与"存货"科目合并反映易于理解；第三，体现出了两种计算法各自优点的结合。该种方法的不足在于调整率是根据年度预算有关指标计算的，如果预算数与实际情况有较大的差异，会导致最后结果的不准确。为此，有些企业只是在开始实施变动标准成本制度时采用预算调整率，以后核算采用实际调整率，计算公式如下：

$$调整率 = \frac{"存货调整"科目期初余额 + 本期固定制造费用}{变动主营业务成本 + 在产品和产成品变动成本期末余额} \times 100\%$$

$$= \frac{462 + 1\,800}{21\,000 + (1\,438 + 3\,230)} \times 100\% = 8.81\%$$

实际调整率求得后，其余计算和账务处理同上面的一样。本例中实际调整率与预算调

整率相差较大,应采用实际调整率。

四、变动成本法的应用环境与述评

1. 变动成本法的应用环境

企业应用变动成本法通常要考虑如下因素。

(1)企业应用变动成本法所处的外部环境一般应具备以下特点:①市场竞争环境激烈,需要频繁进行短期经营决策。②市场相对稳定,产品差异化程度不大,以利于企业进行价格等短期决策。

(2)企业应保证成本基础信息记录完整,财务会计核算基础工作完善。

(3)企业应建立较好的成本性态分析基础,具有划分固定成本与变动成本的科学标准,以及划分标准的使用流程与规范。

(4)企业能够及时、全面、准确地收集与提供有关产量、成本、利润以及成本性态等方面的信息。

由此,变动成本法多适用于同时具备以下特征的企业:①企业固定成本比重较大,当产品更新换代的速度较快时,分摊计入产品成本中的固定成本比重大,采用变动成本法可以正确反映产品盈利状况;②企业规模大,产品或服务的种类多,固定成本分摊存在较大困难;③企业作业保持相对稳定。

2. 变动成本法的优缺点

(1)变动成本法的主要优点:一是区分固定成本与变动成本,有利于明确企业产品盈利能力和划分成本责任;二是保持利润与销售量增减相一致,促进以销定产;三是揭示了销售量、成本和利润之间的依存关系,使当期利润真正反映企业经营状况,有利于企业经营预测和决策。

(2)变动成本法的主要缺点:一是计算的单位成本并不是完全成本,不能反映产品生产过程中发生的全部耗费;二是不能适应长期决策的需要。

本章小结

财政部《企业产品成本核算制度(试行)》第二十条提出可以按照现代企业多维度、多层次的管理需要,确定多元化的产品成本核算对象,其中就包括了变动成本与固定成本维度的成本核算对象。依据成本性态将成本划分为变动成本与固定成本更深化了"谁受益谁承担"的成本核算原则,使配比方式更加精准。这也推动着变动成本法在强化企业内部管理方面确实能起到完全成本法无法比拟的重要作用,已经成为企业规划与控制经济活动、制定经营决策的重要工具方法。正确处理变动成本法与完全成本法的关系是使变动成本法得到足够关注并被高效实施的关键,总体思路就是将变动成本法视为过程反映而完全成本法视为结果表达,即用变动成本法组织日常核算,对产品成本、存货成本、贡献边际和税前利润都按变动成本法计算,以满足企业内部管理的需要;在编制会计报表时,对变动成本法计算的期间成本进行调整，计算符合完全成本法的税前净利。同时，标准成本法可以与完全成本法结合使用，也可以与变动成本法结合使用。

变动成本法 variable costing
完全成本法 full costing
成本性态 cost behavior
固定成本 fixed cost
贡献边际 contribution margin

天士力生物医药股份有限公司产品普佑克报告期单位主营业务成本变化如表 9-6 所示。

表 9-6　普佑克单位主营业务成本变化

项目	2020 年 1—3 月	2019 年	2018 年	2017 年
主营业务成本/万元	1 842.12	6 430.28	7 692.13	6 413.64
销量/万支	8.66	31.21	27.56	12.24
单位成本/（元/支）	217.26	209.14	279.51	524.55

公司报告期内主营业务毛利率分别为 44.03%、68.23%、71.49%和 47.56%，其招股说明书显示 2019 年末公司普佑克产品再次进入医保目录但医保支付价格下降 50%左右，这使得公司产品销售价格下调进而导致公司 2020 年一季度主营业务毛利率出现下滑。公司产品固定成本及可变成本构成情况如下：

（1）公司固定成本与可变成本的构成。公司主营业务成本由直接材料、直接人工和制造费用构成，其中：①直接人工（由于公司当前实际产能利用率不高，但公司为维系生产需求，仍需招聘一定数量的生产人员，报告期内直接人工受产量变化影响较小，故将直接人工作为固定成本）及制造费用中折旧费用为固定成本；②除折旧费用以外的制造费用及直接材料为可变成本。

（2）2018 年固定成本和可变成本较 2017 年上升，主要系 2017 年下半年公司产品进入国家医保目录产品销售开始放量，销量及产量均增加所致；2019 年固定成本及可变成本较上年有所下降，主要系公司 2019 年 1—3 月份，公司对设备停工检修，相应地将 1—3 月份停工期间发生的人工费用、制造费用等合计 1 379.54 万元转入当期管理费用，其中人工费用 289.47 万元，制造费用中折旧费用 650.04 万元；2020 年 1—3 月份固定成本及可变成本未见异常波动。

报告期内，公司普佑克产品单位可变成本逐年下降，主要系公司持续优化生产工艺，提高了获取目标蛋白产率所致。

2018年单位固定成本较2017年下降较多,主要系2018年公司产量大幅增长导致单位固定成本下降;2019年单位固定成本较2018年有所下降,主要系2019年1—3月份公司生产线停工检修,当期销售的部分产品为2018年战略性排产储备的产品,若剔除停工期间人工费用及折旧费用影响,2019年的单位固定成本为131.88元/支,与2018年相近;2020年1—3月份的单位固定成本与上年比较波动较小。

报告期内,公司单位固定成本及可变成本总体呈现下降趋势,主要系两方面因素导致:①2018年较2017年产量增加较多,而折旧费用、直接人工等支出相对稳定,产销量增加,相应的单位成本下降;2018年至2020年1—3月,单位成本较为稳定;②近年来公司的产品生产工艺流程有所改进,提高了生产工艺水平,相应的单位材料成本及能耗费用整体有所下降。

结合上述资料,分析变动成本法下固定成本与变动成本划分的主观性的解决思路。

思考题

1. 变动成本法的优缺点是什么?
2. 目前我国能否以变动成本法完全取代完全成本法?为什么?
3. 变动成本法与完全成本法所提供信息的用途有何不同?
4. 变动成本法与完全成本法在产品成本与期间成本的构成内容上有何不同?
5. 应用变动成本法与完全成本法损益确定程序有何不同?

本章推荐阅读资料

1. 吴大军等:《管理会计》,东北财经大学出版社,2004年版。
2. 潘爱香等:《管理会计》,经济科学出版社,2002年版。
3. [美]米切尔·马赫:《成本会计》,机械工业出版社,1999年版。

第十章

成本报表与分析

学习提要与目标

成本报表是企业内部报告体系的重要组成部分，是企业成本核算的最终成果，全面反映着企业成本管理水平。本章主要阐述了成本报表的种类与编制方法、分析方法，以及成本计划完成情况、单位产品成本变动情况等内容。

通过本章学习，应能够：
➢ 掌握成本报表编制基本理论；
➢ 熟练运用成本报表分析的基本方法；
➢ 理解期间费用分析的基本逻辑。

将日常会计核算资料加工整理成会计报表是会计核算工作的最末环节，成本核算也是如此。《企业产品成本核算制度（试行）》第七条规定企业一般应当按月编制产品成本报表，全面反映企业生产成本、成本计划执行情况、产品成本及其变动情况等。《管理会计应用指引第 801 号——企业管理会计报告》第三十条提出成本管理报告的内容一般包括成本预算、实际成本及其差异分析，成本差异形成的原因以及改进措施等。成本报表的编制与分析是实现成本会计目标的有效手段，是满足企业价值管理和决策支持需要的重要信息来源。

第一节　成本报表概述

一、成本报表的含义

日常成本数据分散于成本计算对象的明细账或成本计算单中，而企业总体成本水平却要通过将这些分散的成本数据以一定的形式与内容总括描述，并作为相关决策的依据，这就需要编制成本报表。编制成本报表是成本会计的一项重要内容。成本报表也称内部成本报表，指企业为适应成本管理的要求，根据有关成本日常核算资料，以产成品、制造费用等为对象而编制的用来反映成本水平、分析成本计划完成情况、考核成本管理业绩及费用预算执行情况等的表格文件。

区别于对外的财务会计报告，成本报表更侧重于企业内部管理服务，属于内部报表，具有以下特性。

（1）成本报表主要是满足企业内部经营管理需要而设置的，无论报表的种类、格式还是指标的选择，相对于财务会计报告而言具有更大的灵活性。

（2）成本报表的信息含量、篇幅大小很大程度取决于企业内部管理的需要，因此成本报表具有很强的专题性、针对性与实用性。

（3）成本报表是对内报表，其服务对象既有企业高层管理部门，又有企业基层部门及员工，因此成本报表的内容具有一定的不确定性、多样性和交叉性。同时，成本报表服务的层次越高，成本报表所提供的信息就越具有综合性和全面性。

（4）成本报表编制时间受约束较小，可以定期编制，可以不定期编制，较大程度取决于企业内部管理的需要，当然具有行业监管性企业则要遵从相应的成本信息监管要求。

二、成本报表的作用

成本报表服务于企业内部管理的需要而编制，对加强成本管理与提高经济效益有着重要的作用，主要表现在以下方面。

（1）综合反映报告期内的产品成本计水平。产品成本是反映企业生产经营各方面工作状况的一项综合性指标，也就是说，成本是企业一系列行为的后果，是企业供、产、销各个环节经营管理水平的最终体现，因此成本报表有助于发现企业生产、技术、质量和管理等方面存在的问题。

（2）评价和考核各成本环节的成本管理活动业绩。利用成本报表所提供资料，经过一定分析方法，可以明确各有关部门和人员在执行成本计划、费用预算过程中的成绩和差距，以便总结工作经验和教训，调动广大职工的积极性，以全面促进企业成本费用计划的完成。

（3）利用成本资料进行成本分析。通过成本报表资料分析，可以揭示成本差异对产品成本升降的影响程度以及发现产生差异的原因和责任，从而可以有针对性地采取措施，把注意力聚焦于不正常的、对成本有重要影响的关键性差异，这样对于加强日常成本控制和管理就有了明确目标。

（4）成本报表资料为制定成本计划提供依据。企业要制定成本计划，必须明确成本计划目标，而目标是建立在报告年度产品成本实际水平基础上的，所以说本期成本报表所提供成本资料是制定下期成本计划的重要参考资料。

（5）成本报表有助于加强企业成本管理工作。成本报表数据的报送不仅有利于主管部门了解所属企业整体成本水平，又有利于同行业间各企业的交流对比。

三、成本报表的种类

作为内部报表的成本报表，其种类、格式、项目、指标的设计和编制方法、编报日期、具体报送对象等，国家没有统一的制度进行规范，而是由企业自行决定。当然，企业的主管机构可为下属或本系统企业的成本管理工作进行指导，因而可能对成本报表的相关内容进行一定的规定。

（1）从编制依据上成本报表可以分为两类，一类是与财务报表的编制相似，即遵循着从原始凭证、记账凭证、会计账簿到会计报表的核算过程；另一类是从特定成本管理目标出发而设置的成本报表，通常这类成本概念尚未成熟并得到公认及形成相应的会计核算方式，或是需要从一般的财务会计核算资料中分离出所需要的数据，这类成本行为是借助报表的形式来描述成本管理现状及水平的，比如责任成本报表、质量成本报表等。

（2）从编制时间上成本报表一般可以按月、按季、按年编报。对于内部管理的特殊需要，也可以按日、按旬、按周，甚至按工作班来编报，目的在于满足日常、临时、特殊任务的需要，使成本报表资料及时服务于生产经营的全过程。

（3）从反映成本情况的角度可以分为商品产品成本表与主要产品单位成本表。这类报表侧重于揭示企业为生产一定种类和数量产品所花费的成本是否达到了预定目标，目的在于找出差距，明确薄弱环节，进一步采取有效措施，挖掘降低成本的内部潜力。

（4）从反映费用情况的角度可以分为制造费用明细表、营业费用明细表、管理费用明细表等。这类报表反映了企业一定期间内的费用支出总额及其构成、合理性以及变动趋势，这有利于企业和主管部门正确制定费用预算，控制费用支出。

（5）从反映的范围可以分为全厂成本报表、车间成本报表、班组成本报表及责任个人成本报表等。

四、成本报表的编制依据与要求

1. 成本报表的编制依据

编制成本报表的主要依据包括：一是报告期的成本账簿资料；二是本期成本计划及费用预算等资料；三是以前年度的会计报表资料；四是企业有关的统计资料和其他资料等。

2. 成本报表的编制要求

为了充分发挥成本报表作用，企业编制成本报表应满足以下要求。

（1）客观性。成本报表应当以实际发生的成本和费用为依据，如实反映，做到内容真实、数字准确、资料可靠。重点应做好两方面的基础工作：其一是必须以一定时期发生的各项成本费用实际情况登记入账，达到真实性的要求；其二是结合企业自身的特点和具体情况，选择适当地方法确定各项资产的转移价值，采用适当的成本费用核算方法正确计算产品成本和费用水平。

（2）完整性。成本报表的完整性包含两个层面的含义：一方面，成本报表作为一个报表体系，其完整性主要体现在有关报表之间客观存在的内在联系；另一方面，每一张具体的成本报表，表内各项目之间也存在一定的内在联系，而且必要的补充资料作为对表内项目的说明，也体现了成本报表内容完整性的要求。

（3）相关性。成本报表的相关性包含了两层含义：①企业应根据一定时期的管理要求和有关业务性质的特点，设置成本报表，有针对性地向有关方面提供特定的成本信息。②为了满足不同的管理需要，成本报表的设计，尤其是指标设计应贯彻实用性的原则。

（4）及时性。成本报表编制及时性也是满足成本报表相关性的一个补充，及时提供成本信息是保证成本信息质量的重要前提，这也有助于成本预测、决策，有助于考核成本计划或成本目标的完成情况，有助于适时地进行成本控制与分析。

（5）重要性。重要性原则是指依据成本水平和费用情况的重要程度采用不同的披露方式。在设计编制成本报表时，对于成本报表使用者重要的成本信息，应分别披露；对于次要成本信息，在不影响成本信息真实性的情况下可以合并反映。

第二节 基本成本报表的编制

一、商品产品成本表

反映产品总成本和单位成本状态的报表可以从不同角度编制以满足企业不同的管理需求，比如按可比产品和不可比产品分类；按成本项目；按成本性态；按主要产品和非主要产品等。这其中按可比产品和不可比产品分类反映的产品成本报表称为商品产品成本表，即商品产品成本表是按可比产品和不可比产品分类反映企业在报告期内生产的全部商品产品的总成本以及各种主要商品产品的单位成本和总成本的报表。这里的商品产品包括已验收入库可供销售的各种产品、已出售和计划出售的自制半成品、已经完成的对外提供的工业性作业（如来料加工、设备修理）等。从商品产品的内容来看，由于成本耗费在企业不同阶段表现为不同的价值形态，因此商品产品成本表在总体上应体现出这一连续的过程，即生产环节的制造成本、销售环节的主营业务成本及待销环节的库存商品账面价值。实践中针对成本管理不同的关注点，商品产品成本表存在两种编制方法：其一是仅反映生产环节成本耗费状况；其二是将生产环节、销售环节与库存环节都涵盖。通常的做法是分别反映，因为企业不同阶段有着不同的管理方式与侧重点，有针对性地对特定环节的反映更会有较高的效果，本书就是采用了这种观点。

根据商品产品成本表提供的资料，可以考核企业全部商品产品和主要商品产品成本计划的执行情况，分析各种可比产品成本降低任务的完成情况，评价和考核企业成本管理的工作成绩，为编制下一期的成本计划和费用预算提供参考依据。

（一）商品产品成本表的内容与结构

商品产品成本表分为基本报表部分和补充资料两部分内容，其中基本报表部分又可具体细分为表首和正表两部分。

1. 基本报表部分

基本报表部分是将全部商品产品分为可比产品和不可比产品两部分进行列报。其中：可比产品是指以前年度正式生产过、有完整的成本资料可比较的产品；不可比产品是指本年度初次生产，或者虽然本年度不属于初次生产，但以前年度属于试制生产，缺乏可比的成本资料的产品。当然，这里要辩证地看待可比性问题，因为企业综合运营结果的成本受到诸多因素的影响，既有宏观的也有微观的，比如处于不同物价水平的同期产品成本的可比性问题；又比如不同成本核算方法下的同期产品成本的可比性问题；甚至不同的原材料发出计价方法对同期产品成本的可比性问题，等等。另外，即使对比期间的宏微观条件基本一致，但基于不同的成本竞争策略下的同期成本数据也可能有较大本质性差异，比如因选择的比较期较长而得出的不同期间的成本差异可能对企业成本决策并没有太大的意义。同时，这里的可比还囿于同一企业不同时点的自我对照，而没有将同一行业内的相同或类似企业纳入比较范围，如果考虑这种情况，则不可比产品的范围会变得更窄。

相关链接

成都一通密封股份有限公司报告期内产品成本结构与可比公司中密控股各产品分类营业成本的料、工、费构成情况如表10-1所示：

表10-1 与可比公司产品成本结构的对比　　　　　　　　　　单位：%

产品	类别	2020年1—6月		2019年		2018年		2017年	
		中密控股	公司	中密控股	公司	中密控股	公司	中密控股	公司
干气密封	直接材料		80.47	78.52	86.77	75.07	88.86	71.51	85.40
	直接人工		12.46	15.50	8.42	18.58	7.37	22.49	10.69
	制造费用		7.07	5.98	4.81	6.35	3.77	6.00	3.91
机械密封	直接材料		84.23	74.12	78.72	77.41	78.60	73.51	76.16
	直接人工		10.06	18.30	13.55	17.90	14.46	21.68	13.94
	制造费用		5.71	7.58	7.73	4.69	6.93	4.80	9.90
密封产品修复	直接材料		83.15	55.05	75.67	27.55	80.00	76.46	78.46
	直接人工		10.75	30.11	15.49	55.49	13.26	19.78	16.14
	制造费用		6.10	14.84	8.84	16.96	6.74	3.76	5.40

注[1]：公司直接材料主要包括仪器仪表、系统套件、标准件、摩擦副、原料（不锈钢、碳钢等）、辅助密封圈等，直接人工主要是生产制造和相关辅助人员的工资性支出，制造费用主要是厂房和机器设备折旧、生产过程中消耗的能源和工序外协费用。注[2]：公司干气密封包括离心压缩机干气密封、螺杆压缩机干气密封、泵用干气密封、其他设备干气密封、压缩机干气密封辅助系统和非压缩机干气密封辅助系统；机械密封包括常规机械密封、高参数机械密封和机械密封辅助系统。注[3]：中密控股数据来源于Wind资讯，其2020年半年度报告未披露或无法通过已披露信息计算该数据。注[4]：中密控股机械密封相关成本=机械密封相关成本+机械密封辅助系统相关成本。

（1）干气密封、机械密封成本结构。2017—2019年，公司与中密控股的主要成本支出均为直接材料，其次是直接人工，最后是制造费用。公司直接人工、制造费用占比较可比上市公司中密控股低，而直接材料占比相对较高，主要原因为：①公司通过机加定制件外协、工序外协对现有产能进行有效补充，相关成本分别计入直接材料、制造费用，报告期内公司加大外协采购，一定程度上减少直接人工。此外，根据中密控股招股说明书披露（2015年2月13日报送），其在产能不足时，亦存在部分零部件依赖外协加工情况，双方在机加定制件外协、工序外协采购占比存在差异。②报告期内，公司将进行直接生产的员工薪酬计入直接人工，生产管理相关人员薪酬计入管理费用。2017—2019年，公司与中密控股生产人员数量均呈现上升趋势，但公司生产人员数量上升幅度远小于中密控股，公司人均创收逐年升高，主要原因为公司通过适当延长机器设备作业时间，提高机器设备利用效率，使得生产工人产出效率提升，直接人工占比相应较低。③2017—2019年，公司机器设备投资规模占主营业务收入的比例较中密控股小，使得制造费用相应较小。此外，中密控股上市后通过兼并收购丰富了产品种类，资产结构亦发生了相应变化，若将公司与中密控股IPO阶段的情况进行比较，机器设备原值占主营业务收入比例均较低，不存在显著差异。

> （2）密封产品修复成本结构差异。2017—2019 年，公司密封产品修复的成本构成与干气密封、机械密封相似，与可比上市公司中密控股 2017 年成本结构亦相似。2018 年、2019 年中密控股密封产品修复直接材料占比下降，直接人工、制造费用占比上升，主要原因为待修复密封产品类型及损坏程度不同，对直接材料、直接人工的需求存在差异。

基本报表部分是按照可比产品和不可比产品分类列示的。对于可比产品而言，在列示各种可比产品的实际产量、单位成本、本月总成本、本年累计总成本时，由于可比资料的存在，则实际产量分为本月实际产量和本年累计实际产量；单位成本分为上年实际平均单位成本、本年计划单位成本、本月实际单位成本和本年累计实际平均单位成本；本月总成本分为按上年实际平均单位成本计算的本月总成本、按本年计划单位成本计算的本月总成本和本月实际总成本；本年累计总成本分为按上年实际平均单位成本计算的本年累计总成本、按本年计划单位成本计算的本年累计总成本和本年实际累计总成本。由于不可比产品不具备历史可比资料，因此只列示计划成本和实际成本。

2. 补充资料部分

补充资料部分主要是就可比产品披露进一步的信息，该部分主要列示了可比产品成本降低额和可比产品成本降低率两项指标。计算公式为

可比产品成本降低额

＝按上年实际平均单位成本计算的可比产品本年累计总成本－本年可比产品实际累计总成本

可比产品成本降低率

＝可比产品成本降低额/按上年实际平均单位成本计算的可比产品本年累计总成本×100%

上述计算结果若为负数，表示可比产品成本的超支额和超支率。

商品产品成本表的内容与结构如表 10-2 所示。

（二）商品产品成本表的编制方法

1. 商品产品成本表的编制依据

商品产品成本表的编制依据主要是有关产品的产品成本明细账、本年度成本计划、上年度商品产品成本表的有关报表项目等。

2. 商品产品成本表各项目的填列方法

商品产品成本表基本报表的填列方法如下：

（1）"产品名称"项目，根据主要商品产品的品种，区分可比产品和不可比产品，分别填列，并列示各种产品的名称、规格和计量单位。

（2）"实际产量"项目，应根据产品成本明细账填列的本月实际产量，计算从年初起至本月止的实际产量累计数填列本年累计实际产量。

（3）"单位成本"各项目：

①"上年实际平均"项目，只有可比产品填列。应根据上年度本表所列各种可比产品

表 10-2　商品产品成本表

编制单位：××公司　　2020年12月　　单位：元

产品名称	规格	计量单位	实际产量 本月 (1)	实际产量 本年累计 (2)	单位成本 上年实际平均 (3)	单位成本 本年计划 (4)	单位成本 本月实际 (5)=(9)/(1)	单位成本 本年累计实际平均 (6)=(12)/(2)	本月总成本 按上年实际平均单位成本计算 (7)=(1)×(3)	本月总成本 按本年计划单位成本计算 (8)=(1)×(4)	本月总成本 本月实际 (9)	本年累计总成本 按上年实际平均单位成本计算 (10)=(2)×(3)	本年累计总成本 按本年计划单位成本计算 (11)=(2)×(4)	本年累计总成本 本年实际 (12)=(2)×(6)
可比产品：	—	—	—	—	—	—	—	—	—	—	—	—	—	—
甲		件	210	2 300	95	90	88	89	31 950	31 200	30 900	338 500	330 000	328 300
乙		件	60	600	200	205	207	206	19 950	18 900	18 500	218 500	207 000	204 700
不可比产品：														
丙		件	100	1 250	—	510	515	516	12 000	12 300	12 500	120 000	123 000	123 600
									—	51 000	51 500	—	637 500	645 000
全部商品产品成本	—	—	—	—	—	—	—	—	—	82 400	82 500	—	967 500	973 300

补充资料：
1. 可比产品成本降低额为 10 200 元（节约额）
2. 可比产品成本降低率为 3.01%（节约率）

的本年累计实际平均单位成本（上年度本表第 6 栏）填列。

② "本年计划"项目，根据本年度各种商品产品成本计划的单位成本数填列。

③ "本月实际"项目，根据有关产品成本明细账中的资料，按下列公式计算填列：

某种产品本月单位实际成本 = 该产品本月实际成本/该产品本月实际产量

④ "本年累计实际平均"项目，根据有关产品成本明细账资料计算填列，计算方法为

某产品本年累计实际平均单位成本 = 该产品本年累计实际总成本/该产品本年累计实际产量

（4）"本月总成本"各项目：

① "按上年实际平均单位成本计算"项目，只可比产品填列。根据本月实际产量与上年实际平均单位成本的乘积计算填列。

② "按本年计划单位成本计算"项目，根据本月实际产量与本年计划单位成本的乘积计算填列。

③ "本月实际"项目，根据本月实际产量与本月单位实际成本的乘积计算填列。

（5）"本年累计总成本"各项目：

① "按上年平均实际平均单位成本计算"项目，根据本年累计产量与上年实际平均单位成本的乘积计算填列。

② "按本年计划单位成本计算"项目，根据本年累计实际产量与本年计划单位成本的乘积计算填列。

③ "本年实际"项目，根据本年累计实际产量与本年累计单位实际成本的乘积计算填列。

二、主要产品单位成本表

（一）主要产品单位成本表的作用

主要产品单位成本表，是反映企业在报告期内生产的各种主要产品单位成本的构成情况和各项主要技术经济指标执行情况的报表。

主要产品单位成本表是对商品产品成本表的有关单位成本资料所做的进一步补充说明，因为商品产品成本表从成本总额的角度揭示了主要商品产品的成本状况，但不能提供成本构成情况的信息，不便于成本分析。也可以认为，商品产品成本表提供了企业产品生产的结果，而主要产品单位成本表是对成本结果的一种细化，目的是具体判断不同成本项目的影响程度，进而找到成本控制实现或未实现的原因，从这个角度说主要产品单位成本表是成本结果的一种原因分析。这样看来，主要产品单位成本表的作用在于，一方面根据该表可以考核各种主要产品单位成本计划的执行情况，分析各成本项目变化的原因；另一方面根据该表可以考核主要产品主要经济技术指标的执行情况，分析成本构成的变化趋势；此外，根据该表还可以在生产同种产品的不同企业之间进行成本对比。

（二）主要产品单位成本表的内容与结构

主要产品单位成本表由三部分构成，即产量、单位成本和主要经济技术指标三部分，分别根据主要产品品种列示。

产量部分主要包括产品名称、规格、计量单位、销售单价、本月计划产量、本月实际产量、本年累计计划产量和本年累计实际产量。

单位成本部分，分别按历史先进水平，上年实际平均、本年计划、本月实际和本年累计实际平均列示直接材料、直接人工、制造费用等成本项目的金额及合计数。

主要经济技术指标部分，主要反映各种主要材料及工时的情况，分别列示了历史先进水平、上年实际平均、本年计划、本月实际和本年累计实际平均的单位耗用量和金额。

主要产品单位成本表的内容与结构如表 10-3 所示。

表 10-3　主要产品单位成本表

编制单位：××公司　　　　　　　　2020 年 12 月　　　　　　　　　单位：元

产品名称：甲　　　　　　　　本月计划产量：200
规格：　　　　　　　　　　　本月实际产量：210
计量单位：台　　　　　　　　本年累计计划产量：2 500
销售单价：160　　　　　　　本年累计实际产量：2 300

成本项目	历史先进水平		上年实际平均		本年计划		本月实际		本年累计实际平均	
直接材料	45		52		50		50		51	
直接人工	22		25		23		22		22	
制造费用	15		18		17		16		16	
合计	82		95		90		88		89	
主要经济技术指标	单位用量	金额	单位用量	金额	单位用量	金额	单位用量	金额	单位用量	金额
1. A 材料	15	2	14	2.5	15	2.4	15	2.2	15	2
2. B 材料	10	1.5	10	1.7	10	1.4	10	1.7	10	2.1
3. 工时	20	—	25	—	25	—	23	—	20	—

（三）主要产品单位成本表的编制方法

1. 主要产品单位成本表的编制依据

主要产品单位成本表应按主要产品分别编制，一张主要产品单位成本表揭示一个主要产品的单位成本信息。主要产品单位成本表的编制依据是该有关产品的"产品成本明细账"资料、本年成本计划、历年有关成本资料、上年度本表有关资料。

2. 主要产品单位成本表各项目的填列方法

（1）产量部分。

① "本月计划产量"和"本年计划产量"项目，根据本月和本年产品产量计划填列。

② "本月实际产量"和"本年累计实际产量"项目，根据统计提供的产品产量资料或产品入库单填列。

（2）单位成本部分。

① "历史先进水平"，根据本企业历史成本资料中该产品最低年度的实际单位成本数填列。

② "上年实际平均",根据上年本表"本年累计实际平均"栏的数据填列。
③ "本年计划",根据本年该产品的计划单位成本数填列。
④ "本月实际",根据本月该产品成本明细账的有关资料填列。
⑤ "本年累计实际平均",根据该产品本年年初至本月止的累计总成本与累计产量相除的商数填列。计算公式是:

某种产品实际平均单位成本 = 该产品累计总成本/该产品累计产量

3. 主要经济技术指标部分

"主要技术经济指标"项目,反映主要产品每一单位产量所消耗的主要原材料、燃料、工时等数量。根据有关业务技术核算资料填列。

(1)"历史先进水平"栏,根据本企业历史上该产品成本最低的实际单位用量和金额数据填列。

(2)"上年实际平均"栏,根据上年度本表的"本年累计实际平均"单位用量和金额数据填列。

(3)"本年计划"栏,根据本年度成本计划单位用量和金额数据填列。

(4)"本月实际"栏,根据本月产品成本明细账有关资料填列。

(5)"本年累计实际平均"栏,根据年初至本月月末止的已完工产品成本明细账等有关资料经过加权平均计算后填列,有关计算公式如下:

某产品实际平均用量 = 该产品累计总用量/该产品累计产量

此外,本表中按成本项目反映的"上年实际平均""本年计划""本月实际""本年累计实际平均"的单位成本合计,应与商品产品成本表中的各该产品单位成本金额分别相等。不可比产品则不需要填列"历史先进水平""上年实际平均"的单位成本和单位用量。

 相关案例

南通星球石墨股份有限公司报告期内各主要产品和服务的成本构成情况总体较为稳定,2020 年 1—6 月公司主要产品直接材料占主营业务成本比例较上年大幅下降,而制造费用占比大幅上升,主要系公司当期按照新收入准则规定,将相关运输费用相应结转至营业成本制造费用所致。公司主要产品合成炉的成本构成、成本变动情况具体如表 10-4 所示。

表 10-4 合成炉成本构成及其变动情况表

项目	2020 年 1—6 月		2019 年		2018 年		2017 年	
	金额/万元	比例/%	金额/万元	比例/%	金额/万元	比例/%	金额/万元	比例/%
直接材料	1 746.36	69.92	2 913.98	81.56	4 101.93	78.12	1 923.81	78.43
直接人工	216.44	8.67	260.19	7.28	496.15	9.45	180.66	7.37
制造费用	534.72	21.41	398.45	11.15	652.80	12.43	348.42	14.20
合计	2 497.52	100.00	3 572.62	100.00	5 250.88	100.00	2 452.89	100.00

由表 10-4 可见，报告期内公司合成炉的成本除 2020 年 1—6 月受运输费用结转到制造费用影响导致占比变动以外，料、工、费占比总体较为稳定。其中：①2017 年至 2019 年，合成炉的直接材料所占比例较高，各期均超过 78%，是成本主要组成部分。2019 年，合成炉的直接材料所占比例上一年增长 3.44%，主要是单位产品消耗石墨原材料增加所致。由于合成炉的定制化程度较高，根据下游客户不同的工况条件，相关产品规格尺寸存在较大差异。2018 年和 2019 年，公司合成炉的平均石墨原材料耗用量分别为 38.12 吨/台和 38.91 吨/台，从而导致 2019 年直接材料所占比例较上年有所增长。②合成炉 2018 年直接人工所占比例较高，主要原因是公司于 2018 年下半年对部分核心员工进行股权激励，将股份支付的激励对象属于直接从事生产活动人员的相关股份支付费用计入相应生产成本，从而导致该产品当期直接人工占比相对较高。③2017 年至 2019 年，合成炉的制造费用占比呈逐年降低趋势，主要受益于公司主营业务规模效应。报告期内公司整体订单量及产量均呈增长趋势，能够有效分摊相应制造费用，使得制造费用因业务提升增长幅度小于主营业务成本总体增长幅度，从而导致制造费用占主营业务成本比例随公司整体业务规模增长而下降。

三、制造费用和期间费用的明细表

（一）制造费用明细表的编制

1. 制造费用明细表的概念和作用

制造费用明细表是反映企业在报告期内发生的各项制造费用项目及其总额的报表。不同行业的制造费用的明细项目并不完全一致，因此，制造费用明细表的设置和内容，可由企业或主管部门自行规定，比如制造费用明细表可以按制造费用项目编制，也可以将制造费用按成本性态划分为变动制造成本与固定制造成本分别列示。

通过制造费用明细表，可以了解企业报告期内制造费用的实际支出水平，考核制造费用计划的执行情况，评价制造费用的变化趋势，加强制造费用的控制与管理。

2. 制造费用明细表的结构和内容

制造费用明细表，根据制造费用的明细项目，分别列示"本年计划数""上年实际数""本月实际数"和"本年累计实际数"四栏资料。具体格式如表 10-5 所示。

表 10-5　制造费用明细表

2020 年 12 月　　　　　　　　　　　　　　　　　　　　　　单位：元

费用项目	上年实际数	本年计划数	本月实际数	本年累计实际数
工资费	25 300	26 200	2 520	28 500
办公费	30 600	30 200	2 400	29 200
折旧费	9 600	9 600	800	9 600
水电费	16 200	16 000	1 510	18 200
修理费	13 600	13 200	1 260	15 350

续表

费用项目	上年实际数	本年计划数	本月实际数	本年累计实际数
运费	11 350	11 500	1 220	13 820
租赁费	14 600	15 500	1 380	16 580
劳动保护费	13 200	12 200	1 180	14 650
机物料消耗	16 200	16 450	1 280	16 350
合计	150 650	150 850	13 550	162 250

3. 制造费用明细表的编制方法

（1）"上年实际数"栏，根据上年度同期本表"本年累计实际数"栏的相应数字填列。如果本年本表所列费用项目与上年度的费用项目在名称或内容上有不一致的，应对上年度的各项目数字按本年度表内项目的规定进行调整。

（2）"本年计划数"栏，根据本年制造费用计划数填列。

（3）"本月实际数"，根据本月各制造费用明细账合计数汇总填列。

（4）"本年累计实际数"根据本年制造费用明细账中各费用项目的本年累计实际发生额填列。

（二）期间费用明细表的编制

1. 期间费用明细表的概念和作用

期间费用明细表包括管理费用明细表、财务费用明细表和营业费用明细表，是反映企业在报告期内发生的各种期间费用情况的报表。根据期间费用明细表，可以了解企业报告期内各项期间费用的实际支出水平，考核各种期间费用计划（或预算）的执行情况，评价各种期间费用的变化趋势，以便于加强期间费用的控制与管理。

2. 期间费用明细表的结构和内容

同制造费用明细表一样，各种期间费用明细表中分别具体费用项目列示"本年计划数""上年实际数""本月实际数"和"本年累计实际数"四栏资料。管理费用明细表如表10-6所示，财务费用明细表如表10-7所示，销售费用明细表如表10-8所示。

表10-6 管理费用明细表

2020年12月

单位：元

费用项目	上年实际数	本年计划数	本月实际数	本年累计实际数
工资费	19 200	18 000	2 020	18 200
办公费	5 120	4 480	550	4 520
业务招待费	5 520	5 800	2 932	6 030
水电费	5 600	5 500	550	565
董事会费	6 400	6 000	620	5 800
运费	5 760	5 200	520	5 100
租赁费	9 920	9 100	960	9 250

续表

费用项目	上年实际数	本年计划数	本月实际数	本年累计实际数
工会经费	2 400	2 300	200	2 200
劳动保护费	3 200	3 000	310	3 300
咨询费	5 500	4 800	550	5 020
机物料消耗	1 200	1 100	150	1 250
合计	69 820	65 280	9 362	61 235

表 10-7　财务费用明细表

2020 年 12 月　　　　　　　　　　　　　　　　　单位：元

费用项目	上年实际数	本年计划数	本月实际数	本年累计实际数
利息支出（减利息收入）	12 000	11 800	1 500	12 300
汇兑损失（减汇兑收益）	0	0	0	0
金融机构手续费	2 000	2 500	220	3 000
现金折扣	1 000	1 200	120	1 500
其他	0	0	300	300
合计	15 000	15 500	2 140	17 100

表 10-8　销售费用明细表

2020 年 12 月　　　　　　　　　　　　　　　　　单位：元

费用项目	上年实际数	本年计划数	本月实际数	本年累计实际数
工资费	19 000	16 000	1 820	18 000
保险费	4 920	4 280	350	4 320
包装费	5 320	5 600	2 632	5 830
展览费	5 200	5 000	520	5 350
广告费	6 100	5 700	610	5 820
维修费	5 560	5 300	510	5 450
租赁费	8 920	8 100	660	8 650
运输费	2 400	2 200	210	2 300
折旧费	3 000	2 800	270	3 500
业务费	5 550	5 200	520	5 120
差旅费	1 200	1 000	145	1 380
合计	67 170	61 180	8 247	65 720

3. 期间费用明细表的编制方法

管理费用明细表、财务费用明细表和销售费用明细表各项目的填列方法是：①"上年实际数"栏，根据上年度本表"本年累计实际数"栏的相应数字填列。如果本年本表所列费用项目与上年度的费用项目在名称或内容上有不一致的，应对上年度的各项目数字按本年度表内项目的规定进行调整。②"本年计划数"栏，根据本年度各项费用项目的预算填列。③"本月实际数"栏,根据本月各期间费用明细账合计数汇总填列。④"本年累计实际数"栏,根据本年"管理费用明细账""财务费用明细账"和"销售费用明细账"中各费用项目累计数填列。

四、其他成本报表

除了前述按期编报商品产品成本表、主要产品单位成本表、制造费用明细表,以及期间费用明细表等成本报表外,为了提供更详细、更全面的有关成本费用信息,企业还可以根据生产特点和成本管理的具体要求设计和编报其他成本报表,服务于企业成本控制和管理。常见的其他成本表有责任成本报表、质量成本报表、环境成本报表、生产情况表、主要材料考核表和人工成本考核表等。其他成本报表还可以细分,诸如责任成本报表、质量成本报表、环境成本报表等由《管理会计学》来规范,而像生产情况表、主要材料考核表和人工成本考核表等则自然地归类为《成本会计学》内容。《管理会计应用指引第 801 号——企业管理会计报告》第三十七条提出生产业务报告的内容一般包括生产业务预算、生产业务执行结果、差异分析及改善建议等。生产业务报告要重点反映生产成本、生产数量以及产品质量、生产时间等方面的内容。其他成本报表除了具备前述成本报表的共性特征外,还具备以下特性,即编报时间更强调及时性、编报主体更具多样性、报表格式和内容更具灵活性和针对性。下面是企业编制的较为常见的成本报表。

1. 生产情况表

本表反映某种产品、某个车间、某个部门甚至某个企业一定时期内的生产商品的数量及成本情况,本表可按半月、旬、周编制。该表采用成本和产量对比的方式以加强对产品成本的控制。参考格式如表 10-9 所示。

表 10-9 生产情况表

车间: 产品名称: 2020 年 9 月 单位:元

日期	摘要	直接材料	直接人工	制造费用	生产数量		
					日期	完工入库数	在产品数

生产情况表内各成本项目可根据领料单、生产工时统计和小时工资率及费用支出凭证填列;完工入库数根据产成品入库单或产品成本明细账填列;在产品数可根据盘点或在产品台账填列。如果要按整个企业或部门编制生产情况表,则表 10-9 可按产品品种汇总。

2. 主要材料考核表

主要材料考核表示反映企业主要材料的耗用量及成本的报表,分为两部分:一是由仓库部门逐日编制的材料耗用量报表;一是由财会部门填制的材料耗用成本报表,该表可按月、半月、旬编制。另外,还可由财会部门或材料核算部门编制材料价格差异分析表,用于分析材料采购成本。这三张表格的一般格式如表 10-10~表 10-12 所示。

表 10-10 材料耗用量报表

材料名称：　　　　　　　　　　　　　年　　月　　　　　　　　　　　　　　单位：

日期	本日数				本月累计数				本年累计数			
	实际用量	标准用量	差异额	差异率%	实际用量	标准用量	差异额	差异率%	实际用量	标准用量	差异额	差异率%

该表按每种主要材料分别填报，每月汇总上报一次，表内各项目逐日填列，按月汇总；表内"实际用量"根据领料单填列；"标准用量"根据耗用该种材料产品的实际产量乘以消耗定额计算填列；两者的差额计入"差异额"，节约用负号表示，超支用正号表示。

表 10-11 材料耗用成本报表

年　　月　　日至　　年　　月　　日

部门	实际成本（实际用量×计划单价）	标准成本（实际用量×计划单价）	差异额	差异率
合计				

表 10-12 材料价格差异分析表

年　　月

凭证编号	供货单位名称	材料名称	计量单位	采购数量	实际成本		计划成本		差异分析			
									差异额		差异率	
					单位成本	总成本	单位成本	总成本	单位成本	总成本	单位成本	总成本

3. 人工成本考核表

该表用于分析工人在生产时间内的工作效率，其一般格式如表 10-13 所示。

表 10-13 人工成本考核表

工人姓名或工号	实际耗用工时	完成定额工时	工作效率

该表可由生产班组编制并逐级汇总，不仅可以作为成本考核的资料，也可以用作发放劳动报酬的依据之一。

第三节　成本报表分析概述

一、成本报表分析的内容与标准

成本报表分析是指遵循特定的原则，利用成本计划、成本核算和其他有关资料，采用相应的方法，揭示成本计划完成情况，查明成本升降原因，寻求优化成本的途径与方法，以实现一定成本水平下的效益最大化的活动。

（一）成本报表分析的内容

成本是企业综合运营后的财务结果，因此成本报表分析是一种综合性分析活动。这主要体现为成本报表分析的三个层次上：首先成本报表分析是一种结果分析，是基于成本核算所形成的成本报表数据的分析，成本报表数据是对企业成本活动的综合的事后反映。其次成本报表分析还是一种原因分析，即分析成本结果形成的原因，从而判断实际成本与计划成本或目标成本出现偏差的问题所在。最后成本报表分析还是一种专项分析，成本报表是一定期间成本管理活动的结果，而成本管理活动又表现为一系列工具方法的应用，因此具有专项性。实践中的成本报表分析包括了如下内容：①对全部产品成本计划的完成情况进行总体评价，主要涉及产品总成本计划完成情况（按产品类别及成本项目构成）、主要产品单位成本计划完成情况等的分析与评价。②对影响成本水平的各种因素进行原因分析，主要涉及产品成本项目构成角度的主要产品单位成本分析及成本控制体系执行情况等的分析与评价。③对企业成本水平进行专项分析，主要涉及技术经济指标变动对成本影响的分析与评价。另外，鉴于期间费用是企业总耗费的重要组成部分，对产品成本有着重要影响，也要进行相应的分析。

（二）成本报表分析的评价标准

成本分析本质上是一种比较分析，分析之前先要设定评价标准，并使之与分析对象进行比较以确定差异及影响因素，然后再采用专门的分析方法辨析各影响因素变动的具体原因，最后形成优化成本的措施和方案。这也就是成本报表分析的基本过程。确定成本报表分析的评价标准是成本报表分析的一项关键性基础工作，通常包括历史标准、行业标准与目标标准等。

1. 历史标准

选定企业过去的相关成本数据作为评价标准，实践中存在多种选择，比如企业上年同期成本水平或是以前正常经营条件下某时期平均成本水平或该时期最好水平。采用历史标准的优势在于所用成本资料可靠、可比性较高且变动趋势可视化强，不足是不能全面评价企业的行业地位与相对竞争能力。

2. 行业标准

选定行业相关成本指标作为评价标准。这可以有效评价企业的行业地位与相对竞争能力，但前提是准确界定所处行业及该行业内部具体分类问题。

3. 目标标准

选定企业预期目标为标准。预期目标是企业成本活动的导向，也就成为成本水平评价的一种标杆。这些评价标准是从不同角度对企业实际成本水平的对照，一般在企业成本报表分析中综合使用。

二、成本报表分析方法

正确的分析方法是准确判断企业成本水平的基础。在成本报表分析实践中,成本报表分析方法具有多样化特征,不同的成本报表分析方法有着各自的适用范围,是由分析目的、分析对象的特征、掌握的成本计划资料及成本核算资料等内容决定的。成本报表分析通常采用的技术分析方法有比较分析法、比率分析法与因素分析法三种。

1. 比较分析法

比较分析法也称为对比分析法,指通过将相关成本指标实际值与其标准值进行对比分析以确定两者间差异或趋势的方法,是成本报表分析的最基本、最主要方法。这种比较既可以是实际指标与本企业以前多期历史指标相比较,也可以是实际指标与计划或预算指标比较,还可以是本企业指标与国内外行业先进指标或同行业平均水平相比较,同时上述比较可以是绝对数指标也可是相对数指标。

2. 比率分析法

比率分析法指通过计算具有关联关系的指标值间的比率进行分析的一种方法。比率分析法实际上也属于比较分析法,首先比率就是相关联的指标值之间的比较,其次计算出来的比率也可以同其历史标准、行业标准或目标标准进行比较。由于该方法在分析中具有特殊意义,因而把它单独列作一种分析方法。比率通常分为三类:①相关比率。将两个相关联的指标值进行对比得出的比率,如产值成本率是企业全部商品产品生产成本与商品产值的比率、企业一定期间利润总额与成本总额的比率为成本利润等。②构成比率。构成比率指成本指标各构成部分数值占总数值的比例,如直接材料、直接人工与制造费用各占产品制造成本的比率。③动态比率。将多个时期的同类指标值进行对比而求得的比率,包括定基比率与环比比率,前者是分析期的指标值与基期该指标值的对比,后者是分析期的指标值与前期该指标值的对比,大多数比率都具有这种动态性。

3. 因素分析法

比较分析法和比率分析法可以确定指标变动而产生的差异,而差异形成原因及各原因对差异的影响程度则需要进行分析,这就要用到因素分析法。因素分析法又称连环替代法,是分析相互联系的多个因素对综合经济指标影响程度的一种分析方法。该方法适用于多因素构成的综合性指标的分析,如成本、资金周转率等方面的指标,例如影响产值成本率指标变动的因素主要有产品品种构成、产品单位成本及商品产值现行价格。

综合经济指标通常受到多种因素的影响,各因素间的组合和排列有着多种形式,这些因素不同的变动方向及程度对综合指标的变动具有重要的影响。要在错综复杂而又相互联系的诸因素中分别测算各因素对综合财务指标变动的影响程度,就必须假定其他因素不变而只有被分析因素变动以计量该因素影响程度。

因素分析法的基本程序如下:①将综合经济指标分解为若干影响因素,并按照一定原则排列各影响因素的替换顺序。通常是先数量指标后质量指标、先实物量指标后价值量指标。②按照既定替换顺序和各因素基数(计划数、定额数等)计算指标的基准值。③按照既定替换顺序逐次以各要素实际值替换其基准值,每次替换后实际值保留而未测算因素保持原样。④将每次替换后结果与前一次替换后结果对比就可以顺序计算各因素的影响程度。⑤将各因素影响程度的和与指标变动总额核对相符。因素分析法的基本操作如下。

第一步,根据综合经济指标形成的过程,找出该项指标受哪些因素变动的影响,确定该指标与各影响因素的内在关系,建立分析计算公式,比如:

$$Y = a \times b \times c$$

其中:Y 代表综合经济指标;a、b、c 代表构成 Y 综合经济指标的各项具体因素。

第二步,按构成综合经济指标的各因素之间的关系列出基准值的计算公式和比较值的计算公式:

基准值: $Y_0 = a_0 \times b_0 \times c_0$ ①

比较值: $Y_1 = a_1 \times b_1 \times c_1$ ②

差异值: $\Delta Y = Y_1 - Y_0$,ΔY 即为分析对象。

第三步,按构成综合经济指标的各因素的排列顺序,逐一用构成比较值的各因素替代基准值的各因素,并计算出每次替代的结果。

替代排列在第一位置的 a 因素,即用 a_1 替换 a_0 而得到

$$Y_2 = a_1 \times b_0 \times c_0 \quad ③$$

替代排列在第二位置的 b 因素,即用 b_1 替换 b_0 而得到

$$Y_3 = a_1 \times b_1 \times c_0 \quad ④$$

替代排列在第三位置的 c 因素,用 c_1 替换 c_0 而得到

$$Y_1 = a_1 \times b_1 \times c_1$$

各式中,Y_2、Y_3、Y_1 分别表示 a、b、c 三个因素变动影响形成的结果值。

第四步,将替代各因素后产生的结果值顺序比较,计算出各因素变动对综合经济指标的影响程度:

③ - ① $Y_2 - Y_0 = \Delta a$

④ - ③ $Y_3 - Y_2 = \Delta b$

② - ④ $Y_1 - Y_3 = \Delta c$

Δa、Δb、Δc 分别反映 a、b、c 三个因素变动对综合经济指标 Y 的影响程度。

第五步,将各因素变动的影响程度相加,检验是否等于总差异。各个因素的影响数额的代数和等于指标实际数与基数(计划数)之间的总差异值。即

$$\Delta a + \Delta b + \Delta c = \Delta Y$$

【例 10-1】 连环替代法在材料费用分析中的应用,具体资料如表 10-14 所示。

表 10-14 材料费用分析资料表

项目	计划数	实际数
产品产量/件	100	110
单位产品材料消耗量/千克	7	8
材料单价/元	6	5
材料费用/元	4 200	4 400

材料费用实际数超过计划数200元（4 400－4 200），形成该差异的影响因素包括产品产量、单位产品材料消耗量、材料单价三个。运用连环替代法确定的各因素变化对材料费用差异的影响程度如下：

计划指标：$100 \times 7 \times 6 = 4\ 200$（元）

第一次替代：$110 \times 7 \times 6 = 4\ 620$（元）

则由产量增加引起的材料费用超支额为420元（4 620－4 200）

第二次替代：$110 \times 8 \times 6 = 5\ 280$（元）

则由材料消耗量升高引起的材料费用超支额为660元（5 280－4 620）

第三次替代：$110 \times 8 \times 5 = 4\ 400$（元）

则由材料单价下降引起的材料费用节约额为880元（4 400－5 280）。

根据该例题，可以得出连环代替法的三个特点：①计算条件假定性，即应用连环替代法测定某一因素变化的影响程度时，是以假定其他因素不变为条件的。②因素替代顺序性，即应用连环替代法时，要规定各个因素的替换顺序，以保证分析计算结果的可比性。一般的替换顺序是：基本因素在前，从属因素在后；数量因素在前，质量因素在后；实物量指标在前，货币指标在后。③计算程序连环性，即应用连环替代法计算各因素变动影响程度时，是按规定的因素替换顺序，逐次以一个因素的实际数替换基数，而且每次替换都是在前一次因素替换的基础上进行。这样每次比较的基础是不固定的，这就形成了计算程序的连环性。

第四节　产品总成本计划完成情况分析

产品成本计划完成情况分析是一种结果分析，是成本报表分析的第一步，该种分析是通过实际成本水平与成本计划进行对比，以判断企业实际成本水平现存的不足，也就为进一步查明成本升降原因指明了方向。产品成本计划完成情况分析主要包括三方面内容。

一、产品总成本计划完成情况分析的内容

产品总成本是指企业成本分析期内的实际总成本耗费，是可比产品与不可比产品的两部分成本之和，因为不可比产品不存在前期成本资料，由此产品总成本计划完成情况分析是指企业分析期内实际总成本耗费水平与本期计划值的比较，通过确定实际总成本与计划总成本间的差异来判断企业整体成本耗费的现时水平。分析产品总成本计划完成情况可以从产品类别和成本项目构成两个方面进行，从而全面反映出企业产品生产耗费水平和成本降低的总成果。

以表10-1的数据为成本报表分析的资料，该企业2020年度实际总成本为973 300元，计划总成本为967 500元，超支额为5 800元，超支率为0.6%。产品类别总成本计划完成情况分析表，如表10-15所示。从分析结果来看，该企业2020年度实际总成本没有完成成本计划。这里需说明的是，全部产品实际成本与计划成本比较的前提条件是，实际成本与计划成本的产量和产品结构相同，这样才具有可比性，否则就应先将计划成本中的计划成本折算为按实际产量、实际品种结构、计划单位成本计算的总成本，然后再与实际总成本

进行对比以确定实际成本对计划成本的完成程度。另外，由于产品总成本是由多种产品成本构成的，作为一种总括结论并不能一概而论，即使就一种成品，其成本又是由不同成本项目构成的，也很少会出现所有成本项目同时超支或节约的情形。这样，实践中产品总成本计划完成情况分析细化为产品类别与成本项目构成两个角度的分析。

表 10-15　产品类别总成本计划完成情况分析表

2020 年

产品类别	以实际产量计算		实际成本与计划成本差异	
	计划成本/元	实际成本/元	差异额/元	差异率/%
可比产品：				
甲	207 000	204 700	−2 300	−1.11
乙	123 000	123 600	+600	+0.49
合计	330 000	328 300	−1 700	−0.52
不可比产品：				
丙	637 500	645 000	+7 500	+1.18
全部产品	967 500	973 300	+5 800	+0.6

从表 10-15 可以看出，实际总成本超支的根本原因在于不可比产品丙的成本计划未完成，而可比产品甲与乙都较好地完成了成本计划。然而作为可比产品，尽管分析年度完成了成本计划，这并不必然意味着可比产品成本水平的先进性，比如其计划单位成本同上年第四季度的单位实际成本进行比较，如果前者高于后者，则表明本年度成本计划制定的较为保守，它落后于实际已经达到的成本水平。

对于不可比产品，尽管在数据上表现为超支，但应查明是否存在如下两种情况：其一是因本年首次生产该产品而使得消耗定额和计划成本制定得偏低，或者是因初次生产而掌握不好工艺过程，技术不熟练，从而引起消耗超过定额、废品发生过多等情况出现；其二是企业在可比产品与不可比产品之间分配共同费用时，是否存在人为地把可比产品成本转嫁给不可比产品，以达到超额完成可比产品成本降低任务。

因此，可比产品与不可比产品都有再深入分析的必要。具体做法是：①对可比产品实际总成本，除了与计划成本进行比较外，还要同实际产量按上年单位成本计算的总成本进行比较，确定可比产品实际总成本的降低额与降低率，同时再与成本计划中的计划降低额与计划降低率相比较，以考核可比产品成本降低任务的完成情况。②对于不可比产品，尽管就自身而言没有历史相关的成本资料进行比较，但这并不意味着企业也不能进行厂际的比较分析，因为在行业内终究会有相同或类似产品的生产厂商的成本作为参照。

二、可比产品成本降低任务完成情况的分析

1. 可比产品成本降低任务完成情况的计算

该类分析先要计算出实际成本降低额与实际成本降低率（这就是商品产品成本表补充资料的内容），再与计划成本降低额与计划成本降低率进行比较，从而断可比产品成本降低任务的完成情况。计划成本降低额与计划成本降低的计算公式如下：

计划成本降低额 =
全部可比产品计划产量按上年实际平均单位成本计算的总成本 −
全部可比产品计划产量按计划单位成本计算的总成本

$$计划成本降低率 = \frac{计划成本降低额}{全部可比产品计划产量按上年实际平均单位成本计算的总成本} \times 100\%$$

表 10-2 中甲产品实际产量为 2 500 件，乙产品计划产量为 600 件，则该企业计划成本降低额与计划成本降低率计算如下：

计划成本降低额 =（2 500×95 + 600×200）−（2 500×90 + 600×205）
　　　　　　　= 357 500 − 348 000 = 9 500（元）

计划成本降低率 = 9 500/357 500×100% = 2.66%

该企业可比产品实际成本降低额比计划成本降低额低了 700 元（10 200 − 9 500），实际成本降低率比计划降低了 0.35%（3.01% − 2.66%）。但分析至此并没有结束，因为可比产品实际成本降低额与降低率从绝对数及相对数角度都完成了计划任务，还需要进一步分析是怎样的因素促进了任务的完成，这也为成本业绩考核及经验推广等提供支持。

2. 可比产品成本降低任务完成情况的因素分析

影响可比产品成本降低任务完成情况的因素总体上包括产量、产品结构与单位成本三个因素。

（1）产量因素。计划成本降低额是根据各种可比产品的计划产量制定的，实际成本降低额则是根据各种可比产品的实际产量计算的，因此，在其他两个影响因素不变的情况下，产品产量增减变化会导致成本降低额发生相应增减变化，而对成本降低率不产生影响。产量变动对成本降低额的影响的计算公式为

产量变动对成本降低额的影响
= [Σ（实际产量×上年单位实际成本）×计划成本降低率] − 计划成本降低额

本例中产量变动对成本降低额的影响
= [（2 300×95 + 600×200）]×2.66% − 9 500 = −495.90（元）

本例中产量变动对成本降低率的影响 = 0

（2）产品结构因素。产品结构是指可种可比产品在全部可比产品中所占的比例。由于全部可比产品成本降低率是由各种可比产品的个别成本降低率为基础计算出来的，而各种可比产品成本降低率又不同，这样，如果成本降低率大的可比产品在全部可比产品中所占比例较大，则全部可比产品成本降低率就会降低得多些，降低额也会相应地降低得多些；反之，则会降低得少些。产品结构变动的影响可以用结构变动后的降低额减去结构变动前的降低额，计算公式如下：

产品结构变动对成本降低额的影响
= Σ（实际产量×上年单位实际成本）− Σ（实际产量×计划单位成本）− Σ（实际产量×上年单位实际成本）×计划成本降低率

产品结构变动对成本降低率的影响
= 产品结构变动对成本降低额的影响/Σ（实际产量×上年单位实际成本）×100%

= [∑（实际产量×上年单位实际成本）−∑（实际产量×计划单位成本）]/∑（实际产量×上年单位实际成本）×100% − 计划成本降低率

本例中产品结构变动对成本降低额的影响

= 338 500 − 330 000 − 338 500 × 2.66% = −504.10（元）

本例中产品结构变动对成本降低率的影响

= −504.1/338 500 × 100% = −0.15%

（3）单位成本因素。可比产品成本降低任务的完成情况，是以上年单位成本为计算基础的，由此当产品单位成本实际数比计划降低，降低额和降低率的实际数也就相应地比计划多降低，反之则会少降低。单位成本变动与成本降低额和降低率变动呈现反方向。计算公式如下：

产品单位成本变动对成本降低额的影响

= ∑［实际产量×（计划单位成本 − 单位实际成本）］

产品单位成本变动对成本降低率的影响

= 单位成本变动对成本降低额的影响数/∑（实际产量×上年单位实际成本）×100%

本例中产品结构变动对成本降低额的影响 = 2 300 ×（90 − 89）+ 600 ×（205 − 206）= 1 700

本例中产品结构变动对成本降低率的影响 = 1 700/338 500 × 100% = 0.5%

从这三个影响因素的分析中可以看出，单位成本下降是最主要的因素，企业应该在完成既定的产品品种计划情况下，根据市场需要增加产量才是完成成本降低计划的有效途径，也是企业的努力方向。

上述产量、产品结构与单位成本三个因素变动对可比产品成本降低任务完成情况的影响程度分析，就是因素分析法中连环代替法的应用。其具体过程如表 10-16 所示。

表 10-16 可比产品成本降低任务完成情况的因素分析表

2020 年 12 月

序号	影响因素			计算方法	
	产量	可比产品结构	单位成本	成本降低额/元	成本降低率/%
①	计划	计划	计划	计划成本降低额 9 500	计划成本降低率 2.66
②	实际	计划	计划	实际产量的上年实际总成本×计划成本降低率 = 338 500 × 2.66% = 9 004.1	降低率 = 计划降低率 2.66
③	实际	实际	计划	实际产量的上年实际总成本 − 实际产量的本年计划总成本 = 338 500 − 330 000 = 8 500	8 500/338 500 = 2.51
④	实际	实际	实际	实际成本降低额 10 200	实际成本降低率 3.01
各因素影响：					
产量影响 = ② − ①				−495.9	0
产品结构影响 = ③ − ②				−504.1	−0.15
单位成本影响 = ④ − ③				1 700	0.5
合计				700	0.35%

上述计算方法还可以简化为

（1）根据表 10-1 商品产品成本表，先计算出因产品单位成本变动导致的可比产品完成成本降低额的情况。在本例中，可比产品实际产量的计划单位成本总成本是 330 000 元，实际产量的本年单位实际成本的总成本是 328 300 元，两者相比较就可以得出因单位成本的下降而多降的降低额是 1 700 元（330 000 − 328 300），相应地对降低率的影响是 0.5%（1 700/338 500 × 100%）。

（2）因为在三个因素中影响成本降低率的只有产品结构与单位成本，单位成本的影响程度为 0.5%，而本例中成本降低率多降了 0.35%，则因产品结构变动而产生的影响应该是 −0.15%（0.35% − 0.5%），这样对成本降低额的影响额为 −507.75 元。

（3）本例中，多降的成本降低额为 700 元，其中单位成本的影响额是 1 700 元，产品结构的影响额是 −507.75 元，则产品产量的影响额是 −492.25 元（700 + 507.75 − 1 700）。

这种简化计算通常被称为"余额推算法"，其基本原理较为简单，就是已知全部因素总体影响结果而要将该结果分解为各因素的单独影响程度时，首先确定出所需条件最少的那个因素的影响程度，然后迭代出第二个所需条件最少的那个因素，依次类推，直至倒挤出最后因素的影响程度。该种方法显然较连环代替法来得简单，但这种做法因影响因素的迭代程序与计算步骤并没有一致做法，而且因为是推算，某步出现差错会影响其他步骤的正确性。

3. 可比产品成本降低任务完成情况的成本性态分析

上述分析方法也称为传统分析法，实际上就是完全成本因素分析法。把采用将成本划分为变动成本与固定成本的分析方法称为成本性态因素分析法。这样的分析能够较传统分析法提供差异化增量信息，因为在实际生产过程中，产量的变动往往会影响到单位成本中的固定成本，即产量增加而总的固定成本不增加或很少增加，单位产品成本就要下降；产量减少时，单位产品成本就要上升。从这个角度看，传统分析法中假定产量变动而产品单位成本不变的假定是不成立的，除非实际产量与计划产量保持一致。考虑到这点，就可将可比产品的单位成本划分为单位变动成本和单位固定成本，然后分析各因素变动对可比产品成本降低任务完成情况的影响程度。

仍采用表 10-2 商品产品成本表中的数据，补充有关的资料如表 10-17 所示。

表 10-17　成本分析资料表

产品名称	产量		单位变动成本			固定成本总额		
	计划	实际	上年实际平均	本年计划	本年实际	上年实际平均	本年计划	本年实际
甲	2 500	2 300	85	82	80	23 000	20 000	20 700
乙	600	600	170	180	180	18 000	15 000	15 600
合计						41 000	35 000	36 300

下面采用因素分析法分别计算产量、产品结构、单位变动成本和固定成本 4 个因素变动对成本降低任务完成情况的影响程度。

（1）按计划产量、计划产品结构、计划变动成本、计划固定成本计算：

计划降低额 = 计划产量上年单位实际成本总成本 − 计划总成本
= （2 500×95 + 600×200）−（2 500×90 + 600×205）= 9 500（元）
计划降低率 = 计划降低额/计划产量上年单位实际成本总成本×100%
= 9 500/357 500×100% = 2.66%

（2）按实际产量、计划产品结构、计划变动成本、计划固定成本计算：

降低额 = 实际产量上年单位实际成本总成本 − [计划变动成本×按上年单位实际成本计算的产量完成百分比 + 计划固定成本]
= 338 500 − [313 000×94.69% + 35 000] = 7 120.3（元）

按上年单位实际成本计算的产量完成百分比
= ∑（实际产量×上年单位实际成本）/∑（计划产量×上年单位实际成本）×100%
= 338 500/357 500×100% = 94.69%

降低率 = 降低额/实际产量上年单位实际成本总成本×100%
= 7 120.3/338 500×100% = 2.10%

（3）按实际产量、实际产品结构、计划变动成本、计划固定成本计算：

降低额 = 实际产量上年单位实际成本总成本 − [∑（实际产量×计划单位变动成本）+ 计划固定成本]
= 338 500 −（296 600 + 35 000）= 6 900（元）

降低率 = 降低额/实际产量上年单位实际成本总成本×100%
= 6 900/338 500×100% = 2.04%

（4）按实际产量、实际产品结构、实际变动成本、计划固定成本计算：

降低额 = 实际产量上年单位实际成本总成本 − [∑（实际产量×单位实际变动成本）+ 计划固定成本]
= 338 500 −（292 000 + 35 000）= 11 500（元）

降低率 = 降低额/实际产量上年单位实际成本总成本×100%
= 11 500/338 500×100% = 3.40%

（5）按实际产量、实际产品结构、实际变动成本、实际固定成本计算：

降低额 = 实际产量上年单位实际成本总成本 − 本年实际总成本
= 338 500 − 328 300 = 10 200（元）

降低率 = 降低额/实际产量上年单位实际成本总成本×100%
= 10 200/338 500×100% = 3.01%

产量变动的影响：
降低额 = 7 120.3 − 9 500 = −2 379.7（元）
降低率 = 2.10% − 2.66% = −0.56%

产品品种的影响：
降低额 = 6 900 − 7 120.3 = −220.3（元）
降低率 = 2.04% − 2.10% = −0.06%

单位变动成本的影响：
降低额 = 11 500 − 6 900 = 4 600（元）

降低率 = 3.4% − 2.04% = 1.36%

固定成本的影响：

降低额 = 10 200 − 11 500 = −1 300（元）

降低率 = 3.01% − 3.4% = −0.39%

传统分析方法与成本性态因素分析法计算所得结果对比如表 10-18 所示。

表 10-18　传统分析方法与成本性态连环替代法的结果比较

影响因素	传统分析法		成本性态连环替代法		差异	
	降低额/元	降低率/%	降低额/元	降低率/%	降低额/元	降低率/%
产量	−495.9	0	−2 379.7	−0.56	−1 883.8	−0.56
产品结构	−504.1	−0.15	−220.3	−0.06	283.8	0.09
单位成本	1 700	0.5	3 300	0.97	1 600	0.47
单位变动成本			4 600	1.36		
固定成本总额			−1 300	−0.39		
合计	700	0.35	700	0.35	0	0

通过两种方法的分析结果的对比可以看出，传统分析法是将产量变动引起的单位成本变动对成本任务完成的影响，都归结为产品结构和单位成本这两个因素中，这显然不利于真正揭示影响总成本变动的各因素影响程度，不利于分析责任，应用成本性态连环替代法较好地解决了该问题，但企业必须将制造成本分为变动成本和固定成本。换言之，如果企业采用了变动成本法进行产品成本核算方式，则按成本性态因素分析法进行可比产品成本任务完成情况的分析更有意义。

三、不可比产品企业间的比较分析

不可比产品虽然没有自身的历史相关数据进行比较而只能选择本年计划数，但可以考虑同行业相同或类似产品的外部比较而进行厂际的对比分析，这就是管理学上的标杆管理在成本会计上的具体运用，当然，可比产品也存在着行业内的同种或类似产品的比较分析。从可选择的参照对象来看，广义上所有产品都是可比产品，只是它们之间存在着参照标准的全面程度问题。

不可比产品成本分析可从两个角度进行：其一是计划成本与实际成本的对比分析，从表 10-2 可以看出，丙产品 2008 年实际成本 645 000 元较计划成本 637 500 元超支了 7 500 元，超支率为 1.18%；其二是不可比产品厂际的比较分析，就是选择同行业同类产品进行厂际的成本对比分析，由于各企业产品品种和生产规模及生产方式等并不完全相同，因此厂际的成本对比分析通常是针对单位成本而言的。

但必须提及的是，现在的企业间产品竞争并不能简单地从纯粹的生产角度来看，尽管任何产品成本在金额上都可以分解为直接材料、直接人工、制造费用等成本项目，但每一成本项目的形成过程却是由不同价值链的活动构成的，企业产品在成本上的差异是数百项活动的结果，因此，不同企业间的成本比较仅仅是一种发现差异存在的手段，但不能以此而落入盲目模仿的境地。

第五节 产品成本项目计划完成情况分析

成本计划完成情况分析还可以从产品的成本项目构成角度展开,由于不管是可比产品还是不可比产品,产品成本都是由具体的成本项目构成的,而每一成本项目又都有着自身的形成过程,也就是有着各自的影响因素,因此成本项目计划完成情况分析是一种结果性分析,而对构成产品成本的成本项目进行专门分析则就是一种原因分析,它们共同构成了完整的因果关系链分析体系。产品成本项目计划完成情况分析包括三方面内容:

一、产品总成本的成本项目计划完成情况分析

此项分析是将全部商品产品总成本按成本项目汇总,将实际总成本与计划总成本对比,确定每个成本项目的降低额和降低率,以及各项成本差异对产品总成本的影响程度。由此,按成本项目对产品总成本计划完成情况进行分析应关注如下指标:①成本项目实际成本比计划成本降低额;②成本项目实际成本比计划成本降低率;③成本项目降低额对总成本的影响。

根据表 10-2 主要产品单位成本表及其他非主要产品单位成本计划和有关成本核算资料汇总,按成本项目编制的产品总成本计划完成情况分析表有两种形式:一种是将产品总成本直接按成本项目汇总列示,如表 10-19 所示;另一种是按成本项目汇总反映全部生产费用以及产品成本合计数的报表,如表 10-20 所示。

表 10-19 按成本项目的产品总成本计划完成情况分析表

成本项目	实际产量产品总成本/元		实际与计划差异		对产品总成本的影响程度/%
	计划总成本	实际总成本	差异额/元	差异率/%	
直接材料	677 000	671 250	−5 750	−0.85	−0.6
直接人工	139 650	139 800	+150	+0.11	+0.02
制造费用	150 850	162 250	+11 400	+7.56	+1.18
合计	967 500	973 300	5 800	+0.6	+0.6

表 10-20 按成本项目的产品总成本计划完成情况分析表

项目	实际产量产品总成本/元		实际成本与计划成本差异		对产品总成本的影响程度/%
	计划总成本	实际总成本	差异额/元	差异率/%	
生产费用					
直接材料	672 500	666 900	−5 600	−0.83	−0.58
直接人工	139 800	140 060	+260	+0.19	+0.03
制造费用	148 650	160 650	+12 000	+8.07	+1.24
生产费用合计	960 950	967 610	+6 660	+0.69	+0.69
加:在产品、自制半成品期初余额	12 850	11 220	−1 630	−12.68	−0.19
减:在产品、自制半成品期末余额	6 300	5 530	−770	−12.22	−0.08
产品成本合计	967 500	973 300	5 800	+0.6	+0.6

从表 10-19 可以看出，实际成本超支额 5 800 元主要是受直接材料与制造费用这两类用途耗费的影响，其中直接材料是有利差异而制造费用是不利差异。虽然总体差异额与差异率比较小，但由于产品在稳定生产状况下不同的成本项目间的比例关系也应该是比较稳定的，不同成本项目的相反变动很有可能会破坏这种稳定的结构。从这个角度看，还可以在总量上进行成本项目结构分析，并在实际数与计划数之间进行对比分析。计算如下：

（1）计划成本项目结构：

直接材料结构比 = 677 000/967 500 × 100% = 69.97%

直接人工结构比 = 139 650/967 500 × 100% = 14.43%

制造费用结构比 = 150 850/967 500 × 100% = 15.6%

（2）实际成本项目结构：

直接材料结构比 = 671 250/973 300 × 100% = 68.97%

直接人工结构比 = 139 800/973 300 × 100% = 14.36%

制造费用结构比 = 162 250/973 300 × 100% = 16.67%

对比计划与实际的产品成本结构可看出，直接材料比重与制造费用比重一升一降1%，而直接人工比重基本持平。这表明该企业总体成本结构保持了较高稳定性。

表 10-19 与表 10-20 相比提供了更为详尽的成本信息，因为产品成本中包括的期初在产品费用是上个月月末在产品承担的生产耗费，是由上个月的生产状况所决定的，两个月份之间的成本耗费可能就会缺少可比性，尤其是月初在产品费用中包括上步骤生产的自制半成品（比如综合逐步结转分步法），若不分开分析则就有可能混淆不同生产步骤间的成本责任而出现不应有的成本责任转嫁问题。该例子从总体情况上看分析结果比较一致，因为期初余额与期末余额金额较小并相互抵消了较大部分。另外，按成本项目进行产品总成本计划完成情况的分析还可以进一步细化，就是将产品成本项目按照成本性态划分为变动成本项目与固定成本项目两部分，两类成本项目变化的背后有着不同成本动因。

二、主要产品单位成本分析

产品总成本计划完成情况的成本项目分析总体上有助于判断生产耗费在用途上的成本控制效果，然而这种分析终究还是一种结果性分析，只是从总体角度描述了成本项目耗费水平，如直接材料 5 750 元的有利差异与制造费用 11 400 元的不利差异，因此还需要有针对性地分析产品成本项目以对产品成本结构及产生差异的原因有深刻认识，该分析按照详尽程度可分为主要产品单位成本计划完成情况总体分析与主要产品单位成本具体成本项目分析。

（一）主要产品单位成本计划完成情况总体分析

主要产品单位成本计划完成情况总体分析主要是应用比较分析法与因素分析，采用比较分析法，通过计算单位成本实际比本年计划、比上期实际、比历史先进水平的升降情况，可以确定下一步要重点分析的成本项目，进而查明影响单位成本升降的原因；采用因素分析，可以从总量角度判断企业总成本与总产量两个因素的外部直接影响。分析的主要依据是主要产品单位成本表。以表 10-3 的数据为例编制的主要产品单位成本计划完成情况总体分析表如表 10-21 所示。

表 10-21 主要产品单位成本计划完成情况总体分析表

2020 年 12 月

成本项目	历史先进水平与本年实际平均				上年实际平均与本年实际平均				本年计划与本年实际平均			
	历史先进水平	本年实际平均	差异额/元	差异率/%	上年实际平均	本年实际平均	差异额/元	差异率/%	本年计划	本年实际平均	差异额/元	差异率/%
直接材料	45	51	+6	+13.33	52	51	−1	−1.92	50	51	+1	+2
直接人工	22	22	0	0	25	22	−3	−12	23	22	−1	−4.35
制造费用	15	16	+1	+6.67	18	16	−2	−11.11	17	16	−1	−5.88
合计	82	89	+7	+8.54	95	89	−6	−6.32	90	89	−1	−1.11

表 10-21 显示，甲产品本年单位实际成本虽然没有达到历史先进水平，但完成了本年计划且较上年实际平均单位成本下降了 6.32%。这表明该产品单位成本总体上呈现下降趋势。从具体成本项目来看，直接人工与制造费用都较本年计划有所下降，直接材料有小幅上升。对于具体成本项目变动原因，还需要深入分析。

另外，由于下列等式关系，即单位成本＝总成本/总产量，该等式表明单位成本与总成本正相关而与总产量负相关。然而，由于总成本包括了变动成本与固定成本两部分，前者与总产量变动不相关，后者与总产量才存在反比例变动关系，因此，在具体分析单位成本变动的影响时一般采用如下公式：单位成本＝单位变动成本＋固定成本总额/总产量，然后可以利用因素分析法计算单位变动成本、固定成本总额与总产量三个因素对单位成本变动的影响程度。

（二）主要产品单位成本具体成本项目分析

一定时期主要产品单位成本的高低尽管直观地表现为每一成本项目金额上的增减变化，但更在于对这些金额增减变化的原因进行深入分析，而且生产工艺特点及产品管理要求等又使得产品成本项目间具有一定的结构比例关系，生产方式（生产技术、生产组织及管理形式等）发生任何变动最终也会导致产品成本的变化，因此不能忽视主要产品成本项目发生变化及其原因的层次性。

1. 直接材料费用的分析

单位产品直接材料费用主要受到单位产品材料消耗量和材料单价两个因素的影响，表达式为

单位产品材料费用＝单位产品材料消耗量×材料单价

按照因素分析法，该两个因素对直接材料费用的影响程度按如下公式计算：

材料耗用量变动对单位成本的影响

＝∑[材料单位实际耗用量－材料计划单位耗用量]×材料计划单价

材料价格变动对单位成本的影响

＝∑[材料实际单价－材料计划单价]×材料单位实际耗用量

根据表 10-2 有关数据，直接材料费用分析过程如下：

甲产品直接材料费用变动情况 = 单位实际直接材料费用 − 计划单位直接材料费用
$$= 51 − 50 = 1 元（超支）$$

其中：材料耗用量变动对单位成本的影响 = （15 − 15）× 2.4 + （10 − 10）× 2.4 = 0

材料价格变动对单位成本的影响 = （2 − 2.4）× 15 + （2.1 − 1.4）× 15 = 1（超支）

显然，甲产品单位产品材料费用完全受到材料价格变动的影响，材料价格的变动多属于外界因素，需要结合市场供求及材料价格变动情况做具体分析，比如材料买价的变化、运费的变动、运输途中合理损耗的变动、材料加工费用的变动、材料采购批量的大小等。对于材料耗用量变动对单位成本的影响，也要找出具体的原因，通常包括了诸如产品设计的变化、投料和生产工艺方法的改变、材料质量的变化、废料、边角余料回收利用程度的变化，以及废品数量的变化等。此外，像生产工人操作水平、机器设备性能良好程度及加工搬运中的毁损等都会影响到材料费用的增减变化。

2. 直接人工费用的分析

分析直接人工费用需要考虑工资制度与工资费用计入产品成本的方式两种因素。计件工资制度下计价单价通常是固定不变的，因此单位成本中的工资费用一般也不变。计时工资制度下受益产品应承担的工资费用通常是按其所耗用工时的比例来计算的，这样，产品单位成本中直接人工费用就取决于单位产品工时耗用及每小时工资两个因素，其表达式为

单位产品人工费用 = 单位产品工时消耗量 × 小时工资额或小时工资率

按照因素分析法，这两个因素对人工费用的影响程度可按如下公式计算：

工资效率差异对单位成本的影响

= [单位产品实际工时 − 单位产品计划工时] × 计划小时工资率

工资分配率差异对单位成本的影响

= [实际小时工资率 − 计划小时工资率] × 单位产品实际工时

根据表 10-2 有关数据，直接人工费用分析过程如下：

甲产品直接人工费用变动情况 = 单位实际直接人工费用 − 计划单位直接人工费用
$$= 22 − 23 = −1（元）（节约）$$

其中：工资效率差异对单位成本的影响 = （20 − 25）× 23/25 = −4.6（元）

工资分配率差异对单位成本的影响 = （22/20 − 23/25）× 20 = 3.6（元）

分析结果显示，直接人工费用的节约是工时消耗节约程度大于实际小时工资率的超支程度，单位产品工时消耗的变动一般有机器设备性能及保养、材料质量、生产工艺及产品设计改变、生产组织等客观因素，也可能是工人技术熟练程度、劳动纪律和劳动态度等主观因素。工资分配率受直接人工费用总额与耗用生产工时总额的影响，因此应该从企业工资制度与奖励制度、企业产品特点、出勤率、工时利用率等具体角度分析变动的原因。

3. 制造费用的分析

制造费用在多产品生产中通常是间接计入费用，分配标准一般是受益产品所耗用工时，因此，产品单位成本中制造费用就取决于单位产品工时耗用及每小时制造费用两个因

素，其表达式为

单位产品制造费用 = 单位产品工时消耗量 × 小时制造费用额或小时制造费用率

按照因素分析法，该两个因素对制造费用的影响程度可按如下公式计算：

制造费用效率差异对单位成本的影响

= [单位实际产品工时 − 计划单位产品工时] × 计划制造费用分配率

制造费用分配率差异对单位成本的影响

= [实际制造费用分配率 − 计划制造费用分配率] × 单位实际产品工时

根据表 10-2 有关数据，制造费用分析过程如下：

甲产品制造费用变动情况 = 单位实际产品制造费用 − 计划单位产品制造费用

$$= 16 − 17 = −1（元）（节约）$$

其中：制造费用效率差异对单位成本的影响 =（20 − 25）× 17/25 = −3.4（元）

制造费用分配率差异对单位成本的影响 =（16/20 − 17/25）× 20 = 2.4（元）

分析结果显示，制造费用的节约是工时消耗节约程度大于实际制造费用分配率的超支程度，分析工时消耗的影响因素和直接人工费用相同；制造费用分配率差异取决于制造费用总额与耗用生产工时总额的影响，因此重点是对制造费用发生额进行深入分析。表 10-3 是汇总编制的 2020 年制造费用明细表，尽管没有将甲产品的制造费用予以单独列示，但它们的分析思路是完全一样的，从成本核算角度看，制造费用总量分析包括了三种分析：①基于制造费用发生额角度的结果性分析；②基于变动成本法下的划分变动制造费用与固定制造费用分析；③基于作业成本法下的制造费用分析。这三种分析思路也并不是截然分开的，其中第①为结果分析，在表 10-16 中已经体现；第②、③都可以称为是原因分析，另外，第②与第③两者还可以结合使用。

三、主要技术经济指标变动对产品成本的影响分析

技术经济指标是指与企业生产技术特点具有内在联系的经济指标。技术经济指标的任何变动都会直接或间接地影响企业的产品成本。技术经济指标对单位成本影响通常分为三种形式：①不直接影响单位成本，而是通过产量的变动间接影响产品单位成本中的固定费用升降，如设备利用率指标；②通过耗用量的变动直接影响原材料等变动，如原材料利用率；③既影响产品成本中的直接材料消耗，又同通过产量变动间接影响单位成本中的固定费用，如矿石品位。从理论成本角度看，产品生产过程就是活劳动利用劳动手段使劳动对象产生新使用价值并借此实现经济价值的过程，产品成本则反映着该投入产出过程中发生耗费的归集与汇总的结果，由此与产品成本相关的技术经济指标可以按产品生产流程划分为如下五个方面，即与投入有关的劳动成产率、原材料利用程度、能源利用状况、与投入转化有关的生产设备利用情况（产量）、与产品产出有关的产品质量。实际上，这些技术经济指标通过各自的内在联系与具体产品成本项目相联结，也就是说，分析技术经济指标变动影响产品成本的主要思路是明晰前者对后者的影响路径。

1. 劳动生产率对成本影响的分析

劳动生产率的提高意味着单位产品生产工时消耗量下降，进而降低了单位产品工资费

用，但单位产品工资费用又受到平均工资增长率影响，而平均工资增长率又要参照劳动生产率的变化。劳动生产率提高与平均工资增长率具有同步关系，只有职工平均工资增长率幅度低于劳动生产率增长速度，单位产品成本才能下降。计算公式如下：

劳动生产率变动的影响
= [1 –（1 + 平均工资率增长率）/（1 + 劳动生产率增长率）] × 上年实际（本年计划）直接人工占产品成本比重
=（劳动生产率增长率 – 平均工资率增长率）/（1 + 劳动生产率增长率）× 上年实际（本年计划）直接人工占产品成本比重

平均工资率增长率
= [本年实际小时工资率 – 本年计划（上年实际）小时工资率]/本年计划（上年实际）小时工资率 × 100%

劳动生产率增长率
= [单位产品本年计划（上年实际）工时消耗 – 单位产品本年实际工时消耗]/（单位产品本年实际工时消耗）× 100%

2. 材料利用率对成本影响的分析

材料投入生产要经过一系列处理和加工，这可能会引发各种损耗，如金属材料切割过程中的边角余料、切削下来的废料及切割损坏等，这些损耗越少就表明材料利用越充分，提高材料利用程度就意味着能生产出更多的该种产品，进而使该种产品承担更少材料耗用。材料利用率通常用原材料在生产中实际利用数量占总耗用数量的比例来表示。

计算公式如下：
材料利用率 = 生产中利用数量/生产该种产品的材料消耗总量 × 100%

材料利用率变动的影响
= [本年实际材料利用率 – 上年实际（本年计划）材料利用率]/本年实际材料利用率 × 上年实际（本年计划）直接材料占产品成本比重
= [1 – 上年实际（本年计划）材料利用率/本年实际材料利用率] × 上年实际（本年计划）直接材料占产品成本比重

3. 能源利用状况对成本影响的分析

通常为了反映产品生产中的能源耗费而专设"燃料及动力"等相应成本项目，这是从价值角度反映的能源耗费在产品总成本中所占的比例，从实物量角度反映的能源耗费状况则通常被称为能源利用状况。计算公式为

单位产品生产耗用煤（电）量 = 生产耗用煤（电）量/产品产量

若企业生产多品种则可将生产耗用煤（电）量以消耗定额比例分配至各受益产品，以能够分别计算产品单位耗用状况。能源利用状况还可用每万元产值耗用煤（电）量表示，计算时需将上述计算公式的分母改为"工业总产值（万元）"。分析单位产品耗用煤（电）量指标的完成情况，除了与计划指标、上年同期指标、行业先进指标等对比分析外，还应分析该指标变动对产品单位成本的影响，计算公式如下：

本年煤（电）节约额

=[单位产品耗用煤（电）量的实际数－单位产品耗用煤（电）量计划数]×本年产品产量×煤（电）计划单价

能源利用状况变动的影响

=[单位产品耗用煤（电）量的实际数/单位产品耗用煤（电）量计划数－1]×本年计划燃料及动力占产品成本比重

在不同类型的企业中能源利用状况指标也有着差异化的专用术语，比如单位产品耗用煤量指标在火力发电厂用标准煤耗率来表示，而造纸厂是每吨纸耗用标准煤量，炼铁厂是焦比，等等。

4. 生产设备利用情况对成本影响的分析

不同企业拥有不同技术装备，但反映生产设备利用情况的技术经济指标一般都是与总产量直接关联，产品成本中包括固定费用，当产量增加时，单位产量固定费用就降低；反之则增加。以机械厂为例，生产设备利用情况对产品总产量的影响的关系如下述公式：

总产量＝设备总台时×台时产量

＝实际使用设备量×单台设备运转时间×台时产量

＝安装设备量×设备使用率×计划单台设备台时×计划台时利用率×台时产量

设备使用率指实际使用设备量占安装设备量；计划台时利用率指设备实际运转台时与计划台时的比例；台时产量指设备每小时实际产量。显然，生产设备利用情况是通过设备使用率与台时利用率影响产品总产量，进而通过总产量提高来降低产品单位成本中的固定成本。计算公式为

生产设备利用情况对成本影响

=[1/（1+总产量增长率）－1]×本年计划固定成本占产品成本比重

当安装设备的数量及单台设备计划台时保持不变情况下，应用设备使用率增长率、计划台时利用率增长率与台时产量增长率可以计算总产量增长率，也使得生产设备利用情况对成本影响的计算公式发生变化，即：

总产量增长率

＝（1+设备使用率增长率）×（1+计划台时利用率增长率）×（1+台时产量增长率）

生产设备利用情况对成本影响

=[1/（1+设备使用率增长率）×（1+计划台时利用率增长率）×（1+台时产量增长率）－1]×本年计划固定成本占产品成本比重

5. 产品质量对成本影响的分析

通常为了反映产品生产工作的质量情况而在产品成本中专设"废品损失"等相应成本项目，还有就是产品等级率、等级系数等反映产品本身质量水平的。在其他因素不变的条件下，合格品率越高，废品率则越低，单位产品成本也就会降低。

（1）废品率对成本影响的分析。废品净损失要由同期同品种的合格产品成本来承担，因此，废品率越高，合格品要承担的废品净损失就越多，产品成本也就越高，反之就越低。计算公式为

废品率对成本影响=[1-（1-本年废品率×本年废品残值回收率）(1-上年废品率)/(1-上年废品率×上年废品残值回收率)(1-本年废品率)]×本年计划废品损失占产品成本比重

（2）产品等级系数对成本影响的分析。同一种材料经过相同的加工过程生产出不同等级的产品，在计算该产品的单位成本时需要将不同等级的产品数量折算为某一等级的标准数量，显然，如果各种等级产品数量中等级高的产品所占比重越高则折算后的标准产量就越大，产品的单位成本也就会相应降低。产品等级系数通常被用来描述产品平均质量水平，不同产品等级产量折算为标准产量的比率称为等级折合率，一般是按各等级品价格与一级品价格之比确定的。产品等级系数对成本影响的计算公式为

产品等级系数=∑（各等级产量×该等级折合率）/∑各等级产品产量

产品等级系数对成本影响
=[本年计划（上年实际）等级系数/本年实际等级系数-1]×100%

第六节 期间费用分析

期间费用的发生具有一定的行为特性，依据对产量、业务活动或其他因素而言划分为可变、固定或是两者兼有。比如销售费用中的运输费、包装费、保险费等与企业业务活动规模有关，营销人员的工资及福利等与企业从事销售活动的人员有关，而诸如开拓市场、扩大企业品牌知名度等与企业未来发展相关。根据期间费用的行为特征进行分析对正确评价期间费用的合理性与有效性至关重要。基于这种思路，期间费用的分析主要包括两个方面：其一是总量角度的期间费用现状，这是一种结果分析；其二是按具体费用项目性质进行费用发生的有效性分析，这是一种原因分析。

一、期间费用总量分析

基本做法是期间费用实际发生额与选定的比较标准进行对比，以发现期间费用的变动趋势并确定重点关注对象。具体分析内容包括各项期间费用占主营业务收入比重及与上年实际和本年计划的差异。以表10-6、表10-7与表10-8期间费用明细账的数据为例，编制的期间费用总量分析表如表10-22所示。

表10-22 期间费用总量分析表

2020年

期间费用项目	上年实际		本年实际		本年计划	与上年实际差异		与本年计划差异	
	金额/元	占主营业务收入/%	金额/元	占主营业务收入/%	金额/元	差异额/元	差异率/%	差异额/元	差异率/%
管理费用	69 820	5.52	61 235	4.74	65 280	-8 585	-12.30	-4 045	-6.2
销售费用	67 170	5.31	65 720	5.09	61 180	-1 450	-2.16	4 540	7.42
财务费用	15 000	1.19	17 100	1.32	15 500	2 100	14	1 600	10.33
合计	151 990	1 265 000	144 055	1 292 000	141 960	-7 935	-5.22	2 095	1.48

表10-22显示出该企业尽管没有完全实现成本计划，但总体表现下降趋势，另外从期间

费用效益来看，在本年实际主营业务收入增长超过上年主营业务收入 2.13%〔（1 292 000 − 1 265 000）/1 265 000×100%〕的情况下，总体期间费用却下降了 5.22%，期间费用效益较高。但终究企业期间费用没有完成费用计划，其中销售费用与财务费用都有着较高的增长幅度，应该予以重点分析。由于管理费用、销售费用与财务费用的具体分析思路相同，因此本章选择销售费用展开阐述。

二、销售费用项目的结构分析

结构分析是指通过分析销售费用具体项目构成情况，以判断企业销售费用中需重点关注的费用项目。在分析销售费用项目结构时，首先对销售费用按照行为特性分为变动费用、混合费用、酌量性固定费用与固定费用四类，目的是分清不同类别管理费用的各自评价标准。其中：①一定业务量范围内其发生额与业务量之间保持正比例关系的销售费用称为变动销售费用；②随着业务量增减变动而适当变动的销售费用称为混合销售费用；③可根据企业经营目标和管理当局主观意图进行调节且其发生时间及金额都取决于企业选定经营策略及会计政策的称为酌量性销售费用；④与企业实际业务活动没有直接联系的销售费用称为固定管理费用。根据表 10-8 资料按照上述分类而编制的销售费用结构分析表如表 10-23 所示。

表 10-23 销售费用结构分析表
2020 年

销售费用项目		占销售费用总额的比重/%			本年实际与上年实际的差异	
		上年实际	本年计划	本年实际	差异额/元	差异率/%
变动费用	保险费	7.32	7.0%	6.57	−600	−12.20
	包装费	7.92	9.15	8.87	+510	+9.59
	运输费	3.57	3.60	3.50	−100	−4.17
混合费用	维修费	8.28	8.66	8.29	−110	−1.98
	租赁费	13.28	13.24	13.16	−270	−3.03
	差旅费	1.79	1.63	2.10	+180	+15
酌量性固定费用	展览费	7.74	8.17	8.14	+150	+2.88
	广告费	9.08	9.32	8.86	−280	−4.59
	业务费	8.26	8.50	7.79	−430	−7.75
固定费用	工资费	28.29	26.15	27.39	−1 000	−5.26
	折旧费	4.47	4.58	5.33	+500	+16.67
合计		100	100	100	−1 450	−2.16

较上年实际销售费用而言，本年实际销售费用除了包装费、差旅费、展览费及折旧费以外的其他销售费用项目都有所下降。对于实际销售费用上升的项目，也应该分析其上升的必要性，如果包装费真能够提高产品的吸引力而扩大产品销量、展览费用较大程度地促进了企业订单的增加、差旅费与企业有效业务量呈正比例关系、折旧费用是企业销售资产价值的较大提升所致，则这些费用项目金额的增长是必然的。

从分析方法角度看,不同行为特性的销售费用项目应该选择不同的分析方法,因此期间费用的分类分析是其明显特征。这里对四类销售费用项目的分析进行逐一简洁地讲解以提供一种分析思路。还以表10-23的销售费用项目分类为例展开分析。

1. 变动销售费用分析

变动销售费用分析是通过编制变动销售费用分析表进行的,结合表10-23的有关数据与上年实际主营业务成本986 600元及本年998 200元,变动销售费用分析表如表10-24所示。

表10-24 变动销售费用分析表

2020年

项目	上年实际			本年实际		
	实际金额/元	占主营业务收入比例/%	占主营业务成本比例/%	实际金额/元	占主营业务收入比例/%	占主营业务成本比例/%
保险费	4 920	0.39	0.50	4 320	0.33	0.43
包装费	5 320	0.42	0.54	5 830	0.45	0.58
运输费	2 400	0.19	0.24	2 300	0.18	0.23

该企业在主营业务收入增长2.13%而主营业务成本仅增长1.18%的情况下,各项变动销售费用的变化趋势与主营业务收入和主营业务成本基本同步,也就是说保持着同比例的增减变动,这种变化态势符合规律。而且本年较上年还有所下降,表明这部分期间费用正常而且控制效果较好。

2. 混合销售费用分析

混合销售费用分析是通过编制固定销售费用分析表进行的,如表10-25所示。

表10-25 混合销售费用分析表

2020年

项目	上年实际		本年计划/元	本年实际		与上年实际差异		与本年计划差异	
	实际金额/元	占主营业务收入比例/%		实际金额/元	占主营业务收入比例/%	差异额/元	差异率/%	差异额/元	差异率/%
维修费	5 560	0.44	5 300	5 450	0.42	−110	−1.98	+150	+2.83
租赁费	8 920	0.71	8 100	8 650	0.67	−270	−3.03	+550	+6.79
差旅费	1 200	0.09	1 000	1 380	0.17	+180	+15	+380	+380

从表10-25可以看出,本年实际混合销售费用中差旅费既没有比上年实际下降也没有能完成本年计划任务,值得深入分析产生的原因,具体分析时应该通过一定的方法把其分解为固定销售费用和变动销售费用两部分进行。

3. 酌量性固定销售费用分析

酌量性固定销售费用分析是通过编制酌量性固定销售费用分析表进行的,如表10-26所示。

表 10-26　酌量性固定销售费用分析表
2020 年

项目	上年实际/元	本年计划/元	本年实际/元	与上年实际差异		与本年计划差异	
				差异额/元	差异率/%	差异额/元	差异率/%
展览费	5 200	5 000	5 350	+150	+2.88	+350	+7
广告费	6 100	5 700	5 820	−280	−4.59	+120	+2.11
业务费	5 550	5 200	5 120	−430	−7.75	−80	−1.54

从企业长期利益来看，酌量性固定销售费用必不可少，是企业增加营业收入的重要手段。但这类费用的计划金额与实际发生金额都是可被管理层控制的，因此，准确分析难度较大。分析思路可用展览费、广告费及业务费发生后一定时期的营业收入增长额与费用投入额进行比较，而不能简单地根据绝对金额的增减来评估好坏。有效地追加广告费用等营销投入是企业积极争取市场的一种表现，况且广告费支出中绝大部分是对未来期间产生影响。有研究发现，企业在经济不景气的时候如果增加营销开支会赚取更多的利润。因而，在某些情况下若管理当局在不影响当期营业收入的同时削减广告费用支出，长期销售收入很有可能受到影响。应针对企业商品及服务特点、目标市场的特点，慎重分析其广告策略，判断广告投入的有效性。这可以通过考察不同时期酌量性费用与主营业务收入比率的变动情况，来分析企业营销策略的有效性。企业必须意识到，酌量性费用终归是要抵减收入的费用，其大幅增加可能意味着商品利润的降低，在成熟的市场里，这可能增加企业的主营业务收入而不增加甚至可能减少企业利润。

4. 固定销售费用分析

是通过编制固定销售费用分析表进行的，如表 10-27 所示。

表 10-27　固定销售费用分析表
2020 年

项目	上年实际/元	本年计划/元	本年实际/元	与上年实际差异		与本年计划差异	
				差异额/元	差异率/%	差异额/元	差异率/%
工资费	19 000	16 000	18 000	−1 000	−5.26	+2 000	+12.5
折旧费	3 000	2 800	3 500	+500	+16.67	+700	+25

对于固定销售费用，应在企业经营规模较为稳定情况下有所下降才符合常规，因为固定销售费用受到计划或预算的严格控制。该企业工资费与折旧费较计划增长幅度都比较大，因此需要查明具体原因予以分析。比如实际折旧费较本年计划增幅达到25%，这意味着企业销售环节占用了更多的固定资产，而这些固定资产是否发挥了应有的作用就值得深入分析。

本章小结

成本报表是成本核算工作的最终成果，而对成本报表进行分析又是成本控制与成本考核的基础，但由于产品生产与劳务提供在不同行业的多样性，成本报表的编制并没有完全统一的规则，通常商品产品成本表与主要产品单位成本表是两张最基本的成本报表，制造费用以及期间费用则以明细表的形式进行编制与提供。成本报表编制并不意味着成本核算工作的结束，一定程度上恰恰是成本活动的新开始，因为对成本报表的分析是对成本核算数据所蕴含的有用信息的发现及有效利用，成本报表分析有其自身的方法体系，该方法体系的最明显特征就是从成本数据的结果到主要技术经济指标的动因的因果关系链分析，其中因素分析法是分析方法的主体。

关键词汇

成本报表 statement of cost
商品产品成本表 cost statement of main finished goods
主要产品单位成本表 the statement of cost per unit of main finished goods
制造费用表 the statement of factory overhead

小组讨论

苏州明志科技股份有限公司持续改善生产工艺、推行技术改造及材料循环再生，实现节能降耗并提升铸件产品材料利用率，降低生产成本。

（1）持续改善铸件生产工艺，降低废品率，提升生产效率公司在生产过程中不断优化生产工艺，以达到快速、高效制芯、提高生产效率、节能降耗、降低成本的目的。报告期内，生产工艺持续优化，使得公司在原材料铝锭质量供应稳定的前提下，有效降低量产铸件产品的废品率，具体如表10-28所示。

表10-28 批产铸件废品率变化表

项目	2020年1—6月	2019年	2018年	2017年
批产铸件废品率	2.81%	3.69%	3.58%	4.46%

注：批产铸件总废品率＝批产铸件废品重/批产铸件总重×100%

（2）积极践行绿色铸造理念，推动铸件车间技术改造，持续节能降耗公司积极践行绿色铸造理念，通过推进铸件车间技术改造，以降低能耗，实现清洁生产。报告期内，公司投入使用集中熔化炉，并针对铸造一部实施砂再生系统技术改造，使得铸件生产环节的单位燃料耗用量显著下降。报告期内，铸件产品砂再生系统技术改造前后的单位燃料耗用情况具体如表10-29所示。

表10-29 技术改造对单位燃料耗用的影响情况

项目	工作原理	设备个数	每吨废砂耗用燃料情况
改造前	燃烧机在鼓风机把废砂沸腾起来并步进的过程中焙烧。	两台卧式焙烧炉、四台燃烧机	34立方米

续表

项目	工作原理	设备个数	每吨废砂耗用燃料情况
改造后	废砂经焙烧炉内的分散盘散落至焙烧层进行一次焙烧,而后进入二次热交换层,由底部排砂口排出,耐火材料、热交换层采用优质材料组成。	一台立式焙烧炉、一台燃烧机工作	21立方米

（3）推行砂循环再生利用，有利降低材料成本。公司采用砂再生系统技术对砂进行循环再利用，与采购全新硼硅砂相比，用砂成本有所降低，报告期内，砂循环再生使得成本降低的金额模拟测算如表10-30所示。

表10-30　砂循环再生降低成本模拟测算表

项目名称	2020年1—6月	2019年	2018年	2017年
理论用砂量/t	16 471.77	24 286.00	26 139.86	21 360.05
普通硅砂单价/(元/kg)	0.273 5	0.273 5	0.273 5	0.273 5
理论用砂成本/万元①	450.50	664.22	714.93	584.20
实际用砂量/t	214.16	458.42	1 128.87	847.82
砂再生量/t	16 257.61	23 827.58	25 010.99	20 512.23
实际用砂成本/万元②	200.37	344.69	498.75	395.59
砂循环节省成本/万元③=①－②	250.13	319.53	216.18	188.61

综上所述，生产工艺优化、技术改造及材料循环再生，提升公司产品质量、减少材料损耗、提升生产效率、降低能源消耗，以上各方面均使得公司生产成本有所下降。

根据上述资料，深入探讨成本降低的可能方式。

思考题

1. 成本会计报表与财务会计报告和管理会计报告有怎样的关系？
2. 如何理解成本会计报表的内部性？
3. 如何理解成本报表分析体系的因果关系性？

本章推荐阅读资料

1. 王仲兵：《成本会计学》，东北财经大学出版社，2012年第2版。
2. 于富生等：《成本会计学》，中国人民大学出版社，2018年第8版。

教学支持说明

▶▶ **课件申请**

尊敬的老师:

您好!感谢您选用清华大学出版社的教材!为更好地服务教学,我们为采用本书作为教材的老师提供教学辅助资源。该部分资源仅提供给授课教师使用,请您直接用手机扫描下方二维码完成认证及申请。

任课教师扫描二维码
可获取教学辅助资源

▶▶ **样书申请**

为方便教师选用教材,我们为您提供免费赠送样书服务。授课教师扫描下方二维码即可获取清华大学出版社教材电子书目。在线填写个人信息,经审核认证后即可获取所选教材。我们会第一时间为您寄送样书。

任课教师扫描二维码
可获取教材电子书目

 清华大学出版社

E-mail: tupfuwu@163.com 　　　网址: http://www.tup.com.cn/
电话: 010-83470332 / 83470142　 传真: 8610-83470107
地址: 北京市海淀区双清路学研大厦B座509室　邮编: 100084